U0652474

《中国检察官》智库成果
（案例选编丛书）

新型犯罪精品案例精释精解

主　编　周洪波
副主编　韩　彬　陈　冰

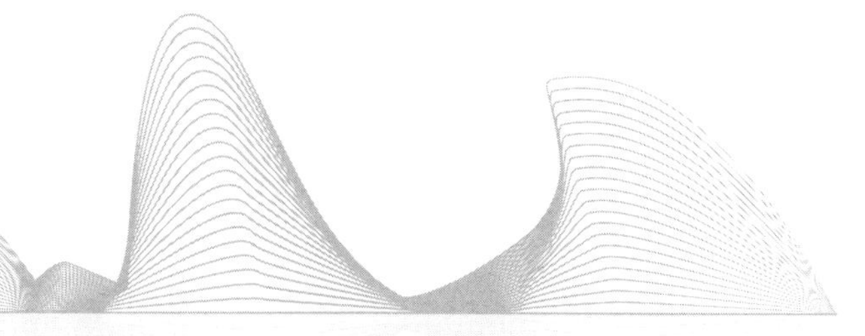

XINXINGFANZUI
JINGPIN ANLI JINGSHI JINGJIE

中国检察出版社

图书在版编目（CIP）数据

新型犯罪精品案例精释精解 / 周洪波主编 . -- 北京：中国检察出版社，2025. 3. -- ISBN 978-7-5102-3191-9

Ⅰ . D924.115

中国国家版本馆 CIP 数据核字第 2025BP8146 号

新型犯罪精品案例精释精解

周洪波　主编

韩　彬　陈　冰　副主编

责任编辑： 葛晓湄

技术编辑： 王英英

封面设计： 龙　惠

出版发行： 中国检察出版社

社　　址： 北京市石景山区香山南路 109 号（100144）

网　　址： 中国检察出版社（www.zgjccbs.com）

编辑电话：（010）86423784

发行电话：（010）86423726　86423727　86423728

（010）86423730　86423732

经　　销： 新华书店

印　　刷： 河北宝昌佳彩印刷有限公司

开　　本： 710 mm × 1000 mm　16 开

印　　张： 30.25

字　　数： 450 千字

版　　次： 2025 年 3 月第一版　　2025 年 3 月第一次印刷

书　　号： ISBN 978-7-5102-3191-9

定　　价： 99.00 元

《新型犯罪精品案例精释精解》
编 委 会

序　言

《中国检察官》实务和案例选编丛书，系《中国检察官》杂志的创新智库成果。自1999年创刊以来，《中国检察官》始终贴近检察实务、贴近办案一线、贴近检察人，以刊发高品质文章、开展高质量征文及学术活动，在检察系统内外获得广泛关注。因应理论界和实务界对集纳杂志相关实务与案例文章以便集中参考、使用的强烈需求，《中国检察官》杂志社在充分考虑汇编形式及评估成果价值的基础上，以系列丛书的形式定期对杂志刊文及征文成果汇编出版，从而最大化发挥杂志的智库作用。

根据汇编文章内容和体例的不同，丛书分为实务选编和案例选编两个系列。实务选编主要是汇集杂志上半月司法实务版所刊发高品质文章以及所开展实务征文活动的优秀成果，案例选编主要是集合杂志下半月经典案例版所刊发文章以及所开展案例征集等活动的优秀成果。丛书首批包括4部，其中《中国特色社会主义检察理论与实务研究》《“高质效办好每一个案件”刑事精品案例精释精解》为主题征文获奖文章选编；《破坏社会主义市场经济秩序犯罪精品案例精释精解》《新型犯罪精品案例精释精解》为近五年杂志刊发的案例文章的分类汇编。系列成果注重习近平法治思想在检察工作中的贯彻落实，注重对“高质效办好每一个案件”的系统阐释，注重“三个善于”的具体运用，突出文章的实务价值。

丛书的出版得到最高人民检察院相关厅局、国家检察官学院以及专家学者的鼎力支持和精心指导。汇编过程中，各位编辑人员付出艰辛劳动，对文章内容及体例进行认真核校、精细调整。编审环节，中国检察出版社的编辑又多次提出完善意见，进一步优化组合，增强丛书的体系性。在此，向各位的关心支持与辛勤付出，致以诚挚的敬意与谢意！

丛书的汇编出版是一项长期工作，也是新时代《中国检察官》杂志智库功能发挥的使命与担当。下一步，我们将继续坚守检察期刊初心使命，全景式展现各地检察机关为大局服务、为人民司法、为法治担当的生动实践，以高品质刊文及征文成果的聚合，带动提升检察调研的积极性与检察调研成果的影响力，以高质量检察调研践行“高质效办好每一个案件”的基本价值追求，助力以检察工作现代化服务中国式现代化。

丛书编写组

2025 年 1 月

目 录

专题一 网络新型犯罪相关问题

■ 专题二 电信网络诈骗相关问题

■ 专题三 新型支付方式下的财产犯罪

■ 专题四 “套路贷”案件法律适用问题

专题一
网络新型犯罪相关问题

利用 DDoS 攻击行为的司法认定

桑　涛*

摘　要　由于 DDoS 攻击模拟海量正常用户不停地访问，造成网络堵塞，使网站无法提供正常服务，经营活动遭到破坏。在此情况下，攻击者往往会向被攻击网站发出勒索要求，这既侵犯了计算机信息系统安全，又侵犯了企业合法权益。对于该类案件办理，司法机关存在争议观点。对此，应正确理解适用具体法律规定，认识到犯罪行为是主客观相统一的产物，对于行为人明确的主观犯意应纳入评价范围。敲诈勒索罪犯罪数额的认定，不以敲诈所得的比特币的价值为准，而应以给被害单位造成的经济损失为准。

关键词　DDoS 攻击　比特币　敲诈勒索罪　破坏计算机信息系统罪　破坏生产经营罪

［**案例一**］　2018 年 8 月 1 日至 8 月 8 日，钟某利用境外肉鸡服务器上的攻击软件，以向高速缓存服务器发送伪造数据包的方式（UDP 反射型 DDoS 攻击），攻击某知名企业网站，并用泰国、美国、比利时等国手机号码联系受攻击公司员工，先是索要人民币 5 万元，后改为索要一个比特币（约人民币 5 万元）作为停止攻击的条件，导致该公司为保护网站而花费人民币 9 万元购买了电信公司的云堤（DDoS 攻击

*　桑涛，浙江省杭州市拱墅区人民检察院党组书记、检察长。

防护）服务，并花费人民币3.5万元将网站服务器迁入阿里云。2018年8月8日至8月28日，钟某利用国内某服务器上的攻击软件控制多台肉鸡，对该公司网站以发送非法数据包的形式进行攻击（CC型DDoS攻击），造成该公司网站无法正常运行，严重影响了公司的正常经营。

［案例二］ 2017年，刘某通过租用境外云服务器、购买执行攻击指令的服务器、攻击流量等，架设了测试网络服务器防御能力的网站，进而又制作了相应的手机端应用程序。在明知其提供的网站和应用程序可能造成正常服务器被流量攻击的情况下，刘某仍在QQ群中推广该网站，开放网站的注册、充值系统，有偿供他人使用该网站和应用进行反射型DDoS攻击，并将充值金额大小与发起攻击的次数相挂钩。仅仅2个多月，金某、王某等多人便在刘某的网站注册账号，在手机上下载应用程序。刘某通过出售反射型DDoS网络流量攻击服务，向上述人员收取费用3.2万余元，并造成多家公司的服务器不能正常运行。

［案例三］ 潘某某于2016年7月开始萌生利用DDoS攻击敲诈比特币的想法，后通过境外黑客对国内3家大型交易网站进行DDoS流量攻击，导致网站瘫痪，用户投诉，后两家公司无奈各向潘某某指定的地址打进了22个、44个比特币，遭受经济损失共计人民币23万余元。

DDoS攻击，学名分布式拒绝服务（Distributed Denial of Service，DDoS）攻击，是指处于不同位置的多个攻击者同时向一个或数个目标发动攻击，或者一个攻击者控制了位于不同位置的多台机器（又称“肉鸡”），并利用这些机器对受害者同时实施攻击。由于攻击模拟海量正常用户不停地访问，造成服务器资源的浪费，正常的访问却被中止。近年来，利用DDoS攻击等黑客手段攻击他人网站，并进行敲诈勒索的行为日益猖獗。从法律上说，该种行为既侵犯了计算机信息系统安全，又侵犯了企业合法财产权益，破坏了企业正常生产经营秩序，还可能触犯不同的刑法罪名。司法实践中，对该种行为如何定罪处罚，存在一定争议。

一、争议问题

上述三个案例，案例一中，检察机关以破坏计算机信息系统罪提起公诉，一审法院以破坏计算机信息系统罪判处钟某有期徒刑 5 年 6 个月，钟某提出上诉，二审法院维持原判。案例二中，检察机关以刘某构成破坏计算机信息系统罪提起公诉，法院认定刘某构成破坏计算机信息系统罪，判处有期徒刑 6 年 4 个月，被告人没有提起上诉，判决已经生效。案例三中，检察机关以敲诈勒索罪起诉，法院以敲诈勒索罪判处潘某某有期徒刑 3 年，并处罚金人民币 5000 元。

实际上，在上述案件办理过程中，司法机关都存在不同的认识。总体上看，有三种类型的争议。

第一种观点认为，此类行为均构成破坏计算机信息系统罪。主要理由是，使用黑客手段进行 DDoS 攻击相对方网站，造成企业网站无法正常运行，其行为本身就已经对计算机信息系统造成了破坏，案例二以此罪名认定无争议，而同时向被害单位进行敲诈勒索，勒索行为与破坏行为之间是典型的手段和目的的牵连关系，根据牵连犯“从一重定罪处罚”原则，应当认定为破坏计算机信息系统罪，因为如果不认定为该罪名，则会出现案例一与案例三中敲诈勒索相比，敲诈勒索未遂的，反而比勒索既遂达 23 万元人民币处罚更重的情况，明显不符合一般人的正常预期。

第二种观点认为，上述行为均构成破坏生产经营罪。主要理由是，使用 DDoS 网络攻击行为，其后果是因造成对方公司网站无法正常运行而影响生产经营活动，造成重大经济损失，破坏了生产经营，其行为符合“以其他方法破坏生产经营”的情形，勒索财物、造成企业防护成本提高等行为都可以作为破坏生产经营的情节予以考虑。

第三种观点认为，案例二构成破坏计算机信息系统罪，案例一和案例三是以网络攻击为手段勒索他人财物，构成敲诈勒索罪。理由是：行为人的犯罪目的是通过攻击被害网站进而敲诈勒索，敲诈勒索是目的，DDoS 攻击是手段。而对于此类行为，《刑法》第 287 条规定，利用计算机实施金融诈骗、盗窃、贪污、挪用公款、盗取国家秘密或者其他犯罪的，依照本法有关规定定罪处罚。根据该规定，凡是利用计算机来实施金融诈骗、盗窃、贪污、挪用公款、窃取国家秘密或者其他犯罪的，不论手段行为是否构成相关计算机犯罪，均应以金融诈骗罪、盗窃罪、贪污罪、挪用公款罪等目的犯罪定罪处罚。

二、对 DDoS 攻击行为的定性探讨与刑法规制

针对上述争议，笔者认为，争议的产生原因既有对法律适用的理解差异，也有立法技术层面的问题，还有近年来财产犯罪量刑方面的变化。从法律规定以及罪责刑相适应的角度看，笔者更倾向于第三种观点，理由如下：

首先，犯罪行为是主客观相统一的产物。三个案例尽管在客观上都产生了破坏生产经营的危害后果，但破坏生产经营罪主观方面主要是基于“泄愤报复或者其他个人目的”，属于刑法上的目的犯，在无法查清行为人具有上述目的的情况下，一般可以对其破坏计算机信息系统行为进行单独评价，而不认定为破坏生产经营罪。而在行为人明确实施敲诈勒索行为的情况下，侵犯财产权的目的更加明确，应当以敲诈勒索罪对该行为进行评价。

其次，上述案例一、案例三行为均存在敲诈勒索与破坏计算机信息系统行为竞合问题，在这种情况下，司法实践中之所以会产生敲诈勒索罪与破坏计算机信息系统罪认定不统一的问题，主要原因在于对《刑法》第 287 条如何适用的理解方面产生争议。对于刑法上存在竞合、牵连关系的行为如何处理，一般遵循“从一重罪处罚”的原则，但法律有特别规定时，应当依照法律的特别规定处理，如过失致人死亡罪、诈骗罪中规定“本法另有规定的，依照规定”；如徇私枉法等罪中“司法工作人员收受贿赂、有前三款行为的，同时又构成本法第三百八十五条规定之罪的，依照处罚较重的规定定罪处罚”；拒不履行信息网络安全管理义务罪中“有前两款行为，同时构成其他犯罪的，依照处罚较重的规定定罪处罚”。而《刑法》第 287 条的规定却比较特殊，是“利用计算机实施金融诈骗、盗窃、贪污、挪用公款、盗取国家秘密或者其他犯罪的，依照本法有关规定定罪处罚”。那么，这里的“依照本法有关规定定罪处罚”，究竟是指按照刑法中“从一重罪处罚”的原则去处罚，还是按照金融诈骗、盗窃、贪污、挪用公款等具体罪名去处罚呢？实践中认识很不统一，因为两种观点在《刑法》中都能够找到“有关规定”。依一般理解，当手段行为与目的行为存在牵连关系时，应按目的行为认定一罪，且目的行为处刑上会较手段行为重。

但由于《刑法》第 287 条系 1997 年《刑法》所确立，而且在相当长的一个时期内，这一条文的适用基本处于“休眠”状态，直到今天网络犯罪数量大幅度攀升，这一问题才日渐突出。同时，从 1997 年至今，《刑法》在对个罪入罪门槛、死刑适用、法定刑升格条件等，都已经作出了较大幅度的调整，而破坏计算机信息系统罪定罪量刑标准变化不大，此时出现依目的行为定罪，刑期却明显低于手段行为的结果也就不足为奇了，然而，这却可能与《刑法》设置该法条的初衷产生冲突。这些都是实践中对此类案件在定罪中存在争议的重要原因，尚需立法与司法解释的明确，而在具体适用时，仍然需要遵循法条的规定。

再次，法律适用的效果来看，笔者认为应当将该类行为认定为敲诈勒索罪。这是因为，随着近年来网络犯罪的泛工具化，大量犯罪是通过网络手段所实施的，在这种情况下简单以“从一重罪处罚”，可能会造成有大量案件都按破坏计算机信息系统罪定罪处理，既不符合客观实际，也会造成一些罪名就此“休眠”，不能够实现准确评价、打击犯罪，还可能将一部分刑法罪名因犯罪手段的不同而“同案不同判”，如同样是盗窃行为，使用线下手段盗窃的定盗窃罪，使用网络手段盗窃的却定破坏计算机信息系统罪，导致新的司法不公。

也有人认为，《刑法》第 287 条所规定的“利用计算机实施”金融诈骗、盗窃、贪污、挪用公款、盗取国家秘密或者其他犯罪，与通过“破坏计算机信息系统”方式实施犯罪具有不同含义和内容，“利用计算机实施”指的是使用计算机作为犯罪工具，“破坏计算机信息系统”指的是将计算机系统破坏掉。从这个意义上说，将计算机信息系统破坏掉进而再敲诈勒索或者盗窃的，就应当构成破坏计算机信息系统罪。笔者认为这一观点也不准确。实际上，破坏计算机信息系统的行为，恰恰是利用计算机所实施的，如 DDoS 攻击行为，就是使用自己租用或者控制的计算机实施的，不能因为中间介入了一个破坏计算机信息系统的手段，就忽视其攻击他人计算机信息系统的目的是什么。因此，二者并无本质的区别。

最后，还需要对比特币的属性以及敲诈勒索罪犯罪数额如何认定进行明确。比特币究竟是否属于刑法中评价的财物？2017 年 9 月 4 日中国人民银行、中央网信办、工业和信息化部、工商总局、银监会、证监会、保监会联合发布的《关于防范代币发行融资风险的公告》中，已经明确在国内禁止以比特币为代表的代币交易。2013年《最高人民法院、最高人民检察院关于办理盗窃刑事案件适用法律若干问题的解释》出台时，之所以未将盗窃虚拟财产以盗窃论处，主要考虑到虚拟财产的本质一是具有虚拟性，二是具有可再生性，不会因为使用而有所减少，因而属于计算机信息系统数据，所以认为包括虚拟货币在内的虚拟财产不是财物。在案例三中，潘某某也曾反复向合议庭陈述称，比特币在目前国内是违法的虚拟物品，本身没有价值，各级物价部门对比特币都没有一个价格认定结论，完全靠各个交易平台自己进行认定、确定兑换率，因此不应认定自己敲诈的比特币具有相应财产属性价值，也就不应根据这个价值来认定自己的刑罚。但检察机关和法院在认定本案时，并没有认定敲诈所得的比特币的价值是多少，而是以其敲诈行为给被害单位造成的经济损失来认定了本案的犯罪数额，可以说有效地避开了这一争议。

网络爬虫的刑法应对

付　强　李　涛*

摘　要　网络爬虫作为一种新型的数据处理技术，使用价值与刑事风险兼具。对于网络爬虫的刑事法律应对，应当以网络爬虫附随要素指向的法益为核心，关注网络爬虫的访问权限和获取数据的性质，同时兼顾考察行为人在使用技术过程中的合理注意义务，从而综合判断行为是否涉嫌犯罪以及罪名的适用。

关键词　网络爬虫　授权　非法获取计算机信息系统数据罪　破坏计算机信息系统罪　侵犯公民个人信息罪

一、问题的提出

随着多家大数据公司因为利用网络爬虫技术非法获取数据被公安机关立案调查，网络爬虫的犯罪边界问题成为互联网业界、法学界关注的热点。在严厉打击网络犯罪的高压态势之下，可以预见到，将会有更多的类似案例出现，以往已经被互联网业界习以为常的技术行为可能需要重新接受道德、社会规范乃至刑事法律的检验。司法机关在办理此类案件过程中，不仅需要破除跨专业学科造成的知识鸿沟，准确理解技术行为的特征，更需要全面审视技术行为的内在价值与必要性，

*　付强，北京市海淀区人民检察院第九检察部主任；李涛，北京市海淀区人民检察院。

综合判断行为的社会危害性，坚守罪刑法定原则，秉持刑法的谦抑性，慎用刑事制裁手段。结合一起实际案例，笔者拟通过数据访问权限、数据性质、合理使用义务三个不同的角度厘清网络爬虫的犯罪边界。

［**基本案情**］2016年7月至2017年5月期间，行为人史某在某市家中，通过自行研发的计算机程序访问某市交通管理局车辆管理所（以下简称车管所）网上选号系统，批量查询某市车辆号码牌照资源使用情况，同时自建数据库系统对号码牌照资源使用情况予以记录、更新。现有证据可以证实，仅2017年以来，行为人史某利用上述程序共计访问车管所网上选号系统24659793次，获取某市车牌号码数量200多万个，通过在淘宝上出售相关数据库查询权限，获利人民币4万余元。

经查，行为人实施的具体行为：史某通过对网上选号系统进行研究，按照该系统的验证逻辑编写对应的网络爬虫程序，并将其部署在境外服务器上，在设定的时间段内（一般是晚上）访问网上选号系统，批量获取车牌号码使用情况数据。其工作原理如下：第一，自动生成符合车管所网上选号系统校验规则的信息，如身份证号码、姓名等；第二，使用“打码”平台自动应对选号系统的验证码功能；第三，访问车管所选号系统，按照正常选号流程进行号牌预选操作，通过逻辑条件判断号码资源是否被占用，并将相关信息更新至数据库。

二、分歧意见

在案件办理过程中，司法机关主要产生了两种分歧意见。

第一种意见认为，史某在网络爬虫程序中附加使用“打码”技术，属于未经授权进行访问，构成非法获取计算机信息系统数据罪。

第二种意见认为，在否定第一种意见的基础上，应重点考察史某是否存在滥用网络爬虫的情况，其行为涉嫌破坏计算机信息系统罪，但因证据不足，应对其作存疑不起诉处理。

笔者赞同第二种意见，理由在于：对于网络爬虫犯罪边界的合理区分，应当以网络爬虫附随要素与法益为框架，关注网络爬虫的访问权限和数据性质，兼顾考察行为人的合理注意义务。为明确观点，笔者有必要对网络爬虫的概念、附随要素及其法律属性进行简要的介绍。

三、网络爬虫的概念及法律属性

（一）网络爬虫的概念

网络爬虫（Web Crawler），也叫网络蜘蛛（Spider），是一种可以自动化访问并收集目标计算机信息系统数据的程序，设计初衷是通过计算机技术手段自动为网站编纂索引，并不断更新信息。因为网络爬虫可以高效地实现信息的读取、储存等工作，在搜索引擎应用之外，也往往被用于访问特定网站，依照开发者设计的规则读取、保存特定信息。网络爬虫种类繁多，一般来说，我们可以以部署环境、使用场景对爬虫进行分类。

从部署环境来看，一般将网络爬虫分为服务器爬虫和客户端爬虫两个类型。两者的区别好比制式相同却采用不同口径弹药的自动步枪，实际功能基本一致，但是服务器爬虫可以通过借助服务器端更具优势的计算机信息系统资源——多线程和更大的带宽，在同一时间内访问更多的信息资源。

从使用场景来看，一般将网络爬虫分为通用爬虫、聚焦爬虫两种类型。通用网络爬虫，又称为全站爬虫，它的主要功能是从互联网中搜集网页、采集信息，并下载到本地，形成一个互联网资源的备份镜像。这些备份镜像可以用于为搜索引擎建立索引提供支持，而备份镜像文件的数据量决定着整个引擎系统的可用性，包括信息更新是否及时、涵盖内容是否丰富等，而这正是搜索引擎系统的基础。

（二）网络爬虫的附随要素

有学者曾论述，如果精确地解释和确定法律概念的意义，就能够精确地描述法律现象，正确地进行法律推理。[①] 网络爬虫通常来说有三种基本功能，分别是访问、下载、解析。访问，是指网络爬虫依据代码设定的逻辑，向计算机信息系统发送访问请求，以期访问数据；下载，是指将目标计算机信息系统储存的数据传输、储存到本地或指定的计

① 参见张文显:《法哲学范畴研究》，中国政法大学出版社 2001 年版，第 69 页。

算机信息系统中；解析，是指对计算机信息系统数据的内容进行分析、筛选。一般而言，这三种基础性的功能本身并不会对计算机信息系统数据进行增加、删除、修改操作。如果我们将网络爬虫放置于使用场景下进行考察，网络爬虫在共同的基本功能之上同时也受到一些共同的要素影响，我们可以将这些要素理解为网络爬虫的附随要素，具体包括以下内容：

1. 网络爬虫是否具有访问数据的权限

网络爬虫程序运行的前提是必须具有明确的访问目标，而访问权限也是网络爬虫面对的第一道门槛。对网络爬虫是否具有访问数据权限的判断等同于危害计算机信息系统及数据安全刑事案件中的违法性判断的核心要素——“未经授权或者超越授权”。

2. 网络爬虫获取数据的性质与范围

网络爬虫可以按照编写者的设计，获取特定或不特定的数据。其中不仅包括了人类可以感知的、具有信息意义的数据资源（如图片、文字、视频等），也可能包括本身应交由计算机信息系统进行解读的非可视性的数据内容[①]（如 CSS 数据、网站根目录、数据库文件等）。网站控制者可能会基于计算机信息系统安全、原创性设计、隐私等考虑，拒绝他人获取上述数据。

3. 网络爬虫对计算机信息系统流量带宽和计算资源造成的影响

网络爬虫作为一种高效、自动化的计算机信息系统程序，对目标网站的访问频次远远高于一般正常的人类用户，在运行的过程中往往容易对目标网站计算机信息系统资源（一般是指服务器流量带宽和计算资源）造成大量消耗，导致目标网站因缺乏足够的带宽和计算机资源以至于无法响应其他用户的访问请求。

（三）网络爬虫的法律属性

出于对网络爬虫所引发的网络安全与隐私的考虑，1994 年，由荷

① 非可视性并不等于非可获得。一般而言，非可视性数据主要是指计算机信息系统程序在正常使用过程中需要处理的某类数据，这类数据并不直接体现为用户在前端网页上可以阅读的内容。

兰工程师 Martijn Koster 提出了一份行业技术规范，并在此基础之上，逐渐发展出了一套完整的网络爬虫使用技术规范——Robots 协议[①]。Robots 协议，英文全称 Robots Exclusion Protocol，其被设计者储存于网站根目录下的 ASCII 编码的文本文件，网站站长可以通过代码注明以下信息：该网站是否允许网络爬虫抓取某一类特定的数据。近 25 年以来"Robots 协议由于简单、高效，成为国内外互联网行业内普遍通行、普遍遵守的技术规范"[②]。但 Robots 协议本身并不具备任何的约束力。至今，在 Robots 官网上最显著的位置，依然有这样一份声明，其强调了 Robots 协议并非官方标准，不具备任何强制执行力。在我国，第一个对 Robots 协议的法律性质作为较为完整论述的见于百度公司诉奇虎 360 案，在该案件判决中，法院就 Robots 协议的法律属性进行了讨论，并作出如下认定：Robots 协议是技术规范，并非法律意义上的协议；Robots 协议系网站服务商或所有者在自行编写，属于单方宣示；但其同时承认，Robots 协议在互联网领域具有通用性，是一份可行的技术标准。[③]

笔者认为，在互联网语境之下，存在着大量类似的技术行为，它们作为企业或用于挖掘商业价值或用于维护自身权益的工具，已经成为一种业界通行的商业惯例，进而成为一种特定的社会规范。这种新型的社会规范所伴随的法益"对传统刑法学具有釜底抽薪的效应"[④]。对于新型网络犯罪而言，司法者如果刻意忽视这种社会规范，甚至以个人价值覆盖社会规范，无疑会与实践产生极大的分歧。因此，网络爬虫法律属性的确定，必须回到计算机技术领域的视角下回答。

1. 访问属性

访问数据既是网络爬虫的本质属性，也是其行为的起点。因为访问

---

① 国内一般翻译为机器人协议、爬虫协议。

② 李慧敏、孙佳亮:《论爬虫抓取数据行为的法律边界》,《电子知识产权》2018 年第 12 期。

③ 参见中国裁判文书网北京市第一中级人民法院（2013）一中民初字第 2668 号刑事判决书。

④ 孙道萃:《网络刑法知识转型与立法回应》,《现代法学》2017 年第 1 期。

权限的设立，致使网络爬虫存在未经授权或者超越授权访问数据的可能性。在实践中，对“授权”的设计具体可能表现为：访问权限控制存在多种不同的机制。在传统计算机信息传统安全框架下，用户身份认证信息是最经典也是最关键的权限控制方式。同时，也存在其他依附于该机制所构建的补充机制，如对访问请求的 IP 地址范围进行授权控制；又比如利用机器人协议和验证码机制对访问对象进行授权限制。在网络爬虫的场景下，业内一般将用户身份认证信息之外的措施称为反爬机制。在实践中，有司法人士在案件论证中将反爬机制引入作为“未经授权或者超越授权”论理的立足点，认为：“被告单位正是伪造了 device_id 绕过了服务器的身份校验，并使用伪造 UA 及 IP 绕过服务器的访问频率限制才实行了对被害单位服务器数据库的访问。被告单位绕过 App 客户端与被害单位网站服务器端的身份验证系统，行为性质实际就已经属于非法侵入被害单位的计算机信息系统了。”[①] 对此，笔者不能赞同。这种论证的本质偏差在于将反爬机制与前述的用户身份认证信息作等同性理解，这种理解不仅导致刑事规制的不适当扩大，也反映了司法实践人员对技术知识的误解。

我国《刑法》第 285 条非法侵入计算机信息系统罪立法之初，主要针对的是以黑客攻击等手段，突破控制者设立的安全保护措施的不法行为。喻海松认为“与计算机信息系统安全相关的数据中最为重要的是用于认证用户身份的身份认证信息（如口令、证书等），此类数据通常是网络安全的第一道防线，也是网络盗窃的最主要对象”[②]。这种结论并非人为构造概念或者法益，而是对于计算机信息系统安全保护的深刻洞察、总结。我们反观互联网发展的历史，身份认证信息系统无疑是用来保护计算机信息系统和数据安全的最佳形式，它具备了向用户（人类）和计算机信息系统同时进行“授权”声明的特质，不仅符合实际安全需要，而且符合社会规范的形式。正如国外著名的网络法

---

① 游涛、计莉卉：《使用网络爬虫获取数据行为的刑事责任认定》，《法律适用》2019 年第 10 期。

② 喻海松：《〈关于办理危害计算机信息系统安全刑事案件应用法律若干问题的解释〉的理解与适用》，《人民司法》2011 年第 19 期。

学者 Orin S. Kerr 论述："借助用户身份认证系统，网站主体可以在互联网中划分出明确的两个区域，开放空间和非开放空间。"①

而针对网络爬虫的反爬机制与用户身份认证信息机制在规制对象上是不同的，这是为了保护不同的法益而发展出的两种完全不同的技术措施。反爬机制的构建并不需要以用户身份认证信息为必备条件，其技术原理是通过对用户的访问 IP\UA\ 访问频率等数据进行条件筛选进而屏蔽访问请求。因此不难看出，其技术本身也暗含着一种"授权"，司法人员对这种授权理解为"不是通过真实的 UA 和 IP 进行的访问，均是无权限的非法访问"。这种理解具有一定违和之处：当一名真实的用户通过 VPN 访问该网站时，因为使用的不是真实 IP，所以形成了无权限的非法访问。甚至于可以得出一种结论，司法人员试图用刑法保护网站对于用户行为的选择权，任何用户一旦违反网站的要求，就会有涉嫌触犯刑法的可能性。这个结论无疑是荒谬的，也难以让人接受。这也正是对《刑法》第 285 条内涵"授权"理解的过度解读带来的消极结果。而由于司法人员对反爬机制的错误理解，导致其在论证的过程中并未意识到与反爬机制密切相关的法益侵害问题。

2. 中性化的程序、工具属性

《刑法》第 285 条第 3 款规定了"专门用于侵入、非法控制计算机信息系统的程序、工具"，这实质上是对某类特定技术行为直接予以否定性评价。笔者认为，可以从该条款入手，探讨网络爬虫本身的价值与法律属性。

从罪状来看，"专门"是界定一项技术是否被纳入第 285 条第 3 款予以规制的核心要素。刑法语义下的"专门"，是指"行为人所提供的程序、工具只能用于实施非法侵入、非法控制计算机信息系统的用途"②。立法者在设计该罪名构成要件时，显然考虑认识到涉计算机信息系统类犯罪的客观行为完全可以由中性程序予以实施。通过"专门"二字对行为人研发程序、工具的主观目的进行限定，从而避免了中性

① Orin S. Kerr, Norms of Computer Trespass, 116 Colum. L. Rev. 1143, 1161 (2016)。

② 全国人大常委会法制工作委员会刑法室：《中华人民共和国刑法条文说明、立法理由及相关规定》，北京大学出版社 2009 年版，第 592 页。

程序因为被用于犯罪而被刑事司法全面否定的情况，为中性程序、工具预留出罪路径，兼顾了打击犯罪和保障技术发展的需求。

从实践来看，网络爬虫的诞生有其必然性与合理性。万物互联时代的本质是信息借助计算机信息系统数据为载体，以互联网为脉络，跨实践、地域、文化进行流转，而一旦数据脱离流转，成为一摊“死水”，那计算机信息系统不过是一台大型的“计算器”，互联网也将失去“生命力”，其也必然不会成为现代社会不可或缺的工具。为应对海量数据，自动化处理数据技术的发展成为唯一的解决出路，网络爬虫应运而生。不难看出，“数据流转”是一个典型的中性化的词语，在互联网语境之下，任何行为均是数据的流转。浏览网页是数据的流转，非法获取计算机信息系统同样是数据的流转。而作为数据流转工具之一的网络爬虫，也只是为实现数据流转所不可或缺的一种中性化的工具。

四、网络爬虫的刑法应对

刑法适用的基本原则要求主客观相一致，而技术行为的客观特征决定了司法机关开展刑事规制的切入点。结合本案，笔者将进一步阐述，刑事法律在面对网络爬虫乃至具有相同技术特征的行为时，如何从数据访问权限、数据性质、合理注意义务三个层面进行判断、适用。

（一）数据访问权限的合法性论证

刑法目的之一是保障社会价值，维护社会管理秩序。计算机信息系统数据之所以值得被刑法保护，是因为在互联网社会背景之下，数据往往承载着特定的价值，如对公民而言，公民个人信息类数据具有多重价值，关系到公民的人身安全、隐私、财产安全等；如对企业而言，计算机信息系统数据往往本身就是商业秘密的内容，内涵经济利益；如对国家而言，关键基础设施的地理位置等关系到国防安全等价值，其以电子数据的形式呈现，如 GPS 标示等，则理应被刑法保护。而法律对上述数据的保护又充分考虑到其流动性的问题，以数据所有者是否“自愿、知情”为依据对数据获取的方式进行违法性判断。如行为人在数据所有者不知情、不自愿的情况下获取了相关数据，其违法性显而易见。《全国人民代表大会常务委员会关于加强网络信息保护的决定》《网络安全法》等法律规定也对上述判断方式进行明确性规定。

而本案中，车牌号码系车管所基于“自愿、知情”的前提条件下，通过计算机信息系统，允许民众查询的计算机数据，具有公开性（部分外地车管所采用公开宣告而非查询的方式也可以提供“公开性”的例证）的特征，法律本身并没有对公民获取数据的数量、查询的次数进行规定。因此，第一种意见将注意力集中在“打码”技术上，认为通过机器学习、他人代填等非用户自主填写验证码的行为属于未经授权的行为。笔者对该意见不予赞同。有学者曾论述，非法数据访问和非法获取数据两种基本行为方式，分别对应数据支配权限、数据知悉状态两个数据安全的本质特征。[①]一种访问行为任意违反了上述两个特征之一，有可能被评价为非法获取计算机信息系统数据罪。但第一种意见显然错误地理解了技术行为与指向的保护对象。

验证码机制在业界有多种技术标准，以 CAPTCHA 为例，其全称是计算机和人类的图灵测试（Completely Automated Public Turing test to tell Computers and Humans Apart，CAPTCHA），是由谷歌公司研发的、一种较为常见的、并被广泛采用的公共全自动程序，其设计的目的是防止计算机程序自动、批量地访问某一计算机信息系统资源，其本身与网站主体的用户身份认证系统是相互独立的两个系统。用通俗的方式理解：网站用户身份验证系统的构建者是网站主体本身，与网站本身架构所关联，直接影响到网站数据的获取权限；而 CAPTCHA 的构建者是谷歌公司，其主体程序所依托的是谷歌围绕 CAPTCHA 所架设的系统。CAPTCHA 作为独立的程序，即使通过其认证，亦同时需要正确的用户身份认证信息方可通过用户身份认证系统。

因此，验证码机制不过是另一种反爬机制，其与 IP 访问限制、UA 限制具有同样的技术底色，所指向的保护对象并非数据的支配状态或知悉状态，因此将违反这两种技术的行为认定为“未经授权或超越授

① 参见李源粒等:《大数据时代数据犯罪的类型化与制裁思路》,《政治与法律》2016 年第 9 期。

权”并适用《刑法》第285条，实际上是犯了“张冠李戴”的错误。

（二）网络爬虫获取的数据性质影响罪名的适用，非法获取计算机信息系统数据罪与其他罪名可能存在竞合的可能性

尽管笔者并不认为行为人涉嫌非法获取计算机信息系统数据罪，但本案事实涉及车牌号码数据，这就引发了一个有趣的问题——非法获取计算机信息系统数据罪与侵犯公民个人信息罪在实践中的竞合适用。在当代互联网社会，公民个人信息与计算机信息系统数据有天然的重合性，数据作为信息的载体，势必会导致以其为对象的犯罪竞合。有观点认为，侵犯公民个人信息罪与非法获取计算机信息系统数据罪的适用“由于只有一个犯罪行为，属于刑法中的想象竞合犯，按照处理一个犯罪形态的规则，应当从一重罪处断”①。笔者对这种观点不予赞同。当范围限定于以电子数据形式保存的公民个人信息，两罪在逻辑上存在着交叉竞合关系，这种竞合是因为在立法时对罪状进行列举造成的法律规范的竞合。两罪之间关系可以从身份认证信息与公民个人信息的关系推衍，在公民个人信息定义中，身份认证信息无疑是作为构成公民个人信息概念的一个子集，将内容单一的身份认证信息作为普通要素，而将构成更加繁复的公民个人信息作为特别要素，区分对待，也正体现两个罪名的立法逻辑，因此非法获取计算机信息系统数据属于普通法，而侵犯公民个人信息属于特殊法。在采用法条竞合的观点之下，可以直接得出上述情况适用侵犯公民个人信息罪的结论。②上述论证的逻辑，同样适用于非法获取计算机信息系统数据罪与侵犯商业秘密罪的竞合情况。一般而言，法条竞合优先考虑的适用“特别法优于普通法”原则，但在实践中，有学者对司法实践进行归纳后，发现该罪名成为名副其实的“口袋罪”，③其实质上可以用于评价所有非法获取电脑系统数据的行为。因为犯罪构成判断简单、入罪标准较低、

---

① 喻海松:《网络犯罪二十讲》，法律出版社2018年版，第234页。

② 参见陈兴良:《走向教义的刑法学》，北京大学出版社2018年版，第347页。

③ 参见杨志琼:《非法获取计算机信息系统数据罪“口袋化”的实证分析及其处理路径》,《法学评论》2018年第6期。

不需额外占用司法资源等原因，已经成为多种犯罪行为的兜底性罪名。

（三）滥用网络爬虫可能构成破坏计算机信息系统罪

正如前文所述，网络爬虫的附随要素之一就是占用计算机信息系统资源（主要是网络带宽和硬件资源）。因此，滥用网络爬虫技术极有可能是导致目标计算机信息系统没有空闲资源响应用户的请求，一般表现为网站、服务不能正常访问。为了维护互联网正常秩序，倡导合理使用数据采集技术，全国网信办于 2019 年 5 月 28 日发布《数据安全管理办法（征求意见稿）》，第 16 条规定："网站运营者采取自动化手段访问收集网站数据，不妨碍网站正常运行；此类行为严重影响网站运行，如自动化访问收集流量超过网站日均流量三分之一，网站要求停止自动化访问收集时，应当停止。"这项条款也被称为"网络爬虫"条款，立法者并未直接否定网络爬虫，而是要求行为人对技术的使用应尽到合理注意义务，避免危害结果发生。正是出于对自身合法权益的维护，网络服务提供商才逐渐研究、发展、使用了验证码等反爬机制。

从滥用网络爬虫的危害结果进行审视，网络爬虫与 DDoS 攻击行为在技术行为上几乎是一致的，最大区别在于，DDoS 系通过发送大量的虚假访问请求，恶意挤占对象的网络带宽资源，从而达到干扰计算机信息系统正常运行的结果，行为人主观罪过形式为故意；而网络爬虫在使用的过程中，可能因为行为人主观上的故意或者过失，导致上述结果的出现。因此，我们不能在出现了计算机信息系统被干扰的情况下，仅通过访问请求的真实性去认定犯罪，而同时应该结合对行为人主观层面的考察。司法机关可以通过以下要素判断行为人是否尽到了合理注意义务，以区别其主观上究竟是故意还是过失：

第一，行为人是否在研发、使用网络爬虫程序之前，主动收集风险信息，合理研发、设计网络爬虫程序，确保网络爬虫之中立性。具体而言，司法机关应核实行为人是否曾主动了解过被访问计算机信息系统的性质（是否属于"三大领域"）、访问权限、被访问数据的性质、被访问计算机信息系统架构等信息。行为人是否在技术可行性的基础上，曾开展过合法性论证。

第二，行为人在使用网络爬虫的过程中，是否持续性地对网络爬虫的运行状态进行监控、修正，保持网络爬虫工具在合法、合理的范围内运行。在实践中，行为人对网络爬虫的使用并非一个静止的样态，而是一个动态的、不断优化的过程。行为人在实施的过程中，必然涉及对网络爬虫进行优化，而这种优化的实质内容是在网络爬虫的效率和对目标计算机信息系统的影响程度之间进行平衡、取舍，可以从客观上反映行为人的主观认知和意志，从而帮助司法机关进一步明确行为人的主观构成要件。

就本案而言，涉案程序自 2017 年以来共计访问 24659793 次，属于高频访问行为。但高频访问只是文义上的描述，应关注高频访问行为是否造成了刑法上的危害结果。在此类案件中，一般危害结果表现为对目标计算机信息系统流量带宽的占用是否达到了网站所能承受的上限，严重影响了其他用户的使用。但侦查机关在取证过程中，未能提取车管所网站储存的行为人访问数据，未对访问行为的流量与网站对车管流量进行对比，不能证实车管所网站在行为人使用网络爬虫的时间段内出现不能正常访问的情况（包括不能访问的持续时间），因此导致无法认定其行为符合破坏计算机信息系统罪的入罪标准。同时，检察机关注意到，行为人将网络爬虫设定的时间为凌晨，此段时间内网站访问人数较少，说明行为人有意避免网络爬虫影响到目标计算机信息系统的正常运转，其主观罪过形式可能系过失而非故意。因此，综合全案证据情况考虑，检察机关采取了第二种意见，作存疑不起诉处理。

网络传销犯罪罪量标准的困境与纾解 *

郭　莉　王东海 **

摘　要　当前组织、领导传销犯罪的入罪标准是3级30人，该标准契合了罪刑法定原则的明确性要求，有利于司法者执法办案。然而，该标准系传统传销背景下制定，在适用于当下网络时代传销犯罪时出现了行为人故意规避、层级扁平化、层级证据收集固定审查困难、人数确定复杂等问题，一定程度上影响了对网络传销的打击惩处。对此，应当通过增加依据骗取财物数额入罪、故意规避层级的按照总体人数入罪、具有同类前科"减半"入罪等罪量标准，弥补3级30人单一标准的不足，以应对网络背景下传销犯罪的新样态，严密刑事法网，有效打击该类犯罪。

关键词　网络传销　层级人数　罪量标准　立法完善

一、问题导出：网络传销规避罪量标准的入刑难题

［案例一］　广西北海"1040阳光工程"即所谓的"资本运作"的传销模式，对外宣称交纳69800元经过"资本运作"后可获得1040万元。具体模式是引诱参加人员参加该传销组织时先交纳69800元，用

*　本文系2020年度最高人民检察院检察理论研究课题"网络传销犯罪研究"（GJ2020WLB12）阶段性成果。

**　郭莉，国家检察官学院副教授；王东海，重庆市江北区人民检察院。

于购买21份、每份3800元的份额以获得加入资格，加入该传销组织的次月，传销组织退回19000元，即加入者实际出资金额为50800元。加入者加入后的任务是发展3个下线，被发展的3个下线各自再分别发展3个下线，依此类推。当发展的下线达到29人时就可以晋升为老总。晋升为老总级别后，每个月可以拿工资，一直拿到1040万元。一旦拿到1040万元，就从传销组织中退出，完成所谓的“资本运作”。[①]该系列案件遍布贵州、江苏、湖北、山东等省市，在中国裁判文书网刑事案件项下输入“1040阳光工程”“组织、领导传销”关键词进行搜索，可以检索到900余篇文书。

[案例二] 江西太平洋网络直购案中，唐某南等人注册成立了江西精彩生活实业有限公司，后更名为江西精彩生活投资发展有限公司（以下简称江西精彩公司），并将法定代表人变更为唐某南的母亲李某华。该公司创办开通了太平洋直购官方网，依托该网站销售美国“立新世纪”公司的保健品等物品。之后，唐某南利用太平洋直购官方网站，推出“BMC”（Business-Medium-Customer，即企业、媒介、消费者的英文缩写）模式，设计出以PV为计量单位的会员消费积分返利模式。经对该模式不断调整后，最终形成从普通、银卡、金卡、钻石卡会员到渠道商总共十六个级别的会员制度。每个级别的会员享受的返利比例不同，银卡、金卡、钻石卡会员分别享受5%、10%、15%的返利比例；合格、五级、四级、特四级、三级、二级、特二级、一级、大区、特区、首席、全球诚信渠道商分别享受20%、26%、32%、35%、38%、44%、47%、51%、58%、61%、65%、71%的返利比例。这些上下级的渠道商之间形成了层级关系，并进行上级从下级业绩中提成的团队计酬，但是这种团队计酬是一次性的，并且提成也只能是上级从下级提成，上级不能从其下级再发展的下级渠道商进行提成，即各个团队只能形成两级计酬。[②]太平洋直购案件也涉及多个省市，如河南、山东、湖北、吉林等省市。采取上线只能从其自身发展的下线

---

① 参见广西壮族自治区北海市银海区人民法院刑事判决书，（2016）桂0503刑初102号。

② 参见江西省高级人民法院刑事判决书，（2013）赣刑二终字第63号。

进行提成模式的传销案件，还有“魔幻农庄”传销游戏案件，“MMM金融互助社区”传销案件等。

《刑法》第13条关于犯罪的概念界定，包括分则当中关于一个行为是否构成犯罪的判断，采取的“定性+定量”的模式。组织、领导传销活动罪也不例外，其在立法模式上遵循了这一原则。我国对传销犯罪的刑事规制，经历了20世纪八九十年代的刑事规制空档阶段→21世纪初以非法经营罪为主进行规制阶段→2009年以组织、领导传销活动罪为主进行规制阶段。[①] 2009年《刑法修正案（七）》第4条将组织、领导传销活动罪作为《刑法》第224条之一进行规定，采取叙明罪状的方式，对采取“拉人头”“收取入门费”骗取财物的传销活动，以组织、领导传销活动罪定罪处罚。《最高人民检察院、公安部关于公安机关管辖的刑事案件立案追诉标准的规定（二）》（以下简称《追诉标准（二）》）规定，涉嫌组织、领导的传销活动人员在30人以上且层级在3级以上的，对组织者、领导者应予立案追诉。2013年《最高人民法院、最高人民检察院、公安部关于办理组织领导传销活动刑事案件适用法律若干问题的意见》（以下简称《意见》）第1条重申了构成组织、领导传销活动罪需要3级30人的定量标准。可见，我国刑法及相关司法解释，将组织、领导传销活动罪的罪量标准定为3级30人，即并不是只要实施了“拉人头”“收取入门费”的传销诈骗行为就构成本罪，根据上述司法解释的规定，“只有达到传销活动人员在30人以上且层级在3级以上的规模，才能构成本罪”[②]。

然而，通过上述两个真实的案例可以发现，法律规定与现实案件之间总存在着或多或少的差异，将作为大前提的刑法规范和作为小前提的案件事实进行涵摄推理，进而得出解释结论或者案件处理结果时，总是会出现这样那样的难题。这一方面固然是由立法本身的相对滞后性造成的，另一方面也和不法分子故意采取规避法律制裁的方法手段进行犯罪活动相关。如案例一，该模式故意规避了30人的标准，虽然

① 参见印波:《传销犯罪的司法限缩与立法完善》,《中国法学》2020年第5期。

② 陈兴良:《组织、领导传销活动罪：性质与界限》,《政法论坛》2016年第2期。

层级达到了3层，但是人数在接近30人时即宣告升级，不再继续“拉人头”“收取入门费”；案例二中，虽然发展渠道商的人数远远大于30人，但是在层级设定上，或者说在提成上，只是进行2级提成，上级渠道商和其下级渠道商再发展的下级不再发生提成上的关系，互不干涉、互不隶属。事实上，除上述典型案例外，在司法实践中，特别是在公安机关立案侦查中，还有不少案件规避了3级30人的罪量标准。[①]

针对实践中层级人数认定的问题，《意见》对《追诉标准（二）》进行了进一步的完善。如明确了对于组织、领导多个传销组织的传销人员，只要其组织、领导的单个或者多个组织中的层级已达3级以上的，就可以将其组织、领导的多个组织中发展的人数合并计算。这样可以弥补对于组织、领导多个传销组织，虽然均达到了3个层级，但每个组织都刻意规避30人人数要求的处罚漏洞。再如，针对一些隐形的“组织、领导者”，通过形式上退出或者幕后指挥的形式逃避法律制裁的，规定了“穿透式”“实质性”认定的标准，即虽然形式上脱离原传销组织，但继续从中获取报酬或返利的，要对后续发展的层级和人数负责，如此规定，有利于对幕后指挥者的惩处和打击。

但是可以看到，上述完善，依然无法妥善解决前述提到的案例。因为对于案例一来说，传销人员发展到3级29人后就升为老总，领取所谓的固定“工资”，其本人不再发展人员，不符合组织、领导多个传销组织的特征。同时，其领取的所谓的“工资”来源于何处，是原传销组织继续发展的人员吗？“工资”来源难以查清，也很难认定其符合形式上脱离原传销组织实际上从中获取报酬的情形。对于案例二来说，30人的标准不难达到，但是上级渠道商只从其自己发展的下级渠道商处获利，不会形成3个层级的结构，完善后的罪量标准依然难以将其作为犯罪进行打击。

---

① 经对C市三级公安机关共计17个法制部门、H省三级公安机关共计15个法制部门、S省三级公安机关共计18个法制部门专门审核经济类犯罪的法制人员进行电话、微信等采访，发现各地区都不同程度存在不法分子刻意回避层级和人数要求的情况。很多案件因不符合或者不能查实达到了层级和人数的要求而不予立案，或者立案后无法取得实质性进展而撤销案件。

可见，传统的罪量标准在面对司法实践中行为人故意规避的情形时，仍难以完全妥善处理。特别是在互联网日益发达的社会背景下，不法分子采取网络方式进行传销，给传统的罪量标准带来更多的适用困境。正如有学者所指出："对于互联网传销组织刻意规避法律制裁，通过在团队人数以及发展层级上进行模式变换与创新，以往司法解释认定标准在面对新型传销模式存在一定的滞后与机械。"[①] 对此，有必要进行深入研究，以有效应对该类犯罪的惩处。

二、问题解析：网络背景下传统罪量标准的适用困境

（一）互联网背景下传销犯罪的新特点

发端于20世纪60年代美国的互联网，经历不断发展后，至1995年开启了全面商业化。我国自1994年接入互联网后，获得迅速发展，2007年底的网民数量便超过美国。[②] 随着互联网的日益发达，人们已经被深深地镶嵌在互联网的世界之中，衣食住行都与互联网紧紧勾连在一起，"网络空间与现实空间正逐步地走向交叉融合，'双层社会'正逐步形成"[③]。同时，犯罪行为也逐渐走向互联网领域，网络空间逐渐成为犯罪空间，传统犯罪面临着被网络化的新挑战。[④] 传销犯罪也不例外，传统传销与互联网技术相勾连，逐渐从物理空间走向网络空间，实现了传销犯罪的网络化，即网络传销是在传统传销的基础上发展而来的变种，是"互联网普及时代传统传销模式借助网络的便利升级而成的'加强版'传销"[⑤]。其借助互联网迅速散播传销信息、发展传销人员、牟取非法利益，开启了网络传销的新阶段。这种以互联网为载体和手段的新型传销模式，存在手段隐蔽、受害群体涉众性广、标的虚拟化、

---

① 时方：《互联网传销刑法规制研究》，《国家检察官学院学报》2019年第6期。

② 参见李耀东、李钧：《互联网金融》，电子工业出版社2014年版，第143—145页。

③ 《"双层社会"中传统刑法的适用空间——以"两高"〈网络诽谤解释〉的发布为背景》，《法学》2013年第10期。

④ 参见梁根林：《传统犯罪网络化：归责障碍、刑法应对与教义限缩》，《法学》2017年第2期。

⑤ 韩玲：《网络传销的司法认定》，《警学研究》2019年第2期。

违法成本低、首脑高智化、监管难、侦查取证难、司法认定难等特点。

在“互联网 +”背景下，传销人员充分利用网络进行传销活动，比传统意义上的传销更具欺骗性和隐蔽性，他们往往打着远程教育、培训个人创业、电子商务的旗号吸引人，掩人耳目，遮盖其发展会员（下线）牟利的本质。网络传销突破了地域和国界的限制，即使在国内，也是遍地开花。传销骨干人员经常是“狡兔三窟”，采取“游击战”的打法，全国各地流窜作案，执法司法机关往往只能抓获当地的头目，但对销毁整个传销集团却无能为力，治标不治本。对于跨国网络传销，仅仅依靠一国的力量难以有效打击，需要国际社会的通力合作，但目前各国对传销褒贬不一，要统一执法标准极其困难。可见，网络传销在传播力度、参与人员和涉案金额等方面，都获得了不可思议的几何式“升级”，如“Plus Token”平台网络传销案，短短一年时间发展会员 200 余万人，层级关系高达 3000 余层，涉案金额 500 多亿元，[①] 严重破坏了社会经济秩序，造成网络诚信危机，成为影响社会和谐稳定的新问题。

（二）网络背景下传统罪量标准的客观适用桎梏

网络背景下传销犯罪的新特点，给传统罪量标准的认定和适用带来了新的挑战，使得传统罪量标准难以适应新的发展变化。

首先，传统的熟人关系演变为陌生关系。随着传统的物理空间社会和新兴的网络空间社会“双层社会”的到来，乡土中国社会发生了翻天覆地的变化，基本上处于被瓦解的边缘。传统乡土社会中以血缘和地缘为基础建立起来的熟人社会，逐渐走向以个体为中心的网络空间社会，人与人之间物理空间上的接触逐渐向网上接触进行演变。表现在传销组织中，传统的亲戚、同学、战友、朋友之间的人传人的模式，逐渐走向通过二维码、推荐码扫描加入的传销模式，通过网络账号注册登记却见不到人，传销上线和下线几乎不见面，更不知道下线的真

① 参见卢志坚、伏晶、周雨晴：《揭开 500 亿“区块链”骗局》，《检察日报》2020 年 9 月 29 日。

实姓名和联系方式，甚至传销上线真实发展了几个下线都不能确定。这种情况与乡土社会模式下传销上线和下线之间密切接触，整个团体经常进行“集体学习”“集体旅游”“团体培训”等“洗脑”而使传销参与人之间相互熟识的情况不同，网络传销的扁平化、分散化、虚拟化以及人际关系弱化十分明显，[①]客观上造成了层级和具体人数确定存在困难。

其次，传统的实实在在的人演变为虚拟的账号。相对于物理空间“人传人”的传销模式而言，网络虚拟空间的“账号传账号”的传销模式，在客观上确实难以确定层级和人数的同时，更是给公安机关的侦查取证带来极大困难。一方面，传统物理空间的“人传人”传销模式，传销人员之间或者说至少以某个上线为中心的同一传销团队人员之间的关系是比较密切的，上线知道发展了哪些下线，知道自己甚至知道他人所处的层级，下线也了解上线人员的基本情况。在这种情况下，侦查人员只要通过对某一个传销人员或某几个传销人员的讯问/询问便可掌握某一传销团体的大概层级和人数，更容易顺藤摸瓜找到分别处于不同层级的人员以确定传销组织的层级，以及达到《追诉标准（二）》《意见》所规定的30人的人数要求。然而，在网络空间“账户传账户”的传销模式下，很难通过对一个人的讯问/询问而掌握其他人员的信息。另一方面，网络空间的虚拟性导致一些账号系虚假的，即有些传销人员为了尽快升级往往通过利用亲戚朋友的身份注册账号或者通过购买而来的个人信息进行账号注册，从而达到升级所要求的下线人数或者层级，这就需要解决虚拟身份的去重问题[②]和“人机同一认定”的难题等。[③]传销人员借助虚拟的网络平台，使得上下线之间的真实身份难以确定；发展人员往往采用推荐码的方式，推荐人很难确定

---

① 参见张学永、李春华：《网络传销的刑法规制研究》，《中国人民公安大学学报（社会科学版）》2019年第5期。

② 参见赵广晔：《基于属性聚类的传销网站账户去重方法研究》，《科技创新与应用》2019年第18期。

③ 参见孙道宁、赵广晔：《网络传销案件侦查思路的再审视》，《北京警察学院学报》2020年第5期。

哪些新会员是通过自己发的推荐码而进入传销团队的；发展的人员多，关系复杂，难以梳理。[①]很多网络传销平台还设计了多种层级结构用来应对所设计的多种返利模式，这也给认定层级和人数带来客观上的困难。

（三）网络背景下传统罪量标准的主观适用枷锁

网络背景下的传销组织犯罪罪量的认定，除了客观因素造成认定难外，还有主观方面的因素，即由于人的主观方面所造成的困难。

首先，网络传销不法分子故意规避罪量标准。从事传销的不法分子为逃避打击，往往采取各种方式刻意回避立案追诉标准规定的 3 级 30 人的入罪条件。特别是在网络传销日益猖獗的时代背景下，行为人往往通过网络化的形式进行回避。一方面，他们利用网络条件适合发展大量人员的优势，采取扁平化的管理方式和计酬、返利模式，在层级不足 3 级的情况下也可以达到发展大量人员收取巨额“入门费”的目的。在保证能够获得最大利益提成的情况下，通过多种形式使得层级一直维持在两层，即使发展到了三个层级，也会在第三个层级形成时便解散，然后再重复之前的发展模式。有的形式上虽然淡化层级，但实质上却依然进行着层级管理和操控，只是从账号上很难发现具有实质层级的存在。如江西的太平洋直购案，只进行两层计酬模式，刻意回避层级的标准。另一方面，网络传销人员故意规避人数的入罪标准，通过操纵多个账号且将账号之间关系故意剥离，制造系多个独立的传销组织的假象将人数控制在 30 人以下；或者将人员进行跨区域分散，使得每处“犯罪地”的人数控制在 30 人以下，[②]意图逃避 30 人的刑法制裁的红线。此外，一些传销人员为逃避侦查，会采取经常变换服务器、更改网址等方式和侦查机关玩“猫抓老鼠”的游戏；还有一些传销人员在得知侦查机关对其进行侦查后，会迅速关闭平台，并将平台

---

① 参见谢泽润、刘德利:《论网络传销案件的侦查对策》,《武汉公安干部学院学报》2019 年第 3 期。

② 参见李祯:《大数据时代网络传销犯罪的新型防控》,《北京警察学院学报》2020 年第 1 期。

中的会员信息及投资数据删除，[①] 并物理性毁灭电脑硬盘等，[②] 故意毁灭证据，给侦查取证制造障碍。

其次，侦查司法人员对网络证据的收集和审查存在短板。网络传销的电子数据往往包括网站网页与源代码、会员和投资数额数据库、相关应用程序、电子邮件、QQ 和微信聊天记录等，涉及的内容庞杂；服务器往往在外地甚至是国外，且往往变换服务器托管场所。数据的庞杂和提取的困难，给侦查人员提出较高的技术挑战，需要侦查人员在具备法律知识的同时更要具备较高的技术技能。同时，也给检察人员和审判人员对电子证据合法性、客观性、关联性审查，对电子证据的运用，对依托电子证据认定案件事实等，均提出了较高的要求。侦查司法人员主观素能的不足，直接影响到是否能够充分运用电子证据判断传销组织是否达到了 3 级 30 人的罪量标准。

三、纾解路径：网络传销犯罪罪量标准的立法完善

针对上述弊端，有司法实务者指出："对于层级的认定不能仅仅局限于传统的固定金字塔形状，只要在一定框架下体现出层级的不可超越性，表现出'下大上小'的组织形态，达到类金字塔的特点，具有金字塔的本质，即满足层级要求。"[③] 该观点虽然是对层级的认定进行论述，但依然是在《追诉标准（二）》和《意见》的框架下，并没有对 3 级 30 人这一标准的不合理性进行纠正或者弥补。对此，可以考虑引入数额入罪标准、同类前科"减半"入罪、故意规避层级的按照总体人数入罪等，对传统的罪量标准加以完善，以严密刑事法网。

① 参见山东省昌邑市人民法院刑事判决书，（2018）鲁 0786 刑初 298 号；安徽省淮北市中级人民法院刑事判决书，（2019）皖 06 刑终 278 号；福建省龙岩市新罗区人民法院刑事判决书，（2018）闽 0802 刑初 690 号。这些判决书中均显示，相关传销人员在资金链断裂，或者被调查后，迅速删除平台中的会员信息、投资数据等与传销有关的电子证据。

② 参见山东省聊城市东昌府区人民法院刑事判决书，（2019）鲁 1502 刑初 920 号。该案中，传销人员为逃避打击，关闭平台，并毁灭电脑。

③ 宋盈：《新型网络传销案件的法律规制——以云数贸五行币传销案为视角》，《2018 第二届全国检察官阅读征文活动获奖文选》，第 1222 页。

（一）引入犯罪数额入罪标准

《刑法》对组织、领导传销活动罪的罪状描述是，“组织、领导以推销商品、提供服务等经营活动为名，要求参加者以缴纳费用或者购买商品、服务等方式获得加入资格，并按照一定顺序组成层级，直接或者间接以发展人员的数量作为计酬或者返利依据，引诱、胁迫参加者继续发展他人参加，骗取财物，扰乱经济社会秩序的传销活动的……”，虽然立法时通过草案二将其摆放位置从草案一中放在非法经营罪条文之一调整到了合同诈骗罪条文之下，且明确规定该罪是通过“拉人头”“收取入门费等方式”骗取财物，但是，其根本上依然深藏着扰乱市场秩序这一非法经营的特征。司法实践中，对于没有骗取财物的传销行为依然按照非法经营罪进行定罪处罚。如四川邛崃法院审理的孙某朝传销“娇子”系列酒案[①]、河南许昌法院审理的罗某钢传销银杏酒案[②]，均以非法经营罪进行判处。也许是基于此种原因，2010 年《追诉标准（二）》和 2013 年《意见》均将 3 级 30 人作为立案追诉的标准，并没有将骗取财物的数量作为构成犯罪的定量因素。不得不说，单纯以 3 级 30 人作为立案追诉标准存在逻辑上的缺陷。

从立法的角度来说，《刑法》非常明确地规定，组织、领导传销活动的基本要件是“骗取财物”，且立法者在对该罪进行说明时也明确了这一点，时任全国人大常委会法工委刑法室副主任的雷建斌指出，“传销活动最本质的特征在于诈骗性……传销活动实际上是一种诈骗活动”[③]；时任全国人大常委会法工委刑法室副主任的黄太云也指出，骗取财物是传销活动罪的本质特征，“传销活动的一切最终目的，都是为了骗取钱财”[④]。从理论研究的角度来看，多数学者认为该罪的本质特征是诈骗，如立法过程中组织、领导传销活动罪实现了由经营型传销向诈

① 参见四川省邛崃市人民法院刑事判决书，(2012) 邛崃刑初 288 号。

② 参见河南省许昌市建安区人民法院刑事判决书，(2010) 许县刑初 33 号。

③ 雷建斌:《组织、领导传销活动罪的理解与适用》,《中国工商管理研究》2009 年第 6 期。

④ 黄太云:《〈刑法修正案（七）〉解读》,《人民检察》2009 年第 6 期。

骗型传销的转变，组织、领导传销活动罪的本质特征是骗取财物；[①]骗取财物是组织、领导传销的核心特征，"拉人头、组成层级、收取入门费最终都是为了骗取参加者、被发展人的财物"[②]；传销活动本质上是诈骗的一种行为方式；[③]将《刑法》第224条之一增设的组织、领导传销活动罪中的"骗取财物"理解为诈骗而非欺骗，既是立法限制传销范围的当然选择，也是"收取入门费+拉人头"式传销的基本特征。[④]但是，当时的司法实践和立案追诉标准并没有在构成组织、领导传销活动罪中体现"骗取财物"的定量因素。

既然组织、领导传销活动罪的本质是骗取财物，那么就应当将骗取财物的数额也作为一项入罪标准，对于不法分子刻意逃避层级和人数限制的，特别是在网络传销中毁灭电子证据导致无法查清层级和人数的，可以比照诈骗型罪名的犯罪数额入罪标准进行规定，完善其入罪的定量因素。即对于网络传销的特殊形态，应当在3级30人的标准之外再增加一项犯罪数额的入罪标准，形成"3级30人"与"犯罪数额"并行的罪量标准。

（二）故意规避层级的按照总体人数入罪

前已述及，网络传销犯罪相较于传统传销犯罪具有较大的社会危害性，其对社会的危害是全方位的，并不单单危害个人财产权利或社会秩序，而是对经济社会秩序的一种多重危害。传销犯罪的社会危害性主要表现为：瓦解社会伦理体系、破坏社会稳定基础，侵犯公私财产、破坏社会主义市场经济秩序和金融管理秩序，引发治安案件乃至刑事案件、侵犯公民人身权利、破坏社会治安秩序，影响社会稳定等等。[⑤]可见，传销犯罪特别是网络传销犯罪的重点在于其对整体经济社会秩

① 参见陈兴良：《组织、领导传销活动罪：性质与界限》，《政法论坛》2016年第2期。

② 姜德鑫：《传销行为的犯罪化问题探析》，《政治与法律》2009年第8期。

③ 参见黎宏：《刑法学》，法律出版社2012年版，第619页。

④ 参见袁彬：《我国治理传销犯罪的基本逻辑及其展开》，《经贸法律评论》2020年第3期。

⑤ 黄太云：《〈刑法修正案（七）〉解读》，《人民检察》2009年第6期。

序危害较大，而对经济秩序危害较大并不单纯表现在层级上，也同样表现在众多人员参与上。

因此，面对网络传销的扁平化特征和传销人员故意规避3级的层级入罪规定，有必要对层级限制进行灵活把握。对此，一些学者和司法实务者也提出了应对措施，如对于网络传销的犯罪，“层级结构应从整体上把握”，“只要组织的整个结构是以双轨制、级差制的金字塔式向下发展，就构成形式上的传销”①；应结合整体组织的规模、涉案金额等进行总体评价，“对于不具有实际经营行为的互联网传销组织，即使没有形成团队计酬的三级层级，对于整体运作组织应作为传销活动认定”②；“互联网空间的三个层级影响范围远大于传统社会线下发展的三个层级范围，因此，降低传销发展层级的标准才能应对互联网时代的新情势”③。但是，这些解决方案并没有给出具体的操作标准。建议可以参照《意见》关于组织、领导传销活动罪“情节严重”标准的人数的认定，即规定在网络传销环境下，无法查清层级关系，但是组织、领导的参与传销活动人员累计达120人以上的，也应当构成组织、领导传销活动罪。当然，在采取该标准入罪后，不能再认定为“情节严重”从而升格量刑幅度，该种情形下的升格量刑应当适当增加人数标准，比如达到240人以上的才按照“情节严重”进行量刑。

（三）借鉴同类前科“减半”入罪原理

对某种行为是否以犯罪论处的主要判断标准之一是该种行为的社会危害性大小，该标准不仅适用于立法层面，也适用于司法层面。关于社会危害性判断需要考量的内容，主要有行为对立法者所保护的法益具有侵害性或者侵害的危险性、行为侵犯的社会关系的性质、行为本身的情况、行为人的主观因素及其他个人情况等（行为人的主观恶性

---

① 金琳:《网络环境下组织、领导传销活动的入罪分析》,《人民检察》2018年第11期。

② 时方:《互联网传销刑法规制研究》,《国家检察官学院学报》2019年第6期。

③ 黄罕敏:《组织、领导传销活动罪：法益的嬗变与行为特质》,《厦门大学法律评论》(总第三十一辑)，厦门大学出版社2019年版，第227页。

也是重要因素）。可见，对某一行为社会危害性的判断并不是只有表现为客观的结果所决定的，行为人的人身危险性也是重要的考量因素之一。因此，“两高”相继出台了《关于办理盗窃刑事案件适用法律若干问题的解释》《关于办理敲诈勒索刑事案件适用法律若干问题的解释》《关于办理抢夺刑事案件适用法律若干问题的解释》等司法解释，确立了“存在同类前科，后行为数额标准减半入罪”的原则，即在入罪时充分考量了行为人的同类前科情况这一表征人身危险性的因素。

在网络传销犯罪中，由于各种原因造成了对 3 级 30 人认定的困难，特别是由于不法传销人员的刻意规避而导致难以认定其组织、领导的传销组织是否达到了 3 级 30 人的罪量标准，那么，完全可以考虑以同类前科所表现出来的社会危险性对传统罪量标准进行补足，以实现刑法保护社会的机能。即应当规定“曾因组织、领导传销活动受过刑事处罚，或者一年以内因组织、领导传销活动受过行政处罚，又直接或者间接发展参与传销活动人员在十五人以上且层级在两级以上的”即可认定其行为入罪，对《意见》进行进一步完善。

四、结语

传统的 3 级 30 人的组织、领导传销活动罪的罪量标准，已经难以适应网络传销的新形势，成为司法实践和理论研究中需要解决的重要课题。面对网络传销的严重社会危害性，欲发挥刑法的社会保护机能，就需要适当调整传统的罪量标准，以适应打击网络传销犯罪、严密刑事法网的现实需求。针对传销犯罪的骗取财物的本质特征，应当在层级和人数之外增加数额入罪标准；针对网络传销对经济社会秩序的危害，应当增加层级难以认定时人数入罪的标准；针对同类前科人员所表征的社会危害性，应当引入“同类前科减半规定”的标准。由此形成四个维度的入罪标准，以有效惩治网络传销犯罪。

以数据为媒介侵犯传统法益行为的刑法规制

陆　旭　郑丽莉*

摘　要　购物网站设置的虚拟货币等价物不是网络虚拟财产，而是财产性利益。行为人以非法占有为目的，使用FD抓包软件修改购物网站传输中的交易数据、非法获取虚拟货币等价物，进而兑付消费的行为，既不构成非法获取计算机信息系统数据罪，也不构成破坏计算机信息系统罪，而是符合《刑法》第287条之规定，属于利用计算机信息网络实施盗窃行为，应按照盗窃罪处罚，其犯罪数额应以消费金额认定，所购商品已经发货的，构成犯罪既遂。司法机关办理网络犯罪案件，应识别是否为传统犯罪的网络化，正确选择适用的罪名。

关键词　抓包软件　非法获取计算机信息系统数据罪　破坏计算机信息系统罪　盗窃罪　犯罪既遂

近年来，随着网络犯罪的代际变化，网络犯罪逐步由“以网络为犯罪对象”“以网络为犯罪工具”发展到“以网络为犯罪空间”，因此，网络犯罪行为侵犯的法益由单纯的计算机信息系统相关的专属法益，逐步扩张到包含公民财产权利，人格、名誉等人身权利，社会公共秩

*　陆旭，天津市人民检察院检察官，法学博士；郑丽莉，天津市和平区人民检察院检察官。

序乃至公共安全、国家安全等在内的众多传统法益。一些传统犯罪也通过计算机信息网络不断“转型升级”，特别是“互联网+”经济发展过程中，很多不法分子利用网络规则漏洞进行犯罪的现象明显增多，对新型产业和新兴业态带来较大危害，不仅给人民群众合法利益带来严重威胁，也加大了司法处置的难度，如在罪名适用上产生一系列颇具争议的难题。

［**基本案情**］“真博精选”系经营日用品的网络购物平台。用户在该平台购物需先注册账户后，购买“吉祥宝盒”。每个“吉祥宝盒”售价100元人民币，购买后账户充值100元，用户可用账户金额在该网站购物，账户余额也可以提现。被告人龙某亮系计算机技术爱好者，其通过一款名为Fiddler Web Debugger的工具软件（以下简称FD抓包软件）发现“真博精选”网站支付系统存在漏洞，即在购买“吉祥宝盒”时，可以将支付金额修改为负数。2020年1月15日，被告人龙某亮利用其事先购买的虚拟手机号码和他人银行卡注册了“真博精选”购物平台账号，并在同一局域网下，用一台电脑安装FD抓包软件，用手机登录该购物平台，在填写购买“吉祥宝盒”订单时，运行FD抓包软件，抓取向该购物平台发送的支付数据包，并将支付金额修改为负数后再次发送至购物平台，购物平台自动识别为购买“吉祥宝盒”并充值。通过该种方式，被告人龙某亮在未实际支付资金的情况下购买1928个“吉祥宝盒”，其账户内充值人民币192800元。后被告人龙某亮利用账户资金多次购买了总计9900元的商品。2020年1月20日，“真博精选”购物平台技术人员发现账户异常，遂冻结了龙某亮在该购物平台账户中的余额，但所购商品均已发货。2020年1月22日，公安机关在住处将被告人龙某亮抓获归案。天津市和平区人民检察院以盗窃罪对被告人龙某亮提起公诉，法院采纳检察机关意见，以盗窃罪对被告人龙某亮定罪处罚。

一、争议焦点

针对案件中被告人龙某亮的行为性质，存在多种分歧意见。

分歧意见一：被告人的行为构成非法获取计算机信息系统数据罪。

本案中的犯罪对象是虚拟财产，我国司法实践中并未将其纳入财产犯罪法益中，因此，不应构成财产性犯罪。被告人利用 FD 抓包软件获取计算机信息系统数据，并进一步修改该数据，侵犯了计算机信息系统的数据安全，应构成非法获取计算机信息系统数据罪。

分歧意见二：被告人的行为构成破坏计算机信息系统罪。根据《刑法》第 286 条第 2 款规定，违反国家规定，对计算机信息系统中存储、处理或者传输的数据和应用程序进行删除、修改、增加的操作，后果严重的，构成破坏计算机信息系统罪。被告人的行为实际上是对计算机信息系统传输中的数据进行修改的行为，其获利金额达到司法解释规定的“后果严重”标准，应构成破坏计算机信息系统罪。

分歧意见三：被告人的行为构成盗窃罪。《刑法》第 287 条明确规定：“利用计算机实施金融诈骗、盗窃、贪污、挪用公款、窃取国家秘密或者其他犯罪的，依照本法有关规定定罪处罚。”该条规定是关于利用计算机实施传统犯罪的法律拟制规定，本案中被告人的行为符合该条规定，只能认定为盗窃罪。

分歧意见四：被告人的行为构成破坏计算机信息系统罪与盗窃罪之间的想象竞合，应择一重罪处罚，认定为破坏计算机信息系统罪。

分歧意见五：被告人的行为属于破坏计算机信息系统罪与盗窃罪之间的牵连犯，前者是手段行为，后者是目的行为，根据从一重罪的处罚原则，应认定为破坏计算机信息系统罪。

二、裁判理由之法理评析

（一）本案中“吉祥宝盒”的权利属性

“吉祥宝盒”是否属于虚拟财产对于本案罪名认定至关重要，因为目前法律对虚拟财产的法律属性尚未作出明确的规定，最高司法机关针对窃取、骗取虚拟财产的行为倾向于不宜认定为盗窃、诈骗等财产性犯罪。对此，“两高”曾以不同方式明确表达了上述意见：一是 2012 年《最高人民法院研究室关于利用计算机窃取他人游戏币非法销售获利如何定性问题的研究意见》中认为“虚拟财产不是财物，本质上是电磁记录，是电子数据”。[①]二是2013年“两高”颁布《关于办理盗窃刑事案件适用法律若干问题的解释》后，最高人民法院参与制定该解释的人员在进一步解读中明确指出，网络虚拟财产的法律属性是计算机信息系统数据，并认为对盗窃虚拟财产的行为如需刑法规制，可以按照非法获取计算机信息系统数据等计算机犯罪定罪处罚，不应认定为盗窃罪。[②]因此，如果“吉祥宝盒”的法律性质属于虚拟财产，则本案不应认定为盗窃罪，则只能从计算机网络犯罪中确定罪名。

所谓网络虚拟财产，广义上是指一切存在于特定网络虚拟空间的专属虚拟物，包括域名、账号、游戏的虚拟装备、Q币等；而狭义上的虚拟财产则特指在网络游戏中具有一定价值的物品，如游戏币、武器装备、游戏中的房产、土地等。无论采取广义还是狭义的概念，虚拟财产最本质的特征在于，其是存在于网络虚拟环境中的财产，不能将现实世界中被数字化的财产当作虚拟财产。本案中的“吉祥宝盒”性质上与网络虚拟财产并不相同。第一，从财产属性的来源上看，“吉祥宝盒”需要用等值货币购买，其面额是由真实货币充值所换取的，是为了方便资金使用的一种便捷方式而已，而有一些虚拟财产的价值来源于用户投入大量时间，是经验值的体现，比如网游中的一些高级别账号。第二，从用途来看，“吉祥宝盒”可以用于现实地购买商品，并非只能在虚拟空间使用，相当于一种购物卡，是用于购买商品、接受服务的对价。因此，不管存在方式和交换方式如何变化，这些数字化的财产仍然是现实财产、真实财产，而不是虚拟财产，是现实财产在网络环境中使用的一种表现形式而已。[③]实际上，“吉祥宝盒”体现的是一种债权债务关系，本质上属于财产性利益，当用户购买等值的“吉祥宝盒”后，就享有了对该网站相应数额的债权，可以在该网站以购

---

① 参见喻海松：《最高人民法院研究室关于利用计算机窃取他人游戏币非法销售获利如何定性问题的研究意见》，张军主编：《司法研究与指导》（2012年第2辑），人民法院出版社2012年版，第135页。

② 参见胡云腾、周加海、周海洋：《〈关于办理盗窃刑事案件适用法律若干问题的解释〉的理解和适用》，《人民司法》2014年第15期。

③ 参见欧阳本祺：《论虚拟财产的刑法保护》，《政治与法律》2019年第9期。

买商品方式实现债权，但当行为人通过 FD 抓包软件修改购买价格而非法获得“吉祥宝盒”时候，就是通过非法手段使网站承担了不应有的债务，行为人进而通过购物方式实现非法债权，造成网站的经济损失，本质上侵犯的是网站经营者的财产利益。

（二）“计算机信息系统数据”的范围

无论是《刑法》第 285 条第 2 款规定的非法获取计算机信息系统数据罪还是第 286 条第 2 款中规定的，对计算机信息系统中存储、处理或者传输的数据进行删除、修改、增加的操作，从而构成破坏计算机信息系统罪的规定，都涉及对“计算机信息系统数据”的理解及界定，对此存在不同观点。通常认为，计算机信息系统数据是指保存在计算机信息系统内的应用数据等。2011 年 8 月 1 日“两高”颁布《关于办理危害计算机信息系统安全刑事案件应用法律若干问题的解释》（以下简称《解释》），其中第 1 条明确规定非法获取计算机信息系统数据罪中“数据”仅指身份认证信息；第 11 条又规定“身份认证信息”是指用于确认用户在计算机信息系统上操作权限的数据，包括账号、口令、密码、数字证书等。据此，一种观点认为，上述两个罪名中“数据”的范围应受到严格限制，并认为尽管司法实践已经毫无根据地将“计算机信息系统数据”扩张到包含公民个人信息、游戏币等网络虚拟财产、积分等网络财产性利益以及客户信息等数据产品，但这种做法是值得反思的，正是这种不当扩大适用导致非法获取计算机信息系统数据罪沦为计算机类犯罪的“口袋罪”。按照该观点，本案中被告人截取并修改的数据实质上是用户购买商品的交易信息，并不属于身份认证信息，因此，不属于计算机信息系统数据。笔者注意到，在余某盗窃一案中，公诉机关指控被告人余某构成破坏计算机信息系统罪，而一审法院变更为盗窃罪，二审法院予以维持原判，审判机关的理由便是认为被告人余某利用抓包软件修改的数据，本质是交易数据，该数据影响的是现实交易，而非计算机信息系统。[①]

---

① 参见浙江省杭州市人民法院刑事判决书，（2018）浙 0110 刑初 289 号。

笔者认为，对计算机信息数据的界定不应过于狭隘。《数据安全法》对数据作出了十分宽泛的界定，该法第3条第1款规定："本法所称数据，是指任何以电子或者其他方式对信息的记录。"应当说，计算机信息系统正常运行不仅取决于系统功能的健全，还需要系统中的有关数据的完整、准确，对这二者任何一方面进行破坏的，都会影响到计算机信息系统的有效运转，基于此，《刑法》将对数据进行修改、删除的行为纳入破坏计算机信息系统罪中。以往司法实践中，将本罪中的"数据"限定在计算机信息系统中的数据，但随着云存储、大数据等网络技术的发展，越来越多的人认为将对数据做出位置限定会不当限制非法获取计算机信息系统数据罪、破坏计算机信息系统罪的规制范围，如当前云端存储使数据存储与本地存储分离，大数据技术利用传感器获取海量数据，使数据传入与本地系统分离。① 事实上，信息传播受到攻击会造成数据在网络上传播失控，同样也会造成信息网络系统瘫痪等严重后果。② 信息安全与系统安全密切相关，二者之间具有"一体两面"的内在联系。

因此，对于是否属于破坏计算机信息系统罪中的"数据"的判断不应停留在是否存储于计算机信息系统之中这样形式化的判断标准，而是应从功能上进行判断，即应要求这些数据的状态会影响到计算机信息系统的正常运行与安全。理由如下：第一，《刑法》第286条分别规定了三种破坏计算机信息系统的行为方式，其中第1款、第3款分别规定了"造成计算机信息系统不能正常运行"或"影响计算机系统正常运行"的结果要件，唯独第2款没有规定结果要件，由于针对更为重要的"计算机信息系统功能"的破坏行为都有结果限定，从体系解释、当然解释及罪责刑相一致等方面考量，这并不意味着针对数据实施删除、修改、增加的行为，没有任何限制均构成该罪，第2款也应

① 李源粒：《破坏计算机信息系统罪"网络化"转型中的规范结构透视》，《法学论坛》2019年第2期。

② 参见陈建昌：《大数据环境下的网络安全分析》，《中国新通信》2013年第17期。

要求对计算机信息系统造成一定的影响才能构成本罪。[①]第二，从本罪的立法目的或保护法益来看，本罪意图保护计算机信息系统的安全，因此，对于一些并不关系计算机信息系统安全的数据的删除、修改、增加行为不会危害刑法保护的法益，不在本罪涵涉范围内。可见，《刑法》第286条第2款中的“数据”应起到释放入罪标准的限制功能，通过对该罪中“数据”范围的限定来划定适当的处罚界域，而限定标准就是该数据是否关系到计算机信息系统的安全和正常运行，这也是防止本罪沦为“口袋罪”的必然要求。

由于该罪属于《刑法》分则第六章妨害社会管理秩序类犯罪中的扰乱社会公共秩序罪，根据本节罪的同类客体，构成本罪势必要求扰乱社会公共秩序的后果或危险。无论是在计算机信息系统内部还是外部，很多数据都与计算机信息系统的安全和正常运行无关，如银行账户信息就不具有这样的关联性，它反映的是数据拥有者的财产利益，对这些数据的删除、增加、修改行为并不必然造成计算机信息系统不能正常运行，而更多损害的权利人的财产法益。[②]而对公共道路交通违法信息管理系统中的数据进行删除、修改，影响对违章车辆的处罚及正常车辆行驶的，可以构成本罪。

（三）刑法中“数据”的法益属性

人类社会已经进入大数据时代，数据是整个大数据产业链的关键基础，对数据的认识也在不断发生变化。在当前司法实践中，明显存在混淆“数据”的技术属性和法律属性并以前者代替后者的严重问题，因为技术层面的“数据”只需判断0/1二进制代码的存在，较为容易判断，而法律属性的判断则需要深入考察法益实质，较难操作。[③]结果便是，司法人员不从本质判断数据的法律属性，而是径行适用非法获

---

① 参见项谷、朱能立:《利用计算机技术窃取虚拟财产如何定性》,《检察日报》2018年9月2日。

② 参见周立波:《破坏计算机信息系统罪司法实践分析与刑法规范调适——基于100个司法判例的实证考察》,《法治研究》2018年第4期。

③ 参见杨志琼:《非法获取计算机信息系统数据罪“口袋化”的质证分析及其处理路径》,《法学评论》2018年第6期。

取计算机信息系统数据罪或破坏计算机信息系统罪等计算机网络罪名。事实上，对数据的刑法认定不应仅停留在电磁记录的技术属性上，而是应重点关注其所代表的权利、利益等本质内容上。司法实务界缺乏对网络时代“数据”将表征多种法益这一发展趋势的充分关注。在以网络为犯罪对象的时代，网络犯罪侵犯的法益主要是计算机信息系统安全；而在以网络为工具的时代，网络在不断促进现实法益“虚拟化”的过程中，网络犯罪侵犯法益逐渐由专属化向大众化扩张，逐步扩大到人身权、财产权等传统法益，并改变了法益的存在形式和行使方式，如网络传播权替代了知识产权、虚拟货币替代了实物财产权。[①] 而当发展至网络空间犯罪阶段，随着社会关系整体向网络空间进行迁移，网络空间深度社会化，这也决定了网络犯罪侵犯法益的不断扩充和本质上的变化。

因此，本案中即便认为行为人非法获取或者删除、修改了计算机信息系统数据，其本质上也属于一类电子数据，也应对其进行法律上的实质判断，进而辨别该行为是属于以数据为媒介或工具的侵犯传统法益的犯罪，即传统犯罪的网络化，还是以计算机信息系统数据为犯罪对象的侵犯数据安全的网络犯罪，从而决定适用的罪名体系。对此，我国台湾地区学者柯耀程指出，电磁记录具有双重属性，仅对其本体加以侵害时，应适用妨害电脑使用犯罪，但对于其功能性作用加以侵害时，电磁记录只是媒介，应依其表征的法益回归各自的犯罪类型中处理。[②] 司法实践中，正是由于没有准确区分计算机系统数据的“技术属性”和“法律属性”，使得非法获取计算机信息系统数据罪和破坏计算机信息系统罪不当包含了诸如本案这样仅仅是以数据为媒介或工具从而侵犯传统法益的犯罪。

（四）盗窃罪的适用逻辑

1. 计算机网络罪名适用上存在障碍

除了前述本案中的交易数据不属于影响计算机信息系统安全和正常

---

① 参见马荣春、王腾:《“云时代”网络犯罪的刑法范式转换》,《法治社会》2017 年第 5 期。

② 参见柯耀程:《“电磁记录”规范变动之检讨》,《月旦法学教室》第 72 期。

运行的“计算机信息系统数据”，导致本案无法认定为非法获取计算机信息系统罪和破坏计算机信息系统罪这一致命障碍外，结合犯罪的主观故意、技术原理及危害后果等多个维度来综合判断，上述罪名在适用上还存在以下障碍。

一方面，对于非法获取计算机信息系统数据罪而言，FD抓包软件的工作原理是，行为人在发送交易数据的同时运行抓包软件，拦截并抓取该交易数据，对数据包内的交易数据进行修改，然后再将修改后的数据包发送回网站，从而实现低价购买和充值的目的。可见，行为的重点不仅是截取数据，更为重要的是更改并传输数据。根据《刑法》规定，非法获取计算机信息系统数据罪是指对计算机信息系统存储、处理或传输的数据非法获取的行为，而破坏计算机信息系统罪中包含了对上述数据进行删除、修改、增加的行为。因此，对于上述二罪而言，若从法律规定上看属于法条竞合，破坏的手段中包含了获取的先行行为，两罪可以视为部分法与全部法的关系；若从犯罪行为上看属于吸收关系，获取数据行为是删除、修改、增加等行为的必经阶段，前者被后者所吸收。因此，对本案仅认定为非法获取计算机信息系统数据罪的话，属于对案件事实的评价不充分。

另一方面，对于破坏计算机信息系统罪而言，首先，被告人龙某亮不具有破坏计算机信息系统并损害其功能的主观故意。从犯罪目的上看，行为人意图通过对交易数据的非法使用、流转而获取非法经济利益，这从其后来购买商品的行为便可以得到印证。其次，被告人龙某亮未实施典型的破坏计算机信息系统的行为。龙某亮的行为仅针对其个人账户，未波及其他用户对“真博精选”购物平台的正常使用。最后，截取并修改行为也不具有危害计算机信息系统安全的危险，被告人龙某亮利用抓包软件修改的数据，本质是交易数据，该数据影响的是现实交易，而非计算机信息系统安全，被害单位发现账户支付异常后及时冻结了被告人的账户余额，采取了有效的补救措施，通过后台修改了交易数据，可见，被害单位的计算机信息系统是完好的、正常运行的，计算机信息功能未受到任何影响。类比来看，本案中被告人龙某亮的行为相当于盗窃犯罪中，行为人通过配置万能钥匙将被害人的房门打开之后实施盗窃行为，之后又将房门正常锁上，盗窃行为并未破坏门锁的功能，也未将被害人的房门敞开不关，更不影响其他人正常出入，其行为的本质并不在于对门锁的破坏，而在于对财物的非法转移占有。[①]

2. 认定计算机网络犯罪罪名存在评价不充分情况

无论是破坏计算机信息系统罪还是非法获取计算机信息系统数据罪，都是破坏社会公共秩序的犯罪，其犯罪的核心要素并不包括非法获取财物，尽管《解释》第4条将“违法所得5000元以上”作为评价破坏计算机信息系统罪“后果严重”的入罪条件的标准之一，但这是指实施破坏计算机信息系统、获取计算机信息系统数据犯罪后，基于删除、增加、修改或非法获取行为本身所产生的违法所得，[②]或者通过受雇或转让数据等方式间接获取的违法所得，[③]而不是通过删除、增加、修改、非法获取行为将他人财物转为自己所有，即不属于在非法占有目的支配下的直接取财行为。可见，取财行为并不单纯是破坏计算机信息系统或者获取计算机信息数据罪的附属行为。本案中，被告人龙某亮以虚拟手机号和购买的他人银行卡进行注册，并通过FD抓包软件对账户进行非法充值后大量购买商品，表明其主观上具有明显的非法占有目的，并实施了窃取财物的行为，该秘密窃取财物行为超出上述计算机网络罪名构成要件涵摄范围，应单独进行评价，综合全案来看，应评价为一个完整的盗窃行为。

3. 本案符合《刑法》第287条规定的情形

该条对利用计算机信息网络实施的传统犯罪行为的认定作出明确规定，该条款属于注意规定，而不是法律拟制。所谓注意规定，是指在《刑法》已作基本规定的前提下，提示司法工作人员注意，以免司法工

---

① 参见蒋惠岭主编:《网络司法典型案例（刑事卷·2017）》，人民法院出版社2018年版，第217页。

② 参见吴波、俞小海:《怎样理解“后果严重”与“计算机信息系统数据”》，《检察日报》2019年4月19日。

③ 参见丁鹏、李勇:《利用FD抓取并修改充值数据获利如何定性》，《检察日报》2019年11月5日。

作人员忽略的规定。[①]所谓法律拟制，是指立法者基于某种政策或意图将原本并不符合相关基本规定的行为也按照基本规定论处的情形。[②]从体系解释来看，第286条与第287条之间是并列的关系，前者规制的是以网络为对象的犯罪，后者规制的是以网络为工具的犯罪，二者分别对应不同的网络犯罪类型，因此，不存在后者突破前者基本原理的情形，也未改变前者的基本规定。从立法目的来看，立法者之所以规定第287条是为了提示司法工作人员注意识别披着“网络犯罪”外衣的传统犯罪，防止出现罪名适用上的错误。从法条内容上看，第286条与第287条保护的法益具有本质不同，前者保护的是计算机信息系统安全，而后者保护的是公民的财产权等传统法益。综上，第286条与第287条之间是并列的关系，后者针对传统犯罪网络化现象做出了立法提示，引导司法工作人员注意当犯罪行为不符合有关计算机信息网络犯罪时，还是要从虚拟世界回归现实社会，按照传统犯罪来规制，本案便是适例。当然，第287条的规定也不排斥第286条的适用，适用第287条认定为盗窃罪的行为，同样应符合盗窃罪的犯罪构成。

4. 被告人的行为符合盗窃罪的犯罪构成

如前所述，本案中“吉祥宝盒”类似于一种电子货币，本质上是消费者支付了相应对价而获得的具有经济价值的债权凭证，体现的是财产法益，应视为财产犯罪中的“财物”。被告人龙某亮利用FD抓包软件将价格为100元的“吉祥宝盒”修改为-100元，并进行大量购买、充值后消费，从而以未支付任何对价的方式取得了相应财物，网站经营者在案发前对此并不知情，因此，被告人龙某亮的行为，本质上乃是违背财物所有人或管理人的意志，以不为财物所有人或占有人所知的平和方式，秘密窃取财物的行为，理应构成盗窃罪。

5. 盗窃罪与破坏计算机信息系统罪在一定条件下可成立想象竞合犯

有观点认为，破坏计算机信息系统罪与盗窃罪之间是法条竞合关

① 参见张明楷:《刑法分则的解释原理》(下)，中国人民大学出版社2011年版，第622页。

② 参见刘宪权、李振林:《刑法中的法律拟制与注意规定区分新论》,《北京社会科学》2014年第3期。

系。笔者持否定观点，理由在于：第一，法条竞合是法条之间所具有的交叉或包容关系，是一种脱离于犯罪行为的立法现象，也就是说，无论是否实施相关犯罪，两个罪名之间都具有上述关系，但若没有以破坏计算机信息系统来实施盗窃的犯罪事实发生，这两个罪名之间通常没有任何联系。第二，符合法条竞合关系的两个犯罪行为侵犯的法益具有相同性，只能是一个法益类别，而破坏计算机信息系统罪与盗窃罪侵犯的法益具有实质的差别。第三，上述两个犯罪行为之间也不具有通常的交叉或包容关系。可见，采取法条竞合原理来处理本案的思路，存在忽视犯罪行为侵犯数个法益的现实问题，而不具有可采性。

同时，还有观点认为，破坏计算机信息系统方式进行盗窃的行为，属于手段行为和目的行为的牵连，应当从一重处罚。[①] 笔者亦持否定观点，因为认定牵连犯要求具有"牵连关系"，通常认为"牵连关系"是一种类型化的高概率性联系，易言之，只有当某种手段通常用于实施某种犯罪，或者某种原因行为通常导致某种结果行为时，才可认定为牵连犯。这是由于牵连犯的情形原本是数罪，正是基于这种密切的"牵连关系"才在处罚原则上加以变通，否则会违反罪刑相当原则。结合本案来看，现实生活中盗窃的方法不计其数，破坏计算机信息系统只是众多方法中极其特殊的一种；或者说，行为人破坏计算机信息系统的目的也多种多样，窃取财物也不是唯一目的，完全可能出于刺探情报、获取商业秘密或危害公共安全、国家安全等。可见，破坏计算机信息系统行为与盗窃行为之间并不具有类型化的必然联系，这也反映出我国司法实践一直不当扩大牵连犯成立范围的错误做法，需要引起注意。

根据《刑法》规定，破坏计算机信息系统罪是结果犯，要求造成一定经济损失或者非法获利，而成立盗窃罪也要求具有非法获取财物的结果，根据禁止重复评价的基本法理，本案中被告人龙某亮非法获利的结果只能在一个罪名中被评价一次，而不能作二次评价。因此，本

① 王更儒:《"修改"计算机信息系统数据包取财如何定性》,《检察日报》2019 年 9 月 6 日。

案理应构成实质的一罪，但同时侵犯了两个独立法益，因此，在修改的数据属于计算机信息系统数据的情况下，可以构成想象竞合犯（但本案仅成立盗窃罪）。

（五）本案的犯罪数额及形态

由于本案是以网络犯罪方式实施的盗窃行为，与现实社会中的盗窃行为具有一定差异性，体现为实行行为与法益侵害结果之间的间隔性，即被告人对“吉祥宝盒”的占有并不是绝对的、排他的，而是需要通过消费或提现方式，才能体现为现实的社会危害性。因此，笔者认为，本案犯罪数额的认定应当与现实的法益侵害后果联系起来，体现出财产犯罪的本质特征是行为人非法获利或造成被害人经济损失。一言以蔽之，仅应将被告人龙某亮消费的金额而不是其非法占有的“吉祥宝盒”价值认定为盗窃罪的犯罪数额，即盗窃犯罪数额为 9900 元人民币。进一步而言，应以“失控说”作为犯罪既遂的认定标准，案发时“真博精选”网站已将被告人龙某亮购买的商品全部发货，尽管其被抓获前货物尚未送达，但不影响货物失控状态的认定，其盗窃犯罪行为已经既遂。

三、结语

刑法上的“数据”既具有技术属性又具有法律属性，应进行法律上的实质判断，“真博精选”网站的“吉祥宝盒”属于财产性利益，具有财产属性。被告人龙某亮利用 FD 抓包软件截取并修改的仅是交易数据，由于该数据并不会影响计算机信息系统的安全与正常运行，因此，本案属于传统犯罪的网络化，不应认定为非法获取计算机信息数据罪或破坏计算机信息系统罪，否则不仅属于罪名体系选择错误，而且将存在评价不充分的问题，还存在构成要件上的“硬伤”。盗窃罪与破坏计算机信息系统罪之间既不是法条竞合关系也不是牵连犯，二者在一定条件下可以成立想象竞合犯。本案的实质是违背财物所有人或管理人的意志，以不为财物所有人或占有人所知的平和方式，秘密窃取财物的行为，理应构成盗窃罪，犯罪数额为购买商品的消费金额，且犯罪已经既遂。

涉比特币领域犯罪问题审视与司法应对

——以海淀区人民检察院近五年涉比特币案件为样本

李　慧　田　坤*

摘　要　近年来，比特币依托区块链技术在全球席卷风靡，该领域犯罪呈“井喷式”爆发态势，已对传统司法构成法律和技术层面的双重挑战。在对海淀区人民检察院五年来涉比特币犯罪案件进行分类梳理、个案切入、系统探析的基础上，深入挖掘掣肘司法办案的短板要素，聚焦拓宽电子调证、资金追查的实践思路，探索解决价值认定、行刑衔接的实务难点，从激活科技辅助办案的内生动力、提升精准打击犯罪的力度实效、凝聚全流域有效监管的共治力量等维度全面破解该刑事治理难题。

关键词　比特　虚拟货币　黑灰产业　非法集资　洗钱

［案例一］　潘某某非法获取计算机信息系统数据案[①]。被告人潘某某受他人雇佣，仿照币安网站（网址：www.binance.org.cn）制作“钓鱼网站”，引导用户输入账号、密码、验证码，非法获取中安德瑞科技有限公司的账号、密码等数据，导致该公司币安账户内比特币、以太坊等虚拟货币被窃取，违法所得77117.92元。

---

*　李慧，北京市海淀区人民检察院第二检察部一级检察官；田坤，北京市海淀区人民检察院第二检察部检察官助理。

①　参见北京市海淀区人民法院刑事判决书，（2020）京0108刑初第215号。

[案例二] 潘某敲诈勒索案[①]。被告人潘某通过互联网发送电子邮件等方式，以不给付比特币就对服务器进行DDoS网络攻击相威胁，向被害单位河北滨海大宗商品交易市场服务有限公司等三家公司勒索比特币。由此可见，黑灰产技术使得犯罪灵活隐蔽、无疆域特征明显。

[案例三] 山东省青岛市市北区人民检察院办理的马某某、柳某非法吸收公众存款案[②]。被告人马某某、柳某伙同他人，在青岛市东晖国际大酒店等地通过公开宣传及推介会等方式，以投资比特币理财产品（月息高达7%—10%）获取高息高收益为诱饵，吸引社会不特定公众投资比特币现金理财产品，并从中攫取高比例佣金。可见，涉比特币犯罪已蔓延渗透到金融领域，尤其近年来较为流行的代币发行（ICO）更易被犯罪分子利用，以比特币为募集对象，规避金融监管，虚构翻新项目，实为诈骗他人钱财。

自中本聪首次提出比特币的概念以来，比特币俨然成为全球关注度最高的虚拟货币，其交易价格一路暴涨，更多人加入炒币大军中。在人们普遍认知欠缺、法律规制不足、监管应对乏力的背景下，该领域违法行为日渐高发，犯罪新型化愈加显著，社会危害性日益突出，已经对公民财产权益、社会公共秩序造成严重负面影响。

近五年来海淀区人民检察院受理涉比特币类案件共计14件15人，涵盖非法控制计算机信息系统罪，非法获取计算机信息系统数据罪，敲诈勒索罪，掩饰、隐瞒犯罪所得罪，诈骗罪五个罪名。其中，科技类犯罪11件11人，侵财类犯罪有2件2人，其他类犯罪1件2人。

在对比特币挖掘、投资、存储、交易过程中，法益侵犯更具复杂化、犯罪手段更具科技化、触犯罪名更具多样化。经梳理发现，目前司法实践中对比特币属性、犯罪定性的争议体现在三个方面：移送与审查罪名不一致，捕诉罪名不一致，定性存在个案差异。除部分案件中将比特币视为计算机信息系统数据外，不乏存在以侵财类罪名审查认定的个案情况，如潘某敲诈勒索案，检法在罪名认定上达成共识。

---

① 参见北京市海淀区人民法院刑事判决书，（2017）京0108刑初第725号。

② 参见山东省青岛市市北区人民法院刑事判决书，（2019）鲁0203刑初第596号。

一、涉比特币领域犯罪的总体特征

目前，中国是世界上虚拟货币交易量最多、买卖最活跃的国家之一。比特币作为虚拟货币的典型代表，集去中心化、匿名性、技术性、全球流通性、多对多交易等特征于一体，其既是网络犯罪的对象，亦是网络犯罪的工具。

（一）黑灰产业成为犯罪技术支撑

以区块链为底层技术逻辑，充分依托黑灰产技术，借助互联网拓宽犯罪半径，利用网络便利实施跨区域犯罪。作为首要技术工具，黑灰产业以计算机信息系统、应用程序、网络数据或者软件为对象，以篡改代码、编写程序、制作“钓鱼网站”等为手段，成为滋生该领域犯罪的土壤。如案例一、案例二。

（二）“金融创新”暗藏非法集资陷阱

以投资理财、代币发行融资、互联网金融创新为幌子，行非法集资之实，该领域犯罪日渐呈现出手段多样化、隐蔽性较强、诱惑性明显、风险传播快等特点。一些不法分子炒作热点概念，包装比特币理财项目，诱惑社会不特定对象投资，所募集资金并未用于购买产品甚或卷钱跑路，投资人损失惨重，追赃挽损难以开展。如案例三。

（三）钱币交易成为洗钱犯罪新类型

比特币具有的全球流通性和可兑换性为洗钱犯罪提供了新的“温床”。在众多洗钱方式中，“跑分平台”受到犯罪分子的广泛青睐，已成为上下游非法资金流转的黑灰产业链。犯罪分子通过创设非法网站，吸引用户注册并租用收款二维码，实现为上游犯罪洗钱。如河南省鹿邑县人民检察院办理的温某某、郭某某等七人掩饰、隐瞒犯罪所得案[①]。被告人温某某伙同郭某某、常某某等人使用手机通过“火币”“库币”“比特币”等软件，多次使用自己和他人身份开设的支付宝账号、

① 参见河南省周口市中级人民法院刑事裁定书，（2021）豫16刑终第172号。

银行卡以购买、出售虚拟币的方式进行“跑分”，涉案金额高达 900 万余元，致使上游犯罪难以查处，损失难以挽回。

（四）虚假交易成为诈骗犯罪新套路

犯罪分子或以“代炒币”为由骗取被害人信任并非法占有比特币，或以“充值投票”为幌子骗取被害人以比特币方式投资，或搭建虚假交易平台人为操纵涨幅，引诱被害人买进卖出，诈骗手法花样百出，骗术隐蔽难被识破。如海淀检察院办理的邵某某等三人诈骗案。该三人创设币土豆网站，并策划充值投票活动，即以比特币充值的方式，换取对其他虚拟货币交易的投票权，排名前三的虚拟货币可以上市交易，并承诺事后返还比特币，后犯罪嫌疑人操纵投票数量、制造服务器宕机假象，将被害人投资的比特币据为已有。

（五）“监守自盗”凸显行业防范漏洞

比特币的犯罪分子从业背景更具行业特性，特别是近年来互联网企业内部员工利用职务便利监守自盗的行为已屡见不鲜。如仲某某非法获取计算机信息系统数据案[①]。被告人仲某某系北京比特大陆科技有限公司的系统管理员，掌握公司内部所有系统的管理员权限，后使用 TEAMVIEWER 软件远程控制公司电脑，使用 ROOT 权限进入该公司租用的阿里云服务器，在比特币钱包程序中插入代码后，将公司 100 个比特币转移至个人钱包，造成该公司经济损失，部分比特币难以追回。又如，海淀检察院办理的安某非法控制计算机信息系统案[②]。被告人安某在北京百度网讯科技有限公司担任服务器运维管理人员期间，利用其负责维护公司搜索服务器的工作便利，以技术手段在公司服务器上部署“挖矿”程序，通过占用计算机信息系统硬件及网络资源获取比特币等虚拟货币，后将部分虚拟货币出售并获利。

---

① 参见北京市海淀区人民法院刑事判决书，（2018）京 0108 刑初第 1410 号。

② 参见北京市海淀区人民法院刑事判决书，（2019）京 0108 刑初第 80 号。

二、涉比特币领域刑事治理难题及成因分析

近年来该领域犯罪频发，集中体现在犯罪分子或通过编写代码、增删应用程序非法获取比特币，或利用其支付结算功能掩饰上游犯罪，作案手段隐蔽化、作案方式智能化致使侦查取证困境重重、司法面临严峻挑战。破解亟待解决的治理难题，不仅涉及对比特币实质属性的分析研判，更涉及对其法律适用、罪名判定、侦查取证等实务层面。

（一）对比特币属性的认知差异成为司法重要分歧

针对比特币的法律属性问题，存在两种不同认识：一种认为其属于计算机信息系统的数据；另一种认为其为现实生活中实际享有的财产，属于刑法意义上的财物。由于认知基点的不同也导致司法实务中对该类犯罪触犯罪名的不同认识。比如对于盗窃比特币的行为，有的认定为非法获取计算机信息系统数据罪，有的认定为盗窃罪。而这一司法争议伴随比特币从产生到发展的全过程，裁判分歧不仅仅体现在全国各地的裁判差异上，也体现在同一法院对相似案件的不同处理结果上。政策文件的演变，从《关于防范比特币风险的通知》中对比特币货币属性的否定到《关于防范代币发行融资风险的公告》中对其“虚拟货币”地位的肯定，可见比特币已不再局限于一般意义上的数据，而是兼具了“经济型”“价值型”的财产属性，但是否应完全纳入虚拟财产的大范围中，司法实务界的争论远未结束。尽管部分裁判文书仍认为虚拟财产仅属于计算机数据，但笔者认为，在涉案金额特别巨大的前提下，认定计算机相关犯罪将导致量刑畸轻，是否具有惩治意义也需要进一步考究。而对于涉及侵财类犯罪的刑法理论，也尚需要在虚拟货币的背景下进一步加以变通和扩充。

（二）资金链追查困难成为侦办案件的主要掣肘

囿于比特币自身的独特属性，犯罪分子通过交易平台实现钱币交易，导致司法追查障碍重重。鉴于国家间货币监管制度、金融运行规则迥异、非法资金一旦流入他国金融系统将使得资金追踪难度大大增加。

1. 比特币的匿名性为犯罪分子隐藏身份提供了便利。由于比特币的密码编码和对等网络结构，其设计机制不需要用户提供识别或者验证，部分交易平台仅限于辨别身份证的真伪并未做实质审核，致使洗钱者通常冒用他人身份证等虚假信息在交易平台上注册账户并购买比特币，后利用他人电子邮箱注册比特币钱包并实现流转。比如目前较为有名的币安网站，用户注册仅用邮箱即可，只在交易时才需要实名制。此外，比特币随机生成公钥私钥且可以“一次一密”，来实现所有权的频繁转移，用户亦可同时拥有多个账号，因此在仅能显示电子钱包地址和转移数额的前提下，难以将比特币交易地址与账户实际控制人联系起来，犯罪真实身份得以隐匿、可疑交易难以被追踪、控制与锁定。值得一提的是，被害人举证也面临诸多困境，由于下载钱包客户端不需要进行任何实名认证，致使被害人是否系合法持有者也难以确认。

2. 比特币多对多的交易属性，导致资金链多线条交织、资金掺杂不清、资金流向难查实。犯罪分子一旦将非法资金注入渠道中，便通过比特币“混合”技术，进行多层次、复杂化的兑换交易，以此来模糊比特币的原始来源以及与支付账户之间的联系，使得洗白的比特币得以再次在经济领域中流通使用。比如，海淀检察院办理的邵某某等三人涉嫌诈骗罪案件中，犯罪分子通过频繁更换比特币钱包，最终将获取的比特币分层多次转移。

3. 比特币交易的全球性及迅捷性，使其脱离传统的金融监管，交易跨境性十分明显。其交易系依靠软件自动完成，在短时间内可完成大量复杂的资金流转，极大地增加了调查难度。此外，由于对境外金融机构的鞭长莫及、对境外资产追查的应对乏力，也增加了执法机构确定可疑用户和获取交易记录的难度。

（三）传统电子取证手段难以适应指控犯罪要求

通过对五年来不捕案件的分析，笔者认为之所以难以在第一时间锁定犯罪嫌疑人、难以及时搭建犯罪全链条、难以追查资金下落，其中除了有比特币特殊属性及跨境取证困难等客观因素影响外，侦查经验不足、审查技术薄弱、取证方式不完善等也严重制约了电子证据调取的合法性和有效性。

从最高人民检察院披露的网络犯罪大数据来看，网络犯罪已形成较为固定的犯罪利益链条：上游提供技术工具、收集个人信息，中游实施诈骗等网络犯罪，下游利用支付通道“洗白”资金。特别是在信息技术迭代升级、犯罪手段花样翻新的背景下，传统电子取证方式遭遇瓶颈，面临电子证据存证难、有效犯罪信息固定难、提取有效信息难、证据效力受质疑的困境。在涉比特币案件中，侦查机关抓下游易、抓上游难，缺乏强有力的证据将提捕犯罪嫌疑人与比特币操纵人员建立实质关联，即便后续进行系列补证，也因错过最佳调证时机使得犯罪分子逃避侦查。

电子证据的提取与固定是此类案件侦破的首要关键，也将影响全案的整体走向和犯罪事实的最终认定。如侵财类案件中，涉案人员的虚拟货币钱包、虚拟机器软件及移动设备、网络浏览记录及缓存等不同载体记录的电子数据都可能与比特币存储、转移过程以及窃取或骗取手段息息相关。如科技类案件中，从犯罪嫌疑人操纵计算机到窃取数据、植入病毒再到比特币转移变现等，电子证据不仅贯穿犯罪全过程，更是始终与犯罪嫌疑人身份锁定、行为轨迹确立、犯罪场景还原等方面密不可分。值得一提的是，由于电子证据具有易失性、时效性、易篡改等特点，如果没有及时提取和保全电子证据，一旦原有存储介质被破坏或灭失，通过技术手段很难恢复，势必会给侦查带来极大困难。

此外，侦查人员对电子证据的提取程序是否有瑕疵，也将对庭审中能否顺利指控产生重要影响，比如在科技类案件中，电子数据的来源及制作过程是否排除了他人篡改数据的可能，提取到的电子痕迹是否系犯罪嫌疑人的自主操作也将是控辩双方争议的焦点。

（四）价值认定成为涉比特币侵财类案件的审查难点

司法实践中对比特币价值的认定存在较大分歧，特别是在侵财类案件中标准不统一，不仅体现在全国范围内各地裁判认定的不同，也体现在同一地区对同类案件认定的不一致。其中一方面要考量个案具体实际和侵权模式的不同，另一方面也与新技术维度下司法人员的法律认知差异有关。经梳理海淀区检察院近五年案件发现，虽然大多数以科技类罪名诉判，但仍有一例以敲诈勒索罪提起公诉并获法院判决，而且其他地方以盗窃罪、诈骗罪定案处理较为常见，由此对比特币价值的统一认定显得尤为重要。

比特币作为虚拟货币，其价格有着剧烈的浮动空间，这为司法认定带来极大难度。笔者认为，对比特币的价值认定一般可从以下几方面考量：被害人的购买价格，比特币交易平台显示的价格，专业机构出具的价格认定意见以及犯罪嫌疑人的销赃数额。但具体采纳哪一种认定方式，司法实践面临很大分歧。若以交易平台的价格来认定，由于比特币与法定货币的兑换比率时刻处于浮动且同一天也会有很大波动，仅以案发时价格来认定仍难以解决该问题。若以销赃价格认定，并非所有犯罪都有销赃环节，且销赃数额会低于实际市场价格。若以案发地价格鉴定部门出具的认证意见确定涉案金额，面临的一大难题就是缺乏有资质的专业机构对比特币进行价格鉴定，亦很难被法庭采信。在我院办理的潘某敲诈勒索案中，即采纳被害人购买价格作为犯罪金额，且由于犯罪嫌疑人多次采用同一手段实施犯罪，亦能满足“多次敲诈勒索”事实的认定。

（五）监管薄弱引发涉比特币犯罪向国际蔓延

近年来我国相继出台了针对比特币交易平台的管理办法及反洗钱规范。2013 年 12 月 3 日央行等五部委联合发布《关于防范比特币风险的通知》，围绕比特币洗钱风险的防范提出了两方面要求：一是要求交易平台对用户身份进行识别，要求用户使用实名注册，登记姓名、身份证号码等信息，一旦发现可疑交易须立即向中国反洗钱监测分析中心报告；二是要求人民银行各分支机构将其辖区内的交易平台纳入反洗钱监管，督促其加强反洗钱监测。2017 年 9 月 4 日，央行等七部门联合发布了《关于防范代币发行融资风险的公告》，对比特币交易平台予以重拳监管，国内相关平台已相继关闭。

尽管如此，该领域犯罪仍屡增不减，黑灰产业成为首要保护伞，犯罪手段花样翻新、资金链条蔓延国外、案件追查障碍重重、各种犯罪交织错综等都使得现有法律应对疲软乏力，难以从源头处及早遏制犯罪。比特币不仅可以脱离传统的包括银行在内的金融清算系统，而且其国际流通性特点意味着任何人可以在任意地点接入任意一台电脑即可挖掘、购买、出售或收取比特币。如果比特币服务提供商位于反洗钱监管薄弱的地区，将进一步导致虚拟货币交易信息更加碎片化，增加资金追查的难度。需要重视的是，一些案件中的犯罪地、犯罪分子的身份及登录地点无法确定，致使传统刑事管辖面临诸多困境，且各国法律规定差异明显、保护力度参差不齐，也将导致追诉结果不同，从而引发管辖权上的冲突。

（六）涉比特币犯罪多样化对精准适用法律提出新挑战

如前文所述，比特币不仅成为毒品、洗钱、走私、涉税、金融诈骗等犯罪的工具或者手段，还可能成为侵财类及集资类犯罪的行为对象。比特币牵涉犯罪种类之多、触犯法益之复杂、社会危害性之大，理应引起司法实务界的高度重视。

对于涉比特币犯罪的司法争议，既集中在对比特币法律属性的不同认识上，也集中在对犯罪行为的实质判断上。对于通过科技手段窃取或骗取比特币的行为如何作刑法评价？系构成普通侵财类犯罪还是科技类犯罪？特别是近年来如雨后春笋般出现的代币发行（ICO）的行为，由于投资人可以用比特币代替法币进行投资，这种非法集资行为应该如何定性？对于经手管理比特币账户或者负责计算机信息系统运行的维护人员，其非法占有比特币的行为能否构成侵占罪或者职务侵占罪？对“占有转移”的认定标准、既遂形态的认定、法律性质的判断、此罪和彼罪的厘清等一系列问题，都将对传统刑法理论和司法实践提出严峻挑战。

三、应对涉比特币领域犯罪的对策及建议

梳理总结海淀区检察院近五年该领域办案情况，部分案件在审查逮捕期间因证据存疑、定性争议，未能进入随后的诉讼环节，甚或虽进入审查起诉阶段但公检双方在案件定性上存有较大分歧。究其原因虽有侦查方向偏差、犯罪预判不足、调证不充分等因素影响，但毋庸讳言的是，司法机关普遍面临着现时刑法理论如何应用于新型案件办理、传统技术取证如何有力指控犯罪等瓶颈制约。笔者建议从以下几方面

为切入路径寻求突破：

（一）依托新型技术手段，实现非法资金全链追踪

相较电信网络诈骗类案件，利用虚拟货币洗钱犯罪中亦存在追查链条长、可疑资金混同、转移过程复杂的特性，近年来对资金链条的追踪成为办理该领域案件的痛点和难点。利用买卖比特币洗钱、通过多次转账将资金转移过程复杂化，在增加追踪和监测非法资金流动难度的同时，也倒逼我们探索运用新技术手段创新资金追踪模式、重新搭建资金链体系。

笔者认为，通过地址分析、链上监控来锁定用户身份、确定侦查范围系侦破该类案件的首要前提。虽然比特币使用者可以生成任意多的地址来隐匿身份，但比特币在区块链上的存放、使用、交易以及变现都有迹可循。办案机关通过对比特币钱包关联注册信息的追踪，对网络 IP 地址、MAC 地址的分析，对聊天记录、浏览痕迹的提取，对服务器和域名租用信息的解析等，依然可以找到线索进行追查，划定犯罪分子的落脚点范围。

纾解难题还需从基底技术入手，要充分利用区块链技术，结合时间节点、资金数量和流向，提升交易图谱分析能力，通过数据挖掘、数据碰撞等方式找到关联线索准确认定犯罪事实。第一，运用技术辅助办案，与专业区块链分析机构开展合作，在查阅区块链上虚拟货币账户信息、历史交易数据的基础上查清涉案账户间的虚拟货币转移过程。如在办理邵某某等人涉嫌诈骗案中，充分借助外脑力量，与区块链大数据分析公司率先合作，通过对区块链的合理追踪，打通了大部分资金转移环节。第二，向比特币交易平台调取翔实交易数据。由于区块链上公开的比特币交易数据无法体现同一交易网站上的内部交易数据，特别是在比特币“多对多”的交易模式下，平台内部的资金流混同成为一大障碍，因此调取平台内交易数据具有关键意义。第三，开展与第三方支付平台合作，有效纾解资金追查堵点。在洗钱类案件中，犯罪分子一般经过多重币币交易、钱币交易的环节，其中常通过银行卡与第三方支付账号绑定完成交易，因此调取第三方支付账号后台数据对于查明账户交易信息、确定涉案资金走向很有助益。综上，笔者建

议要运用新科技对抗新犯罪，借助区块链等科技手段，利用信息流、资金流挖掘上线、追踪资金去向，以此实现对涉案人员的全网打击、犯罪事实的精准指控。

（二）创新电子存证模式，有效破解侦查取证难题

通过梳理不难发现，该领域案件犯罪类型多，涉案人员杂，隐蔽性极高，打击难度大，如何精准突破实现全链打击，电子证据的提取和固定是重中之重。这不仅需要从法律层面研判，更需要从技术层面予以考量。在该领域案件的审查办理中，无论是对犯罪嫌疑人身份的锁定、资金链条的追踪，还是对涉案比特币的扣押，每一环节都对电子取证有效性和合法性提出较高要求。

近年来越来越多的优质科技产品应用于案件侦查和电子取证工作，一些企业已经创新研发出针对虚拟货币犯罪的电子数据取证、存证产品及分析技术，这对于我们传统司法办案模式无疑提供了专业支撑和科技引擎。比如侦查部门能够运用先进技术和信息对储存在服务器中的数据进行破解，通过提取分析 IP 地址、服务器、相关聊天记录锁定犯罪分子从而有效提高电子数据取证效率。在运用区块链技术对资金链条查证的过程，对涉案交易数据进行充分提取的过程如何保证数据保存的完整性，在与交易平台及第三方支付机构调取交易数据后如何进行电子数据的再梳理，这些不仅对电子证据取证实体性提出要求，更对程序正当性提出较高标准。笔者认为，要充分规范现场勘验过程和存储介质使用，由具备足够专业技术的人员对电子证据进行提取固定，必要时由第三方机构给予技术配合和智力支持。

需要引起注意的是，在对涉案比特币扣押过程中如何保留其虚拟属性和法律属性的统一，如何确保扣押实质有效、扣押程序严格合法，这些都对公安机关电子取证方式提出新的考验。由于比特币虚拟性、中心化、分布式的属性，其以存在每个网络节点上的账单维持系统运转，如果想要冻结某个人的比特币账户，就必须控制所有节点，这将是不可能完成的任务，但如若公安机关不在第一时间对涉案比特币进行控制，犯罪分子会利用自己所掌握的公钥私钥将比特币转移至境外。针对这一难点，我们在办理邵某某等人涉嫌诈骗案中，基于比特币独

特属性创新传统扣押模式，尝试性地确立了一种新型扣押模式，即由公安机关生成并提供比特币地址，犯罪嫌疑人将其账户内的比特币转移至该地址，在此过程中犯罪嫌疑人将不再掌握最终账户的公钥私钥，由此不仅避免了涉案比特币被转移的可能性，也有利于公安机关及时收缴藏匿的比特币并予以合法控制。

（三）着眼犯罪模式差异，审慎认定比特币价值

比特币的价值评估问题不仅牵涉被告人的刑罚裁量，也涉及被害人的损失计算以及追赃挽损等问题。司法实践中，每个案件都有其显著特点和价值评估模式。笔者认为，在参照传统侵财类案件价值认定模式的同时，需要从个案犯罪特点、明晰犯罪阶段、实际占有状态、比特币存储载体等多维度进行研判。

基于此，对比特币价值的司法认定可从几个层面进行考量：第一，若被害人被动交付或被窃取骗取存储于钱包内的比特币，或者犯罪嫌疑人系以后买方式而取得比特币，可以购买价格作为认定基础，以案发时比特币交易价格为参照依据。相较交易价格的极不稳定性，购买价格有交易记录佐证，更易被采信，如潘某敲诈勒索案遂采用该种认定方式。第二，若比特币已经较长时间存储于交易平台上，且被害人购买记录无法调取的情况下，虽然其后经过犯罪嫌疑人在多个平台网站，以及平台与钱包间的多次转换仍没有实现法币兑现，可以案发时交易价格为认定基础，但这里需要注意的是由于比特币价格波动幅度较大且没有相应的换算交易机制，其在同一交易平台的不同时间段，也会有明显涨幅，因此以市场交易中间价格作为评估标准更为合理。第三，部分案件中犯罪嫌疑人将非法占有的比特币进行了最终兑换，且有销赃记录予以佐证，此种情况下以犯罪嫌疑人的销赃数额认定较为客观。第四，参照我国侵财类案件中价值认定方式，如被盗财物无有效价格证明或者根据价格证明认定盗窃数额明显不合理的，应当按照有关规定委托估价机构估价。但笔者认为目前并没有对比特币价值进行鉴定的专业权威机构，且《价格认定结论书》能否得到法院判决支持，出具依据是否客观，评估结论是否客观有待考证，也是需要慎重考虑的问题，需要结合个案情况综合论证。

然而，以上几种评估模式仍不能涵盖所有案件，以通过挖矿而原始取得的比特币为例，其价值就由于涉及挖矿设备成本、用电成本等多种因素制约而面临认定上的难题。

（四）构筑社会共治格局，提升治理法治化水平

近年来，检察机关在依法打击该领域犯罪上已经积累了一定经验，从各省的已生效判决上来看，检法在定性及法律适用上日渐达成统一。但相较比特币日渐迅猛的发展态势、层出不穷的犯罪形式、迭代更新的犯罪手法，检察机关在精准打击新型犯罪上还有很长的路要走。

笔者建议，检察机关要做好网络信息技术与刑法原理的实务嫁接，依托科技案件专业化办案优势，结合个案发案特点提前介入引导侦查，特别是对于公检认定不一致案件，要及时沟通研判，引导公安机关规范电子证据调取；对于新型犯罪原理研究方面，要借助专家力量，补强打击洗钱犯罪的能力短板；以个案借鉴、逐案沟通、类案总结的方式，就法律适用和量刑方面积极与法院会商研判，对案件高发地区要及早统一诉判标准，在法律规制内合理拓展刑罚适用的边界。

单一维度依赖刑事法规规则只能治标、尚难治本，积极应对该领域犯罪案件高发态势，要靠刑事惩治开路，更要靠司法行政监管合力的构筑，前置法律法规的落实见效。虽然近年来国家出台了系列政策性文件，但运用比特币洗钱仍处于反洗钱机制最为边缘的地带。笔者建议，在交易监管和防控风险方面，一方面执法机关要把监控重点放在比特币与法定货币的兑换渠道上，通过银行转账记录等传统手段进行监控，实现实时监管和数据共享；另一方面要加强对交易平台网站的监管，其中对境外网站和服务器的监管尤为关键，必要时要采取封锁域名、更改访问地址等方式减少访问途径。此外，近年来比特币中介机构的兴起不容小觑，部分交易网站虽然注册地在境外，但仍以发布广告等方式在国内从事买卖居间服务，致使买卖双方在个人银行卡间实现资金流转，避开交易所环节形成了监管的空白地带。由此，充分了解中介商的运作机制，形成对中介商的有效规制，对于阻断比特币洗钱以及其他类型犯罪大有裨益。

与此同时，检视目前涉比特币犯罪案件的发展生态链，搭建行刑衔

接机制、创新刑事路径探索已经势在必行。检察机关与行政执法部门积极开展密切合作，必要时由金融监管部门提供鉴定服务或者配合相关证据调取，逐一破解案件难点疑点问题，以此提升刑事案件办理质效。梳理近年来该流域犯罪案件的典型发案特点、深入剖析掣肘新型案件办理的瓶颈因素，凝聚社会普遍共识，搭建共防共治平台更具突出意义。建议以日常交流互鉴、人才定期互动为契机，充分改善涉网络信息技术及金融复合型人才的稀缺局面，这对于突破传统办案思路、适应新技术发展更具长远意义。

新型网络传销犯罪的司法认定

——以检例第41号指导性案例的应用为视角

邹利伟 *

摘　要　互联网时代来临后，新型网络传销成为传销活动的主流，且发展态势迅猛。最高人民检察院第41号指导性案例对于办理新型网络传销案件具有很强的指导意义。在组织、领导传销活动罪的客观构成要件特征认定上应坚持实质判断的原则，在主观构成要件特征的认定上应准确区分主观故意与违法性认识，同时应通过把握骗取财物的本质特征区分金融创新与传销犯罪。

关键词　新型网络传销　实质判断　骗取财物

传销犯罪活动逐步经历了传销经营，以推销商品、提供服务为名的欺诈式传销，传销标的虚拟化、金融化的新型网络传销等不同阶段。自2010年以来，各种传销组织依托互联网平台，利用现代信息通讯工具，借助网站、应用程序、第四方支付、充值及跑分平台等网络黑灰产业，大肆进行网络传销。传销组织紧跟当前社会热点，以“区块链”“互联网金融”“云经济”等概念进行包装炒作，借助合法成立的公司，寻求专家、社会名流背书，网络消费返利、原始股、虚拟币、微商、广告返利、慈善互助等各种网络传销形式、类型层出不穷，呈

* 邹利伟，浙江省丽水市人民检察院第一检察部副主任。

现井喷式爆发的态势。最高人民检察院下发的第41号指导性案例叶经生等组织、领导传销活动案，对于准确区分金融创新与网络传销，依法认定犯罪具有极强的司法运用指导价值。

［**基本案情**］2011年6月，叶经生等人注册成立了上海宝乔网络科技有限公司（以下简称宝乔公司），并开发了“金乔网”网上商城。同年11月，叶青松加入宝乔公司并担任浙江省总代理。叶经生等人通过招商会或论坛等形式宣传、推广“金乔网”的经营模式。“金乔网”在全国各地设立省市县三级区域代理，享受本区域内保证金和购物消费业绩累计计酬。经销商会员注册必须经上线经销商会员推荐并上交保证金，发展下线经销商可获得推荐奖金。在商城“消费”的消费额可参与商城的双倍返利。截至案发，“金乔网”共发展会员3万多人，涉及资金1.5亿余元。

检察机关以被告人叶经生、叶青松犯组织、领导传销活动罪向法院提起公诉。被告人叶经生、叶青松及其辩护律师则辩称被告人经营的“金乔网”属于金融创新，来源于某教授的理论，消费款、保证金不属于传销活动的入门费，会员之间也不存在层级关系，更没有以人数计酬，“金乔网”的经营模式不属于传销；主观上也从未意识到从事电子商务是传销行为，不存在组织、领导传销活动的故意。“金乔网”的经营模式是否符合组织、领导传销活动罪的客观构成要件特征，两被告人主观上有无非法传销的故意是本案的争议焦点。

公诉人提交了宝乔公司工商登记资料、银行账户明细、勘验检查笔录、电子数据、宝乔公司工作人员证言、参与传销人员证言、鉴定意见等证据，并由鉴定人员出庭作证，证实两被告人组织、领导传销活动的事实。在庭审答辩中，公诉人提出应以穿透式的司法方法对本案进行实质判断。最终，法院以组织、领导传销活动罪对两被告定罪处罚。

一、开展实质审查：客观构成要件特征的具体认定

叶经生等组织、领导传销活动案在“指导意义”中指出，无论其表现形式如何变化、手段如何翻新，都要牢牢把握本罪的本质特征。这实际上提炼出了针对新型网络传销的实质判断的司法方法。而“指控

与证明”部分公诉人答辩“本质系入门费”“本质为设层级”“本质为拉人头”则为实质判断的具体展开提供了实践路径。具体而言：

（一）入门费的判断：“名”的泛化与循“名”责“实”

传统的线下传销，是以有形的商品或者服务作为传销的标的。进入新型网络传销时代，传销的对外名义进一步泛化，不再仅仅局限于传统的商品、服务，而表现为一种意定权利或虚拟标的，比如虚拟币、原始股、积分等。《刑法》第224条之一规定的“以推销商品、提供服务等”中的“等”应作等外等的理解。叶经生等人组织、领导传销活动一案，是以交纳保证金开立网上商铺、交纳10%消费款让渡经营利润为名义交纳入门费。

不管以什么名义，如果参与人缴纳费用在于获取发展下线的资格，不关注标的的实际价值，即使不属于商品、服务，也可以判断为入门费。该案中，公诉人指出上交保证金才有资格享受推荐奖金，缴纳10%消费款才可能有返利收益，实质上就是入门费。是否是入门费的判断关键不在于对外的名义，而在于表面的名义下是否有实质的内容，若名实不副，循“名”无法责“实”，则应揭开“名”的面纱，进行“实”的判断。该案中，仅有“保证金”“商家让利”之名，而无保证金、商家让利之实，实质为入门费。

（二）设层级的判断：代数关系与层级获利

实践中，有些不法分子为了规避法律，在传销活动中，不再对内部的人员设定身份或者区分等级，上线和下线之间并没有明显的身份等级差别，只有加入传销组织时间先后的区别。对层级关系的理解，要注意对层级的认定不能局限于传销组织自身的身份或者等级设定，而要灵活理解和把握立案标准，只要客观上存在上下线关系，且参与人从发展的下线或者下下线中获取收益，就要认定层级关系。这也体现了实质判断的司法方法。

本案中，公诉人举证证实会员层级呈现塔状的形态，一共68层，奖金以不限制代数的方式计算，上线成员可通过下线、下下线成员发展成员获取奖金。上线的人员能够借助下线、下下线成员的加入获得利益，并按照一定的结构，即普通会员、股权会员以及区域代理进行层级的设定，实际为设层级。

该案上下级经销商会员的层级关系体现出两种情况，一种情况是经销商会员存在上下代的关系，上代的经销商会员可以拿到下代的经销商会员的业绩奖金，但会员之间没有级别之分，只有代数的区别，即有代数无级别；第二种情况是既有代数区别，又存在级别关系，如“金乔网”内部会员分为一般会员、股权会员、区域代理等级别。

（三）拉人头的判断：瓜分下线与人数计酬

奖金或者返利的多寡取决于下线、下下线参加人员的多少，这是传销“拉人头”的特征。网络传销不会创造任何经济利益，组织者、参与者的收益全部来源于传销人员投入的资金，实际上是上线瓜分下线资金的圈钱游戏，先加入人员获得的利益来源于后加入者向传销组织上交的入门费。

拉人头计酬分为两种情形：一是直接以发展人员的数量作为计酬依据；二是表面上是以销售业绩作为计酬依据，实质上仍属于“以发展人员的数量作为计酬或者返利依据”。叶经生等组织、领导传销活动案中公诉人答辩也指出，推荐的人数作为发放佣金的依据系直接以发展的人员数量作为计酬的依据；后加入人员的数量直接决定了某个区域整体业绩和返利数额，本质上就是以发展成员数作为奖金发放的标准，本质上仍为拉人头。

二、厘清故意与违法性认识：主观构成要件特征的准确判断

本案两被告人均辩解没有认识到“新型电子商务”属于传销，公司的创意来源于某教授的某种理论，两人也特意请教了律师，招商会上当地政府人员也予以支持，没有犯罪的主观故意。笔者认为，对上述辩解，应当通过准确区分构成要件故意与违法性认识进行审查判断。

（一）故意认识因素的内涵

构成要件故意是指行为人认识到了某一犯罪构成要件的情节，仍意

欲或放任其发生。认识包括感官上的感知和思想上的理解。构成要件要素既有描述的要素，也有评价的要素，前者为记述的构成要件要素，后者为规范的构成要件要素。[①]记述的构成要件要素侧重于感官上的感知，规范的构成要件要素则需要思想上的进一步理解。组织、领导传销活动罪的构成要件情节，如入门费、设层级、拉人头等具体特征，属于规范的构成要件要素，要求行为人在思想观念上能够理性把握。

（二）思想上理解不等于违法性认识

思想上理解并不要求精准的法律概念分类，后者属于涵摄错误，属于违法性认识的内容。[②]即不要求行为人精确地判断该行为是传销活动，只要行为人在一般的社会意义上理解到交了钱才能获得返利或回报的资格，不同的人在整个组织中有着上下线关系，参与人通过发展下线能够获得利益，且参与的人员越多获利越多等，不管行为人是不是将其判断为传销行为，都要认定存在组织、领导传销活动罪的故意。

在具有组织、领导传销活动故意的情形下，对具体活动是否为国家法律允许没有认识或认识有误，则属于违法性认识错误。本案中，公诉人通过讯问以及举证证明了两被告人对于入门费、设层级、拉人头等与一般人对传销的理解是相符的，从而证实了主观上系故意。两被告人辩解没有认识到“新型电子商务”属于传销，不知道国家不允许，不妨碍主观故意的认定。

（三）违法性认识错误能否避免的认定

对于违法性认识，原则上遵循的是“不知法律不免责”。克劳斯·罗克辛教授在违法性认识错误能否避免的具体判断上提出了三项基准，即行为人有无对行为的合法性产生怀疑、其所从事行为所在领

---

① 参见［德］乌尔斯·金德霍伊泽尔:《刑法总论教科书》，蔡桂生译，北京大学出版社 2015 年版，第 251 页。

② 参见［德］汉斯·海因里希、耶塞克·托马斯、魏根特:《德国刑法教科书》，徐久生译，中国法制出版社 2001 年版，第 329 页。

域的特殊性以及行为对法益的威胁程度。[①]具体来说，如果当事人在对行为是否合法有怀疑的情形下，仍抱着侥幸的心理，则应当认为其存在过错。对于领域的特殊性而言，不同的领域有着不同的法规范密度及特殊规制规则，密度越大、规则越特殊，注意义务越高。而当一个行为可能会对公共利益及不特定多数人的法益造成威胁或侵害时，行为人的审慎义务也越高。

对于网络传销犯罪的违法性认识错误是否可以避免，可以进行如下判断：网络传销犯罪多打着“金融创新”的旗号，说明行为人认识到其行为处于金融的特殊领域，而在该领域内，国家法规范的密度大大超过一般的民事、商事领域，且有着不同于一般领域的特殊法规范。再者，网络传销行为涉及人员众多，涉及资金数额庞大，稍有不慎都会对公众的资金安全带来威胁。在叶经生等组织、领导传销活动案中，被告人叶青松在供述中也称其对公司能否兑付资金及合法与否有着巨大的担忧。综合以上几点，可以认为叶经生、叶青松等人的违法性认识错误是可以避免的。

三、界定金融创新与网络传销：骗取财物本质特征的区分把握

新型网络传销打着“金融创新”的旗号，传销组织多以合法成立的公司面目出现，以热点概念进行包装，迷惑性强，识别难度大。归案后，犯罪分子多辩解其行为系经济创新活动。办案人员如何准确界定金融创新还是网络传销，应当通过牢牢把握组织、领导传销活动罪的本质特征予以认定。

（一）骗取财物的内涵

骗取财物是组织、领导传销活动罪的本质特征。[②]但如何认定骗取财物，则存在不同的理解。有人认为骗取财物是对行为性质的诠释，

---

① 参见［德］克劳斯·罗克辛：《德刑法学总论》（第1卷），王世洲译，法律出版社2005年版，第626页。

② 参见陈兴良：《组织、领导传销活动罪：性质与界限》，《政法论坛》2016年第2期。

我国刑法中有多处涉及“骗”的罪名，诈骗罪、集资诈骗罪都有类似“骗取财物”的规定，组织、领导传销活动罪中的骗取财物应与诈骗犯罪作相同的理解。但笔者认为组织、领导传销活动罪中骗取财物的界定，是为了区分经营性传销与欺诈性传销，不同于诈骗罪中的“骗”，它不是对行为的界定，不要求具有诈骗的特殊构造，而是对整个传销组织的界定。

实际上，传销活动分为两种：一种是经营性传销，传销只不过是销售货物、提供商品的一种营销手段，发生了真实的买卖关系，即《禁止传销条例》第 7 条第 3 项中规定的团队计酬行为；另一种是欺诈性传销，没有实实在在的商品交易内容，出售商品、提供服务只是外在的名义，购买商品的人实际上也不关心是否物有所值，参加传销的目的是从他人交纳的入门费中获取收益。经营性传销仍然有货物或商品的交易，参与经营性传销人员的获利仍然来源于销售行为。欺诈性传销归根结底是庞氏骗局，本身不会创造任何经济价值。因此，《刑法》在组织、领导传销活动罪中以“骗取财物”对传销活动进行限定，其目的在于缩限打击范围，将经营性传销排除在外。

（二）将骗取财物作为金融创新与网络传销的根本区分标准

公司是最基本的市场细胞，在整体的社会分工、市场经济运行中承担基础的作用，会创造经济效益、社会效益。而传销行为没有实质的经营活动，不会创造价值，传销活动不具有可持续性。传销组织收取的下线资金并没有参与到整体的市场经营中，而是作为佣金或返利被层层盘剥，且主要为高层级人员所获取，上线的经济来源系后加入者交纳的入门费。

本案在“指导意义”中明确揭示了传销犯罪的本质，即没有创造任何经济或社会价值，其组织、运营方式不具有可持续性，先加入者的收入来源于后加入人员的入门费，通过不断发展人员谋取利益从而骗取财物。这一本质特征为我们区分金融创新与网络传销提供了基本的区分标准。围绕这一本质特征，审查判断涉案企业有无实质经营活动，有无创造经济价值，抑或只是披着“金融创新”的外衣。本案公诉人在答辩中也指出，宝乔公司没有实质性的经营行为，没有创造经济价值，实际用后参加人员交纳的费用兑付先加入人员的奖金和返利，人员不可能无限增加，资金链必然断裂。宝乔公司的“经营行为”就是从后加入人员上交的财物中谋取自己的非法利益，体现了传销活动骗取财物的本质。

（三）区分金融创新与网络传销的具体方法

叶经生等组织、领导传销活动案的办理，还为司法实践如何把握本质特征区分合法互联网企业与非法传销组织提供了具体方法。在案件审查中，要注意针对传销网站的经营特征与其他合法经营网站的区别，重点收集企业资金投入、人员组成、资金来源去向、网站功能等方面的证据，揭示传销犯罪的本质特征。

合法的互联网企业会以巨额的资金投入建立其经营规模匹配的电子商务系统；招募配备大量专业的服务、技术、监管、推广人员；资金来源于企业正常经营收入，并用于企业正常运转及扩大经营规模；网站功能齐全、系统设置合理，软硬件均能符合新型电子商务的技术需求。而传销组织全部人财物的安排及主要活动都是紧紧围绕引诱群众交纳入门费，通过夸大宣传发展下线、下下线，从中非法谋取不法利益展开。叶经生等组织、领导传销活动一案，公诉人通过举证证实了“金乔网”投入的资金300余万元，没有建立与其宣传匹配的电子商务系统；公司没有匹配与电子商务系统相应的售后服务人员、系统运营及维修人员、市场推销人员和监督管理人员，公司的员工从事的主要是欺骗公众，收取入门费和发放奖金、返利，而公司从中牟利。其网站功能过于简单，系统配置简陋，完全不符合新型网络商城的标准。进而公诉人在发表公诉意见中指出，宝乔公司所有人事、财物的设置都围绕着如何欺骗公众交纳入门费，其从中获取不法利益，本质上是通过合法公司的外衣，以电子商务、金融创新的幌子骗取财物。

非法控制计算机信息系统罪与破坏计算机信息系统罪之辨析

——以短缩的二行为犯为视角

李　刚　李　涛*

摘　要　对《刑法》第286条第2款字面化的理解，导致在实践中破坏计算机信息系统罪已经具有沦为新型口袋罪名的趋势。通过引入“短缩的二行为犯”概念，将犯罪嫌疑人的主观犯罪目的与计算机信息系统功能之间的关系作为核心判断要素，有助于准确区分破坏计算机信息系统罪与非法控制计算机信息系统罪的界限，合理限定破坏计算机信息系统罪的适用范围，维护罪刑法定原则。

关键词　非法获取计算机信息系统数据　破坏计算机信息系统罪　短缩的二行为犯

一、问题的提出

根据《刑法》第285条第2款规定，违反国家规定，侵入前款规定以外的计算机信息系统或者对该计算机信息系统实施非法控制，情节严重的，应认定为非法控制计算机信息系统罪；《刑法》第286条第

* 李刚，北京市海淀区人民检察院第二检察部科技犯罪检察团队负责人、检察官；李涛，北京市海淀区人民检察院检察官助理。

2款规定，违反国家规定，对计算机信息系统中存储、处理或者传输的数据和应用程序进行删除、修改、增加的操作，后果严重的，应认定为破坏计算机信息系统罪。在司法实践中，两罪名的适用往往存在争议。本文以笔者办理的“恶意挖矿”案为例：

［基本案情］ 2018年6月4日，某公司安全管理部在工作中发现公司用于日常业务的服务器运行异常，疑似被他人恶意部署挖矿程序，占用公司服务器运算资源。经内部调查，发现行为人使用公司内网计算机信息系统编译挖矿程序，并利用工作便利在2018年1月26日到5月30日多次登录并批量在内部服务器上部署挖矿程序，获取虚拟货币。

经公安机关侦办，查明2018年1月至7月，行为人安某利用其在该公司负责运营、维护内部服务器的便利，通过技术手段部署应用程序，超越授权使用企业内部服务器获取比特币、门罗币等虚拟货币，违法所得人民币10万元。①

在案件办理过程中，司法机关主要产生了两种不同的分歧意见。第一种意见认为，安某的行为构成破坏计算机信息系统罪。根据《刑法》第286条第2款之规定：“违反国家规定，对计算机信息系统中存储、处理或者传输的数据和应用程序进行删除、修改、增加的操作，后果严重的，依照前款的规定处罚。”安某未经公司的允许，在企业服务器上私自增加挖矿类应用程序，后果特别严重，应认定为破坏计算机信息系统罪。第二种意见认为，从计算机技术角度而言，任意的对计算机信息系统的操作行为都可以理解为对数据的修改，如果机械适用《刑法》第286条第2款，则将会导致《刑法》第285条第2款“失效”，因此，必须考虑行为对于计算机信息系统功能或应用程序是否造成了实质性的破坏。就本案而言，行为人虽然超越授权部署了挖矿程序，对公司的计算机信息系统实施了增加数据的操作，但挖矿程序的功能实现必须以计算机信息系统的正常运作为前提，安某的行为更适宜认定为非法控制计算机信息系统罪。

---

① 参见北京市海淀区人民法院刑事判决书，（2019）京0108刑初第80号。

针对上述案例中的争议问题，本文尝试对产生争议的原因进行分析，并结合计算机信息系统相关知识与相关法理展开论证，提出两罪适用之逻辑。

二、原因分析

非法控制计算机信息系统罪在立法设计上采用了空白罪状，为司法实践预留了解释的空间。有学者对司法实践进行归纳后，发现该罪名成为名副其实的“口袋罪”[①]，其实质上可以用于评价所有非法获取电脑系统数据的行为。在体系化立法的前提下，兜底罪名的设计本无可厚非，但立法者一般会进一步细化非兜底性罪名的犯罪构成设计，设置合理的“要素”以进行区分，避免空白罪状与其他罪名产生竞合。在我国的立法中，这种合理的“要素”可能是法益、犯罪对象或者主观目的等内容。如在认定普通诈骗罪与合同诈骗罪、集资诈骗罪时，司法人员可以从侵犯法益、是否存在合同行为、是否存在集资行为等方面予以区分。

《刑法》第286条包含的3个条款分别从计算机信息系统的功能性、数据和应用程序、破坏性程序方面着手，对犯罪客观要件进行相应的设计，这种区分具备一定的合理性。在当下，计算机信息系统安全法益仍然是一个笼统的概念，其可能体现于数据安全、信息安全、计算机信息系统功能完整性等不同方面，尽可能区分行为对象不仅扩大了法律保护范围，也有助于犯罪进行类型化的归类。但计算机犯罪有区别于传统犯罪的一个显著特点——计算机犯罪行为本质上仍然是一种计算机技术行为，而技术行为实际上受限于技术架构，法律无法脱离技术架构实现对技术行为的规制。法律用语必须符合技术规范，否则极易产生错配的现象。在计算机信息技术语境下，数据乃是计算机信息系统构成之基本元素，无论是计算机信息系统还是程序，都是由数据构成。虽然从语义上看起来功能性、应用程序、破坏性程序是3

---

① 杨志琼:《非法获取计算机信息系统数据罪“口袋化”的实证分析及其处理路径》,《法学评论》2018年第6期。

种不同类别的行为对象，但如果从技术架构上进行考察，对上述 3 个对象施加的任意影响都必须从改变数据入手，即任一通过计算机信息系统本身机能达成的破坏计算机信息系统的行为都离不开对计算机信息系统储存、处理或传输的数据实施行为，这恰恰切合《刑法》第 286 条第 2 款的罪状描述，而该条款相较之第 1 款、第 3 款，又缺乏“造成计算机信息系统不能正常运行”这一限制构成要件，进一步降低了入罪门槛。这就导致在实践中，司法人员可能功利性地适用《刑法》第 286 条第 2 款认定计算机犯罪行为。

同时，多样化的计算机犯罪行为之间可能存在互相嵌套的可能性，非法控制行为在实践中可能呈现出“删除、修改、增加数据”的行为样态。如行为人非法获取计算机信息系统的控制权后，对操作系统的关键数据予以删除，从而导致计算机信息系统不能正常运行，达到破坏计算机信息系统的目的。破坏计算机信息系统所产生的犯罪结果往往也有可能是行为人实现非法控制计算机信息系统的行为的前提条件。如行为人通过关闭或者删除计算机信息系统的用户身份验证机制，从而实现对计算机信息系统的非法控制。正如有学者曾论述：“所体现的对数据安全的理解还停留在网络时代初期以计算机系统为单位的安全情形，忽略了网络中数据传输与交换安全问题。”[①] 显然，《刑法》第 285、286 条相应条款的空白罪状为犯罪行为嵌套留下了足够的解释空间，而法律语言与技术规范的不契合进一步加剧了两个罪名竞合的可能性。在实践中，司法人员需要寻找一个既符合犯罪构成要件理论又可以在实践中轻易辨别的要素作为切入点，以打破竞合，明确罪名。

三、解决路径

在非法获取数据、非法控制计算机信息系统的行为基础之上构成的破坏计算机信息系统行为，实际上是一种行为与目的的关系，可以通过“短缩的二行为犯”的模型加以区分。德国刑法从目的与行为的关系角度出发，最早提出了短缩的二行为犯理论，其最主要的意义在于，

---

① 《网络空间中犯罪帮助行为的制裁体系与完善思路》，《中国法学》2016 年第 2 期。

通过设立判断规则，在特定的犯罪中，承认行为人主观上的特定目的对犯罪构成的影响。我国刑法学者张明楷曾对短缩的二行为犯作如下论述："其基本特点是，完整的犯罪行为原本由两个行为组成，但刑法规定只要行为人以实施第二个行为为目的实施了第一个行为，就以犯罪（既遂）论处；如果行为人不以实施第二个行为为目的，即使客观上实施了第一个行为，也不成立犯罪（或者仅成立其他犯罪）。"[①]短缩的二行为犯理论进一步考虑了主观目的这一要素，从而在法律机能上实现了对罪与非罪、此罪与彼罪更加精细化的判断。在我国司法实践中，短缩的二行为犯理论也得到了广泛的认可。例如，通过对行为人主观上是否存在"以勒索财物或者满足其他不当要求为目的"进行判断，从而确定行为人是否构成绑架罪（或只成立非法拘禁罪）。

采用上述理论时，对行为人主观目的的考察将成为区分此罪、彼罪的要点，我们往往可以得到三个结果。第一个结果：经过判断，行为人主观上不存在犯罪故意，缺乏犯罪目的，则行为人对数据的操作行为即使符合了相关罪名的客观要件，也不能认定其行为构成犯罪。第二种结果：经过判断，行为人主观上仅存在非法控制计算机的目的，其后续的其他行为需要依赖于所支配的计算机信息系统具备的正常性功能实现，并未进一步对控制的计算机信息系统实施其他行为，则构成非法控制计算机信息系统罪。第三种结果：当经过判断，行为人主观上同时存在破坏与控制的目的，可以认定控制行为服务于破坏目的，应构成破坏计算机信息系统罪。

笔者以常见的DDoS攻击作为例子，对第二种和第三种判断逻辑进行更详细的阐述。在网络黑产犯罪中，DDoS攻击行为是最为常见的破坏计算机信息系统行为，其往往依赖于行为人控制的"肉鸡"[②]开展，如果"肉鸡"缺乏基本、正常的计算机信息系统功能，则无法按照行为人的意图实施攻击行为，因此，这要求行为人主观上必须确保自己的控制手段不能导致"肉鸡"出现不能正常运行的状况。在司法实践

---

① 张明楷:《论短缩的二行为犯》,《中国法学》2004年第3期。

② 一般指受到他人远程控制的计算机信息系统。

中，有些观点认为，针对上述情况，在无法查实行为人是否通过“肉鸡”实施 DDoS 攻击的情况下，应仅认定行为人构成《刑法》第 285 条第 2 款，而不构成《刑法》第 286 条第 2 款。这种观点显然是错误理解了短缩的二行为犯的判断逻辑。短缩的二行为犯实际上重点考量的是行为人是否存在相应的目的，而不要求其必须实现了相应的目的。对于行为人存在的多个主观目的，要通过多种方式确定目的之间的地位关系，认清阶段性的目的和终局性的目的。在上述例子中，行为人在实施完整的犯罪行为中，同时存在两个不同的主观目的，一个是控制他人计算机信息系统，另一个是破坏他人计算机信息系统，前者是阶段性的目的，后者是终局性的目的，前者是为后者所服务的。即使行为人没有实施攻击他人的行为，但是其基于破坏的目的，实施了非法控制的行为，已经达到了短缩的二行为犯理论框架下的犯罪既遂，理应认定为破坏计算机信息系统罪，而非非法控制计算机信息系统罪。

在短缩的二行为犯理论框架下，《刑法》第 285 条第 2 款与《刑法》第 286 条第 2 款适用问题从关注表面客观行为深入至考察行为人主观目的。计算机犯罪的特点为司法人员考察行为人的主观目的提供了一条明确的路径：通常来说，计算机犯罪是一种必须借助计算机拥有的功能才能实施犯罪行为、实现犯罪结果的犯罪类型。计算机信息系统的技术架构决定了计算机信息系统和应用程序的任一功能均指向一种明确的、客观的计算机技术行为。我们近乎可以认为，计算机技术行为本身具备刑法判断所强调的“主客观相一致”特质。司法人员往往可以通过程序、工具的功能性评价，再结合行为人的使用方式，进而认识行为人的主观目的。

四、总结

笔者试图提出一项判断规则，并对本案前述案例重新进行审视分析，进一步解释如何在实务中，对非法控制计算机信息系统罪和破坏计算机信息系统罪进行辨析。

第一，在计算机犯罪中，数据的控制权是行为合法性论证的基本着眼点，数据控制权依据计算机信息系统的性质、具体应用环境等因素可能呈现出不同的样态，如数据控制权、功能性控制权等。

在本案中，安某本身具备公司计算机信息系统的控制权，包括但不限于删除、增加、修改数据，部署应用程序，维护计算机信息系统正常运作等内容。但其实施的犯罪行为，违反了企业对于服务器运维工程师的禁止性规定，属于典型的未经授权的行为。在实践中，可能存在另外一种情况，企业并未禁止行为人利用控制权实施某项行为，但是该项行为实际上并不属于业务所必备的行为，那么该如何认定呢？笔者认为，这种行为虽然不属于未经授权，但很可能被评价为超越授权。因为对企业而言，设立计算机信息系统控制权的意愿、用途都与业务内容紧密相关。企业依据业务设定授权，而业务需求决定了控制权的实质内容。如果一项控制权的使用与业务需求无关，那该项控制权的使用必然额外占用计算机信息系统资源，会对企业的计算机信息系统的正常使用造成干扰，可能将企业利益、计算机信息系统安全放置于一种危险的境地。

第二，如试图适用短缩的二行为犯理论认定此罪、彼罪，司法人员在主观上要重点考察行为人的犯罪目的，在客观上要重点考察涉案的程序、工具的功能性以及行为人对程序、工具的具体使用情况。

安某的行为主要体现为利用计算机信息系统进行“挖矿”。“挖矿”是指通过计算机硬件开展数学运算并获取虚拟货币的过程。“挖矿”程序最主要的功能系调用 CPU\GPU 等计算机信息系统核心计算资源进行数学运算，一般而言，会导致计算机信息系统资源被大量占用，导致运行速度放缓，如果“挖矿”程序调用的资源超出了计算机信息系统承受的极限，可能会导致计算机信息系统不能正常运行。与病毒、木马程序相比，“挖矿”程序往往仅占用计算机信息系统资源，并不直接侵害计算机信息系统的控制权、财产安全、数据安全等。当然，在实践中，有的行为人会为了犯罪目的，通过计算机病毒或者木马程序获取他人计算机信息系统控制权后非法部署“挖矿”程序。

从应用程序与计算机信息系统的关系审视，“挖矿”程序与计算机信息系统之间是依赖与被依赖的关系：“挖矿”程序的正常运行需要依赖于计算机信息系统的正常运行。一名理性“矿工”理应追求计算机信息系统资源的最大化利用，但同时也必须考虑“挖矿”程序的收益与计算机信息系统正常运行之间的平衡点，这也是认定其主观目的的一个绝佳的切入点。如果行为人肆无忌惮滥用“挖矿”程序，不在乎甚至刻意追求计算机信息系统不能正常运行的后果，可以认定其主观上是以破坏为犯罪目的，具备犯罪故意；如果行为人刻意控制“挖矿”程序，通过调整“挖矿”程序的使用频率、运行时长等要素，则一般宜认定其主观上不存在破坏的直接故意，同时，可以结合考察行为人是否具备专业知识以进一步明确认定行为人的主观目的。显然，一名专业的服务器运维人员不会盲目地运行“挖矿”程序，进而引发计算机信息系统不能正常运行的后果，这种行为会对其本职工作造成否定性影响，同时也会加大暴露犯罪的可能性。

在上述规则之下，不难得出结论：安某在未经企业授权的情况下，非法使用计算机信息系统控制权，通过增加数据的方式安装“挖矿”程序。结合“挖矿”程序的功能性鉴定，安某本人的从业经历、知识背景，“挖矿”程序对计算机信息系统的影响情况综合考虑，可以认定安某并非想通过“挖矿”程序破坏企业的计算机信息系统，而是想利用企业的计算机信息系统资源进行获利，主观上缺乏破坏目的，对其行为应认定为非法控制计算机信息系统罪，而非破坏计算机信息系统罪。

在审判过程中，法院对上述观点表示认同，并于 2019 年 12 月 4 日判决被告人安某的行为犯非法控制计算机信息系统罪，判处有期徒刑 3 年，罚金人民币 11000 元。

网络爬虫技术滥用的刑事责任

刘　荣　王爱强 *

摘　要　网络爬虫是高效收集、分类、整理海量网络信息的程序或者脚本，具有很高的实用价值。但当网络爬虫使用者为了获取经济利益，将其作为犯罪工具，严重扰乱计算机信息系统的运行秩序，会构成计算机相关犯罪，同时网络爬虫具有收集信息的功能，可能会侵害到公民个人信息等多种法益。网络爬虫技术滥用的行为一旦已经达到相关司法解释立案追诉的标准，就应当依照相关规定追究行为主体的刑事责任。应将违法所得和经济损失作为“情节严重”的认定依据。在审查方法上，要厘清相关行为，明确因果关系，并对危害后果进行全面评估。

关键词　网络爬虫　技术滥用　刑事责任　经济损失

一、问题的提出

［基本案情］　被告单位某甲公司于 2014 年 4 月成立，负责人为林某某，公司成立后开发了某房产信息 App，为了能够获取房源信息，该公司使用自行编写的网络爬虫爬取某乙公司经营的房产网站数据。某乙公司网站服务器设定了一定的反爬取措施。某甲公司使用破解验证

*　刘荣，北京市朝阳区人民检察院第二检察部主任；王爱强，北京市朝阳区人民检察院第二检察部检察官助理。

码、绕开挑战登录等方式破解某乙公司的反爬取措施，大量获取某乙公司网站的房源数据，并采用逆向破解的手段获取某乙公司在App端隐藏的真实用户电话号码，后将爬取到的数据存储在自己的公司服务器中，供自己公司的房产信息App调用，通过向该App的用户收取会员费盈利。在爬取期间，某甲公司为了保证自己的房产App能够与某乙公司网站同步更新，使用网络爬虫24小时不间断、高频率、大流量访问某乙公司网站的数据接口。由于某甲公司爬取数据请求量过大，曾导致某乙公司网站登录服务器被限流，其间所有需要通过验证码登录的用户均无法正常登录，时间长达数十分钟。为了应对某甲公司的爬取行为，某乙公司通过优化验证码验证策略等手段升级反爬取机制，专门开发了相应防御策略进行应对。某甲公司发现由于反爬取策略升级，网络爬虫无法获取数据后，多次通过互联网购买针对某甲公司的专业打码软件，优化网络爬虫，持续突破某乙公司反爬取机制。经鉴定，某甲公司的爬取行为造成某乙公司的直接经济损失10万余元。后法院以非法获取计算机信息系统数据罪分别判处某甲公司、林某甲、林某乙有期徒刑1年6个月不等，并处罚金。

在案件审查中，存在以下争议：一是网络爬虫一般属于不正当竞争的范畴，属于民事侵权行为，是否能进行刑事打击；二是本案中某甲公司的行为是否达到了非法获取计算机信息系统数据罪司法解释中“情节严重”的入罪标准；三是本案中某甲公司的行为是否侵犯了公民个人信息。

二、网络爬虫技术入罪分析

就技术本身而言，网络爬虫可以在互联网上采集数据，满足科学计算、数据处理以及网页开发等多个方面的用途。[①] 网络爬虫能模拟正常用户的一些行为，按照一定的规则自动抓取网络中的各种信息。网络爬虫爬取的数据可以分为政务数据、企业经营类数据，对这两类数据的获取和运用有着不同的规则。针对政务数据，《数据安全法》指出，

① 参见李文华：《解析网络爬虫技术原理》，《福建电脑》2021年第1期。

国家机关应当遵循公正、公平、便民的原则，按照规定及时、准确地公开政务数据。依法不予公开的除外。国家制定政务数据开放目录，构建统一规范、互联互通、安全可控的政务数据开放平台，推动政务数据开放利用。对政务数据的合理运用有利于社会各行业的健康发展。而企业经营类数据，多是企业用于开展经营活动，其网站呈现的信息属于其经营的主要业务，如二手交易信息、视频、音频等内容。因此网站经营者会根据数据的重要程度和自身网络安全技术水平，采取一定的保护措施。网络爬虫使用者获取上述数据时，应当遵循网站管理者设置的访问规则，规范自己的爬取行为，不得侵害数据所有者的利益。网络爬虫滥用大多是“损人利己”的行为，坐享别人的劳动成果，牟取经济利益。

虽然以往司法实践，大多将恶意利用网络爬虫的行为归为不正当竞争行为，但这并不妨碍刑法对网络爬虫滥用的行为进行规制，这是因为网络爬虫在犯罪过程中被作为犯罪手段，需要将其行为所造成的危害后果整体进行评价，如果符合相应的犯罪构成，就应进行刑事打击，而不限于是否属于计算机犯罪。通常而言，网络爬虫滥用可能涉嫌犯罪的情形有以下几种：

（一）排除访问规则的设定扰乱计算机信息系统正常秩序

网络爬虫本质上是信息收集和整理的工具，爬取功能是由使用者主观目的决定的，爬虫使用者可以设置爬取的目标网站、爬取频率、爬取内容等，这直接反映出爬虫使用者的主观心态。本案中，被告单位未经授权，使用网络爬虫通过加装打码插件，使目标网站的反爬机制不能正常工作，突破网站管理者对用户访问频率的限制，以达到对目标网站的高频访问，保证自己获取数据更新的及时性。此类网络爬虫在短时间内，大量访问过度占用目标网站的网络资源，导致网站的正常运行出现问题，服务器崩溃。[①]网络爬虫恶意爬取数据，会增加目标

① 参见毕艳华、高晓艳、张扬：《基于爬虫的网络安全问题探讨与分析》，《电脑编程技巧与维护》2020 年第 12 期。

服务器的负载。服务器运营者通常会在服务器上设置反爬取措施，可以节约成本，达到服务器正常运转的目的。通常而言，在单位时间内某些特定 IP 访问次数达到设定的阈值，就会触发验证码挑战、登录挑战等反爬取机制，以甄别相应 IP 的访问请求是否来自正常用户，对于不能通过验证的 IP 就不再返回数据。网络爬虫的违法性在于排除网站管理者对正常访问秩序的设定。

根据既往的司法实践，使得验证码登录挑战不能发挥作用的插件和代码属于“专门用于侵入、非法控制计算机信息系统的程序、工具”，此类软件符合“具有避开或者突破计算机信息系统安全保护措施，未经授权或者超越授权对计算机信息系统实施控制的功能”的特性。①

本案中被告单位作为房产类 App，对上新房源的时效性要求高，设定网络爬虫 24 小时不间断、高频次地对某乙公司网站进行爬取，在触发某乙公司的反爬取机制后，被告单位利用公司服务器，部署打码软件，对验证码挑战进行破解运算，爬虫软件自动利用打码软件返回相应的数值通过验证码验证，实现大流量爬取的目的，最终导致某乙公司登录服务器被限流，影响了正常用户的登录操作。《网络安全法》第 27 条规定“任何个人和组织不得从事非法侵入他人网络、干扰他人网络正常功能、获取网络数据等危害网络安全的活动……”。被告单位使用打码插件严重干扰目标网站服务器的正常工作，超过了网络爬虫技术正当的使用范围，情节严重的可能构成非法获取计算机信息系统数据、破坏计算机信息系统数据罪等犯罪行为，此时的网络爬虫应当认定为非法获取计算机信息系统数据的工具，而并不是认为网络爬虫技术具有非法性。

（二）采用非法手段获取数据造成网站经营者较大经济损失

使用网络爬虫非法获取他人数据，分类、加工整理后谋取经济利益的模式已经逐渐产业化。《数据安全法》第 8 条规定：“开展数据处理活

① 参见最高人民检察院第 18 批指导性案例第 68 号——叶源星、张剑秋提供侵入计算机信息系统程序、谭房妹非法获取计算机信息系统数据案。

动，应当遵守法律法规，尊重社会公德和伦理，遵守商业道德和职业道德，诚实守信，履行数据安全保护义务，承担社会责任，不得危害国家安全、公共利益，不得损害个人、组织的合法权益。”恶意大流量的爬取行为，会造成被爬取单位的经济损失。造成经济损失是计算机类犯罪司法解释中的一项入罪标准，如果使用的网络爬虫违反法律规定，采用非法手段获取对方数据，造成对方经济损失，有可能构成非法获取计算机信息系统数据罪。

网站经营者会根据自身网站用户的使用情况选择适当的网络专线、租赁服务器的付费方式。本案中，被告单位以盈利为目的，在自己公司服务器上开设数千台虚拟机，使用数千条网络宽带，利用网络爬虫高频率访问目标网站，在打码插件作用下，目标网站服务器无法区分正常用户和网络爬虫的访问，甚至无法侦测到爬取行为的存在，由于访问流量暴增，某乙公司为了保障正常用户访问，只能选择对服务器和网络专线进行扩容，同时为了避免流量猛增造成的服务器宕机，还设定专人岗位 24 小时监测网络流量报警，这直接导致了某乙公司人力成本增加。网络爬虫技术滥用，本身就是对计算机信息系统正常运行秩序的干扰，具有违法性。严重滥用网络爬虫技术的行为所造成的危害，不亚于其他扰乱计算机信息系统运行秩序犯罪所造成的危害后果，达到相应司法解释立案追诉标准的，就应当依法进行打击。

（三）恶意利用网络爬虫技术提取隐藏信息

提取隐藏信息有可能构成侵犯公民个人信息类的犯罪。在本案中，被告单位利用网络爬虫模拟接收某乙公司网站返回的信息流，提取需要的数据，采用技术手段分类整理后存储在本地的数据库中，完成对某乙公司网站页面呈现数据的爬取，某乙公司在其网站上呈现的用户手机号为虚拟号码，但在服务器和用户 App 传输过程中采用的是明码传输，转化虚拟号是在用户 App 端完成。被告单位通过对数据流进行分析，逆向破解了加密手段，自动解密后获得了用户的真实手机号，存储在自己的服务器中，供自己公司 App 调用。《数据安全法》第 32 条也规定了任何组织、个人收集数据，应当采取合法、正当的方式，不得窃取或者以其他非法方式获取数据。用户的真实手机号是某乙公司不对外公开的数据，但某甲公司通过逆向破解而获取数据，为自己所用，不具有正当性。

虽然本案中被告单位获取的数据经过审查最终没有认定为公民个人信息，但以网络爬虫为手段获取加密数据并且调用解密插件进行解密，存在侵犯公民个人信息的重大风险。

三、“情节严重”的认定

网络爬虫仅仅是犯罪嫌疑人实施犯罪的工具，而如果需要定罪量刑，则应当按照相关司法解释进行论证。在《最高人民法院、最高人民检察院关于办理危害计算机信息系统安全刑事案件应用法律若干问题的解释》(以下简称《解释》)中，对危害计算机信息系统安全的行为进行了列举，在各个罪名中均将违法所得和经济损失作为“情节严重”的认定依据，而在实际操作中违法所得和经济损失的认定属于难点问题。

(一)“违法所得”的认定

结合本案，如果想要以违法所得来判断犯罪嫌疑人的行为是否达到立案追诉标准，就需要明确犯罪嫌疑人的违法所得是由非法爬取行为产生的。但实际上，被告单位爬取了多家网站的数据，此时就需要侦查机关继续查明案件事实，全面查明其利用爬取到的数据的获利情况，认定其违法所得数额。

如果涉案公司或者个人有合法业务收入，其滥用网络爬虫技术获得的收入仅为其盈利项目的一项，则应当从其他角度证明其违法所得数额。本案中，被告单位通过收取App会员费盈利，但经审查，供用户查询爬取到的数据仅为收费功能的一项，该App中还有一键发布房源、房源资料分析整理等其他收费功能，因此无法区分用户是基于何种功能而购买的会员，无法将其一段时期内收取的所有会员费认定为违法所得。

(二)“经济损失”的认定

根据上述《解释》规定，“经济损失”包括危害计算机信息系统犯罪行为给用户直接造成的经济损失，以及用户为恢复数据、功能而支出的必要费用。直接经济损失的认定是网络犯罪认定的难点问题。

网站运营者租赁或者自购服务器、支付网络专线费用，是网站运营者主要的成本。本案中，某甲公司每月访问达数百亿次，长时间、大流量、不间断的非法爬取的行为，造成了服务器网络专线费用上升。由于打码插件的存在，导致网站运营者无法对爬取行为进行阻断，为了保证正常用户的使用，只能对服务器和网络专线进行扩容。服务器租赁不属于一次性消耗品，无法确定该服务器是专供爬取的访问使用，但网络专线资费是按月结算，可以根据被告单位的 IP 区分出其额外占用网络专线的客观情况，某乙公司支付的额外的网络专线费用应当认定为经济损失。

鉴定机构及某乙公司将一定时间内被告单位爬取的数据总量，根据其爬取的时间分布，通过抽样、比对，换算得出被告单位的网络爬虫占用某乙公司服务器网络专线的区间值，本着存疑有利于被告人的原则，将理论最小值乘以某乙公司服务器网络专线计费单价，得出一段时间内某乙公司因某甲公司的非法爬取行为所造成的网络资费损失。

同时，某乙公司为对抗被告单位的爬取行为而支出的人力费用，应当认定为被告单位造成的“经济损失”。通过分析系统日志、讯问被告人及询问证人，查明被告单位与某乙公司进行对抗的过程，认定某乙公司为应对大流量的打码行为开发防御机制而付出的人力成本，属于乙公司的经济损失。

四、审查的方法

（一）厘清网络爬虫技术滥用的行为

如前述所言，网络爬虫技术的应用具有极强的目的导向。因此在认定网络爬虫技术滥用行为是否构成犯罪时，应注重对网络爬虫使用者言词证据的审查，明确爬虫使用者如何突破反爬取机制，与鉴定意见、勘验检查笔录等客观证据形成印证，认定其主观目的。

重视司法鉴定意见，对爬虫功能进行鉴定，重视对双方所使用的设备系统日志等证据的收集和运用，对双方的计算机信息系统，均应全面提取日志；通过现场勘验、远程勘验、专业鉴定机构出具鉴定意见等方式对网络爬虫工作原理、爬取的数据类型和速度、如何突破反爬机制等方面全面进行复盘。

（二）明确非法爬取行为的因果关系

实践中，被爬取的单位往往通过可疑访问请求的IP地址对爬虫使用者进行追踪，或者对某些行为模式进行总结，投放特异性数据，对爬虫使用者进行追踪。在审查过程中，对确定犯罪嫌疑人身份的过程，要有严密的证据链条进行证明。可以对犯罪嫌疑人进行有针对性的讯问，听取申辩意见，根据其供述的行为模式或者使用网络情况等因素综合进行审查，最终认定非法爬取行为和非法爬取行为造成经济损失确系犯罪嫌疑人所为，查明因果关系，准确认定责任。

（三）对网络爬虫技术滥用的危害后果全面评估

网络爬虫大多属于犯罪的手段行为，可能触犯多个罪名，在认定时需要对其行为模式、危害后果进行评估，根据侵害的法益，对其准确定性。本案中，在被告单位爬取的房产信息中，包含了一些不对外公开的注册用户真实手机号。经查，某乙公司是在一段时间内，逐步在全国范围内推行的用户虚拟手机号，在此之前均在网站上展示用户的真实手机号，由于技术原因，无法确定被告单位获取的用户真实手机号的具体时间，无法判断其是否经过爬虫自动解密处理得来。在民法典对公民个人信息保护范围作出调整的背景下，暂无法认定被告人的行为侵犯了公民个人信息。

在审查过程中，应综合全案证据，评估网络爬虫技术滥用造成的危害后果，是否实质上严重扰乱了计算机信息系统运行秩序，是否对计算机信息系统造成了破坏；行为人是否以网络爬虫为手段非法获取公民个人信息，是否侵害了其他法益，根据查明的犯罪事实依照《刑法》的相应罪名定罪处罚。

非法转移加密数字货币的刑法规制*

林胜超　林海珍**

摘　要　随着区块链概念和加密数字货币的走热，以窃取、骗取等手段非法转移加密数字货币的行为频发。通过对2015年1月至2020年12月非法转移加密数字货币的判例进行调研，发现实务中该类案件的定性分歧集中于侵财犯罪和非法获取计算机信息系统数据罪，且对犯罪数额的认定方法不一。从加密数字货币的商品属性、相关司法判例、立法趋势等角度进行分析，论证加密数字货币可认定为刑法上的财产，非法转移加密数字货币的行为宜以侵财犯罪定性，按照转移时的平台交易价、销赃价、购入价，递进适用犯罪数额的认定标准。

关键词　区块链　加密数字货币　侵财　非法获取计算机信息系统数据

随着区块链技术的日益成熟，以区块链技术为基础的加密数字货币层出不穷，并逐渐受到各国投资者的狂热追捧，随之而来的是以加密

* 本文系浙江省人民检察院2020年度专题调研重点课题“数字经济时代非法转移加密数字货币行为的刑法规制——基于2015年至2020年判决文书的研究”（sydy202011）阶段性成果。

** 林胜超，浙江省瑞安市人民检察院第二检察部副主任、检察官；林海珍，中共浙江省纪律检查委员会浙江省监察委员会第十一审查调查室。

数字货币为犯罪对象的刑事案件不断涌现。非法转移加密数字货币的犯罪行为无疑是其中最直接关乎公众切身利益的犯罪类型之一，其不仅使加密数字货币持有者具有成为被害人的高度风险，网络用户亦面临着随时被侵害的可能。

一、区块链技术背景下加密数字货币的基本内涵

（一）区块链的基本概念

区块链是继移动互联网、大数据、云计算、人工智能后又一备受瞩目的技术创新[①]，并被广泛应用在互联网金融等领域。中国电子技术标准化研究院联合数十家单位于2017年5月16日发布了《中国区块链技术和产业发展论坛标准（CBD-Forum-001-2017）》，将区块链定义为：一种在对等网络环境下，通过透明和可信规则，构建不可伪造、不可篡改和可追溯的块链式数据结构，实现和管理事务处理的模式。[②]这是当下相对权威的界定。

（二）区块链技术与加密数字货币

加密数字货币的底层技术源自区块链技术的共识机制、分布式账本和密码技术。简而言之，共识机制即数据的记录是全网公开透明的；分布式账本指的是数据的储存是分布保存在整个网络的多个记账节点；密码技术指的是利用哈希函数、数字签名、零知识证明等密码学技术保障数据安全。[③]比特币是第一个去中心化的加密数字货币，自其于2009年诞生以来，不少人利用比特币公开的源代码，制造出各种新的加密数字货币。在国内常见的还有以太币（ETH）、莱特币（LTC）、门罗币（XMR）、瑞波币（XRP）、云储币（Siacoin）等。

---

① 参见王熠珏:《“区块链+”时代比特币侵财犯罪研究》,《东方法学》2019年第3期。

② 参见陈立洋:《区块链研究的法学反思：基于知识工程的视角》,《东方法学》2018年第3期。

③ 参见林胜超:《区块链技术背景下恶意“挖矿”行为的刑法规制》，载中国计算机学会主编:《第33次全国计算机安全学术交流会论文集》，第88—92页。

二、非法转移加密数字货币犯罪案件判决情况

（一）常见以加密数字货币交易为幌子实施诈骗

通过中国裁判文书网以前述主流加密数字货币为关键词，二级案由“侵犯财产”，三级案由“诈骗罪”，在检索基础上进行人工排查，统计出 2015 年 1 月至 2020 年 12 月相关判例 48 件。其中 29 件为行为人以代购或投资加密数字货币为幌子骗取他人钱财，有 1 件因行为人实施对诈骗被害人交付加密数字货币行为以诈骗罪定性。[①] 上述判例反映两个问题：一是实务中确有判例对骗取加密数字货币的行为以诈骗罪定性，但总体较少；二是较为常见的是行为人以加密数字货币为幌子，骗取被害人支付钱款。可见，无论当前国家政策或者司法判例对加密数字货币的性质、地位或价值是否持肯定态度，实践中都有不少人肯定了加密数字货币是具有交易价值的，并愿意付出真金白银去兑换。在有些判例中，行为人将加密数字货币作为支付工具用于投资理财[②]，甚至在个别判例中，公司将加密数字货币当作工资予以发放。[③]

（二）非法转移加密数字货币以侵财犯罪定性逐年增多

通过中国裁判文书网，以前述主流加密数字货币为关键词，二级案由“侵犯财产”“妨害社会管理秩序”进行检索，经人工排查统计如下：2015 年 1 月至 2020 年 12 月，非法转移加密数字货币的行为以盗窃罪、诈骗罪、敲诈勒索罪以及职务侵占罪定性的侵犯财产判例共 14 件，以非法获取计算机信息系统数据判例 9 件。调研数据反映，从 2015 年至 2020 年以来，非法转移加密数字货币的行为以侵财犯罪定性的判例总体较少，但逐年呈类型多样化，数量总体增加的趋势；以非法获取计算机信息系统数据罪定性的判例，总体占比均在 50% 以下。

上述情形反映了两个现状：一是随着区块链概念的不断普及，应用加密数字货币的人群增多，非法转移加密数字货币的案件总量呈增多

① 参见广东省湛江市赤坎区人民法院刑事判决书，（2018）粤 0802 刑初第 249 号。

② 参见浙江省宁波市鄞州区人民法院刑事判决书，（2019）浙 0212 刑初第 865 号。

③ 参见广东省深圳市龙岗区人民法院刑事判决书，（2019）粤 0307 刑初第 1206 号。

趋势；二是司法实务对加密数字货币具有财产属性的认可度有所增加。

（三）加密数字货币是否具有财产属性存在分歧

从笔者收集的判例来看，对于行为人同样以隐蔽手段非法转移被害人加密数字货币的行为，定性为盗窃罪的有8件，定性为非法获取计算机信息系统数据罪的有9件。在被告人仲某某犯非法获取计算机信息系统数据罪一案[①]中，被告人仲某某在进入被害单位租用的服务器后，通过插入代码的方式从被害单位比特币钱包内窃取100个比特币。司法机关认为，被告人仲某某在被害单位的服务器中插入代码，对数据加以修改，并将数据所代表的比特币转移至其个人开户的网络钱包中的行为，可视为对计算机信息系统数据的非法获取。[②]在被告人武某某犯盗窃罪一案[③]中，被告人利用被害人金某投资平台上的账号、密码，通过篡改收款地址的方式窃取账户内70.9578枚的比特币，后在“火币网”交易平台上出售。二审法院认为，被害人金某持有的比特币是付出一定对价获得的，它不仅是一种特定的虚拟商品，同时也是被害人金某在现实生活中实际享有的财产，属于侵财犯罪保护的对象。

可见，实务中对加密数字货币能否以侵财犯罪定性，主要争议在于其是否应认定为财产，或者仅仅属于电子数据。

（四）加密数字货币的价格认定标准不一

若对窃取、骗取或者以其他手段非法转移加密数字货币的行为以侵财犯罪定性，必须解决的问题是犯罪数额，即加密数字货币的价值认定。实务中，不同的法院对类似的行为采用了不同的认定标准。例如浙江省天台县人民法院判决的被告人武某某犯盗窃罪一案[④]，法院以价格鉴定结论书为依据；广东省汕头市龙湖区人民法院判决的被告人李

---

① 参见北京市海淀区人民法院刑事判决书，（2018）京0108刑初第1410号。

② 参见彭波：《以非法获取计算机信息系统数据罪北京检方批捕比特币盗窃案嫌疑人》，《人民日报》2018年3月26日。

③ 参见浙江省台州市中级人民法院刑事判决书，（2016）浙10刑终第1043号。

④ 参见浙江省台州市中级人民法院刑事判决书，（2016）浙1023刑初第384号。

某犯盗窃罪一案[①]，法院以销赃数额认定犯罪数额；河南省济源市人民法院判决的被告人郭某犯诈骗罪一案[②]，法院以被害人购入的价格认定犯罪数额；广东省湛江市赤坎区人民法院判决的被告人刘某某犯诈骗罪一案[③]，则以被告人刘某某转账当日的以太币的收盘价格认定犯罪数额。可见加密数字货币的价值认定标准并不统一，或者以购入价认定，或者以销赃价认定，或者以交易日价格认定。至于采用价格鉴定结论的，对于如何进行价格鉴定则语焉不详。

三、非法转移加密数字货币犯罪案件的理论分歧

（一）加密数字货币能否认定为货币

尽管我国并不承认加密数字货币作为货币的地位，但是仍有观点从货币职能角度来探讨加密数字货币的货币属性。该观点认为：近年来，加密数字货币应用环节的发展十分迅速，主要包括支付应用、交易应用和投资应用等，即使我国禁止加密数字货币交易平台提供比特币交易、信息中介等服务，但比特币持有者仍可以在境外的交易平台或接受比特币结算的购物网站、实体店中使用[④]，加密数字货币实际承担了交易中介与价值存储功能[⑤]，刑法应当认定其在这种特定情形下构成实质上的货币。反对观点则认为，加密数字货币在我国被限制交易流通使用，持有者无法实现对加密数字货币完整的所有权，进而否定加密数字货币的使用、交换价值。

（二）加密数字货币能否认定为商品

从马克思的劳动价值理论来看，商品的使用价值由生产商品的具体

① 参见广东省汕头市龙湖区人民法院刑事判决书，（2019）粤0507刑初第949号。

② 参见河南省济源市人民法院刑事判决书，（2017）豫9001刑初第1024号。

③ 参见广东省湛江市赤坎区人民法院刑事判决书，（2018）粤0802刑初第249号。

④ 参见王熠珏：《比特币的性质界定与刑法应对》，《科学·经济·社会》2018年第3期。

⑤ 参见谢杰、张建：《“去中心化”数字支付时代经济刑法的选择——基于比特币的法律与经济分析》，《法学》2014年第8期。

劳动所创造，而商品的价值则是由抽象劳动所决定。有观点以加密数字货币凝结人类劳动来肯定其是一种特定的虚拟商品，用户获取数字货币的过程与结果可界定为劳动付出。反对者则认为，加密数字货币的获取完全依赖于矿机长期、自动运行相应的程序，在这过程中无须投入人类的劳动。还有观点从客观载体和支配性否定加密数字货币的商品属性，认为加密数字货币是一种密码学货币，持有者所拥有的仅仅是一段密钥，人们甚至无法找到加密数字货币的真正载体。[①]而赞成者则认为加密数字货币的持有者可以通过掌握的私钥，实现对加密数字货币绝对的、排他的支配，不需要现实的、直接的占有。[②]

四、非法转移加密数字货币的司法认定路径

（一）加密数字货币应认定为刑法意义上的财物

尽管从保障金融管理秩序和外汇安全等角度，国家对加密数字货币以“一刀切”的方式禁止交易。但不可否认的是，加密数字货币因具备交换价值而不断被普及。面对加密数字货币的犯罪行为不断涌现，我国相关的立法设计尚未跟进，导致加密数字货币属性不明。笔者认为，不应承认加密数字货币的货币属性，但其具备现实中的财产基本属性，属于特殊的虚拟商品，应认定为刑法意义上的财物。

1. 加密数字货币不具有货币地位。第一，政策上否认加密数字货币的货币地位。中国人民银行等五部委于2013年12月5日印发的《关于防范比特币风险的通知》明确强调比特币是一种特定的虚拟商品，不是真正意义的货币。中国人民银行上海总部于2017年1月6日重申比特币是特定的虚拟商品、无货币地位。第二，加密数字货币不符合经济学意义上的货币职能。加密数字货币仅具备部分的货币功能。欧洲中央银行（ECB）曾指出比特币不完全符合货币的经济学要求，一

① 赵天书:《比特币法律属性探析——从广义货币法的角度》,《中国政法大学学报》2017年第5期。

② 参见赵磊:《论比特币的法律属性——从HashFast管理人诉Marc Lowe案谈起》,《法学》2018年第4期。

是比特币的公众接受度不高，只能在一定限度内发挥交易媒介的功能；二是比特币的兑换率极不稳定，导致比特币的储值功能有限；三是在接受度低和高度波动性的双重作用下，使得比特币不宜作为一种计价单位。[①]第三，从金融安全角度，加密数字货币不应被赋予货币地位。一方面，法定货币以国家信用为支持。区块链技术具有的去中心化和去信用化的特点导致加密数字货币并不具有国家信用基础，其脱离国家的直接监管，难以防范可能出现的金融风险。另一方面，若赋予加密数字货币的货币地位，不仅与人民币的法定货币地位相抵触，还会导致加密数字货币成为洗钱、逃汇、逃税等违法犯罪的合法工具而增大监管难度。

2. 加密数字货币具备财产的基本属性。刑法上的财物首先应当具备财产的基本属性，而加密数字货币因凝结了人类抽象的劳动力，具有稀缺性、使用及交换价值的特点与现实中的商品在本质上别无二致。一方面，加密数字货币凝结了人类抽象的劳动力。以“挖矿”方式获取加密数字货币，实际上是利用计算机的运算能力争夺记账权。由于“挖矿”过程需要对没有固定算法的哈希值进行计算，只能靠计算机的运算能力作随机哈希值碰撞。[②]在整个“挖矿”的过程中，“矿工”需要出资购买价格不菲的“矿机”，将“矿机”加入“矿池”，启动“矿机”程序等人力、物力的投入。[③]对此，杭州互联网法院也强调了比特币通过“矿工”“挖矿”的生产过程及获得比特币的结果凝结了人类抽象的劳动力。另一方面，加密数字货币具有使用、交换价值。从技术层面来看，以比特币为例，比特币账户由公钥、私钥、地址构成，公钥和地址是对外公开的，是由私钥经过多个过程加密而成的。私钥是由256位的二进制编码构成，掌握私钥即可以对所属账户进行使

① 参见王熠珏：《“区块链+”时代比特币侵财犯罪研究》，《东方法学》2019年第3期。

② 参见王皓、宋祥福、柯俊明等：《数字货币中的区块链及其隐私保护机制》，《信息网络安全》2017年第7期。

③ 参见孙健：《区块链百科全书：人人都能看懂的比特币等数字货币入门手册》，电子工业出版社2018年版，第121—130页。

用、交换。[①]从实然层面来看，加密数字货币的交易行为广泛存在。当前，加密数字货币的应用环节发展十分迅速，已经涵盖支付应用、交易应用和投资应用。从政策层面来看，我国央行等七部门于 2017 年 9 月 4 日联合下发《关于防范代币发行融资风险的公告》（以下简称《公告》），宣布即日起任何组织和个人不得非法从事代币发行融资活动，禁止任何代币融资交易平台从事代币兑换业务；我国央行等十部委于 2021 年 9 月 15 日发布的《关于进一步防范和处置虚拟货币交易炒作风险的通知》（以下简称《通知》）禁止、取缔开展法定货币与虚拟货币兑换业务、虚拟货币之间的兑换业务、作为中央对手方买卖虚拟货币、为虚拟货币交易提供信息中介和定价服务等业务活动。而承认加密数字货币客观上具有使用、处分、收益权能，与《公告》《通知》的规定并不冲突。从《公告》《通知》的制定目的来看，国家是通过清理取缔境内虚拟货币交易和代币发行融资平台，从而防范化解金融风险，打击代币发行融资（ICO）等非法融资行为，《通知》指出的是参与虚拟货币投资交易活动存在法律风险，但均未否定私人之间的比特币交易行为。深圳国际仲裁院于 2018 年 10 月 25 日公布的涉比特币股权转让合同纠纷仲裁案件中，亦承认了比特币的上述所有权属性。值得注意的是，加密数字货币的交易方式既包括了通过中心化的交易所进行类似股票市场的挂单买卖交易，也可以通过去中心化的“钱包”之间直接转账，而后者在不违背公序良俗的情况下，没有依据和理由给予其否定性评价。

3. 将虚拟财产纳入财产犯罪规制符合司法判例。虽然我国现有的法律尚未明确虚拟财产的财产属性，但是从我国近年来的司法判例来看，虚拟财产已逐步被认可为侵财犯罪保护的对象。例如，在 2017 年 10 月 12 日最高人民检察院印发的第九批指导性案例检例第 37 号张四毛盗窃案中，明确了域名具有财产属性，盗窃域名可构成盗窃罪。[②]又如杭州互联网法院 2019 年 7 月 18 日对一起涉比特币网络财产侵权纠

① 参见王卫、南庆贺：《论盗窃比特币的行为性质》，《西部法学评论》2018 年第 5 期。

② 参见万春、缐杰、张杰：《〈最高人民检察院第九批指导性案例〉解读》，《人民检察》2017 年第 23 期。

纷案件进行宣判，认定比特币的虚拟财产的法律地位，主要理由是比特币具备价值性、稀缺性、可支配性。[①] 又如上海市青浦区人民检察院提起公诉的被告人陈某等人涉嫌故意毁坏财物罪一案，被告人陈某等人毁坏他人账号中游戏装备，检察机关认为涉案的战船等游戏道具与有形财产一样同样具有使用及交换价值，具备"财物"属性，可以成为刑法保护的对象。[②] 上述意见得到法院的认可，最终以故意毁坏财物罪对被告人陈某等人定罪处罚。

4. 认定侵犯财产犯罪符合罪责刑相适应的原则。是否将非法转移加密数字货币以侵财犯罪论处，应着重考量能否实现罪责刑相适应以及处罚的均衡性。一方面，若将非法转移加密数字货币一律以非法获取计算机信息系统数据罪处理，会导致罪责刑不相适应。例如，甲准备了 50 万元用于购买比特币，但在购买前被乙窃取，乙用窃得的 50 万元购买了比特币，后被丙窃取。根据现有的法律规定，乙的行为构成盗窃罪，量刑在有期徒刑 10 年以上；丙若构成非法获取计算机信息系统罪，量刑在有期徒刑 3 年以上至 7 年以下。由此可见，同样是非法获取价值 50 万元的财产，在处理上却相去甚远，这样的结果让人难以接受。另一方面，唯有将非法转移加密数字货币以侵财犯罪予以论处，才能更全面地保护加密数字货币稳定的占有关系。非法转移加密数字货币的手段行为通常包括盗窃、诈骗、敲诈勒索等。若否定加密数字货币的财产属性，将会导致诈骗、敲诈勒索加密数字货币等行为无法定罪处罚。

（二）非法转移加密数字货币犯罪数额的认定思路

从当前判例来看，对于加密数字货币价值的认定依据主要有被害人购入价、销赃价及估价机构认定的金额等。笔者认为亟须建立一套合理且具有实践意义的认定标准，具体分析如下：

---

① 参见王春:《首例涉比特币网络财产权侵权纠纷宣判 比特币虚拟财产法律地位首获认定有何意义》,《法制日报》2019 年 8 月 2 日。

② 参见蒋云飞、鲁璐:《毁坏他人游戏装备，该如何处理》,《检察日报》2019 年 11 月 1 日。

1.“挖矿”方式相差悬殊，生产成本缺乏计算方法。有观点以网络“挖矿”获取加密数字货币的时间、算力投入认定加密数字货币价值。加密数字货币的产生依赖于CPU的电力和时间消耗，设备运算能力对于加密数字货币的产生具有重要意义。随着加密数字货币全网的运算水准不断上涨，出现了“矿池”（Mining Pool）这种将少量算力合并联合运作的方法。在这种机制中，个人矿工只要通过“矿池”参与“挖矿”活动，无论是否成功挖掘出有效的数据块都可以依据对矿池的贡献度分享获得比特币。在这种多人合作“挖矿”的模式下，时间及计算力的投入也可以通过电子数据司法鉴定来确认。[①]但加密数字货币的生产成本计算通常要综合考虑“挖矿”设备成本、设备折旧成本、电费成本、时间成本、人力成本等多重因素，该种观点实际操作困难。一方面，时间成本、人力成本难以量化；另一方面，“挖矿”行为发生于计算机信息系统运行期间，其行为与计算机正常使用时间重叠，难以准确计量因“挖矿”产生的额外电费支出。而CPU、GPU虽均有损耗寿命，但没有相应的技术可以测量硬件的损耗程度，也难以论证硬件的损毁与“挖矿”行为的因果关系。

2.“平台平均价”变量因素过多，难以确定公允价格。有观点认为应当以案发当日众多交易平台所发布价格的平均值认定犯罪数额。笔者认为该种观点并不客观。一方面，案发时各大平台交易的价格参差不齐，甚至相差悬殊，如何筛选交易平台作进一步统计缺乏可行性；另一方面，即使是同一个交易平台，因加密数字货币的交易价格极为动荡，有可能存在一日之内涨跌几倍的极端情况，由此确定的平均价格未必公允。

3.有交易价格的，以转移加密数字货币时的平台交易价认定。一是径直以购入价或销赃价计算价值不客观。由于加密数字货币的价格暴涨暴跌、波动幅度巨大，以购入价格或销赃价格为标准均无法体现犯罪行为时的实际价值，尤其是对于转移加密数字货币后尚未变现的

---

① 参见刘品新、张艺贞:《虚拟财产的价值证明：从传统机制到电子数据鉴定机制》,《国家检察官学院学报》2017年第5期。

情形，不存在销赃价格。二是加密数字货币的价格变动类似于股票，存在价值的波动，对犯罪数额以犯罪时的财产价值认定为宜。《最高人民法院、最高人民检察院关于办理受贿刑事案件适用法律若干问题的意见》第2条规定，“受贿数额按转让行为时股份价值计算”。因此，参考司法解释将收受股票的受贿案件的计算股份价值的时间确定为“转让行为时”，非法转移加密数字货币的犯罪数额宜优先以行为人转移行为发生时的价格来计算。既符合司法解释精神，又能体现出行为人犯罪行为的罪责。因此，对于存在平台交易价格的，应以非法转移时该交易平台公布的交易价格为犯罪数额的认定标准。没有案发时交易价格的，可以考虑以该平台当日公布的平均价格为标准。

4. 缺乏平台交易价的，优先以销赃价认定。首先，考虑到加密数字货币的价格受政策、市场影响较大，尤其在当前国内禁止交易的情况下，部分加密数字货币会出现交易价格的“断层”，或是因加密数字货币转移至本地钱包地址保存，而不存在平台的交易价格，无法按照平台交易价认定。其次，销赃价计算侵财犯罪数额有法律依据。2013年《最高人民法院、最高人民检察院关于办理盗窃刑事案件适用法律若干问题的解释》，“盗接他人通信线路、复制他人电信号码出售的，按照销赃数额认定盗窃数额”，在缺乏客观交易价格的情况下，笔者认为可以参考对于无法客观评估价格的情形，应适用销赃价予以认定。最后，销赃价一定程度上能体现加密数字货币的价值。销赃价即行为人非法所得获利，对于销赃价格高于行为人购入价的，说明加密数字货币客观上的市场价确在购入价以上，以销赃价为处罚依据并未加重行为人责任。另外，对于销赃价低于被害人购入价的，即被害人损失大于销赃数额的，同样可以参照上述司法解释，将损失数额可以作为量刑情节考虑，同样能够罚当其罪。

5. 没有平台交易价又未销赃的，以被害人购入价计算。其一，实践中可能缺失平台交易价或销赃价。一方面，行为人除了窃取他人交易平台账户中的加密数字货币外，还可能窃取他人非交易平台账户中的加密数字货币，而在后种情形中是不存在平台交易价格的。另一方面，并非所有的侵财犯罪均会伴随销赃的环节，行为人或迟迟未销赃或未销赃而被查获，这导致无法按销赃价格予以认定。其二，以被害人购入价认定符合相关司法解释。2013 年 3 月 18 日“两高”发布的《关于办理盗窃刑事案件适用法律若干问题的解释》第 4 条第 1 项规定，被盗财物有有效价格证明的，根据有效价格证明认定。被害人若通过继受取得加密数字货币，则往往存在交易记录，该交易记录正是证明其获取加密数字货币所支付对价的有力证据。由被害人提供证据证明其购入的价格无疑是计算加密数字货币价值的可行方法之一。其三，被害人的购入价体现了犯罪行为的危害性。侵财犯罪的设置旨在保护他人的财产权益，若以被害人的购入价认定加密数字货币的价值，不仅体现了被害人所遭受的实际财产损失，还反映了犯罪行为社会危害性的大小。

网络平台传播欺诈信息的刑事责任认定

杨言军　李　超*

摘　要　被告人利用网络平台发布欺诈信息进行诈骗构成诈骗罪毋庸置疑，但对于发布欺诈信息的网络平台是否构成犯罪存在一定分歧。网络平台行为具有较强违法性，但尚不构成犯罪。网络平台没有充分履行法律、行政法规规定的信息网络安全管理义务，存在监管不到位的问题，但鉴于案发前网络平台没有收到监管部门责令改正的通知，在收到监管部门责令改正通知后加强了管理，清除了欺诈信息，严格落实了整改措施，不应以犯罪论处。

关键词　网络平台　欺诈　刑事责任认定　网络犯罪

［基本案情］　2020年8月至12月，被告人张某某等为实施诈骗，在某知名网络平台多次发布能够办理"淘宝贷款"的欺诈信息。在此过程中，平台要求被告人提供公司法人复印件、公司营业执照等证明材料，被告人虽按照要求提交了材料，但所提交营业执照的经营范围中并不包含贷款事项，平台对此亦未严格审核。在被告人向网络交易平台支付20万余元信息推广费后，平台发布了相关欺诈信息，欺诈信息被点击数达到8万余次。在此过程中，平台工作人员收取了被告人

*　杨言军，浙江省湖州市南浔区人民检察院党组书记、检察长；李超，浙江省湖州市南浔区人民检察院党组成员、政治部主任。

1000余元的红包，并被要求“帮忙快点发布”。被害人在网络平台上看到信息后，通过该网络平台客服进行转接，用微信、电话等方式与被告人取得联系，咨询贷款事宜。被告人之间配合使用“贷款话术”，通过编辑制作“淘宝贷款”额度、贷款过程视频、发送贷款短信等方式使被害人陷入错误认识，对300余名不特定人员实施诈骗，涉案金额合计人民币260万余元。

一、分歧意见

本案中，被告人构成诈骗罪毋庸置疑，但对于发布欺诈信息的网络平台是否构成犯罪存在不同意见：

第一种意见认为，网络平台的行为是“中立性的帮助行为”，成立诈骗罪的帮助犯，构成诈骗罪。平台在信息审核时没有尽到审慎义务，被告人提供的营业执照上不含“办理贷款”，而被告人发布的信息却涉及“贷款”；平台工作人员存在收受红包的行为，获得了额外收益，可以推定“明知”相关信息为欺诈信息，平台行为在客观上帮助了诈骗行为的实施，应当以诈骗罪的帮助犯论处。

第二种意见认为，网络平台构成帮助信息网络犯罪活动罪。网络平台建立了相应的审核管理机制，平台没有尽到审慎的审核义务，提供广告推广使欺诈信息“大量传播”，应当以帮助信息网络犯罪活动罪追究刑事责任。

第三种意见认为，网络平台构成拒不履行信息网络安全管理义务罪。网络平台具有管控以致消除欺诈信息的能力，但平台没有严格履行管理义务，致使欺诈信息被点击数达到8万余次，达到了“大量传播”的犯罪标准，构成拒不履行信息网络安全管理义务罪。

第四种意见认为，网络平台行为具有较强违法性，但尚不构成犯罪。网络平台没有充分履行法律、行政法规规定的信息网络安全管理义务，存在监管不到位的问题，但鉴于案发前网络平台没有收到监管部门责令改正的通知，在收到监管部门责令改正通知后加强了管理，清除了欺诈信息，严格落实了整改措施，不应以犯罪论处。

二、评析意见

本文同意第四种意见，具体分析如下：

（一）网络平台的行为不构成诈骗罪的帮助犯

并非所有中立性的帮助行为都构成犯罪。中立帮助行为有两个特性：一是帮助行为的日常性，即帮助行为是平时生活中较为常见的一般交易行为；二是帮助行为人主观心态的模糊性，即其自身的主观心态难以准确把握。[①]中立的帮助行为由于具有“日常”属性，采用何种标准对其处罚目前在理论和实践中并没有形成一致结论，毕竟“中立行为不具有全面的可罚性”[②]。

根据《最高人民法院、最高人民检察院关于办理诈骗刑事案件具体应用法律若干问题的解释》，明知他人实施诈骗犯罪，为其提供网络技术支持等帮助的，以共同犯罪论处。本案中，平台虽然提供了网络技术支持，但没有证据证实平台对被告人实施诈骗犯罪是明知的。平台的经营范围包括发布信息，其推广信息行为本身属于合法的日常行为。且在发布信息前，平台均对申请人的相关证照进行了审核，虽然存在审核不严问题，但不宜就此认定平台对被告人“捏造事实、隐瞒真相”的诈骗行为是明知的。既然对诈骗犯罪不明知，也就谈不上为犯罪助力，所以平台行为不是帮助行为，不构成诈骗罪的帮助犯。

（二）网络平台不构成帮助信息网络犯罪活动罪

帮助信息网络犯罪活动罪是指明知他人利用信息网络实施犯罪，为其提供互联网接入等技术支持，情节严重的行为。在本罪中，行为人的主观方面要求明知他人利用信息网络实施犯罪。根据《最高人民法院、最高人民检察院关于办理非法利用信息网络、帮助信息网络犯罪活动等刑事案件适用法律若干问题的解释》（以下简称《解释》），对经监管部门告知后仍然实施有关行为的，交易价格或者方式明显异常

① 参见刘艳红：《网络犯罪帮助行为正犯化之批判》，《法商研究》2016 年第 3 期。
② 孙万怀、郑梦凌：《中立的帮助行为》，《法学》2016 年第 1 期。

的，提供专门用于违法犯罪的程序、工具或者其他技术支持、帮助的等情形可以认定行为人明知。本案中，该平台作为大型的网络服务平台，并没有实施提供专门用于违法犯罪的程序、工具或者其他技术支持、帮助的行为，也不存在经监管部门告知后仍然实施有关行为的情形。被告人支付的20万余元推广费用没有明显超出市场价格。因此，现有证据不能认定网络平台明知他人利用信息网络实施犯罪，不构成帮助信息网络犯罪活动罪。

（三）网络平台的行为不构成拒不履行信息网络安全管理义务罪

根据《刑法》第286条之一规定，构成拒不履行信息网络安全管理义务罪必须完成三个层次。第一个层次，不履行法律、行政法规规定的信息网络安全管理义务；第二个层次，经监管部门责令采取改正措施而拒不改正；第三个层次，出现“致使违法信息大量传播；致使用户信息泄露，造成严重后果；致使刑事案件证据灭失，情节严重；有其他严重情节的”情形之一。笔者对此三个层次要件进行分析。

1. 网络平台没有严格履行应有的信息网络安全管理义务

现有证据表明，客户在网络平台发布信息需要提供营业执照，而营业执照上都有明确的营业范围，但被告人提供的营业执照上营业范围不含“贷款”，如果仔细审查是可以发现这一问题的，但平台并没有做到认真审查。平台工作人员有收受被告人红包的行为，虽然红包只有1000余元，但工作人员作为公司的代表，其获得了额外收益，至少表明公司对工作人员疏于管理，而这一定程度上导致了欺诈信息的更快发布和大量传播。

2. 网络平台没有严格履行信息网络安全管理义务导致违法信息“大量传播”

《解释》对拒不履行信息网络安全管理义务罪中“致使违法信息大量传播的”标准进行了量化，比如“致使传播违法视频文件200个以上的”“致使违法信息实际被点击数达到5万以上的”等等。本案中，欺诈信息被点击数达到8万余次，达到了“致使违法信息大量传播的”数量要求。因此，网络平台的行为已经满足了第一个层次“不履行法律、行政法规规定的信息网络安全管理义务”和第三个层次之一“致使违法信息大量传播”。

但构成拒不履行信息网络安全管理义务罪要经过“网信、公安等承担信息网络安全监督职责的部门，以责令整改通知书或者其他文书形式，责令网络服务提供者采取改正措施”，且“经监管部门责令采取改正措施而拒不改正”的认定，应当结合相关措施是否具有法律以及行政法规依据、是否明确合理，网络平台有无采取措施的能力等因素来综合研判。本案案发后，网信部门向该网络平台发出了责令改正通知书，虽然此时违法信息被点击数已经达到了“大量传播”的犯罪标准，但并不意味着网络平台已经构成犯罪。

3. 网络平台收到监管部门责令改正通知书后，在规定的期限内完成整改的，不应以犯罪论处

司法实践中，对“拒不履行信息网络安全管理义务罪”中致使违法信息大量传播的“违法信息”的计算节点存在不同认识。一种观点认为应在监管部门责令改正之前，另一种观点认为应在监管部门责令改正之后。如果是责令改正之前，那么监管部门责令改正之时就可以是网络平台构成犯罪之时，也即第二个层次可以和第三个层次同时成立。如果是责令改正之后，则此前无论网络平台传播了多少违法信息都不会被追究刑事责任，因为“有关部门责令改正”这一前提要件尚未满足。

根据立法精神及司法实践中的具体情况，本文认为，“违法信息”的计算节点要和“应当履行而拒不履行信息网络安全管理义务”结合起来看。根据《解释》的相关规定，监管部门责令改正还需要给予平台合理的整改期限。具体可分为两种情形：一是监管部门责令整改之时“违法信息”传播数量尚未达到《解释》规定的犯罪标准。这种情形下，网络平台拒不改正，任由违法信息继续传播并在整改期限届满后达到犯罪标准的，构成犯罪。二是监管部门责令整改之时“违法信息”传播数量已经达到《解释》规定的犯罪标准（本案即属于此种情形），这种情形下，网络平台在整改期限内拒不改正的，构成犯罪。

换句话说，网络平台之所以承担刑事责任并不是因为平台上有违法犯罪事实发生，而是因为平台疏于监管导致了违法犯罪事实的发生[①]，

① 参见齐文远、杨柳：《网络平台提供者的刑法规制》，《法律科学》2017 年第 3 期。

也即违法信息的“计算节点”并非关键因素，这里的重点在于“疏于监管”，在于没有严格履行监管义务。而就拒不履行信息网络安全管理义务罪而言，严格履行监管义务要以知晓平台上有违法信息的存在为前提，在监管部门发出责令改正通知之后就应当认为平台对违法事实已经知晓。这种情况下拒不改正的，就属于刑法意义上的“不作为”，在整改期限届满后就构成犯罪。

具体到本案，虽然相关欺诈信息被点击数达到8万余次，符合了“致使违法信息大量传播的”构成要件，但在监管部门责令平台改正后，平台及时采取整改措施清除了欺诈信息，并承诺杜绝类似事件再次发生，在这种情况下不应再以该罪论处。

（四）网络平台行为具有违法性，应当进行严格规制

根据《网络安全法》等法律法规，网络平台具有严苛的责任和义务，这种严苛的责任和义务是由网络犯罪本身的特点所决定的。网络犯罪的被害人一般是群体，哪怕单个人所遭受的损害是轻微的，但因为被害人群体大，整体的危害也是巨大的，有学者将之描述为“海量行为 × 微量损失”的“微网络犯罪”形态。网络犯罪利用互联网应用的广泛性，对海量不特定用户进行尝试性侵害，虽然犯罪成功的概率很低且只对部分个体造成微量损失，但因为被害人数量巨大，整体的危害后果严重。[①] 因此对网络犯罪应该体现依法从严的主基调，网络平台未严格履行审核管理义务已属违法。

拒不履行信息网络安全管理义务罪属于“不作为”犯罪，其行为分为两个阶段：第一阶段也即上文提到的第一个层次，该阶段的不作为属于违法层面，因为法律以及行政法规规定的履行信息网络安全管理义务所对应的责任形式并不限于刑罚，诸如《网络安全法》等法律也规定了不履行法定义务的行政责任。第二阶段也即上文提到的第二个层次“经责令改正而拒不改正”，该阶段的不作为才属于不作为的犯罪

---

① 参见皮勇:《论新型网络犯罪立法及其适用》,《中国社会科学》2018年第10期。

行为，“拒不改正”是立法者为网络平台划定的红线[①]。

因此，在未经监管部门“责令改正”的情况下，哪怕违法信息已经大量传播，依然难以对网络平台以拒不履行信息网络安全管理义务罪论处。即使监管部门已经责令平台改正，如果网络平台整改及时，也不应追究刑事责任。这是刑法对网络平台犯罪“严而不厉”的体现，因为刑法必须保持合理张力，既不能让网络犯罪泛滥，又不能遏制互联网产业的发展，要达到安全可控和开放创新并重的双重目的。

综上，本案中网络平台的行为不构成犯罪，但具有较强违法性，应当采取严格措施对其规制。案发后，检察机关向网络平台所在地网信部门发出检察建议，要求加强对网络平台的监管。在网信部门发出责令改正通知书后，网络平台清除了有关欺诈信息，并承诺加强管理，强化对信息的审核把关，杜绝类似事件再次发生。

① 参见王肃之:《网络犯罪原理》，人民法院出版社 2019 年版，第 343—344 页。

支付结算型信息网络犯罪帮助行为的法律适用

李先民 *

摘　要　支付结算型信息网络犯罪帮助行为的法律适用应当从参与时间点、转移资金性质、具体帮助行为、参与心态四个维度进行判断。实施支付结算型信息网络犯罪帮助行为，达到情节严重标准的，原则上在“明知”的有责情况下均应当构成帮助信息网络犯罪活动罪，同时构成其他犯罪的，依照处罚较重的规定定罪处罚；事先通谋的，均应构成上游犯罪的共犯；既遂后参与的，根据转移资金性质、具体帮助行为的不同构成掩饰、隐瞒犯罪所得、犯罪所得收益罪或帮助信息网络犯罪活动罪；既遂前参与的，根据参与心态不同构成上游犯罪共犯或帮助信息网络犯罪活动罪。

关键词　支付结算　网络犯罪帮助行为　帮助信息网络犯罪活动罪　掩饰、隐瞒犯罪所得、犯罪所得收益罪

一、基本案情与争议

［**基本案情**］　呼某某、胡某2（另案处理）得知为跨境网络赌博公司提供账户、进行支付结算服务可以赚取佣金，为谋取不法利益，

*　李先民，浙江省湖州市吴兴区人民检察院南太湖新区检察室五级检察官助理。

2019年以来，呼某某等人拉拢王某某、宋某某、林某某、胡某1等人从事该行为。其中，王某某、宋某某、林某某在明知是为跨境赌博网站提供支付结算服务的情况下，仍提供银行卡、支付宝收款码等工具为该网络赌博平台提供收钱、转账等交易支付结算服务；胡某1在收到第二笔500元好处费时，得知自己提供的银行卡和支付宝收款码用于为跨境网络赌博平台提供支付结算服务，仍然让宋某某使用。

本文案例的争议集中在上游犯罪、帮助信息网络犯罪活动罪（以下简称帮信罪）与掩饰、隐瞒犯罪所得、犯罪所得收益罪（以下简称掩隐罪）之间的界分。公诉机关认为被告人王某某、宋某某、林某某的行为符合2020年《最高人民法院、最高人民检察院、公安部关于办理跨境赌博犯罪案件若干问题的意见》第4条第2款的规定，其支付结算行为可以评价为开设赌场罪的帮助行为；被告人胡某1系收到第二笔好处费后，得知自己提供的银行卡和支付宝收款码用于为跨境网络赌博平台提供支付结算服务，符合《最高人民法院关于审理掩饰、隐瞒犯罪所得、犯罪所得收益刑事案件适用法律若干问题的解释》第10条第2款的规定，该支付结算行为可以作为掩隐罪的行为进行评价。但法院却以“四被告人主观上虽明知系赌博资金，客观上为跑分提供了帮助，但未与赌博平台进行共谋，达不到构成开设赌场共犯的认知程度”和“我国刑法分别设立了掩饰、隐瞒犯罪所得罪和帮助信息网络犯罪活动罪，二者在提供支付结算方面存在竞合，但帮助信息网络犯罪活动罪特别强调了信息网络”两观点为由，认为均构成帮信罪。

归纳起来，支付结算型信息网络犯罪帮助行为法律适用争议既来自法律、司法解释的规定竞合，也来自实践中对法律、司法解释的理解和证据层面采信规则的差异。

二、支付结算型信息网络犯罪帮助行为法律适用争议焦点的厘清

（一）各罪名参与人违法行为的差异

支付结算型信息网络犯罪帮助犯的违法行为包括提供支付银行卡、帮助信息网络犯罪进行线上转账等，行为人参与时间点、转移资金性

质、帮助行为上的差异对案件定性产生不同影响。

1. 参与时间点差异对案件的影响。实践中，对于上游犯罪共犯和掩隐罪，在无事先通谋的情况下，一般是以上游犯罪是否既遂作为行为区分标准。掩隐罪本质上是作为其上游犯罪的事后帮助犯，其成立的条件是上游犯罪已经既遂，因此可以肯定的是，在事先没有通谋的情况下，仅有既遂后参与的行为符合掩隐罪的构成要件，反之事先、事中参与的，则不符合掩隐罪的构成要件。本文案例中，行为人未事先通谋，均系事先或者事中参与，显然不符合掩隐罪的构成要件。

对于帮信罪的性质，学界存在较大争议，有观点认为帮信罪属于帮助行为的正犯化[①]，也有观点认为是“帮助犯的量刑规则”[②]，但无论哪种观点在实践运用中都不影响其系帮助犯的性质，而帮信罪的帮助行为从法律规定来看既可以包括“收购、出售、出租信用卡、银行账户”等正犯的预备或者实行行为，也可以包括“为他人逃避监管或者规避调查提供技术支持、帮助的”等事后帮助行为，因此正犯是否既遂并不影响帮信罪的认定。

2. 转移资金性质差异对案件的影响。掩隐罪转移的资金系“犯罪所得及其收益”，“犯罪所得”是指通过犯罪直接得到的赃款、赃物。[③]但伪造的货币、制造的毒品、行贿所用的财物、赌资本身，都不属于本罪的赃物。[④]例如本文案例中，为网络开设赌场进行支付结算的对象，完全有可能是赌资，在没有查明系“赃款、赃物”的情况下，也不能认定为掩隐罪。而如果确定系开设赌场的抽头等犯罪所得的，则可以认定为掩隐罪。

而帮信罪所称的支付结算包括“资金转移服务”即货币给付及其

---

① 参见车浩:《刑事立法的法教义学反思——基于〈刑法修正案（九）〉的分析》,《法学》2015 年第 10 期。

② 张明楷:《论帮助信息网络犯罪活动罪》,《政治与法律》2016 年第 2 期。

③ 参见陆建红:《刑法分则“明知”构成要件适用研究——以掩饰、隐瞒犯罪所得、犯罪所得收益罪为视角》,《法律适用》2016 年第 2 期。

④ 参见张明楷:《掩饰、隐瞒犯罪所得、犯罪所得收益罪的构成要件》,《民主与法制》2021 年第 43 期。

资金清算的行为。[①]因此帮信罪的支付结算对象较为宽泛，任何对正犯提供帮助的支付结算都可以评价为本罪，其中不仅包括“赃款、赃物”也包括“赌资、行贿的财物”等。上游犯罪共犯的支付结算对象也同样如此。

3. 帮助行为差异对案件的影响。行为人提供银行卡用于流转资金（转账、套现、取现）的，其本质是为他人利用信息网络犯罪活动进行资金支付结算提供帮助。但单纯提供银行卡的行为，并不足以对资金来源、去向起到掩饰、隐瞒的效果。[②]因此在实践中常见的单纯提供银行卡、支付结算账户的行为可以评价为上游犯罪共犯、帮信罪的帮助行为，但无法评价为掩隐罪的“掩饰、隐瞒”行为。例如，在本文案例中，行为人若仅提供银行卡、支付宝收款码等工具，而未实施转账、刷脸等实际操作行为的，则难以认为其具有“掩饰、隐瞒”行为，故不能认定为掩隐罪。

（二）各罪名参与人参与心态的差异

对支付结算型信息网络犯罪帮助行为法律适用进行准确认定，还需要厘清行为人参与心态的差异。对于参与人既遂前未“通谋”而参与和参与人既遂后参与转移“赃款”且“可以评价为掩饰、隐瞒行为”的两种情况，区分其为上游犯罪共犯、掩隐罪或帮信罪的主要依据应当为参与心态，即“明知”内容。

1. “明知他人利用信息网络实施犯罪”中信息网络犯罪系概括性“明知”

根据《刑法》第287条之二规定，帮信罪以“明知他人利用信息网络实施犯罪”为要件，“他人利用信息网络实施犯罪”是“明知”的内容。需要强调的是，行为人只要“明知”帮助对象在行为上是符合

---

① 参见1997年《中国人民银行支付结算办法》第3条。

② 参见任留存:《为电信诈骗犯罪提供银行卡的刑事认定》,《中国检察官》2021年第14期。

犯罪客观方面的行为要件即可。[①]其次，所有利用信息网络实施的犯罪均应归于其所“明知”的犯罪范畴之中，其中包括网络诈骗、网络赌博等常见犯罪，亦包括例如组织卖淫、非法经营、贩卖毒品等利用信息网络作为手段实施的犯罪。可以说利用网络作为手段实施《刑法》分则所规定的一切罪名，均可以适用帮信罪，其也符合“需要根据情况的变化及时研究调整刑法惩处网络犯罪的策略”[②]的立法本意。

综上，笔者认为帮信罪的“明知”系概括性的“明知”，从主观方面看，任意“他人利用信息网络实施”的犯罪均可以作为其构成要件，也就是说不论是诈骗罪、开设赌场罪、掩隐罪，只要利用信息网络实施，均可以认定为该罪的上游犯罪，支付结算型信息网络犯罪帮助犯的行为符合帮信罪构成要件的，均可以认定为帮信罪。本案例中，四名被告人“明知是为跨境赌博网站提供支付结算服务”被“他人利用信息网络实施”包含，符合帮信罪的构成要件。

2. 参与心态“明知”的差异应当作为上游犯罪共犯与掩隐罪、帮信罪主观方面的区分标准

首先，支付结算型信息网络犯罪帮助犯“事先通谋”的行为均应当进一步评价为上游犯罪的共犯。所有“通谋”的成立条件低于“共谋”的成立条件，“通谋只是要求参与人让正犯者知道自己事后会实施相关行为即可”[③]，事先通谋使得参与人与上游犯罪正犯的犯罪行为在心理上存在因果性，成立事先通谋的参与人必然对上游犯罪正犯的行为能够达到“明知”程度。

同理“明知”的成立条件要低于“通谋”的成立条件。实践中一般认为“明知”包括“知道或者应当知道”，当然“此处的‘应当知道’并不是不同于‘知道’的认识程度，而是证明‘知道’的推定手段”[④]。

---

① 参见黎宏：《论“帮助信息网络犯罪活动罪”的性质及其适用》，《法律适用》2017年第21期。

② 全国人大常委会法工委刑法室：《〈中华人民共和国刑法修正案（九）〉解释与适用》，人民法院出版社2015年版，第164页。

③ 张明楷：《论帮助信息网络犯罪活动罪》，《政治与法律》2016年第2期。

④ 陈兴良：《“应当知道”的刑法界说》，《法学》2005年第7期。

"明知"并不要求参与人对上游犯罪正犯的犯罪行为存在激励或者促进作用，只要求参与人对上游犯罪正犯的犯罪行为具有一定程度的认知，而认知程度的差异性影响着主观方面的认定。

可以看出"共谋""通谋""明知"之间是包含与被包含的关系。实践中，支付结算型信息网络犯罪帮助犯与电信诈骗中经常存在的"车手"（电信诈骗犯罪中的专门取款人，他们经常在夜间骑着摩托车辗转在各个 ATM 取款，俗称"车手"）等取款行为差异较大，"车手"取款行为完全可以从"应当知道"的角度推定参与人的主观明知，但信息网络犯罪帮助犯的支付结算行为更为中立，一般仅需要在电脑、手机上进行单纯的转账交易即可完成，参与人的主观认知内容较为宽泛，存在着无法对具体犯罪行为、犯罪方式、犯罪种类认知的情况。参与人可能与上游犯罪行为人未曾谋面甚至隔着数个层级，例如，实施电信诈骗的 A 联系境外专业"水房"（上游犯罪资金进行洗白的犯罪团伙的俗称）行为人 B 进行支付结算，而 B 将该业务分包给位于国内某城市的 C，C 在网上通过发布招聘广告的方式联系了从未参与电信诈骗的 D，在 BCD 三人未明确对资金来源进行交流的情况下，如果武断地依靠上游犯罪正犯的客观行为推定 D 对上游犯罪"应当知道"难以被公众接受，而且与"知道"或"应当知道"认知程度一致的"明知"的认定原则相违背。

综上，在事先没有通谋的情况下，笔者认为应当从参与心态即"明知"的认知程度差异性上对三种情况进行区分。在支付结算型信息网络犯罪帮助犯的范畴内，帮信罪的主观认知最为广泛，只要明知上游系"利用网络实施犯罪"即可，而上游犯罪共犯的主观认知需要更为准确，需要对上游犯罪有一定的知悉，需要达到"可能是上游犯罪"的"明知"程度。[①] 而掩隐罪明知内容与两者不同，需要明知或者明知"可能"是"犯罪所得及其产生的收益"。同时，从"应当知道"的证据采信出发，上游犯罪共犯的主观"明知"推定要求最为严苛，掩隐罪次之，帮信罪的主观"明知"推定可以相对放宽。

---

① 参见周光权:《明知与刑事推定》,《现代法学》2009 年第 2 期。

三、支付结算型信息网络犯罪帮助行为罪名的认定

（一）判断的维度和罪名认定的流程

支付结算型信息网络犯罪帮助行为的法律适用应当从参与时间点、转移资金性质、具体帮助行为、参与心态四个维度进行判断。笔者认为，该类案件的法律适用步骤如下：第一，对于支付结算型信息网络犯罪帮助行为，达到情节严重标准的，在“明知”的有责情况下构成帮信罪，同时构成其他犯罪的，依照处罚较重的规定定罪处罚；第二，与上游犯罪有“事先通谋”的，均应当构成上游犯罪的共犯；第三，上游犯罪共犯与掩隐罪在该范畴内系对立关系，既遂前参与行为不构成掩隐罪，既遂后参与行为不构成上游犯罪共犯；第四，既遂后参与的，“转移资金不是犯罪所得及其收益”或者“无法评价为掩饰、隐瞒行为的”不构成掩隐罪；第五，参与人既遂前未“通谋”而参与，参与心态系“明知上游犯罪（包括知道或应当知道）”则构成上游犯罪共犯；第六，参与人既遂后参与转移“赃款”且“可以评价为掩饰、隐瞒行为”，参与心态系“明知赃款、赃物”的，则构成掩隐罪。

（二）帮助犯抽象事实认识错误的定性

抽象的事实认识错误是指“行为人所认识的事实与现实所发生的事实，分别属于不同的构成要件的情形”[①]。帮助犯抽象的事实认识错误是支付结算型信息网络犯罪帮助行为法律适用的另一难点，例如实践中存在参与人认为是帮助“开设赌场”进行支付结算，但实际是为“诈骗”进行支付结算，或者参与人认为是帮助“诈骗”进行支付结算，但实际是为“开设赌场”进行支付结算的情况。开设赌场罪与诈骗罪构成要件相异，按照法定符合说，参与人无论是在构成要件还是在实行行为上都没有一致之处，所以对于正犯的结果，不能说具有故意。[②]

---

① 张明楷：《刑法学》，法律出版社2016年版，第277页。

② 参见黎宏：《日本刑法精义》，法律出版社2008年版，第194页。

但是这种情况不进行处理显然是不合理的。此时，帮信罪与开设赌场罪的支付结算帮助犯、帮信罪与诈骗罪的支付结算帮助犯在故意上有部分重合之处，因此可以将上述支付结算型信息网络犯罪帮助行为抽象事实认识错误的情况以帮信罪定罪处罚。

支付结算型帮助信息网络犯罪活动罪认定中的争议问题

张 艳*

摘 要 当前，帮助信息网络犯罪活动罪司法适用迅速扩张。实务中，围绕本罪立法定位、罪量要素和竞合问题的争议频发，应将本罪定位为共犯与非共犯的帮助行为共存的兜底罪名。据此，2019 年《最高人民法院、最高人民检察院关于办理非法利用信息网络、帮助信息网络犯罪活动等刑事案件适用法律若干问题的解释》第 12 条第 1 款应以共犯相对从属说进行解释，第 2 款应以积量构罪说进行解释。本罪主观故意只能是完全概括故意，片面、单方明知上游犯罪性质的，构成上游犯罪共犯。行为人提供银行卡并实施了转账、刷脸等网络结转帮助行为的，无论是客观行为区分说还是既未遂区分说均有不足之处，应综合行为方式和证据查证情况具体认定。

关键词 支付结算 共犯正犯化 概括故意

近几年来，适用帮助信息网络犯罪活动罪（以下简称帮信罪）的案件数量陡增，相关数据显示，2021 年该罪已位列检察机关起诉罪名的第三大罪名[①]。司法实务中，围绕本罪的罪量要素、主观明知和罪名竞

* 张艳，山西省太原市小店区人民检察院第三检察部二级检察官。

① 参见《2021 年全国检察机关主要办案数据》，最高人民检察院网，https://www.spp.gov.cn/spp/xwfbh/wsfbt/202203/t20220308_547904.shtml#1，最后访问日期：2022 年 3 月 13 日。

合等问题产生诸多分歧，亟须理论和实务探讨。

一、基本案情与争议

［基本案情］ 2021年4月，王某某明知“巅峰”App聚合支付平台为网络电信诈骗提供资金支付结算服务，仍交纳3万元代理费成为该平台一级代理。后王某某发展杨某某成为其下线，由杨某某成立跑分（接收钱款并按要求将钱款转入指定账户）工作室，通过网络招募出租个人银行账号的违法人员，并雇佣李某等5名业务员利用Skype软件，使用自己或他人的银行卡进行跑分。梁某以每小时20元的价格出租个人银行卡，非法获利500元。案发后，经查，该跑分工作室共计支付结算571万余元，涉及电信诈骗金额217300元。李某涉案的本人4张银行卡涉及流水110余万元，其中涉及电信诈骗金额4500元。梁某银行卡流水70余万元，涉及电信诈骗金额2300元。侦查机关认为全案人员涉嫌帮助信息网络犯罪活动罪。检察机关审查后认为，王某某构成诈骗罪，杨某某、李某构成帮助信息网络犯罪活动罪，以涉嫌帮助信息网络犯罪活动罪证据不足不批准逮捕梁某。后人民法院判决认定被告人王某某、杨某某、李某构成掩饰、隐瞒犯罪所得罪。①

上述案件在认定过程中争议颇大：一是被告人王某某的行为是成立上游犯罪共犯还是帮信罪；二是实施了提供银行卡并有转账、刷脸行为的，构成掩饰、隐瞒犯罪所得罪（以下简称掩隐罪）还是帮信罪；三是在认定是否构成帮信罪时，如何把握情节严重标准。

针对上述争议问题，笔者检索了中国裁判文书网2021年相关案件判决，发现实务中帮信罪的适用存在诸多乱象。首先，帮信罪与其他罪名共犯的认定分歧很大。在裁判文书网中检索到的起诉罪名与判决罪名不一致的案件有37件，二审改判的有18件，其中本罪与上游犯罪共犯主观明知的区分、片面明知上游犯罪性质应当认定为上游犯罪共犯还是帮信罪争议最为突出。其次，司法机关对2019年《最高人民法院、最高人民检察院关于办理非法利用信息网络、帮助信息网络犯

① 参见山西省太原市中级人民法院刑事判决书，（2021）晋01刑终897号。

罪活动等刑事案件适用法律若干问题的解释》(以下简称《解释》)第12条第1款和第2款把握尺度不一，判决各异。有的地方以公检法三方文件的形式统一标准，如《重庆市高级人民法院、重庆市人民检察院、重庆市公安局关于办理电信网络诈骗及其关联犯罪案件法律适用问题的会议纪要》第5条规定，出租、出售的信用卡被用于电信网络诈骗，达到犯罪程度，卡内流水超过30万元，构成情节严重；而有的地方判决认为卡内流水有一笔达到电信诈骗立案标准3000元且流水超过20万元即成立本罪。最后，围绕帮信罪与掩隐罪的区分，各地标准不一，量刑悬殊。同一行为有的被认定为帮信罪，量刑1年以下，而有的被认定为掩隐罪，处刑3年以上。上述争议凸显帮信罪司法适用的混乱，亟须从理论和实务层面进行厘清。

二、帮信罪“情节严重”标准的解释路径

《解释》第12条第1款从支付结算金额、违法所得、行为对象等方面明确了本罪情节严重的认定标准；同时该条第2款又规定，实施前款规定的行为，确因客观条件限制无法查证被帮助对象是否达到犯罪的程度，但相关数额总计达到前款第2项至第4项规定标准5倍以上，成立本罪，即5倍标准。实务中，围绕上述两款的适用，以为电信诈骗提供银行卡支付结算帮助行为为例，存在四种不同观点：第一种观点认为，第1款支付结算20万元应当是涉案银行卡流水中查证是上游电信诈骗被害人转入金额达到立案标准3000元，且涉案金额累计达到20万元，如不符合则应当适用第2款5倍标准即银行流水需在100万元以上；第二种观点认为，涉案银行卡流水中有一笔达到3000元立案标准，且流水累计达到20万元即可适用该条，不符合则应当适用5倍标准；第三种观点认为，适用5倍标准应当至少有一笔流水经查证为涉案赃款，如涉案银行卡中未能查证任何上游犯罪，不能适用5倍标准；第四种观点认为，出售个人银行卡即便未查证任何上游犯罪，只要银行流水达到100万元就可以适用5倍标准认定构成帮信罪。

引发上述争议的根源在于帮信罪立法定位模糊。围绕本罪是量刑规则还是共犯正犯化抑或“积量构罪”下的独立罪名，理论上各执己见，实务中适用混乱。笔者认为，帮信罪兼具共犯性与独立性，《解释》第

12 条第 1 款规制的对象为共犯型网络帮助行为，第 2 款规制对象为网络黑灰产业链中“积量构罪”的帮助行为。前者应当以上游犯罪查证情况作为入罪的前提条件，后者不以上游犯罪查证为前提，只要帮助行为达到立法规定的标准即构成帮信罪。

（一）帮信罪“情节严重”认定的理论前提——本罪兼具共犯性与独立性

理论上，围绕帮信罪的立法定位，存在量刑规则说、共犯正犯化说、积量构罪构造下的独立犯罪说、共犯与非共犯共存说。笔者认为，本罪共犯性与独立性并存。

首先，量刑规则说难以成立。量刑规则说认为帮信罪是帮助犯的量刑规则，而非独立的正犯。[①] 该说架空了帮信罪立法上的独立性，同时也排除了总则共犯条款在本罪中的适用，与现行立法体例不符，故为通说所不采用。

其次，共犯正犯化说揭示了网络帮助行为与上游犯罪的共犯性，但忽视了其行为自身的独立性。共犯正犯化说肯定帮信罪是一项独立罪名，是网络帮助行为的正犯化，并从实质违法性层面揭示了帮信罪与上游犯罪存在的共同性。但其不足之处在于未能关注到网络帮助行为一对多、查证难、危害性远大于传统犯罪的独立特征。

最后，积量构罪说认为帮信罪具有“海量积数 × 低量损害”的“积量构罪”罪刑构造[②]，该说强调以网络帮助行为自身罪量要素对其进行独立评价，但未能从实质违法的角度对本罪进行限缩解释。由于网络帮助行为手段复杂、类型多样，“积量构罪”容易导致网络帮助行为入罪的泛化。

帮信罪兼具共犯性与独立性。一方面，从行为类型看，网络帮助行为包括合作型网络帮助行为与协作型网络帮助行为。前者是指行为人以网络犯罪为工具或者为对象，基于加功于正犯的故意参与共同犯罪，

---

① 参见张明楷:《论帮助信息网络犯罪活动罪》,《政治与法律》2016 年第 2 期。

② 参见皮勇:《论新型网络犯罪立法及其适用》,《中国社会科学》2018 年第 10 期。

其行为违法性建立在正犯违法性基础之上，可以被共犯理论所规制。而协作型网络帮助行为是指网络黑灰产业链条上各环节的行为人，着眼于自身的利益，客观上基于流水线作业分工，独立实施的犯罪行为，各环节相互配合又各自独立。协作型网络帮助行为具有链条化、意思联络松散化等特征，其危害性远大于传统帮助行为，故难以为共犯理论所规制，应当从其行为的客观特征进行刑法评价。另一方面，从相关立法来看，在《刑法》第287条之二第3款肯定帮信罪与共犯存在竞合情形的同时，以网络帮助行为客观行为罪量要素对其进行独立评价的司法解释也已出台，如2021年《最高人民法院、最高人民检察院、公安部关于办理电信网络诈骗等刑事案件适用法律若干问题的意见（二）》第9条规定，明知他人利用信息网络实施犯罪，为其犯罪提供下列帮助行为，成立《解释》第12条第1款第7项规定的“其他情节严重的情形”，其行为包括：收购、出售、出租信用卡、银行账户、互联网账号密码5张（个）以上；收购、出售、出租他人手机卡、流量卡、物联网卡20张以上等，这是针对网络黑灰产业链违法行为积量构罪的典型规定，是帮信罪独立性的体现。

（二）《解释》第12条第1款和第2款的具体适用

基于帮信罪共犯性与独立性共存的立法定位说，《解释》第12条第1款和第2款应当依据上游犯罪证据查证的不同情况区分认定。

1.《解释》第12条第1款应理解为在查证上游犯罪单笔构罪的情况下，支付结算金额达到20万元。其一，前述第一种观点，上游犯罪查证金额累计20万元构罪说难以成立。在行为人进行支付结算帮助的情形下，要求每笔均查证达到立案标准，是在证据层面要求网络帮助行为与多个被帮助对象实施的关联行为实现一对一印证，实质上仍然是以传统共犯的证明标准对网络帮助行为进行的机械性套用，背离了网络帮助行为“一对多、多对多”的犯罪样态，客观上缩小了网络帮助行为的入罪圈。其二，《解释》第12条第1款在单笔3000元的基础上规定了支付结算20万元的标准，原因就在于网络帮助行为无论主观明知程度还是客观行为在共同犯罪中的参与程度，与传统共犯均难以同等视之。为实现罪刑均衡并充分考量网络帮助行为远超传统共犯的社会危害性，解释者从支付结算金额、违法所得等罪量要素等层面对网络帮助行为进行限缩解释。因此，在查证上游犯罪单笔构成犯罪的情形下，如果支付结算金额达到 20 万元，即可适用《解释》第 12 条第 1 款的规定。

2.《解释》第 12 条第 2 款是网络帮助行为“积量构罪”构造独立性的体现。行为人提供支付结算帮助，在未查证任何上游犯罪证据的情况下，只要支付结算金额达到 100 万元即构成帮信罪。但适用该条款时，应当严格依照《解释》进行限缩解释，且将其作为兜底条款适用。本文案例中，由于梁某涉案银行卡支付结算金额为 70 万余元，查证上游犯罪 2300 元，上游犯罪单起金额未达立案标准，且流水累计未达 100 万元即 5 倍标准，因而不构成帮信罪。

三、帮信罪主观故意认定及与上游犯罪共犯明知的界分

司法实务中，围绕帮信罪主观明知与上游犯罪共犯明知的区分，争议焦点集中于帮信罪是否包括片面故意，即片面、单方明知上游犯罪性质是成立帮信罪还是上游犯罪共犯。一种观点认为，本罪是概括故意，因而不包括片面故意；另一种观点认为，帮信罪主观明知包括片面故意，行为人片面、单方明知上游犯罪性质的，构成帮信罪，只有行为人与上游犯罪分子合意下实施网络帮助行为的，才构成上游犯罪共犯。笔者认为，本罪主观故意只能是完全概括故意，片面、单方明知上游犯罪性质，是网络片面共犯的典型罪过，是部分概括故意，成立上游犯罪共犯。

（一）帮信罪主观明知系完全概括故意

主观故意是指明知自己的行为会发生危害社会的结果，仍然希望或者放任危害后果的发生，包括认识和意志两个方面。依据认识内容的不同可将主观故意分为概括故意和确定故意。所谓概括故意是指行为人对自己行为性质和危害后果的范围没有明确的认识，包括对行为对象、行为性质、行为危害等没有明确认知。

依据概括故意的程度不同，概括故意可以进一步分为完全概括故意和部分概括故意，前者是指行为人对于行为侵害法益有所认识，但对

于行为对象、行为性质、行为结果均没有确定认识，而后者是指行为人对于行为性质、行为结果或行为对象之一有确定认知。帮信罪主观故意是完全概括故意。其一，从行为性质来讲，实施网络犯罪帮助行为的行为人，对其所实施的客观行为的违法性通常有概括的认知。以提供银行卡实施转账结算帮助为例，行为人以高额价格出售个人支付结算账户，并在短时间内进行多笔、巨额转账，与一般常理不符，行为人主观上对于其行为可能会造成违法犯罪的危害后果有概括的认知。其二，从行为对象来讲，网络帮助行为呈“一对多”“多对多”的特点，由此决定行为人对行为对象事先难以有明确认知。其三，从行为结果来看，由于行为人对行为性质、行为对象认识的不确定，对行为结果必然也属于不确定性认知。因此，帮信罪主观明知属于完全概括故意。

（二）片面、单方明知上游犯罪性质成立上游犯罪共犯

与完全概括故意相对的是部分概括故意，即行为人对于行为对象、行为性质或行为结果其中之一有确定认知。在行为人对上游犯罪行为性质有明确认知的情况下，如明知他人实施电信诈骗仍提供支付结算帮助行为，则成立上游犯罪共犯。

首先，片面、单方明知上游犯罪性质是网络犯罪片面共犯的典型形式。片面共犯，是指行为人单方明知他人实施犯罪行为而实施帮助行为。在网络共同犯罪中，由于各个成员在各自的时空内通过互联网互相配合继而实现共同犯罪目的，而且大多是在长期的配合之下形成了默契，因而帮助者只能对正犯实施的行为性质有所认知。同时，客观上网络犯罪侦查取证困难，上游犯罪分子往往难以到案，导致行为人片面、单方明知上游犯罪的性质成为网络共犯片面明知的典型表现形式。

其次，从体系解释的角度，将片面、单方明知上游犯罪性质的片面帮助行为认定为帮信罪，会出现刑事法网的梯度断裂，产生处罚空隙，无法有效遏制当前高发的网络犯罪。如前所述，片面、单方明知上游犯罪性质是网络共犯的主要犯罪形态，由此决定网络空间中合意共犯存在但不可能成为主流，如将此部分全部认定为帮信罪，则会导致帮

信罪适用扩张的同时，缩小了共犯在网络犯罪中适用的空间，同时将《刑法》第287条之二第3款的竞合规定虚置。

最后，无论立法层面还是理论层面，片面帮助犯成立共犯已被认可。理论上，围绕片面共犯虽然存在肯定说与否定说，但完全否定片面共犯的学说已失去市场，主流学说无论是部分肯定片面共犯说还是完全肯定片面共犯说，均对片面帮助行为成立共犯普遍认可。立法上，已有诸多司法解释将网络片面、单方明知上游犯罪性质的帮助行为认定为共犯，如2010年《最高人民法院、最高人民检察院、公安部关于办理网络赌博犯罪案件适用法律若干问题的意见》第2条规定，明知是赌博网站而提供技术支持、支付结算、投放广告等帮助的，属于开设赌场罪的共犯。

综上，行为人片面、单方明知上游犯罪性质而实施网络帮助行为的，构成上游犯罪共犯。主观上基于完全概括故意实施的网络帮助行为成立帮信罪。本案例中，因王某某供述其曾接收到电信诈骗被害人的投诉电话，故检察机关认为被告人王某某明知上游犯罪系网络诈骗，构成诈骗罪共犯。而人民法院认为，上述证据仅为被告人王某某供述而无其他证据予以印证，认定被告人王某某单方、片面明知上游犯罪性质的证据不足，认定被告人王某某构成电信诈骗共犯证据不足。

四、帮信罪与掩隐罪的区分

实务中，对于实施了提供银行卡并转账、取现或刷脸等结转行为的认定，在行为定性和量刑评价上也存在分歧。在行为定性方面，一种观点认为，行为人单纯提供银行卡的，构成帮信罪，如果后续又实施了转账、取现等行为的即构成掩隐罪，即客观行为区分说；另一种观点持上游犯罪既未遂区分说，即行为人事前提供银行卡的，后续转账、取现行为为前阶段提供银行卡的行为所吸收，成立帮信罪；行为人在上游犯罪既遂后，实施转账、刷脸行为的，构成掩隐罪。在行为人实施了结转帮助行为且构成掩隐罪的情况下，一种观点认为，应当以查证的上游犯罪部分事实进行定罪量刑；另一种观点认为，应以全部支付结算金额进行量刑。在量刑方面，对于行为人单纯出售、出租提供银行卡的，一种观点认为，应当以进账和出账合计认定支付结算金额；

另一种观点认为，应当以数额较大的一方进行认定，不能累计。

笔者认为，对于实施结转网络帮助行为的认定，应穷尽证据查证，能够查证上游犯罪的，认定为掩隐罪，无法查证的成立帮信罪，两者同时存在的，择一重处断并将其他部分作为从重处罚情节。

（一）结转行为成立掩隐罪的认定

首先，客观行为区分说有悖现行立法，导致掩隐罪适用扩大化且致使罪刑失衡。其一，通说认为掩隐罪系事后共犯，犯罪行为是在上游犯罪既遂之后实施的，故本罪认定必然依赖于上游犯罪的查证情况。同时，根据2016年《最高人民法院、最高人民检察院、公安部关于办理电信网络诈骗等刑事案件适用法律若干问题的意见》第3条第5款规定，转账、套现、取现成立掩隐罪的，行为人应当明知是电信网络诈骗犯罪所得及其产生的收益；在证据上虽不要求上游电信网络诈骗犯罪嫌疑人到案或被依法裁判，但要求现有证据足以证明该犯罪行为确实存在。其二，实务中洗钱罪适用比例偏低的主要原因是上游犯罪难以查证，而客观行为说不以上游犯罪查证为前提，致使掩隐罪证明标准降低，适用扩大化且与洗钱罪失衡。其三，由于网络洗钱涉案金额往往巨大，大多情况下远超10万元，认定为构成掩隐罪量刑均在3年以上，产生下游行为量刑高于上游正犯量刑的乱象。

其次，既未遂区分说有违罪刑均衡原则。行为人事先提供银行卡的，后续转账行为被前提供行为吸收而认定为帮信罪，该观点存在同样的悖论，距离正犯越近的行为危害性越大，而量刑却轻于既遂后实施的转账行为的量刑，有违罪刑均衡原则。

最后，提供银行卡并转账结算的，应综合行为方式和证据查证情况具体认定。其一，从牵连的角度来讲，提供银行卡是手段行为，转账是目的行为，成立牵连关系，应择一重处断。其二，由于掩隐罪系事后共犯，是建立在正共区分制下的罪名，而帮信罪是为规制网络帮助行为的兜底、截堵性罪名。在网络支付结算帮助行为不构成上游共犯的情形下，应当首先检视行为是否成立掩隐罪，再以帮信罪作为兜底适用罪名。证据层面，在穷尽证据查证的情况下，将能够查证上游犯罪的认定为掩隐罪，将无法查证的认定为帮信罪。其三，同时存在查证与未查证上游犯罪情形的，应当择一重认定，将未查证的作为量刑情节考虑。以本文案例中各被告人的行为为例，杨某某等人提供银行卡并帮助转账，支付结算金额 571 万余元，查证上游犯罪 21 万余元，查证上游犯罪金额达到掩隐罪 3 年以上量刑，以掩隐罪定罪并以 21 万元作为量刑情节，可基本实现罪刑均衡，未查证部分可以作为酌定从重处罚情节。李某支付结算 100 万余元，查证上游犯罪 7300 元，由于未能查证的金额远大于已查证的部分，应当在认定为掩隐罪的前提下，对于未能查证的金额纳入加重量刑情节评价。

（二）结转行为成立帮信罪情形下的罪刑均衡

实施结转行为与单纯提供银行卡的行为在量刑时应当有所区分。行为人提供银行卡并转账的，在构成帮信罪的情形下，其参与程度、行为危害性远高于单纯提供银行卡的行为人，应将实施结转的行为人认定为帮信罪的正犯，将单纯提供银行卡的行为人认定为从犯，以此实现罪刑均衡。

对于单纯提供银行卡的行为，应以进账或出账数额较大的一方进行评价。单纯出售、出租个人银行卡的，上游犯罪实施的后续转账、结算行为系事后不可罚的行为，应以银行流水进或出较大的一方进行评价。

利用虚拟货币交易转移非法资金的定性分歧与厘定

桑　涛　梁鹏程*

摘　要　虚拟货币交易转移非法资金的行为定性上存在"非法经营罪""帮助信息网络犯罪活动罪""掩饰、隐瞒犯罪所得罪"三种罪名的不同意见，体现司法在规制虚拟货币转移非法资金上的不同立场。以虚拟货币交易转移非法资金的行为定性的三种立场主要围绕以虚拟货币来转移资金是否属于"支付结算"这项金融特许范畴、转移行为发生于上游犯罪既遂前还是既遂后、主观"明知"内容和犯意联络程度展开。

关键词　虚拟货币交易　非法资金　非法经营罪　帮助信息网络犯罪活动罪　掩饰、隐瞒犯罪所得罪

［基本案情］ 2020年11月，犯罪嫌疑人马某在网上搜索到"USDT（泰达币）"聊天群并加入，根据群内火币App安装教程下载注册用于炒币。其看到群内有一则"有偿寻求做USDT，提供银行卡者优先"广告，遂与未知身份的信息发布者联系，同意提供名下银行卡帮助接收资金，按照对方要求购买USDT并提币至指定虚拟钱包地址。案发后查明，自2021年1月14日至27日，马某银行卡累计接收对方资

* 桑涛，浙江省杭州市拱墅区人民检察院党组书记、检察长；梁鹏程，浙江省杭州市富阳区人民检察院第三检察部四级检察官助理。

金2000余万元，先后30余次购买USDT并提币转移，其合计取得报酬3000余元。上述资金中查明有39万余元系被害人汪某等人在网上被他人以“垫资刷单赚取佣金”的方式所骗。

到案后马某供述开始就心存质疑，猜测钱款可能有问题。对方能自行注册火币App购买USDT，且流水一天上百万元，为何放心交其操作？并且对方曾威胁“不准私自吞钱，否则通过USDT找到住所”，其害怕，感到对方就是犯罪分子一类人。当银行卡遭到司法冻结时，其确信所收钱款是他人犯罪所得。

一、分歧意见

本案事实清楚，但法律适用存在分歧。对马某以虚拟货币交易转移非法资金的行为如何定性，主要存在三种意见——“非法经营罪”“帮助信息网络犯罪活动罪”“掩饰、隐瞒犯罪所得罪”。意见争鸣反映出司法在规制虚拟货币转移非法资金上的不同立场。

第一种意见认为构成非法经营罪。马某利用银行账户接收钱款并使用虚拟货币转移，构成对大额资金的往来结算，扮演了金融机构的角色。然而其作为自然人，无权申请支付结算的行政许可，未能获得金融牌照，违反国家有关资金结算业务的规定，触犯了《刑法》第225条第3项，属于非法经营。

第二种意见认为构成帮助信息网络犯罪活动罪。一是马某明知他人利用信息网络实施犯罪活动；二是提供银行卡接收钱款并以USDT方式转移，属于以收管资金的方式协助支持他人实施信息网络犯罪活动，符合该罪行为形态，定性本罪较为适宜。

第三种意见认为构成掩饰、隐瞒犯罪所得罪。一是马某明知钱款属于犯罪所得，系赃款；二是提供银行卡并利用虚拟货币流通快、追踪难等特点转移隐匿；三是行为妨害了司法机关追诉犯罪。故从惩处赃物犯罪与妨害司法的角度评价，以本罪定性。

二、评析意见

上述定性争议焦点可归纳为：以虚拟货币来转移资金是否属于“支付结算”这项金融特许范畴；转移行为发生于上游犯罪既遂前还是既

遂后；主观“明知”内容和犯意联络程度。在处理上，笔者同意第三种意见。具体分析如下：

（一）非法经营罪之认定障碍

关于立法目的——维护特许经营管理。非法经营罪保护国家特许经营管理制度，即国家为了公共利益和安全对特定行业的准入设定前置许可。第七次刑法修正时，增设了“非法从事资金支付结算业务”以打击违规结算、扰乱金融秩序的行为。本罪定罪逻辑上大前提为“国家规定中设置了某项经营业务须获特定许可”，小前提是“未取得许可而实施了经营活动，扰乱市场秩序，情节严重”，结论为“构成非法经营”[①]。本案马某行为是否等同金融业资金结算，需对前置概念予以准确理解。

关于实质内涵——基于规范性文件的视角。该概念不能简单以语义理解认为包含“支付”即可，必须立足当前司法、行政文件进行实质探析。

最高检在《关于办理涉互联网金融犯罪案件有关问题座谈会纪要》中明确指出“支付结算业务”是货币资金转移服务，可看出行为要点在于“转移资金”[②]。中国人民银行 2010 年发布《非金融机构支付服务管理办法》第 3 条规定，“非金融机构提供支付服务，应当依据本办法规定取得《支付业务许可证》，成为支付机构。……未经中国人民银行批准，任何非金融机构和个人不得从事或变相从事支付业务”，从而建立“支付结算”审批制度。并且，中国人民银行 1997 年印发施行《支付结算办法》，其中第 3 条明确将“资金支付结算”定义为“单位、个人在社会经济活动中使用票据、信用卡和汇兑、托收承付、委托收款等结算方式进行货币给付及资金清算的行为”。

---

① 参见蓝学友:《论非法经营罪的保护法益——破解“口袋罪”难题的新思路》,《刑事法评论》2021 年第 1 期。

② 《最高人民检察院关于办理涉互联网金融犯罪案件有关问题座谈会纪要》规定，支付结算业务（也称支付业务）是商业银行或者支付机构在收付款人之间提供的货币资金转移服务。

至于何为“非法从事”，最高法、最高检在《关于办理非法从事资金支付结算业务、非法买卖外汇刑事案件适用法律若干问题的解释》（以下简称《结算解释》）予以了列举式说明，如虚构交易、虚开价格、提供结算账户套现等。

虽然上述各类文件关于“资金支付结算”的定义表述有所不同，但从实质内涵上理解，“资金支付结算”的核心要件存在一致性，均指向“给付与清算”，即必须存在资金转移和结算清偿。而关于“非法从事资金支付结算”的行为方式，虽然《结算解释》存在兜底款项，但按照同类解释规则，其他行为要被确定为“非法从事资金支付结算”，除具备常规要件如违反国家规定、扰乱社会管理秩序等之外，还须满足“独立经营”“提供货币给付并进行资金清算”两项实质要件。[①]

综上，围绕“资金支付结算”的内涵分析，本案马某利用虚拟货币接收、转移资金，使用的是银行账户日常转账功能，其个人并未触及资金转移和结算清偿。至于虚拟货币USDT，当前我国金融监管部门否定了虚拟货币可作流通、支付等的一般等价物功能，并未赋予其法定货币地位，仅将之视作互联网技术产生的数据。因此，本案更不能以存在利用USDT的买卖、转移，认定行为人构成“支付结算”。

申言之，马某购买USDT的过程，承担资金给付与清算任务的仍然是持有正规金融牌照的商业银行，其并未建立起独立的第三方支付平台开展资金结算，故不应纳入非法经营的刑事制裁视域。

（二）帮助信息网络犯罪活动罪的认定困境

此罪系《刑法》第287条之二规定，目的为打击互联网时代下为他人实施信息网络类犯罪提供互联网接入、服务器托管、网络存储、通讯传输、广告推广、支付结算等帮助行为。理论界称之为帮助行为正犯化。当前，利用网络实施的犯罪活动趋向链条化、产业化，上游犯罪嫌疑人常常难以及时到案，而且行为人之间意思联络浅，此罪可

---

① 参见朋礼松：《“资金支付结算”类型行为定性的争议及探讨》，腾讯网，https://new.qq.com/rain/a/20210718A09MZX00，最后访问日期：2023年5月8日。

以解决部分难以成立共同犯罪的帮助者的刑事责任认定难题。

司法实务中，本罪难点主要在于主观明知要件，对“明知”内涵的理解与适用将影响到罪与非罪、此罪与彼罪的界分。传统刑法理论对“明知”的要求是对犯罪行为性质目的等有明确认知，但在网络犯罪中，很多帮助者与被帮助者之间不知身份和目的。在此情况下，对“明知”的内涵确立当重新思考。

1.“明知”内涵及认定方式

笔者认为，本罪“明知”不应限定于“明确知道”，需要扩张性解读纳入“应当知道”。“应当知道”属于刑事推定规则适用的认定结果，其在实体意义上与“明确知道”具有同等意义，既属于司法用语，也包含实体法用语属性。如何建立规范的推定规则来确定“明知”，是“刑事推定”这一概念在理论界一直获得关注研究的难点所在。

2019 年 10 月，最高法、最高检在《关于办理非法利用信息网络、帮助信息网络犯罪活动等刑事案件适用法律若干问题的解释》第 11 条建立了七种可以推定“应当知道”的情形。紧接着，最高法刑事审判第三庭、最高检经济犯罪检察厅、公安部刑事侦查局在 2022 年《关于“断卡”行动中有关法律适用问题的会议纪要》又对“明知”的判定提出更为审慎要求，例如坚持主客观相一致原则，结合认知能力、既往经历、交易对象、与信息网络犯罪行为人的关系、提供技术支持或帮助的时间和方式、获利情况、出租、出售“两卡”次数、张数、个数，以及供述等因素，同时注重听取行为人辩解并判断合理与否综合认定。推定规则的不断创建，有效应对了信息网络类犯罪主观要件证明困境。

2.“明知”的具体程度

在本罪和上游共同犯罪区分上，实施者和帮助者若事先有明确犯意联络，则帮助对于实行的从属性较高，以共犯处理更为合适；若联络较疏，帮助者不知上游犯罪具体故意时，从属性较低，对帮助行为单独处理，不仅打击及时，也达到罪刑均衡。

具体到本案，马某缺乏对“利用信息网络实施犯罪”的“明知”。马某供述遭到威胁时，其意识到对方应该就是犯罪分子，但并未表明知晓对方利用信息网络实施犯罪。而且从客观角度分析，双方通过网络联系，处于陌生关系，交流内容为购币提币，未形成稳定合作关系；

马某也无信息网络违法犯罪前科劣迹，提供帮助的时间较短，获利较少。综合上述主客观条件，难以推定其主观上明知他人利用信息网络实施犯罪。

（三）赃物犯罪惩处视角——掩饰、隐瞒犯罪所得罪的适用

1. 设立目的——惩治妨害司法追赃的行为

掩饰、隐瞒犯罪所得罪为《刑法修正案（六）》对原第 312 条窝藏、转移、收购、销售赃物罪修改后形成，客体为司法机关查明犯罪事实，追缴犯罪所得的活动。目的是惩治妨害司法追赃的行为。犯罪所得不仅可作为物证用于查清犯罪，而且《刑法》第 64 条规定违法所得的一切财物，应当予以追缴或者责令退赔。因此，一旦犯罪所得赃款赃物被转移、隐匿，必将给司法机关追诉犯罪、追赃追缴造成妨害。[①]

2. “明知”要件

构成要件上，本罪主观方面要求行为人明知财物为他人犯罪所得。该明知实质上也分为“确定性明知”和“可能性明知”，其中“确定性明知”即行为人对赃物性质有确定性认识；“可能性明知”则是认识到系赃物的可能性。通常认为，只要是以普通人思维将交易时间、地点、环境、价格综合考虑，进而推断出可能为犯罪所得就可以认定。[②]行为人认识到接收、转移的是上游犯罪所得赃款赃物即可，至于具体来源在所不问。

3. 掩饰、隐瞒赃款的主客观一致

马某现有供述证实其主观上已经能够意识到所接收款项为他人赃款，换虚拟货币转移显然在隐匿去向。尤其在遭到威胁及账户冻结时，结合资金数额、购币次数、提币转移等，马某作为普通人更能判断资金性质和交易目的；客观上持续协助接收并采用 USDT 转移隐匿，妨害了司法追诉。在此要注意的是，马某利用虚拟货币的行为是在上游犯罪既遂后实施，对于司法追赃这一法益的侵害程度显然更高。故以掩

① 参见邱永进:《浅议掩饰、隐瞒犯罪所得罪的条件限定》,《中国检察官》2015 年第 2 期。

② 参见周光权:《明知与刑事推定》,《现代法学》2009 年第 2 期。

饰、隐瞒犯罪所得罪定性，才能遵循罪刑相适应原则，准确界定责任。

最终，法院以掩饰、隐瞒犯罪所得罪，判处被告人马某有期徒刑 3 年，缓刑 3 年 6 个月，并处罚金人民币 8000 元，支持了检察机关的指控罪名与量刑建议。

专题二
电信网络诈骗相关问题

“黑吃黑”交织诈骗行为及主从犯的认定

林塑斌*

摘　要　在电信诈骗类型案件中，赃款转移人是构成诈骗罪共犯，还是单独构成掩饰、隐瞒犯罪所得罪，核心在于上述人员在帮助取款、转移赃款时是否与诈骗分子事前存在通谋。事前通谋的认定，核心在于帮助赃款转移人与上游诈骗分子通谋的时间节点是否在诈骗犯罪既遂前，只有在既遂前参与通谋才有成立诈骗共犯的余地。至于行为人帮助取款主观上系为了赚取费用还是其他动机，均不影响事前通谋的认定，按诈骗罪共犯处理。在赃款转移人存在“黑吃黑”情形中，如果事前通谋系虚构事实，应独立对赃款转移人以诈骗罪认定，此时不属于从犯。

关键词　电信诈骗行为　事前通谋　掩饰、隐瞒犯罪所得　主从犯

一、涉“黑吃黑”型电信诈骗案检、法认定争议

[基本案情]　2018年4月，同案犯罪嫌疑人甲（诈骗分子，另案处理）与被告人叶某共谋，由叶某寻找下线对诈骗赃款进行转移取现，并允诺相应报酬。后叶某通过被告人张某认识被告人周某，双方共同商议，由叶某联系诈骗上线，周某负责提供用以转移取现诈骗赃

*　林塑斌，福建省福州市鼓楼区人民检察院。

款的银行卡，并明确了周某与张某的抽成比例。之后，周某找到被告人王某，商议将王某个人招商银行卡提供给上家用以转移提取诈骗赃款，同时二人共谋以“黑吃黑”的方式将诈骗资金私吞，以偿还债务。2018 年 4 月 24 日，在骗得 S 市 W 公司 89 万元赃款后，甲按照事先的共谋立即联系叶某，叶某随即联系周某，并将骗取的赃款转入周某提供的王某个人招商银行卡中。后周某、王某将被骗资金按事先计划私吞，用于偿还个人债务。

帮助诈骗分子转移赃款的行为是诈骗罪的共犯还是掩饰、隐瞒犯罪所得罪（以下简称掩隐罪），关键在于行为人与诈骗分子事前有无通谋。若事前存在通谋，则帮助转移赃款等行为系诈骗实施过程中的一个环节，仅仅是诈骗实施阶段的不同分工，应按照诈骗罪共犯论处。只有事前没有通谋，在上游诈骗分子骗得赃款后，帮助转移、隐匿赃款的行为，才认定为掩隐罪。《最高人民法院关于审理掩饰、隐瞒犯罪所得、犯罪所得收益刑事案件适用法律若干问题的解释》（以下简称《解释》）第 5 条规定：“事前与盗窃、抢劫、诈骗、抢夺等犯罪分子通谋，掩饰、隐瞒犯罪所得及其产生的收益的，以盗窃、抢劫、诈骗、抢夺等犯罪的共犯论处。”同样，2016 年《最高人民法院、最高人民检察院、公安部关于办理电信网络诈骗等刑事案件适用法律若干问题的意见》（以下简称《意见》）第 4 条第 3 项规定：“明知他人实施电信网络诈骗犯罪，具有下列情形之一的，以共同犯罪论处，但法律和司法解释另有规定的除外：……8. 帮助转移诈骗犯罪所得及其产生的收益，套现、取现的。”更进一步明确了，在电信网络诈骗犯罪中，只要事前明知系电信诈骗网络犯罪，帮助转移赃款、取款的行为，就可按照诈骗罪共犯论处。

（一）检察机关认定本案应认定诈骗罪

S 市人民检察院经审查认为，叶某、张某事前明知上线甲实施诈骗行为，仍帮助他人转移诈骗赃款，不符合掩隐罪事后转移财产提供帮助的行为性质，应认定为诈骗罪。在共同犯罪中因二人未直接参与实施诈骗环节，起次要辅助作用，依法可认定从犯（甲的从犯）。周某、王某通过虚构帮助他人转移诈骗赃款的事实，非法占有他人财物，其行为均已成立诈骗罪。

（二）审判机关认定全案不应均构成诈骗罪，部分被告人应认定掩隐罪

一、二审法院虽然认定本案4名被告人不应均构成诈骗罪，但两审法院针对叶某、张某行为是否认定诈骗罪存在分歧。二审法院虽然认同检察机关对周某以诈骗罪的指控，但在认定理由上也与检察机关并不一致。

1. 一审法院裁判观点及理由

一审S市人民法院认定：犯罪行为人实施诈骗S市W公司行为后，被骗财物89万元打入A农业银行账户，诈骗犯罪已既遂。且本案甲的身份未能查明，被告人叶某与甲和周某、王某、张某事前通谋，待取得诈骗或贪污受贿，抑或博彩等赃款后，通过洗钱的方式转移赃款，只能认定是对赃款实施掩饰、隐瞒的事前通谋，而无法认定系事前与诈骗W公司本犯通谋，仅就事后转移诈骗赃款达成合意，故不应以W公司诈骗案共犯论处。当诈骗W公司既遂，赃款88.98万元从A农业银行账户陆续转入被告人王某招商银行账户后，被告人叶某、周某、王某、张某按事前通谋，分工配合，就收赃款88.98万元并予以转移，情节严重，其行为构成掩隐罪，且系共同犯罪。被告人叶某、张某在共同犯罪中起次要和辅助作用，是从犯。被告人周某、王某以非法占有为目的，事前通谋，使用欺骗的方法，名为代接收、转移赃款，实则占有赃款88.98万元，又成立诈骗罪，且数额特别巨大。被告人周某、王某成立掩隐罪和诈骗罪，依照处罚较重的规定定罪处罚，即诈骗罪定罪处罚。

2. 二审法院裁判观点及理由

一审宣判后，各被告人均以不构成诈骗罪，量刑过重上诉。检察机关以一审判决定性错误量刑不当提请抗诉。

二审N市中级人民法院认定，上诉人叶某对其明知上家甲系从事电信网络诈骗曾做了多次供述，之后虽供称甲让其帮助转移的赃款有三种，其中转移诈骗赃款的抽成为15%，但亦供认案发当日甲向其要转账的银行卡号时，承诺该次帮助转移赃款的抽成为15%。从二人先前约定的抽成比例看，上诉人叶某对该次转移的赃款系诈骗所得主观

上亦属明知。结合上诉人叶某所处的地理位置、认知能力、约定的抽成等情况，足以认定其主观明知上家从事诈骗活动。其次，叶某、张某在侦查阶段的供述能够相互印证，证明叶某事前已明确告知张某、周某帮助转移的赃款系诈骗所得。综上，在案证据足以证明上诉人叶某、张某、周某事前与诈骗分子通谋，帮助提供银行卡转移诈骗犯罪所得。根据《解释》第5条的规定，依法应认定为诈骗罪的共犯。而上诉人王某仅与上诉人周某单线联系，周某的供述未提及曾告知王某帮助转移的是诈骗赃款，王某几次稳定供述均证明周某找其帮助转移赃款时，其只知道是黑钱，直到银行卡被冻结后，周某才告知是诈骗所得。在案证据不足以证实上诉人王某事前明知帮助转移的是诈骗赃款，故王某不构成诈骗罪的共犯，而构成掩隐罪。上诉人周某截留赃款并独自侵吞54.98万元的行为，属其诈骗犯罪的延续，不应以“黑吃黑”行为单独认定周某构成诈骗罪。原判关于叶某、张某帮助转移赃款的行为构成掩隐罪的定性错误，S市人民检察院的抗诉意见成立。原判以王某与周某共谋并截留赃款私分，进而认定王某的行为构成诈骗罪的事实依据，认定错误，依法均予纠正。上诉人叶某、周某在帮助转移赃款的共同诈骗犯罪中均起到主要作用，系主犯。因此，撤销一审对于叶某、张某判决，改判诈骗罪，刑期分别由3年有期徒刑改判10年有期徒刑，2年有期徒刑改为5年有期徒刑。改变起诉指控及一审判决对于王某诈骗罪的定性，改判掩隐罪，刑期由10年有期徒刑改为有期徒刑6年9个月。

二、本案中被告人叶某、周某主观明知的认定

一审中，对于被告人周某与王某事前共谋，假借帮助洗钱之名，实则通过“黑吃黑”的方式私吞赃款的行为，应认定为诈骗罪，控审双方意见一致（二审法院改变王某的行为定性，下文分析）。但关于被告人叶某、张某的行为定性，一审法院改变了检察机关对二人起诉指控的罪名，认为叶某、张某的行为应认定为掩隐罪，不构成诈骗罪。显然，一审法院对叶、张二人的定性有误，不符合本案的事实与法律规定，二审改变定性准确。如上文所述，认定本案被告人叶某、张某的行为是构成诈骗罪（共犯）还是掩隐罪，核心在于对二被告人事前是否与诈骗

分子通谋，是否明知是电信网络诈骗仍帮助取款主观要件的判断。

（一）叶某主观上明知甲从事电信网络诈骗

1. 综合全案证据足以认定叶某事前明知他人实施诈骗。被告人叶某在侦查机关前后四份供述中均对主观上明知上家甲系从事电信网络诈骗作了详细的供述。公安机关从其处搜查到帽子、衣服、单肩包及里面的电话卡，其供述是帮助诈骗分子洗诈骗赃款使用的，并且其还供述到系甲让其寻找下线帮忙转取赃款，其通过被告人张某认识周某帮助洗钱，而且找他们洗钱前，都明确告知张某、周某要洗的钱是诈骗的赃款，且事先约定好赃款被冻结的责任承担方式。而且在实施转移诈骗赃款前，叶某与张某、周某等人在J市某迪吧内商谈帮助取款的性质以及相应的抽成比例。这也得到被告人张某与周某供述的印证。该事实也得到二审判决的认定，足以证实了叶某主观上明知他人实施诈骗，并且寻找下线共同商议转移诈骗赃款的事实。

一审判决也对各被告人事前通谋商议这一客观事实予以认定。只是一审法院认定二被告人的行为不构成诈骗罪，应以掩隐罪来认定。理由是：“本案甲的身份未能查明，只能认定是对赃款实施掩饰、隐瞒的事前通谋，而不能认定是事前与诈骗W公司本犯通谋，就事后转移诈骗赃款达成合意，故不应以W公司诈骗案共犯论处。”一审判决错误之处有二：其一，以上家未到案，身份不明，否定被告人的诈骗共犯行为。本案甲的身份虽未能查明，但是帮助转取赃款性质的认识、相应抽成比例的约定以及责任风险的承担规则，甲均通过被告人叶某传达给张某、周某等人，这也得到被告人叶某本人供述以及在案其他被告人供述的印证。且在商议后确实按照此前的部署完成了整个诈骗赃款的转取过程。另外，根据《意见》第4条第5项“部分犯罪嫌疑人在逃，但不影响对已到案共同犯罪嫌疑人、被告人的犯罪事实认定的，可以依法先行追究已到案共同犯罪嫌疑人、被告人的刑事责任”的规定，虽然甲身份不明且未到案，不影响行为人诈骗共犯的认定。

2. 一审法院混淆了“事前通谋”的概念。本案的特殊性在于事前的通谋系通过中间人叶某传达甲与张某、周某之间的犯意，不能仅因为双方没有见面或者上家没有到案为由就否认彼此之间的犯罪通谋，这也是电信诈骗案件的普遍情形。在电信诈骗的案件中，下家基本上无法直接与“发号施令”的上家接触，犯意是通过层层传达，或是按照约定之规形成默契。如若按照一审法院的观点，只要上家无法到案，均无法认定诈骗共犯。既混淆了司法解释“事前通谋”的含义，也不利于打击犯罪。只要行为人在诈骗实施前或者实施过程中，与诈骗分子取得联络或者是在此期间明知是诈骗行为仍提供帮助的，均系事前通谋。至于在此期间各被告人辩解主观仅仅想帮助洗钱赚点抽成、中介费用等，均属于犯罪动机，不影响行为性质的认定。因为被告人的辩解均无法否认一个事实，即在诈骗实施犯罪前就已经商议，达成共识，至于在明知诈骗之外主观上另有何图，是犯罪目的、动机的问题，均不影响诈骗共犯认定。一审法院错误地将各被告人对于行为性质、动机的辩解当作法律事实来认定。因此，各被告人在上家实施诈骗行为前或者诈骗实施终了前明知他人实施诈骗行为，仍提供帮助就已经满足“事前与诈骗分子通谋”。

3. 一审法院错误评价被告人行为时间节点。一审判决认为本案被告人叶某、张某均是上家实施诈骗行为既遂后帮助转移赃款，因而无法认定为诈骗共犯。该观点同样是忽略了二被告人在诈骗犯罪实施前均产生帮助取赃款的通谋，因此是违背法律规定的。《意见》第3条第5项规定：“明知是电信网络诈骗犯罪所得及其产生的收益，予以转账、套现、取现的，依照刑法第三百一十二条第一款的规定，以掩饰、隐瞒犯罪所得、犯罪所得收益罪追究刑事责任。”不难发现，该条所规定应按掩隐罪认定，是指诈骗实施完毕后才产生帮助取款犯意行为的情形。因为只有犯罪既遂后才有“犯罪所得及其产生的收益”之说，这也是该项下进一步指出“实施上述行为，事前通谋的，以共同犯罪论处”的原因。二审法院也正是基于此，支持起诉指控被告人叶某、张某构成诈骗罪，而否定一审判决将二人认定为掩隐罪。

（二）关于张某的行为分析

张某对于事前与叶某商议并且找到周某帮助洗赃款的事实予以认可，也得到在案各被告人供述的印证。至于张某在后面多份供述中均提到叶某告诉其要转移的赃款是贪污、博彩或者诈骗的辩解，这并不影响对其按照诈骗共犯论处。

首先，通过张某个人的辩解，对于赃款性质存在贪污、博彩或者诈骗三种可能，这不仅不能否认张某对于诈骗赃款性质的认识，反而充分说明了他有意帮助上家洗赃款的主观故意。因此，无论是一审判决认定的事实，还是起诉指控与二审认定的事实（张某主观确定帮助转移的是诈骗性质赃款），均不影响对张某诈骗共犯的认定。换言之，此时上家实施的是贪污、博彩还是诈骗，均在张某认知范围内，依正犯之罪来认定共犯之罪是符合刑法关于共犯理论的规定。

其次，一审判决认定被告人周某、王某以非法占有为目的，事前通谋，使用欺骗的方法，名为代为接收、转移赃款，实则占有赃款，这是典型的诈骗罪，无可争议。但判决又论述道:“被告人周某、王某成立掩饰、隐瞒犯罪所得罪和诈骗罪，依照处罚较重的规定定罪处罚即诈骗罪定罪处罚。”既然是“名为代为接收、转移赃款，实则占有赃款”，掩饰、隐瞒赃款的所谓洗钱行为仅仅是虚构事实的诈骗手段而已，主观并无帮助掩饰、隐瞒犯罪所得的故意，认定同时构成两罪按想象竞合从一重罪处理于法无据。如果认定周某、王某掩隐罪名成立，后续“黑吃黑”的行为是对既有掩饰赃款的侵占行为，也不能同时构成诈骗，同样违背二人预谋非法占有赃款诈骗的案件事实。

最后，一审判决中还写道:“被告人叶某、张某在共同犯罪中起次要和辅助作用，是从犯，依法予以从轻、减轻处罚。”只有将被告人叶某、张某实施帮助取款的行为认定为上家甲等诈骗团伙的共犯，才可认定二人为从犯。如果认定二人行为属于掩饰、隐瞒犯罪所得，二人的行为则起到关键作用。并且由于周某、王某仅满足诈骗罪构成要件，此时会出现叶、张二人系掩隐罪的从犯，而没有该罪主犯的悖论。因此，二审判决支持抗诉意见对叶、张二人的行为定性依法改判是正确的。

三、“黑吃黑”私吞赃款行为性质及主从犯的认定

二审判决改变起诉指控及一审的结论，改判王某为掩隐罪，维持周某诈骗罪的认定。虽然维持一审对于周某诈骗罪的判决，但论证过程也存在问题。二审判决认定王某不构成诈骗罪的理由为“王某仅与周某单线联系，周某的供述未提及曾告知王某帮助转移的是诈骗赃款”。

维持周某构成诈骗罪的理由，也是在案证据能够认定周某明知上家实施诈骗行为予以转移赃款，周某的诈骗罪是与上家甲构成诈骗共犯。二审法院以是否明知上家赃款的性质为基础来判定周、王二人行为性质，而忽略了周、王二人系以“黑吃黑”方式私吞赃款的行为特征。

“黑吃黑”并非刑法上的概念，是指以非法手段针对非法行为进而获取利益的俗称。具体构成何种犯罪，应严格按照犯罪构成要件予以认定，可能涉及敲诈勒索、诈骗等罪名。因此，只有准确认定周、王二人“黑吃黑”的类型，才能对二人的行为性质作出精准判定。本案中周某在与叶某、张某商量帮助转移上家赃款后，实际赃款转移前，就产生了与王某共同私吞该笔赃款的目的。即二人事前商议假借“洗钱”名义，行私吞赃款之实。换言之，虚构帮助洗钱的事实仅仅是二人私吞赃款的幌子。王某虽然只与周某单线联系，未与诈骗上家直接对接，但周、王二人对于以虚假洗钱名义，后私吞赃款的诈骗犯罪计划已经达成共谋，并且按照此计划实施了私吞赃款的行为，此时，周、王二人“黑吃黑”是一种“骗中骗”的行为，完全符合诈骗罪的构成要件，应以诈骗罪定罪处罚。这里需要注意的是，周、王二人构成的诈骗罪是一个独立的诈骗罪，并不是上游诈骗行为人的共犯。因为周、王二人骗取的是诈骗上家的赃款，诈骗上家某种意义上恰恰是被害人，而非共犯人。故二审法院认为王某仅与周某单线联系，没有与上家联系，不明知洗钱赃款的性质是诈骗，从而否定诈骗罪的成立，是混淆了王某构成诈骗罪的依据是对赃款的“诈骗”，并非事前明知他人实施诈骗，而通谋予以帮助转移赃款的情形。周、王二人是对赃款的诈骗，至于赃款的性质并不影响诈骗罪的成立，我国刑法对诈骗罪的对象并不排斥赃款，赃款本身成为周、王二人实施的另一个独立诈骗犯罪的侵害对象。同理，周某构成诈骗罪是“骗中骗”的独立诈骗评价，并非二审法院论证的属于诈骗上家的诈骗共犯。这也是起诉指控与一审判决认定周、王二人构成诈骗罪但不认定为从犯的依据。

二审判决以周某构成诈骗上线甲的共犯，但以周某截留赃款并私吞行为，属诈骗罪的延续，从而否定周某构成诈骗从犯。虽然结论是正确，但是理由值得商榷。如按照二审法院论证思路，周某系构成诈骗上家的共犯，但周某在上家具体实施诈骗被害 W 公司的诈骗核心环节并未参与，仅仅参与转移诈骗赃款的行为。司法实践中针对此种未参与具体实施诈骗行为，仅参与帮助转移赃款一般可按从犯论处。其次，二审判决将周某私吞上家诈骗赃款的行为视为诈骗的延续，同样产生逻辑悖论。私吞行为本身致使上家的诈骗目的落空，周某的行为更是打破了上家原有的诈骗犯罪计划，使赃款失控，诈骗延续无从谈起，其所实施的行为是一个新诈骗的开始，是对先前诈骗的阻断，这也是为什么周某不与上家构成诈骗共犯的理由。二审判决未能正确区分本案实质存在两个独立的诈骗构成，导致在“骗中骗”的“黑吃黑”案件中，对于主从犯的认定存在说理障碍。如二审对叶某改判为诈骗罪，叶某帮助上家寻找人员提供银行卡转移诈骗赃款，赚取抽成，并将赃款取现交给上家，进而认为其在共同犯罪中起主要作用，但对另一中间介绍人张某，则认定系起次要辅助作用的从犯。通过比较不难发现，叶某的行为核心与张某本质是一致的，即帮助上家寻找下线转移诈骗赃款。从本案的另一方面来看，假设没有周、王二人的私吞行为，本案上家的诈骗赃款转移成功与否，取决于叶某与张某能否配合成功，每个人都完成自己的行为。从某种意义上，叶某行为的成功与否，至少先取决于张某的行为。但二审判决未将叶某与张某一样认定为从犯，评判有失公允。最后，对于周、王二人实施独立的针对赃款的诈骗行为，因事前共同商议，并且分工明确，由周某负责联系赃款上家，王某提取用以骗取赃款的银行卡，且事成后二人共同分赃，在整个诈骗的过程中作用地位相当，不应区分主从犯。这是检察机关指控不认定周、王二人为诈骗从犯，叶某、张某为从犯（针对上家甲而言）的原因，而二审判决通过论证周某行为系上家诈骗行为的延续，否认从犯的认定，实属缘木求鱼。

综上，周某、王某事前通谋，通过“黑吃黑”的方式，实施“骗中骗”，对他人诈骗赃款，以虚构帮助转移赃款的名义侵吞赃款，系对诈骗分子的诈骗，依法应独立构成诈骗罪，周、王二人行为作用相当，不应区分主从犯。因诈骗数额特别巨大，均应在10年以上有期徒刑量刑，一审判决定性准确，量刑适当，二审对于王某的改判有误。叶某明知他人实施电信网络诈骗帮助他人寻找下线转取诈骗赃款，张某事前明知他人实施诈骗行为与他人商议充当介绍人帮助寻找转取赃款人员，双方在诈骗行为实施前均予以通谋，满足事前与诈骗分子通谋而帮助转移赃款的规定，应认定为诈骗罪共犯。因二人仅实施帮助诈骗分子取款行为，相比于具体实施诈骗行为的上家而言可认定诈骗从犯。一审判决定性错误，二审改判定性准确，但没有区分主从，没有将叶某认定从犯有误。

电信诈骗案件中取款人的行为定性

吴高飞　张德沐　徐莉莉*

摘　要　电信网络诈骗犯罪中取款人的行为定性是实践办案的难点之一。根据“两高一部”印发的《关于办理电信网络诈骗等刑事案件适用法律若干问题的意见》（以下简称《意见》），就取款人的主观故意而言，“明知他人实施诈骗犯罪”，还是“明知是电信网络诈骗犯罪所得及其产生的收益”，是区分和认定取款人是诈骗罪共犯，还是掩饰、隐瞒犯罪所得罪的关键。该《意见》进一步规定，对于“明知”应持审慎态度，应当结合犯罪嫌疑人的认知能力、既往经历、行为次数和手段及其与他人关系和获利情况，是否曾因电信网络诈骗受过处罚，是否故意规避调查等主客观因素进行综合分析认定。对于检察办案而言，就要结合具体的案件办理，根据每个案件的实际情况，将法律、司法解释和刑事政策等准确地运用到办案工作中去。

关键词　电信网络诈骗　共同犯罪　取款人　主观故意

［基本案情］　2018年3月至2019年3月，犯罪嫌疑人陆某某先后与“阿明”“六哥”“马哥”（均身份不明）诈骗分子相识，为对方提供

*　吴高飞，江苏省如东县人民检察院检察调研专员、一级检察官；张德沐，北京市炜衡（南通）律师事务所律师助理；徐莉莉，江苏省如东县人民检察院检务督查专员、六部副主任。

银行卡实施诈骗，事后帮助提现并从中获利。其间，犯罪嫌疑人陈某某明知可能被他人用于犯罪活动的情况下，仍将自己的银行卡及向犯罪嫌疑人彭某某等人购买的手机卡和银行卡出售给犯罪嫌疑人陆某某并从中获利5700元。犯罪嫌疑人彭某某明知可能被他人用于犯罪活动的情况下，仍提供手机卡及9张银行卡给犯罪嫌疑人陈某某，并出售一个微信号给犯罪嫌疑人陆某某并从中获利2850元。其中，犯罪嫌疑人陆某某参与诈骗作案3起，涉案金额173310元；犯罪嫌疑人陈某某参与诈骗作案2起，涉案金额96510元；犯罪嫌疑人彭某某参与诈骗作案2起，涉案金额96510元；犯罪嫌疑人袁某某掩饰、隐瞒犯罪所得38400元，犯罪嫌疑人欧某掩饰、隐瞒犯罪所得38400元。具体分述如下：

第一，2018年12月3日，犯罪嫌疑人（身份不明）冒充被害人孙某某的朋友季某某的身份，以帮忙办理海员证需要帮忙支付相关费用为由，骗取被害人孙某某的信任后，让其联系深圳代办机构“陈主任”（身份不明），由“陈主任”指示被害人孙某某向指定银行卡账户（粟某名下，实际使用人犯罪嫌疑人陆某某）转账共计76800元。其中38400元转至犯罪嫌疑人陆某某提供的银行卡后，犯罪嫌疑人陆某某将赃款经银行卡、微信多次转账，最终转至犯罪嫌疑人欧某微信后取现，犯罪嫌疑人陆某某非法获利3840元，另有38400元被犯罪嫌疑人原某某取现并交给诈骗分子。

第二，2019年3月20日，犯罪嫌疑人“马哥”（身份不明）冒充被害人赵某某在美国留学的哥哥身份给其发送邮件，以办理签证、居住证需要帮忙支付相关费用为由，骗取被害人赵某某信任后，让其联系“王主任”（身份不明），由“王主任”指示被害人赵某某向指定银行卡账户转账共计77690元。犯罪嫌疑人后联系犯罪嫌疑人陆某某，陆某某使用微信将犯罪嫌疑人彭某某尾号6575和9455银行卡内赃款均提至微信零钱，后赃款又被转账至犯罪嫌疑人彭某某名下另外三张银行卡，由犯罪嫌疑人陆某某在银行ATM上取现转交给“马哥”（身份不明）。

第三，2019年3月23日，犯罪嫌疑人“马哥”（身份不明）冒充被害人刘某其哥哥身份发送邮件，以需要办理签证和居留证为由，指示被害人刘某向指定银行卡账户分别转账8860元和9960元。犯罪嫌疑人后联系犯罪嫌疑人陆某某，陆某某使用微信将赃款18820元从尾号2017银行卡内充值至微信零钱，后将其中9900元转账至彭某某名下另一张尾号5696银行卡内。当日，该卡中9900元被犯罪嫌疑人陆某某、彭某某在银行ATM上跨行取现出9800元，其余赃款仍留在微信零钱中。

一、分歧意见

本案在处理过程中对犯罪嫌疑人欧某、原某某的行为构成掩饰、隐瞒犯罪所得罪不持异议，但对于犯罪嫌疑人陆某某、陈某某、彭某某的行为定性产生两种分歧意见。

第一种意见认为，3名犯罪嫌疑人的行为构成掩饰、隐瞒犯罪所得罪。本案中，3名犯罪嫌疑人系电信诈骗取款人，在没有事前通谋的情况下，取款人主观故意方面没有“明知他人实施诈骗犯罪”的高度盖然性，仅构成掩饰、隐瞒犯罪所得罪。

第二种意见认为，3名犯罪嫌疑人的行为构成诈骗罪，以诈骗共犯论处。本案中，犯罪嫌疑人陆某某通过一对一、上线与下线的联系，整个诈骗过程紧凑、迅速，甚至为了增强作案的隐蔽性，积极发展“下线”，应当认为陆某某在犯罪前已通过意思联络达成犯罪合意，而犯罪嫌疑人陈某某、彭某某明知他人从事违法活动的情况下，仍然提供手机卡和银行卡等作案工具，甚至在知道犯罪嫌疑人陆某某实施诈骗犯罪后商议长期“做事”和高额报酬，二人的行为符合继承的共同犯罪，3名犯罪嫌疑人的行为均以诈骗罪共犯论处。

二、评析意见

当前，电信诈骗犯罪活动高发，且犯罪手段复杂多样，致使实务中此类案件在法律适用和定罪方面疑难问题凸显，难点之一就是取款人的行为定性问题。对取款人行为是以诈骗共犯论处还是以掩饰、隐瞒犯罪所得定性，从现行法律依据来看，取款人“明知他人实施诈骗犯罪”还是“明知是电信网络诈骗犯罪所得及其产生的收益”是其行为定性的关键，现行法律将电信诈骗共同犯罪的主观方面界定为“明知”，已将“明知”扩大适用为“通谋”的犯意联络。[①] 当然，“两高一部”印发的《关于办理电信网络诈骗等刑事案件适用法律若干问题的意见》（以下简称《意见》）进一步规定对于“明知”应持审慎态度，应当结合犯罪嫌疑人的认知能力、既往经历、行为次数和手段、与他人关系、获利情况、是否曾因电信网络诈骗受过处罚、是否故意规避调查等主客观因素进行综合分析认定。就本案而言，笔者同意第二种意见，理由如下：

（一）现行法律将“明知”上升为犯意联络

2011年3月1日，最高人民法院、最高人民检察院联合发布的《关于办理诈骗刑事案件具体应用法律若干问题的解释》（以下简称《解释》）第7条规定：“明知他人实施诈骗犯罪，为其提供信用卡、手机卡、通讯工具、通讯传输通道、网络技术支持、费用结算等帮助的，以共同犯罪论处。”2016年12月20日，《意见》对电信诈骗案件取款人行为的定性作出相关规定：“明知是电信网络诈骗犯罪所得及其产生的收益，以下列方式之一予以转账、套现、取现的，依照刑法第三百一十二条第一款的规定，以掩饰、隐瞒犯罪所得、犯罪所得收益罪追究刑事责任。实施上述行为，事前通谋的，以共同犯罪论处。”《意见》还规定：“明知他人实施电信网络诈骗犯罪，具有下列情形之一的，以共同犯罪论处，但法律和司法解释另有规定的除外：提供信用卡、资金支付结算账户、手机卡、通讯工具的……8.帮助转移诈骗犯罪所得及其产生的收益，套现、取现的。”

厘清电信诈骗案件中取款人行为的认定依据和标准，是将法律规定精准适用于案件的基础。从现行法律依据来看，电信诈骗案件中取款人行为可能构成诈骗罪也可能构成掩饰、隐瞒犯罪所得罪，“明知他人实施诈骗犯罪”还是“明知是电信网络诈骗犯罪所得及其产生的收益”是区分两罪的关键。显然，两处行为人“明知”的内容不同。前

---

① 参见魏精华、陆旭：《电信网络诈骗共同犯罪的司法认定》，《中国检察官》2018年第6期。

者是对他人要实施电信网络诈骗行为以获取财物（资金）的明知，取款人的参与行为体现为事中，甚至事前参与（所谓预备的帮助犯）。后者是对已经取得的财物（资金）来源的明知，取款人的参与行为体现为事后参与；[①]值得注意的是，现行法律将电信诈骗共同犯罪的主观方面界定为“明知”而不是“共谋”。其实是对于电信诈骗共同犯罪主观故意下的犯意联络进行了扩大适用，将“明知”上升为犯意联络。当然，《意见》进一步明确对“明知”的认定需持审慎态度，必须结合行为人认知能力、既往经历、行为次数和手段、与他人关系、获利情况、是否曾因电信网络诈骗受过处罚、是否故意规避调查等主客观因素进行综合分析认定。

（二）3 名犯罪嫌疑人“参与时间”均在“诈骗犯罪既遂”之前

就诈骗犯罪而言，“明知他人实施诈骗犯罪”是一种事前、事中的明知，而“明知是电信网络诈骗犯罪所得及其产生的收益”是一种事后的明知，也体现为行为人“参与时间”和“诈骗既遂”时间前后，即犯罪既遂之后的参与行为不构成共同犯罪。对于电信诈骗的既遂认定问题，学者说法不一，笔者比较赞同“不主张‘实质性终了’这一概念，不管是从行为人或第三者取得财产的角度而言，还是从被害人是否遭受财产损失的角度而言，只要资金汇入被告人指定的账户，且被害人不能毫无障碍地取消转账和通过银行止付，就应认定为电信诈骗的既遂”[②]。

本案中，3 名被害人均是在被骗当天转账至银行卡，随即该银行卡账户资金被犯罪嫌疑人陆某某转至微信零钱，后又转至他人微信兑现或者转至“二级卡”从银行 ATM 取出，犯罪既遂立即完成。

2018 年 3 月起犯罪嫌疑人陆某某认识了“阿明”，知道取赃款可以分点获利，9 月找犯罪嫌疑人陈某某购买了多张银行卡，11 月认识了“六哥”，知道“六哥在宾阳那边搞点诈骗的小钱”，其表示自己现在也

---

① 参见张旭、张丽敏:《电信网络诈骗案件中取款人行为的认定——兼论对“两高一部”办理电信网络诈骗案件意见的理解》,《检察调研与指导》2017 年第 4 期。

② 张明楷:《电信诈骗取款人的刑事责任》,《政治与法律》2019 年第 3 期。

做这个赚钱，让“六哥”有单子的话给点单子，后又认识了“马哥”，知道对方是做诈骗的，互留了手机号码；2019 年 1 月份犯罪嫌疑人陆某某再找犯罪嫌疑人陈某某办卡，陈某某认为他应该是拿银行卡去诈骗取钱的，3 月 12 日前后一共为其办理了 20 余张银行卡；2019 年 3 月 12 日和 13 日犯罪嫌疑人陈某某联系犯罪嫌疑人彭某某办卡，彭某某意识到办这么多卡肯定是做违法的事情；办卡期间犯罪嫌疑人陆某某告诉陈、彭二人自己做电信诈骗，让他们跟着自己“做事”，并承诺高额报酬；3 月 22 日犯罪嫌疑人彭某某去犯罪嫌疑人陆某某那里“打工”，次日取钱被抓。从上述内容可以看出，3 名犯罪嫌疑人实施的具体行为包括“通谋”“提供银行卡和手机卡”“取款”，犯罪嫌疑人陆某某与上线诈骗分子“通谋”行为明显，开始通谋即为“参与时间”，犯罪嫌疑人陈某某、彭某某均是在明知他人从事违法事情情况下提供银行卡和手机卡，应将提供银行卡和手机卡的时间认定为二人参与时间，显然，三名犯罪嫌疑人的“参与行为”均在“诈骗犯罪既遂”之前。

（三）注重电子数据对明知认定的证明作用

区别于传统犯罪案件审查，电信诈骗犯罪案件中依赖通讯网络技术，因而电子数据的审查对案件定性具有重大作用，尤其在帮助型犯罪中，帮助犯往往不承认主观“明知”是诈骗，对电子证据可能成为定性的关键。本案中，犯罪嫌疑人陆某某购买大量银行卡后，将卡号提供给上线诈骗人，再根据上线的安排取款兑现，并按约定比例转账获利，聊天知道“六哥”搞点诈骗的小钱，表示其现在也做这个赚钱，让“六哥”给点单子；之后联系陈、彭二人，告诉他们自己做电信诈骗，让他们跟着自己“做事”，并承诺高额报酬。上述犯意联络承办人在提前介入时就引导公安机关及时调取电子证据（微信记录、短信）。足以证明犯罪嫌疑人陆某某与上线诈骗分子之间存在分工的意思联络，通过积极意思联络达成犯罪合意，且分赃比例、方式固定，通过一对一、上线与下线的联系，整个诈骗过程紧凑、迅速，其帮助行为渗透于诈骗犯罪始终，并起到了积极作用，虽未就具体诈骗内容、对象、金额等共同谋议，但其与上线诈骗分子已就实施电信诈骗犯罪行为达成了概括的共同故意。

犯罪嫌疑人陈某某、彭某某均供述称首次办卡时认为用于公司做流水账，多次供述也只含糊承认之后办卡时觉得对方是“做违法的事情”，但从二人与犯罪嫌疑人陆某某的交往经历、获利情况、办卡数量等因素入手，通过强化电子证据收集和审查，足以证明二人明知的内容可以具体到“明知实施诈骗”。公安机关提取了2019年1月9日犯罪嫌疑人陆某某与陈某某的微信聊天记录显示：“过来搞卡过来，一起接单兑现”“不会出事吧”“一个月大概多少钱”“几万”；3月21日犯罪嫌疑人陆某某与彭某某的微信聊天记录显示：“3个点是不只两万么”“如果每天去取钱会不会有危险啊”等内容，2名犯罪嫌疑人在对上述内容无法作出合理解释的情况下，承认“平时生活中也了解到现在诈骗人比较多，通过电话或者微信进行诈骗”“知道他应该是拿银行卡去搞诈骗的”，结合犯罪嫌疑人陈某某一年间先后以500元一张的价格出售给犯罪嫌疑人陆某某30余张银行卡，犯罪嫌疑人彭某某一共办了9张卡并从中获利等事实及相关供述，足以相互印证“明知是诈骗犯罪”的事实，并能形成证据锁链，且从“没多想”到“明知”再到“商议合作”，3名犯罪嫌疑人的犯意联络不断加强，在同一犯意联络基础上做出的一系列行为应当被整体看待，这一过程中二人的行为符合继承的共同犯罪，即行为人（正犯）实施了一部分实行行为之后，知道真相后的行为人以帮助的故意实施了帮助行为，已就实施电信诈骗犯罪行为达成了概括的共同故意。

（四）3名犯罪嫌疑人共同犯罪地位的认定

从共同犯罪的理论基础分析，虽然刑法中没有使用正犯和狭义的共犯概念，但学者们认为理论上研究正犯及其与狭义的共犯的区别，对解决共同犯罪相关问题，具有重要意义。关于正犯与狭义的共犯的区别，刑法理论有“主观说”“客观说”“规范的综合判断理论”“犯罪事实支配理论”，笔者比较赞同支配理论。按照支配理论，正犯是具体犯罪事实的核心角色，犯罪过程的关键人物，决定性地支配犯罪过程的人；共犯是配角，不能支配整个犯罪过程，是通过要求而引发正犯的构成要件行为（教唆犯），或者通过提供帮助对其作出贡献（帮助犯)。[1]电信诈骗案件中，显然取款人行为对实现构成要件不具有支配作用，因此，不以诈骗正犯论，而是帮助犯。

那么，帮助犯是否均认定为从犯？笔者认为不尽然，区分主从犯应综合分析行为人对共同故意形成的作用、实际参与程度、具体行为样态、对结果所起的作用。[2]此处可引用“帮助犯的量刑规制”概念予以解释。所谓帮助犯的量刑规制，是指帮助犯没有被提升为正犯，帮助犯依然是帮助犯，只是因为分则条文对其规定了独立的法定刑，而不再适用总则关于帮助犯（从犯）的处罚规定的情形。[3]2018年11月9日最高人民检察院发布的《检察机关办理电信网络诈骗案件指引》规定:“对于专门取款人，由于其可在短时间内将被骗款项异地转移，对诈骗既遂起到了至关重要的作用，也大大增加了侦查和追赃难度，因此应按其在共同犯罪中的具体作用进行认定，不宜一律认定为从犯。”笔者认为，这一规定与帮助犯量刑规制理论相契合。据此，本案中，犯罪嫌疑人陆某某作为专门取款人，其为共同犯罪人实行犯罪创造方便条件，虽对诈骗犯罪行为和结果不起支配作用，但其在犯罪前积极通过意思联络达成犯罪合意，帮助行为渗透于诈骗犯罪始终，对正犯结果在物理上和心理上都起到了积极作用，甚至离开陆某某的帮助，上线诈骗分子难以迅速取款获利，达成犯罪目的，应认定为作用较小的主犯，犯罪嫌疑人陈某某、彭某某听命行事，具有一定被动性，犯罪行为次数较少，作用较小，可以认定为从犯。

---

① 参见李勇:《运用共犯理论区分电信网络诈骗犯罪责任》,《检察日报》2017年4月23日。

② 参见高铭暄、马克昌主编:《刑法学》（第三版），北京大学出版社、高等教育出版社2007年版，第190页。

③ 参见张明楷:《刑法学》，法律出版社2016年版，第429页。

新型电信网络诈骗犯罪的类型化明晰与刑法回应 *

于　冲 **

摘　要　考察诈骗犯罪的变迁过程，主要经历了从撒网式诈骗到精准式电信网络诈骗的转变，而其中关键的助推力便是公民个人信息数据的集团化盗取。面对电信网络诈骗的精准化、链条化、网络黑灰产化，刑法罪名的解释适用思路应当同犯罪的网络异化态势相同步。对于已逐渐成为“必要的共同犯罪”的电信网络诈骗，刑法打击的重点应从制裁“各罪”转而兼顾制裁“犯罪组织”；对于电信网络诈骗犯罪的精准化，及其同集资诈骗罪、合同诈骗罪的勾连化，继续强化源头犯罪、伴随犯罪的制裁；同时在证据的认定上，应体现电子证据思维，从一一印证转向综合性认定。

关键词　电信网络诈骗犯罪　网络黑灰产化　证据标准　犯罪组织

信息网络背景下，刑事案件大量以涉网案件的形式出现，诈骗犯罪作为倍增式高发的犯罪形态，随着同信息网络的深入勾连，逐渐呈

---

*　本文系最高人民检察院2020年检察理论研究课题“数据爬取行为刑法应对问题研究”（GJ2020WLB03）的阶段性成果；2019年司法部项目“大数据视阈下犯罪记录管理与应用制度研究”（19SFB3019）阶段性成果。

**　于冲，中国政法大学刑事司法学院教授。

现出精准化、链条化。尤其值得注意的是，随着数字经济的发展，电信网络诈骗在网络空间中更进一步寻求到“可寄生”宿主，以恶意退换货索赔、“薅羊毛”等为新样态的新型网络诈骗，已经超脱于传统诈骗犯罪空间，呈现出典型的网络黑灰产化。鉴于此，2021年6月17日“两高一部”发布的《关于办理电信网络诈骗等刑事案件适用法律若干问题的意见（二）》（以下简称《电信网络诈骗司法解释》）对电信网络诈骗上下游关联犯罪实行全链条、全方位打击，通过管辖原则、并案处理规则等实现了电信网络诈骗犯罪的全链条化制裁。

一、电信网络诈骗犯罪的精准化、链条化、网络黑灰产化

（一）原生的电信网络诈骗犯罪：传统诈骗罪网络异化后的精准化、链条化

对应于诈骗犯罪的演变形态，随着互联网的发展大体呈现出四个阶段的异化，立法与司法也在诈骗罪的构成要件、定量标准上进行了不同路径的回应。具体包括：

1. 传统诈骗犯罪，即诈骗犯罪的传统类型。作为典型的侵财类犯罪，我国1979年《刑法》、1997年《刑法》均进行了明确规定，在定量标准上以数额犯为门槛，将达到一定数额标准作为诈骗罪的入罪条件。

2. 电信网络诈骗犯罪的初始阶段：以电信诈骗犯罪为典型。随着移动互联网的发展，手机应用逐渐广泛化，随着移动通信电话的普及，诈骗犯罪获得了新的发展方向，电信诈骗走上犯罪排名榜，主要以随机拨打电话或者群发短信以不特定社会公众为诈骗对象。面对“漫天撒网式”电信诈骗犯罪，司法解释将被诈骗人数作为入罪标准，扩张了入罪的门槛和定量标准。

3. 电信网络诈骗犯罪的高发阶段：以网络诈骗犯罪为典型。伴随智能手机移动互联网的出现以及“三网融合”的深入，信息网络技术几乎渗透到社会公众生活的方方面面，与之伴随而来的网络诈骗犯罪逐渐高发，诈骗的类型和技术手段也不断升级和多样化。例如，伪基站、智能拨号软件为网络诈骗带来了新的技术手段，受害者范围暴增。

4.大数据背景下的精准诈骗、电信网络诈骗与集资诈骗的勾连交叉。网络诈骗“为祸人间”的同时，大数据时代悄然降临，公民个人信息数据安全开始面临严重挑战，公民个人信息的非法获取和买卖成为严重困扰公众正常生活的一大痼疾。在此背景下，诈骗犯罪依托非法获取的公民个人信息，使得被害可能性极度放大，诈骗犯罪与公民个人信息犯罪成为并发型犯罪。鉴于此，立法在加强诈骗犯罪制裁的同时，强化侵犯公民个人信息犯罪的刑法打击，对于与电信诈骗罪相勾连的伴随性犯罪进行体系化制裁。

（二）寄生于网络空间的电信网络诈骗犯罪：进一步的网络黑灰产化

数字经济背景下，电信网络诈骗犯罪进一步找到了犯罪的对象与空间，利用电子商务平台的相关漏洞，通过恶意退换货索赔、“薅羊毛”实施骗取平台赔付、电商赔付，衍生为一种以诈骗为形式的恶意索赔以及其他“薅羊毛”行为。此类索赔行为，同传统的职业索赔行为相比，无论在行为的类型和属性本身，还是在行为的横向影响上，都呈现出索赔对象的量的倍增性、手段的链条化和产业化，尤其索赔行为与恶意注册、虚假交易相结合，逐渐具有了网络黑灰产的危害性特征，使典型网络诈骗与网络黑灰产相勾连。职业索赔人寄生于各大电商平台，逐渐成为电子商务领域黑灰产的重要组成部分。鉴于此，2019年8月8日发布的《国务院办公厅关于促进平台经济规范健康发展的指导意见》明确指出：依法打击网络欺诈行为和以“打假”为名的敲诈勒索行为。

无独有偶，随着职业索赔呈现出产业化、链条化，诸如“职业索赔交流群”“职业打假群”等屡见报端，逐渐形成了以职业索赔为业、以传授职业索赔为业的违法行为链条。与职业打假相比，职业索赔更进一步，已经不再拘泥于《消费者权益保护法》《食品安全法》相关规定去寻求产品缺陷进行索赔，而是利用赚取运费险赔付、恶意退换货、利用平台赔付规则漏洞骗取赔付款。事实上，为了打击网络黑灰产，各大电商平台对于恶意注册、虚假交易行为进行了系统整治，这正是因为恶意注册、虚假交易逐渐成为网络黑公关、差评师、有偿删帖乃至一系列犯罪的上游关键行为。因此，无论是基于职业索赔行为本身对正常市场秩序的侵害，还是基于其逐渐向网络黑灰产的异化，对于已经符合敲诈勒索罪类型化特征的职业索赔行为，愈加具有刑法介入的必要性。

二、犯罪链条化的刑法回应：从制裁“各罪”转而兼顾制裁“犯罪组织”

诈骗犯罪与侵犯公民个人信息犯罪成为常态的“共同犯罪”，甚至“必要的共同犯罪”，有些电信网络诈骗罪的实施，至少需要10人的犯罪团伙。当前，电信网络诈骗已逐渐形成一条涵盖15余工种、160余万从业人员的完整黑色产业链，从业人员分工明确、素质专业，已成为中国第三大黑色产业。从纵向上，从开发制作、批发零售到诈骗实施、分赃销赃四个环节，横向上辐射钓鱼编辑、木马开发、盗库黑客、电话诈骗经理、短信群发商、域名贩子、个信批发商、在线推广技师、财务会计师等多达15个不同工种。[①] 因此，电信网络诈骗犯罪的共同犯罪化、链条化、产业化，需要刑法回应。

传统犯罪的网络异化趋势下，网络成为有组织犯罪的勾连、煽动、招募工具，有组织犯罪和网络犯罪逐步融合，衍生出新型的网络有组织犯罪，已为公众所周知的“病毒产业链”“黑客产业链”等网络犯罪链条的日益发展，进一步促发网络有组织犯罪异化为“产业级现象”。以组织卖淫罪为例，传统的组织卖淫犯罪需要有固定的卖淫场所，卖淫者往往来自卖淫场所所在地并且交易方式为面对面的形式。但随着网络空间的形成，空间的概念发生了变化，组织者利用网络在多个地方招募卖淫者，并可以根据嫖客的需求安排卖淫者前往不同地点卖淫，而交易方式也由面对面支付转为线上支付，这就使组织者、卖淫者、支付结算者实现了“跨地域”，在产生管辖权冲突的同时，组织卖淫行为由于被层层“分割”，也带来了司法认定的困惑和难题。以“方某

---

① 佚名:《网络诈骗地下产业链年产值超千亿 已成第三大黑色产业》，中国新闻网，http://www.cac.gov.cn/2015-11/05/c_1117051126.htm，最后访问日期：2020年11月5日。

萍等25人掩饰、隐瞒犯罪所得罪、提供侵入、非法控制计算机信息系统的程序、工具罪案”为例，从外部来看，方利萍等人各成团体，没有明确的上下级关系和组织领导关系，“上下游之间也没有正式的合作协议，也不互相知晓对方的真实身份”。[①]但从实质上看，其通过缜密的上中下游的协作，不同的人在共同犯罪中都有着具体的角色和分工：技术人员通过租赁钓鱼网站，发送钓鱼短信、邮件的方式获得密码，而方丽萍等人则利用所得信息为他人解锁苹果手机账号密码。在“产业链”化的网络犯罪案件办理中，应当从外部判定犯罪产业链中各犯罪团伙是否具有共犯关系，明确网络犯罪组织的“组织结构的松散化”“破坏或扰乱网络空间的秩序”两大网络异化特征，是否符合有组织犯罪的构成特征。[②]

三、犯罪精准化的刑法回应：强化源头犯罪、伴随犯罪的制裁

对于电信网络诈骗犯罪的惩治不仅止于诈骗犯罪，更为关键的是对于侵害公民个人信息的违法犯罪行为予以严厉打击，在刑事司法层面与行政执法层面，使诈骗犯罪与侵犯个人信息违法犯罪行为相隔离。个人信息泄露和售卖成为电信网络诈骗的关键环节，促使传统诈骗罪异化为“精准诈骗”。在此背景下，电信网络诈骗犯罪精准地获取被害人个人信息，诈骗犯罪面前成了透明人，诈骗从“乱枪打鸟、漫天撒网”向“锁定信息、精准下套”转变[③]，尤其徐某玉案更是将电信网络诈骗犯罪的危害性突出地呈现在社会公众面前，山东省公安厅提出了“电信诈骗经初步审查后，一律立为刑事案件侦办”的惩治措施。[④]

侵犯公民个人信息犯罪处罚力度的加大，将个人信息非法交易给

---

① 任彦君:《网络黑客产业链的发展趋势与治理对策分析》,《犯罪研究》2018年第1期。

② 参见于冲:《有组织犯罪的网络“分割化”及其刑法评价思路转换》,《政治与法律》2020年第6期。

③ 参见佚名:《近3年电信诈骗致民众损失超百亿》,《淮海商报》2014年10月29日。

④ 参见孔方斌:《打击电信诈骗就该“一律立案侦办”》,《京华时报》2016年8月29日。

他人用于犯罪作为从重处罚的条件，甚至作为入罪门槛。正是由于公民个人信息买卖产业链的形成，为网络诈骗犯罪提供了精准数据来源，使得诈骗犯罪根据不同对象、不同行业实现了“定点投放”。非法获取公民个人信息进行个人信息买卖的单位或者个人，成为诈骗犯罪的直接帮助者，使得诈骗犯罪的既遂可能性倍增。侵害公民个人信息犯罪的类型与分工日渐繁复，例如，个人信息的管理者或者接触者非法提供、泄露个人信息，个人信息数据的入侵式获取，个人信息数据的非法爬取，以及网络服务提供者的数据泄露事件，等等。与之相对应，个人信息数据流入网络黑灰产的途径主要包括个人信息管理者、接触者的信息泄露，平台数据泄露等。

利用互联技术为诈骗犯罪提供技术帮助与支持的行为，例如，伪基站、木马病毒与恶意程序、“两卡”提供正成为电信网络诈骗犯罪的助推器。“问题号段”的流出并被用于电信诈骗犯罪，也在某种程度上反映出电信网络运营商在平台监管方面的缺失，某种程度上助推了诈骗犯罪的高发化和精准化。有研究指出：“170、171 号段的服务平台作为虚拟运营商，自身并没有独立的通信网络，而是租用诸如移动、联通、电信等实体运营商的网络开展电信业务，由于该号段不许实名注册、实际归属地难以查明等条件，使其成为诈骗犯罪首选的诈骗工具。实际上，在陕西、江苏、浙江、福建、湖南、广东等地，均发生过以 170、171 号段为工具的网络诈骗。”[①] 对此，2016 年 9 月 1 日国务院常务会议通过的《无线电管理条例》修订案规定：对“伪基站”的罚款上限由此前的 5000 元，最高拟提高至 50 万元（提高至 100 倍）。

四、犯罪黑灰产化的刑法回应：强化刑法罪名适用的全链条思维

网络黑灰产化的电信网络诈骗犯罪，主要是借助互联网技术与平台，进行有目的、有组织、有分工且规模化的犯罪行为。随着电信网络诈骗犯罪的黑灰产化，逐渐衍生出一系列以“薅羊毛”为业的“羊

---

① 舒天烈：《以精确打击对付“精准诈骗”》，《京华时报》2016 年 8 月 26 日。

毛党”，他们从爱占便宜的散客到技术化的职业“羊毛党”，最后到有组织的产业化“羊毛党”，利用电商平台漏洞、金融领域管理漏洞攫取非法利益。此外，随着电信诈骗犯罪的异化演变，逐渐呈现出同集资诈骗罪、合同诈骗罪相融合的趋势，对于此类黑灰产化的电信网络诈骗犯罪，应当明确其构成要件该当性特征，实现有罪必罚、罚当其罪。

（一）电信网络诈骗及其帮助行为主观罪过认定

电信网络诈骗犯罪的主观故意和非法占有目的在司法认定中较容易判断，但是对于大量的帮助行为，无论是基于诈骗罪帮助犯的认定，还是对于帮助信息网络犯罪活动罪的认定，都存在一定的难题。例如，对于“薅羊毛”行为，无论是通过大批量下单退单骗取退运保险的行为，还是利用系统漏洞骗取退货款的行为，在行为性质上均符合诈骗罪的客观要件；对于恶意欺诈的判定，则主要以有组织行为、多次循环性为特征推定主观恶意。关于主观方面的认定，《电信网络诈骗司法解释》第 8 条规定：“收购、出售、出租单位银行结算账户、非银行支付机构单位支付账户，或者电信、银行、网络支付等行业从业人员利用履行职责或提供服务便利，非法开办并出售、出租他人手机卡、信用卡、银行账户、非银行支付账户等的，可以认定为《最高人民法院、最高人民检察院关于办理非法利用信息网络、帮助信息网络犯罪活动等刑事案件适用法律若干问题的解释》第十一条第（七）项规定的‘其他足以认定行为人明知的情形’。”由此可见，《电信网络诈骗司法解释》对于电信网络诈骗帮助行为明知的判定，采用了司法推定的解释立场，很大程度上解决了链条化以后，电信网络诈骗上中下游主观罪过认定的难题。

（二）“大管辖”并案处理规则下电信网络诈骗客观方面的证据认定

随着电信网络诈骗犯罪的链条化、黑灰产化，电信网络诈骗犯罪上中下游分工细密化、分段化，导致破获上游提供“两卡”犯罪的司法机关，对于异地办理的中下游诈骗犯罪没有管辖权，既不利于电信网络诈骗犯罪的认定，也不利于对上游帮助信息网络犯罪活动罪的认定。

据此，《电信网络诈骗司法解释》对其上下游关联犯罪实行全链条、全方位打击，第1条、第2条分别规定了电信网络诈骗犯罪的案件管辖、并案处理规则。在“大管辖”原则下，司法机关可以对电信网络诈骗链条化、分段化的上下游犯罪，进行并案处理，以“大管辖”回应犯罪的链条化。同时，对于上下游电信网络诈骗犯罪的并案处理，也在很大程度上有利于犯罪案件的事实查明。在证据判定上，2016年12月19日发布的《最高人民法院、最高人民检察院、公安部关于办理电信网络诈骗等刑事案件适用法律若干问题的意见》指出:“办理电信网络诈骗案件，确因被害人人数众多等客观条件的限制，无法逐一收集被害人陈述的，可以结合已收集的被害人陈述，以及经查证属实的银行账户交易记录、第三方支付结算账户交易记录、通话记录、电子数据等证据，综合认定被害人人数及诈骗资金数额等犯罪事实。”据此判断，在证据认定上，对于电信网络诈骗尤其是网络黑灰产化的诈骗犯罪，在证据的判定上，司法解释的立场已经从一一印证转向综合性认定。例如，最高人民检察院第67号指导性案例“张凯闵等52人电信网络诈骗案”中，“认定诈骗犯罪集团与被害人之间关联性的证据主要有：犯罪集团使用网络电话与被害人电话联系的通话记录；犯罪集团的Skype聊天记录中提到了被害人姓名、公民身份号码等个人信息；被害人向被告人指定银行账户转账汇款的记录。起诉书认定的75名被害人至少包含上述一种关联方式，实施诈骗与被骗的证据能够形成印证关系，足以认定75名被害人被本案诈骗犯罪组织所骗”。

为电信诈骗犯罪提供银行卡的刑事认定*

任留存**

摘　要　为电信诈骗犯罪提供银行卡的行为较电信诈骗取款人的刑事责任更为复杂，应从行为人的主观明知、参与时间节点、上游诈骗是否需要达到犯罪程度等分别考量；区分是单纯的提供银行卡，还是兼具转账、套现、取现等分别认定。在法律适用时，基于刑法对信息网络犯罪帮助行为的单独规定，应优先适用帮助信息网络犯罪活动罪，同时构成时则应坚持择一重罪处罚原则；诈骗犯罪既遂后加入且存在掩饰隐瞒行为的，成立掩饰、隐瞒犯罪所得、犯罪所得收益罪；帮助信息网络犯罪活动罪应为补充性罪名。没有证据证明从事电信网络诈骗犯罪活动，而非法持有他人信用卡（含套件）的，评价为妨害信用卡管理罪。

关键词　电信诈骗　提供银行卡　罪名适用

为电信诈骗犯罪提供银行卡的行为，从提供银行卡的种类看，既有只提供银行卡、密码，也有提供银行卡套件[①]的；从提供银行卡的归属

*　本文系江苏省人民检察院2021年度检察理论研究课题“电信网络诈骗共同犯罪刑事责任研究”（SJ202112）的阶段性成果。

**　任留存，江苏省南通市人民检察院第四检察部副主任、一级检察官。

①　常见的是个人四件套和对公账户八件套。其中个人四件套，包括银行卡、身份证、手机卡及U盾；对公账户八件套包括：对公银行卡、U盾、法定代表人身份证、公司营业执照、对公账户、公章、法定代表人私章、对公开户许可证。

看，既有提供本人银行卡或套件的，也有提供非本人银行卡的；从行为类型看，既有单纯提供银行卡，也有先提供银行卡后，再帮忙转账、套现、取现的。

关于电信诈骗取款人的刑事责任，理论和实务界已多有论述，但观点均限于诈骗罪和掩饰、隐瞒犯罪所得、犯罪所得收益罪。随着“断卡行动”的开展，为电信诈骗犯罪提供银行卡的行为渐渐成为打击的重点。行动开展以来，一批人员因非法提供或出售银行卡被抓获。由于银行卡的介入，该行为类型更加多样，同时，相关法律、司法解释规定的竞合，造成此类案件在法律适用上存在较大分歧。

一、为电信诈骗犯罪提供银行卡的刑事司法现状

笔者以“诈骗 + 提供银行卡”为关键词，经检索 A 数据库 2021 年以来的刑事案件，共检出 665 件。经逐案筛查，存在“为电信诈骗提供银行卡行为”的刑事案件 443 件。案由涉及帮助信息网络犯罪活动罪、掩饰、隐瞒犯罪所得、犯罪所得收益罪、诈骗罪、收买、非法提供信用卡信息罪和妨害信用卡管理罪（详见下图）。

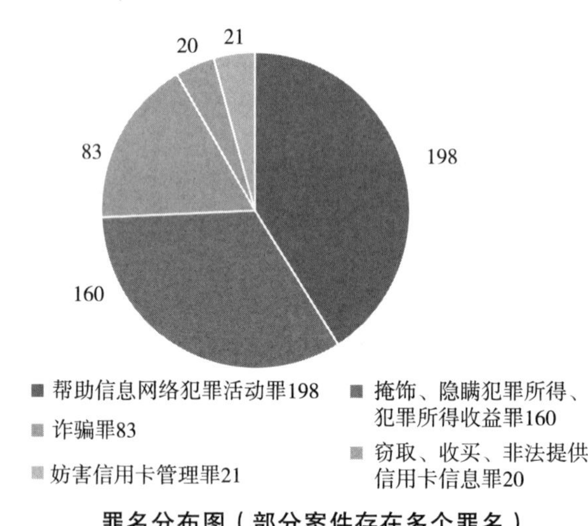

罪名分布图（部分案件存在多个罪名）

根据梳理，可得出以下结论：

（一）各罪主要行为类型相对明晰

帮助信息网络犯罪活动罪主要行为类型表现为单纯提供本人银行卡，仅有6件为提供（转租）非本人银行卡，仅有2件具体行为中还包含转账；掩饰、隐瞒犯罪所得、犯罪所得收益罪主要行为类型表现为提供本人银行卡后又帮助转账、套现或取现，单纯依据提供银行卡认定的10件；诈骗罪行为类型既有提供银行卡，也有帮助转账、套现或取现，但大都表现为与诈骗犯罪分子存在事先共谋或事中多次参与，仅有5件为明知犯罪，但不明确是诈骗的情况下仍提供银行卡；收买、非法提供信用卡信息罪，主要行为类型表现为在诈骗犯罪未查实的情况下，转卖他人银行卡套件；妨害信用卡管理罪，主要行为类型表现为在诈骗犯罪未查实的情况下，转卖他人银行卡，另有5件为提供他人银行卡套件。值得注意的是，虽然各罪主要行为类型相对清晰，但并不能因此得出符合主要行为类型，即适用相应罪名的结论。

（二）各罪援引裁判理由存在行为竞合

梳理的案件中，有426件援引的裁判理由存在类似提供银行卡以帮助支付结算的表述，但援引依据各不相同。2019年《最高人民法院、最高人民检察院关于办理非法利用信息网络、帮助信息网络犯罪活动等刑事案件适用法律若干问题的解释》（以下简称《帮信解释》）第12条第1款第2项[①]，是认为构成帮助信息网络犯罪活动罪的依据；2011年《最高人民法院、最高人民检察院关于办理诈骗刑事案件具体应用法律若干问题的解释》（以下简称《诈骗解释》）第7条[②]、2016年《最高人民法院、最高人民检察院、公安部关于办理电信网络诈骗等刑事案件

---

① 该项规定："明知他人利用信息网络实施犯罪，为其犯罪提供支付结算帮助金额二十万元以上的……"

② 该条规定："明知他人实施诈骗犯罪，为其提供信用卡、手机卡、通讯工具、通讯传输通道、网络技术支持、费用结算等帮助的，以共同犯罪论处。"

适用法律若干问题的意见》（以下简称《电诈意见》）第4条第3款[①]，是认为构成诈骗罪的依据；《电诈意见》第3条第5款[②]、2015年《最高人民法院关于审理掩饰、隐瞒犯罪所得、犯罪所得收益刑事案件适用法律若干问题的解释》（以下简称《掩饰、隐瞒解释》）第10条第2款[③]，是认为构成掩饰、隐瞒犯罪所得、犯罪所得收益罪的依据。可见，相关犯罪行为和法规依据中均存在提供银行卡以帮助支付结算的情形。

（三）各罪认定争议焦点相对集中

归纳起来，帮助信息网络犯罪活动罪和诈骗罪的适用分歧在于明知他人利用信息网络实施犯罪，但不明确知道是电信诈骗犯罪时，能否因长期、多次提供银行卡而认定为诈骗罪的共犯？掩饰、隐瞒犯罪所得、犯罪所得收益罪和诈骗罪的适用分歧在于明知是诈骗犯罪所得及其产生的收益，仍提供银行卡帮助转账、套现、取现的，应如何适用法律？帮助信息网络犯罪活动罪和掩饰、隐瞒犯罪所得、犯罪所得收益罪的适用分歧在于如何准确理解提供银行卡并转账和支付结算的关系？收买、非法提供信用卡信息罪和妨害信用卡管理罪一般是在诈骗犯罪不能查实的情况下，才会选择适用，两罪适用的主要分歧点在于他人的银行卡套件是否属于《刑法》第177条之一第2款规定的信用卡信息。

---

① 该款规定："明知他人实施电信网络诈骗犯罪，具有下列情形之一的，以共同犯罪论处，但法律和司法解释另有规定的除外：1.提供信用卡、资金支付结算账户、手机卡、通讯工具的……5.提供互联网接入、服务器托管、网络存储、通讯传输等技术支持，或者提供支付结算等帮助的……8.帮助转移诈骗犯罪所得及其产生的收益，套现、取现的。"

② 该款规定："明知是电信网络诈骗犯罪所得及其产生的收益，以下列方式之一予以转账、套现、取现的，依照刑法第三百一十二条第一款的规定，以掩饰、隐瞒犯罪所得、犯罪所得收益罪追究刑事责任。但有证据证明确实不知道的除外：多次使用或者使用多个非本人身份证明开设的信用卡、资金支付结算账户或者多次采用遮蔽摄像头、伪装等异常手段，帮助他人转账、套现、取现的；为他人提供非本人身份证明开设的信用卡、资金支付结算账户后，又帮助他人转账、套现、取现的。"

③ 该款规定："明知是犯罪所得及其产生的收益而采取窝藏、转移、收购、代为销售以外的方法，如居间介绍买卖，收受，持有，使用，加工，提供资金账户，协助将财物转换为现金、金融票据、有价证券，协助将资金转移、汇往境外等，应当认定为刑法第三百一十二条规定的'其他方法'。"

二、为电信诈骗犯罪提供银行卡所涉概念的厘清

为准确认定为电信网络诈骗提供银行卡的行为，应从行为人的主观明知、参与时间节点、上游诈骗是否需要达到犯罪程度等分别考量；区分是单纯的提供银行卡或套件，还是兼具转账、套现、取现等分别认定。

（一）行为人的主观明知

从各罪援引的裁判理由看，相关司法解释均要求行为人主观上“明知”。可以说，“明知”的含义包括“知道”和“应当知道”两种形式，在我国的一系列司法解释中已经形成惯例。[①]但近年来，相关司法解释对“明知”的态度发生了变化，不再使用“知道或者应当知道”的表述，而是通过列举相关要素的方式一般化地规定认定标准。实际上，在“应当知道”这一用语中，人们想要描述的是一种不同于确切地知道的认识状态，[②]即推定知道。推定知道就允许反证，这也是《帮信解释》等新近司法解释所采用的立法技术。与此同时，在“明知”程度上，并不意味着一定是确实知道，确定性认识和可能性认识均应纳入“明知”的范畴。[③]

在认定“明知”时，应当结合行为人的认知能力、既往经历、行为次数和手段、与他人关系、获利情况、是否故意规避调查等主客观因素等进行综合分析认定。比如，在认定诈骗罪共犯或掩饰、隐瞒犯罪所得、犯罪所得收益罪时，可考虑行为人所处地区是否为电信网络诈骗犯罪多发地；其文化程度和经历是否足以让其对电信诈骗犯罪有认知能力；作案过程中，是否存在与正犯的沟通，是否多次存在钱款到账后第一时间通过多个银行卡转移、取现的情形；违法所得的数额与

---

① 参见王新:《我国刑法中“明知”的含义和认定——基于刑事立法和司法解释的分析》,《法制与社会发展》2013 年第 1 期。

② 参见陈兴良:《奸淫幼女构成犯罪应以明知为前提——为一个司法解释辩护》,《法律科学》2003 年第 6 期。

③ 参见王新:《我国刑法中“明知”的含义和认定——基于刑事立法和司法解释的分析》,《法制与社会发展》2013 年第 1 期。

流转资金的比例等予以综合考量。

在明确“明知”的含义后，构成各罪名在主观方面的区别仅在于明知的内容不同。其中：诈骗罪要求行为人明知他人实施的是诈骗犯罪；帮助信息网络犯罪活动罪和掩饰、隐瞒犯罪所得、犯罪所得收益罪仅要求行为人明知他人实施的是犯罪（利用信息网络实施犯罪）。

（二）行为人的参与时间节点

在事先没有通谋的情况下，取款行为（本文将其拓展为提供银行卡或套件的行为）是否构成电信诈骗的帮助犯，取决于如何理解帮助犯的参与时点。[①]一般而言，为电信诈骗提供银行卡构成诈骗罪共犯，需要在诈骗正犯实施犯罪行为既遂前加入；电信诈骗犯罪既遂后再提供银行卡的，不能成立诈骗罪的共犯。不能忽视的是，《电诈意见》第4条第3款规定，明知他人实施电信网络诈骗犯罪，仍帮助转移诈骗犯罪所得及其产生的收益，套现、取现的，是诈骗罪的共犯。笔者以为，该规定是基于共同犯罪人员的分工不同而作出的规定。在不存在共谋的情况下，仅适用于多次为特定电信诈骗犯罪人员持续提供银行卡用于取款、转账等行为的情形。此时，行为人之间存在默示的犯意联络，各行为人基于某种程度的心领神会，继而共同实施犯罪。

实践中，提供银行卡流转资金的行为往往链条较长，有些银行卡被用作一级卡，直接接收被害人资金；有些作为二级卡、三级卡等仅用于流转资金、洗钱。行为人在提供银行卡时或之后，往往不清楚上游犯罪的具体实施阶段。对于不明知电信诈骗正犯者是否既遂的，也不能成立诈骗罪的共犯。

（三）上游诈骗是否需要查实并达到犯罪程度

成立共犯需以正犯构成犯罪为要件，因而相关的犯罪行为均需确认存在，且在适用诈骗罪共犯、掩饰、隐瞒犯罪所得、犯罪所得收益罪时均需达到犯罪程度。至于相关电信诈骗犯罪嫌疑人是否到案或案件

① 张明楷：《电信诈骗取款人的刑事责任》，《政治与法律》2019年第3期。

是否依法裁判，均不影响已到案人员的刑事责任认定。

与之相对应，帮助信息网络犯罪活动罪的适用条件更为宽泛，考虑到与传统犯罪中帮助行为不同，网络犯罪中帮助者往往为众多对象提供帮助，一一查证被帮助对象是否已构成犯罪存在客观困难，而帮助行为累计的社会危害性严重。[①]《帮信解释》第12条第2款专门规定，确因客观条件限制无法查证被帮助对象是否达到犯罪的程度，但相关数额总计达到前款第2项至第4项规定标准五倍以上，或者造成特别严重后果的，应当以帮助信息网络犯罪活动罪追究行为人的刑事责任。因而，帮助信息网络犯罪活动罪以相关的犯罪行为达到犯罪程度为一般前提；特殊情况下，只需确认存在犯罪行为即可适用。

（四）银行卡及套件的刑法评价

刑法中的银行卡即信用卡。根据2004年《全国人民代表大会常务委员会关于〈中华人民共和国刑法〉有关信用卡规定的解释》，刑法规定的“信用卡”，是指由商业银行或者其他金融机构发行的具有消费支付、信用贷款、转账结算、存取现金等全部功能或者部分功能的电子支付卡。

银行卡套件以银行卡及密码为中心，包含信用卡信息。根据央行相关规定[②]，信用卡信息主要包括五类：主账号、发卡机构标识号码、个人账户标识、校验位、个人标识代码（也就是平常所说的密码）。该电子数据通常由发卡银行在发卡时使用专用设备写入信用卡磁条、磁芯中，作为POS机、ATM等终端机识别用户是否合法的依据。没有这些信息，信用卡将无法使用。

由此，收买、非法提供他人银行卡套件的行为，似乎符合收买、非法提供信用卡信息罪的构成要件。但妨害信用卡管理罪和收买、非法提供信用卡信息罪的立法目的，旨在打击可能侵害信用卡申领人或银

① 参见周加海、喻海松：《〈关于办理非法利用信息网络、帮助信息网络犯罪活动等刑事案件适用法律若干问题的解释〉的理解与适用》，《人民司法》2019年第31期。

② 中国人民银行2000年11月8日发布的《关于颁布〈银行卡发卡行标识代码及卡号〉和〈银行卡磁条信息格式和使用规范〉两项行业标准的通知》。

行经济利益的制造伪卡行为。而为电信诈骗提供银行卡或套件的行为，系行为人为牟利自愿出售，不存在制造伪卡并侵财的可能，因而收买、出售、提供他人银行卡和套件的社会危害性并无实质不同。

（五）提供银行卡转账、套现、取现和支付结算的关系

2017年《最高人民检察院关于办理涉互联网金融犯罪案件有关问题座谈会纪要》规定，支付结算业务（也称支付业务）是商业银行或者支付机构在收付款人之间提供的货币资金转移服务。《支付结算办法》第3条规定，支付结算是指单位、个人在社会经济活动中使用票据、信用卡和汇兑、托收承付、委托收款等结算方式进行货币给付及其资金清算的行为。根据上述规定，行为人提供银行卡用于流转资金（转账、套现、取现）的，其本质是为他人利用信息网络犯罪活动进行资金支付结算提供帮助。但单纯提供银行卡的行为，并不足以对资金来源、去向起到掩饰、隐瞒的效果。《最高人民法院、最高人民检察院、公安部关于办理电信网络诈骗等刑事案件适用法律若干问题的意见（二）》（以下简称《电诈意见二》）第7条，也是把此类行为明确为刑法第287条之二规定的“帮助”行为。只有存在类似《电诈意见》第3条第5款、《掩饰、隐瞒解释》第10条第2款或《电诈意见二》第11条第1款规定情形的，才属于对犯罪所得或收益的掩饰、隐瞒。

三、为电信诈骗犯罪提供他人银行卡的刑事法律适用建议

（一）区分加入时间点、主观明知，综合认定

基于参与时间点的分析，在诈骗犯罪正犯者既遂前加入的，属于提供工具的行为，是电信诈骗犯罪实行行为的一部分，成立诈骗罪共犯；在诈骗犯罪正犯者既遂后加入的，不能成立诈骗罪的共犯，故可能成立的罪名为掩饰、隐瞒犯罪所得、犯罪所得收益罪和帮助信息网络犯罪活动罪。如单纯提供银行卡或套件，后续查实有犯罪资金流转的，成立帮助信息网络犯罪活动罪；如在提供银行卡或套件后，还存在帮助转账、套现、取现等掩饰、隐瞒行为的，成立掩饰、隐瞒犯罪所得、犯罪所得收益罪。同时，对于上游犯罪行为存在，但查实达不到追诉

立案标准的，仍可以考虑定帮助信息网络犯罪活动罪。

与此同时，在对具体行为认定时，还应结合行为人的主观明知进行考量。对于明知他人实施诈骗犯罪，事前、事中为其提供用于取现的银行卡，事中有互动，帮助资金转移、费用结算的，构成诈骗罪的共同犯罪。

（二）优先适用帮助信息网络犯罪活动罪，同时构成时则应坚持择一重罪处罚原则

帮助信息网络犯罪活动罪系2015年《刑法修正案（九）》新增罪名，明确了对明知他人利用信息网络实施犯罪仍提供帮助行为的，单独定罪处罚。明知他人实施电信诈骗仍提供银行卡的（不论事先、事后），都属于帮助行为，因此应优先适用帮助信息网络犯罪活动罪。同时，根据《刑法》第287条之一第3款①、《掩饰、隐瞒解释》第7条②和《电诈意见》第3条第7款③的规定，同一行为同时构成相关犯罪的，均应当依照处罚较重的规定定罪处罚。基于同一个提供银行卡的行为，可能存在众多的被帮助对象，同时构成帮助信息网络犯罪活动罪、掩饰、隐瞒犯罪所得、犯罪所得收益罪、诈骗罪的，应从一重罪处罚，其余犯罪行为可以作为量刑情节予以考量。当然可能还存在非法提供他人银行卡或套件的行为，适用原则仍应为从一重罪处罚。

（三）为电信诈骗犯罪提供他人银行卡（含套件）的可评价为妨害信用卡管理罪

《银行卡业务管理办法》第28条规定，银行卡及其账户只限经发卡银行批准的持卡人本人使用，任何单位和个人不得出租、出售银行

① 该款规定："有前两款行为，同时构成其他犯罪的，依照处罚较重的规定定罪处罚。"

② 该条规定："明知是犯罪所得及其产生的收益而予以掩饰、隐瞒，构成刑法第三百一十二条规定的犯罪，同时构成其他犯罪的，依照处罚较重的规定定罪处罚。"

③ 该款规定："实施刑法第二百八十七条之一、第二百八十七条之二规定之行为，构成非法利用信息网络罪、帮助信息网络犯罪活动罪，同时构成诈骗罪的，依照处罚较重的规定定罪处罚。"

账户（卡）和支付账户，构成犯罪的依法追究刑事责任。因而，经发卡银行批准的持卡人出租、出售银行卡的，属于《银行卡业务管理办法》规定的违法行为，他人不因持卡人的自愿出租、出售而获得合法持有的依据，因而依然应被评价为非法持有。

基于对银行卡及套件的刑法评价分析，对提供他人银行卡和银行卡套件的行为，在社会危害性上并无明显差异。但如按照目前妨害信用卡管理罪和收买、非法提供信用卡信息罪的追诉标准[①]，两罪的法定刑相同，但窃取、收买、非法提供信用卡信息罪的追诉、立案标准和法定刑升档标准更低，分别适用将造成明显的罪责刑不相适应。与此同时，《电诈意见》第3条第4款规定，非法持有他人信用卡，没有证据证明从事电信网络诈骗犯罪活动，符合《刑法》第177条之一第1款第2项规定的，以妨害信用卡管理罪追究刑事责任。《电诈意见二》第4条对单位结算卡也做了类似规定。因此，提供他人银行卡套件的行为，从罪责刑相适应的角度，也宜按照非法持有他人信用卡的规定，以妨害信用卡管理罪定罪处罚。

---

① 2010年《最高人民检察院、公安部关于公安机关管辖的刑事案件立案追诉标准的规定（二）》第30条、第31条和2018年《最高人民法院、最高人民检察院关于办理妨害信用卡管理刑事案件具体应用法律若干问题的解释》第2条、第3条规定，非法持有他人信用卡，数量累计在五张以上的，应予立案追诉，非法持有他人信用卡五十张以上的，属于数量巨大；窃取、收买或者非法提供他人信用卡信息资料，足以伪造可进行交易的信用卡，或者足以使他人以信用卡持卡人名义进行交易，涉及信用卡一张以上的，应予立案追诉，涉及信用卡五张以上的，属于数量巨大。

集团性网络诈骗各参与人犯罪数额的认定

胡公枢*

摘　要　集团性网络诈骗是常见网络诈骗的形态之一，对于集团性网络诈骗的犯罪数额认定，实践中存在一定的分歧，即使按照参与期间认定犯罪数额，在逻辑上也难以完全理顺。集团性犯罪易被共同犯罪理论所忽视。对于集团性犯罪的数额认定，先要有集团性犯罪的概念，将集团性犯罪的参与人均认定为正犯，在此基础上基于共同犯罪正犯部分实行全部责任原理，将参与人员按照参与期间集团犯罪数额进行认定。正犯是与共犯对应的概念，将行为人认定为正犯与其被认定为主、从犯并不冲突。对于提前退出的一般人员，其对退出后的犯罪应不负责任，对提前退出的骨干，其仍应对退出后的犯罪承担责任，除非采取措施阻止或消除犯罪影响。

关键词　网络诈骗　集团犯罪　网络传销　犯罪数额

［基本案情］　2015年至2018年期间，被告人何某某、孙某某、李某某等20余人先后加入"广东姬珮诗化妆品有限公司"。该"公司"设有多个窝点，每个窝点20余名业务员，对外宣称销售化妆品，实际未进行工商登记注册，无生产销售化妆品，主要盈利模式为通过拉

* 胡公枢，浙江省乐清市人民检察院第一检察部副主任、一级检察官。

"人头"交纳会费以及通过网络"交友"骗取钱财。团伙组织严密，内部分总经理、经理、网上大主任、主任、主管、业务员等级别，并对窝点人员的"组织"、生活、"学习"、"业务"进行统一管理。如在"组织"上，通过给加入团伙成员进行"洗脑"，使团伙成员充当组织骗取钱财的工具；在生活上，窝点主任负责业务员的生活饮食起居，统一购买生活必备用品，规定每个业务员每日上交7元伙食费，伙食费从诈骗所得中扣除；在"业务"上，对成员进行话术培训，传授诈骗方法，同时要求成员之间以传帮教的方式相互研究、学习诈骗方法，并成立小组，规定组员必须使用微信、QQ等通讯软件与网友通过聊天交友的方式骗取信任，组员之间要互相配合冒充不同角色，以毁坏别人物品、生病需要治疗等各种剧本，索要话费、路费、生活费、医疗费等各种理由骗取网友钱财，每个组员诈骗的钱财通过主任上交公司，用于维持公司正常运作；在反侦查方面，为逃避工商部门、公安部门的打击，组员内部大部分使用假名字，并频繁更换窝点及诈骗使用的手机、微信、QQ。被公安机关查获时，何某某是窝点主任，孙某某为主管，李某某为业务员。

何某某从2015年9月24日加入诈骗集团，2018年3—4月升为主任，其参与期间集团诈骗总金额至少281157.67元，担任主任期间集团诈骗总金额至少226761.24元。孙某某从2016年7月7日加入诈骗集团，2017年10月升为主管，协助主任管理窝点事务，其参与集团诈骗总金额至少281157.67元。李某某从2017年5月加入诈骗集团，其参与期间集团诈骗总金额至少272230.47元。

一、分歧意见

本案争议焦点是各参与诈骗被告人犯罪数额的认定。一种观点认为，应以被告人参与或独立作案的数额认定。另一种观点认为，应以被告人参与期间团伙总体的犯罪数额作为其个人犯罪数额的认定。

二、评析意见

从一般的观点来看，应采纳第一种意见，但如果将这样的观点付诸实践，则会发现难以操作。为此，笔者同意第二种观点，分析如下：

（一）复杂集团犯罪概念和特征的提出

《刑法》第26条第2款规定："三人以上为共同实施犯罪而组成的较为固定的犯罪组织，是犯罪集团。"集团犯罪是指由犯罪集团实施的犯罪。从刑法的解释而言，集团犯罪的判断，应把握更严格的标准。刑法规定的是笼统的犯罪集团的概念，还应有细分概念，即简单犯罪集团和复杂犯罪集团，对应集团犯罪的概念，则为简单集团犯罪和复杂集团犯罪。建议应从组织性、人员数量、犯罪手段以及团伙意志等方面对复杂集团犯罪进行论理解释，以使得该范畴与刑法共同犯罪原理相衔接。有学者认为，犯罪集团的特征应当包括"主体的多数性、成立目的的犯罪性、成员的固定性、一定程度的组织性"四个特征。[①] 不同复杂犯罪集团相关特征的显性程度有所不同。如组织、领导黑社会性质组织罪，较为侧重行为的组织、经济、具体危害、势力控制等特征。就本案而言，集团犯罪的特征较为明显。在人员的数量方面，该团伙在当地设有数十个窝点，每个窝点20余名业务员，人员众多。在组织性方面，该团伙分总经理、经理、网上大主任、主任、主管、业务员等级别，业务员的业务由主管进行管理，生活由窝点主任负责。对新入伙成员统一购买生活必备用品，收缴其个人手机、身份证、银行卡，发放作案用手机，进行诈骗方法的学习培训（俗称"开上线会"）。团伙内部安排3—4人一组，通过组内员工传帮教方式互相研究、学习诈骗方法，对被骗到窝点但不愿意入伙的人员，安排专门人员24小时跟随，迫使其交纳入伙费等。在犯罪手段上，该团伙的犯罪手段表现为骗人入伙和交友诈骗两个方面。骗人入伙主要采取介绍工作等方式，将人骗至窝点，强迫交纳2900元入伙费。交友诈骗主要通过冒充异性获取被害人信任，与被害人交友，继而索要话费、路费、生活费、救济费等。在团伙意志方面，该团伙犯罪意志集中，犯罪目的明确、稳定，就是通过传销和交友两种方式骗取钱财。

综合以上特征，可以明显看出，本案主要犯罪分子通过有组织地运作，招募并控制多人，以传销和交友诈骗两种手段，形成了与实施犯

① 参见王俊平:《犯罪集团的构成特征研究》,《刑法论丛》2008年第3期。

罪相关的严格、成熟的规程，符合复杂集团犯罪的特征。

（二）传统犯罪数额认定方式不适应于复杂集团犯罪

复杂犯罪集团成员的作案方式分多种。一种方式为统合分工式作案。如电商代运营合同诈骗案件，集团内部分广告部、销售部、售后部等部门，这些部门互相分工，共同实施合同诈骗行为。另一种方式为流水线式作案。如招聘诈骗案，犯罪嫌疑人通过通讯软件组织形成诈骗集团，由“外宣”发布虚假兼职招聘信息，通过“客服”以话术诈骗受害人，让受害人交纳会员费、入职费等费用，再通过“后台组”以培训费、退培训费押金等名义继续实施诈骗。还有帮派式的作案，主要存在于组织、领导、参加黑社会性质组织类的犯罪中。

本案中犯罪集团成员的作案方式不同于上述方式，而是采取交叉组合兼独立作案的方式。前期，集团成员之间采取组合兼独立的方式作案，3—4人组成一个小组，小组成员既独立实施交友诈骗，骗取网友的钱财，又按照“剧本”“打技巧”共同实施交友诈骗，在“打技巧”时，偶尔会让小组外的成员帮忙扮演角色。后期，犯罪集团为逃避打击，升级了作案手段，采取了交叉组合兼独立的作案方式，虽然仍然是3—4人组成一个小组实施诈骗，但不同的是，小组成员经常流动，从一个窝点变换到另一个窝点，同时经常更换作案人员作案用的手机或手机微信账号，小组成员之间也有人员变换。这种情形给司法机关认定某一被告人直接实施犯罪数额带来了极大的困难。首先，由于部分犯罪嫌疑人变换窝点，不能按照窝点认定犯罪数额；其次，由于犯罪嫌疑人之间有交叉使用手机或微信账号，也不能根据手机账号对应行为人作案数额；最后，由于犯罪嫌疑人既有独立实施交友诈骗，也有组合实施交友诈骗，也不能笼统地对犯罪嫌疑人按小组认定犯罪数额。以上犯罪数额的认定困难，使得司法实践亟须一种既符合刑法理论和法律规定，又相对而言具备可操作性的犯罪数额认定方式。

（三）复杂集团犯罪成员均构成犯罪，是认定犯罪数额的基础

《刑法》第26条第2款规定，“三人以上为共同实施犯罪而组成的较为固定的犯罪组织，是犯罪集团”，犯罪集团成员具有“共同实施犯

罪”的行为特征，故从实定法的视角看，犯罪集团成员均应构成犯罪。当然，犯罪集团成员均应构成犯罪的结论在司法实践和共同犯罪理论中尚未被明确提出，目前提出这样的命题可能还存有争议，但是随着集团犯罪案件的多发，尤其是网络集团犯罪案件的剧增，有必要统一这一认识，并将之作为办理集团犯罪的一项基本原则，特别是可以先将复杂集团犯罪成员均构成犯罪作为一项基本原则。在必要的共犯中，该结论一定程度已存在于实定法之中。如《刑法》第294条第1款规定组织、领导、参加黑社会性质组织罪，该条款对黑社会性质组织中的组织、领导者、积极参加者和其他参加者均规定了法定刑，即均认定构成犯罪。第120条组织、领导、参加恐怖组织罪也有类似规定。

复杂集团犯罪的成员均应构成犯罪，基于集团构成犯罪，以及集团成员之间共同体的特征。在认定集团犯罪的时候，应注意与一般团伙、简单集团犯罪相区分，还要注意与共同犯罪正犯和共犯的理论相契合。

首先，一般团伙犯罪不具有成员一律构成犯罪之司法认定必要性。一般团伙犯罪具有临时性、组织松散性特征，如聚众斗殴罪，聚众扰乱公共场所秩序罪，犯罪嫌疑人之间虽然结伙，可能还进行了一定的组织预谋，但是该类犯罪总体上能够以主、从犯的共同犯罪原理予以认定，案件事实较集团犯罪简单，故无必要建立团伙成员均构成犯罪的认定原则。

其次，基于正犯和共犯的理论，集团犯罪成员均应视为正犯，共犯存在于集团外部。正犯与共犯是德日刑法共同犯罪理论中的一对范畴。我国刑法条文采用的是主犯、从犯、胁从犯、教唆犯的概念，其中教唆犯既可能是主犯，也可能是从犯。根据我国共同犯罪的刑法理论，共同犯罪人必然符合上述四种犯罪中的一种或二种情形。与德日刑法注重实行行为不同，我国刑法侧重的是对行为的规范评价。两种理论是从不同侧面揭示共同犯罪的特征。根据日本刑法关于正犯和共犯的认定标准，集团犯罪中，直接实施犯罪行为的是正犯，对正犯行为起到“加担”作用的是共犯。[1] 这里便存在争议问题，即如何评价组

① 参见［日］大谷实:《日本刑法中正犯与共犯的区别——与中国刑法中的“共同犯罪”相比照》，王昭武译，《法学评论》2002年第6期。

织行为，以及如何看待集团犯罪中的传授犯罪方法行为。以往正犯和共犯的理论均建立在一般共同犯罪、普通结合型团伙犯罪的基础之上，未考虑（复杂）集团犯罪的情形。由于集团犯罪是在集团首脑领导下，基于类似公司制或帮会制的规章制度，聚拢一帮犯罪人员，专业化分工明确，有明确的犯罪目的，因此，对集团犯罪的组织者即使未直接实行对被害人的加害行为，也应从正犯的角度进行看待，而不应归为共犯。申言之，对集团犯罪中传授犯罪方法的行为人，只要其已清楚地认识到集团犯罪的事实，融入集团犯罪的意志，应看作正犯。甚至对于集团中的一般行政性的人员，由于其构成了集团犯罪这个有机体不可或缺的部分，从集团犯罪的视角而言，只要其主观上认识到集团在实施犯罪，那么其也应被视为正犯。由此可以得出，只要符合集团犯罪的特征，集团犯罪成员均应成立正犯，即均应构成犯罪。集团犯罪下的共犯只能存在于集团的外部。

再次，集团成员均应构成犯罪的基本原则与刑法条文的协调。《刑法》第 26 条对集团犯罪及其处罚作了相关规定，其中第 3 款规定，对组织、领导犯罪集团的首要分子，按照集团所犯的全部罪行处罚；第 4 款规定，对于第 3 款规定以外的主犯，应当按照其所参与的或者组织、指挥的全部犯罪处罚。该两款规定与上述认定集团成员均为正犯的结论一致。从该两款规定可以看出，集团犯罪往往存在多起犯罪事实，这些犯罪可能是同一种类性质，也可能是不同种类性质，组织成员可能参与实施了集团部分犯罪，也可能参与实施了集团全部犯罪。作为集团犯罪，其犯罪的具体目的可能不特定，但犯罪的主观故意具有概括的特定性。由此可以大概区分出两种类型的集团犯罪，一种为基于一个犯罪目的的单一的犯罪集团，另一种为基于多个犯罪目的的复合的犯罪集团。对于复合的犯罪集团，各个犯罪成员受集团犯罪首要分子的组织、领导，实施了不同的犯罪，由实施不同性质犯罪成员承担责任，符合刑法的责任原则。因此，集团成员均应构成犯罪的基本原则及衍生原理至少适用于单一的犯罪集团，对于复合的犯罪集团，应区分不同情况加以修正或限定条件。

最后，对宽严相济刑事政策的落实。集团犯罪成员均应构成犯罪的原则，形式上看对于打击犯罪过于严厉，有违宽严相济的刑事政策，但实质上其与宽严相济的刑事政策并不矛盾。在定罪量刑过程中，仍须贯彻宽严相济的刑事政策，在对各被告人入罪时，特别考虑其加入集团的时间因素，对于参与时间明显较短的，其产生犯罪的主观故意如尚未形成，可不认定犯罪；在对各被告人量刑时，从集团犯罪的角度首先认定各被告人在集团犯罪中的主犯、从犯地位，再结合犯罪数额进行综合判断。

（四）借鉴共同正犯“部分实行全部责任”原则，认定集团成员的犯罪数额

复杂集团犯罪的成员均应构成犯罪的原则确立之后，在司法认定中应遵循相应的认定顺序和逻辑，以认定各被告人所犯之罪和罪之数额。

首先，要对犯罪集团是否符合犯罪构成进行评价。将整个犯罪集团视为一个整体，从客体、客观方面、主体、主观方面进行分析。具体到本案，犯罪的客体、主体、主观方面均较为明确，需要特别查证的是犯罪客观方面的数额问题，需要逐一查实受整个犯罪集团诈骗的被害人情况及被骗财产数额，以此作为集团构成犯罪的依据。

其次，在认定犯罪集团构成犯罪之后，再对各个被告人进行量刑上的个别评价。根据复杂集团犯罪成员均应构成犯罪的原则，集团构成犯罪，得出集团成员构成犯罪。司法认定中，仅构成犯罪尚难以确定被告人的刑事责任，还要就其责任大小进行评价，从而作出具体的量刑。其责任大小的主要依据，从犯罪行为的视角而言，主要是犯罪数额的大小。我国刑法条文未规定单一的犯罪集团中集团成员犯罪数额的认定方式，可以借鉴德日刑法中共同正犯的“部分实行全部责任”原则进行犯罪数额的认定。本案中，由于各被告人均直接实施对被害人的诈骗行为，均可以认定为正犯，对于整个诈骗犯罪集团而言，各被告人的行为属于集团犯罪的一部分，对于集团犯罪的结果具有因果关系上的加和作用，因此可以以集团犯罪数额作为认定各被告人的犯罪数额。由于不同被告人加入集团的时间不同，故应以各被告人加入集团的时间作为起算点，分别计算各被告人加入集团后，集团总的犯罪数额。对于中途退出的普通集团成员，原则上犯罪数额计算至其退出时点，因为后续集团的犯罪与其参与行为无刑法上的因果关系，对

于中途退出的集团骨干成员，因为骨干成员的参与行为，其危害后果能够继续延伸，故除非其采取措施尽力消除其行为对犯罪集团的影响和作用，如及时向公安机关报案等，否则犯罪数额不计算至其退出时点，但其退出行为可以作为酌定量刑情节考虑。

最后，为解决个别参与人员因共同正犯的“部分实行全部责任”原则对犯罪数额进行认定时，出现参与人参与期间很短，犯罪数额畸大的问题，在司法实践中应注意两方面问题。一是要注意对参与期间较短人员主观故意的评价。上文已提到，我们对于参与时间较短的成员，要注意其主观故意的判断，如无证据证实其主观明知，一般可有利于当事人，认定其主观故意尚未形成。本案中的参与人员大多是被以介绍工作等借口骗至犯罪集团之中，其一开始主观上对进行交友诈骗持反对态度，个别成员反对的意愿甚至十分强烈，在获得一定的机会之后，便逃离了犯罪集团。因此，在认定参与人员均构成犯罪的时候，应注意排除参与时间较短，主观故意尚不明确的参与人员。二是要注意结合参与人员直接实施诈骗行为进行评价。对于无证据显示其有直接实施诈骗，或直接实施诈骗数额较小，行为较少的参与人员，应注意对其从轻适用刑罚，应当对这些人员认定为从犯，对其从轻、减轻或者免除处罚。

“两卡”犯罪中银行卡提供者的行为定性

金　燕　刘　勋　李楠楠*

摘　要　由于网络犯罪行为具有隐蔽性、意识联络趋弱性等特点，对于“两卡”犯罪中银行卡提供者的行为定性，难以适用传统共同犯罪理论予以规制，在司法实践中如何将相似的帮助行为区别定性亦存在一定困难。对此，应全面考量银行卡提供者客观行为所侵犯的不同法益，并着重审查能够证实行为人主观明知方面的证据，依托客观证据合理运用经验法则予以刑事推定，从而准确认定行为人主观明知的内容和程度，以实现罪责刑相适应，确保打击“两卡”犯罪不枉不纵。

关键词　主观明知　法益　帮助信息网络犯罪活动罪　掩饰、隐瞒犯罪所得、犯罪所得收益罪

一、“两卡”犯罪中银行卡提供者行为定性分歧

［**案例一**］2021年1月，张某、申某等人为牟取非法利益，明知所办理的银行卡提供给他人系用于网络犯罪，仍由申某办理工商银行卡等“四件套”经由张某邮寄给“上家”使用，后该银行卡接收被害人汤某某被电信诈骗钱款28万余元。[①]

* 金燕，江苏省南京市秦淮区人民检察院副检察长、三级高级检察官；刘勋，江苏省南京市秦淮区人民检察院第一检察部二级检察官；李楠楠，江苏省南京市秦淮区人民检察院第一检察部三级检察官助理。

① 参见江苏省南京市秦淮区人民法院刑事判决书，（2021）苏0104刑初574号。

［案例二］2020年8月，王某等人经共谋，在明知相关转账钱款系来路不正的情况下，仍纠集范某等多人通过网络提供银行卡、微信、支付宝等收款二维码为“上家”收取、转移相关通过电信网络“裸聊”敲诈勒索钱款共计27万余元，并按照转账数额获取约3.5%提成。[①]

［案例三］2021年2月至3月，钟某利用网络联系刘某等人，在明知刘某等人实施“杀鱼”电信诈骗犯罪的情况下，仍纠集多人提供银行卡收款二维码帮助刘某等人接收、转移诈骗钱款，并按照转账数额获取约20%提成，截至案发共收取电信诈骗钱款24万余元。[②]

上述三个案例是在“断卡”行动中查办的行为人提供银行卡等账户帮助“上家”接收、转移电信诈骗钱款的相似案件，但对行为人的定性却存在分歧意见，主要有帮助信息网络犯罪活动罪（以下简称帮信罪）、掩饰、隐瞒犯罪所得、犯罪所得收益罪（以下简称掩隐罪）、上游犯罪的共犯等。对银行卡提供者是以上游犯罪共犯论处还是进行独立化定罪，司法实践中同案不同判现象仍较为常见。

二、对银行卡提供者行为定性的困境及解决进路

（一）电信诈骗等上游犯罪分子未到案给共同犯罪认定带来困难

由于电信诈骗等犯罪的特殊性，司法机关往往基于本辖区被害人报案等线索启动刑事程序，并根据资金流向等证据抓获下游银行卡提供者，大多难以直接抓获上游犯罪分子，加之目前电信诈骗等犯罪已经出现从境内向境外发展的态势，例如本文三个案例中上游诈骗犯罪分子均因在柬埔寨、缅甸、阿根廷等国未到案，造成此类案件中大多欠缺上游犯罪分子供述证据，使得下游银行卡提供者在主观明知、共谋等方面存在较大辩解空间。

另外，由于网络犯罪隔时空、隐匿性、产业化等特点，上下游犯罪分子仅通过网络终端进行层级化的犯意传递，在行为人意思联络趋弱甚至为零的情形下，司法机关往往难以证明帮助者和受助者之间具有

① 参见江苏省南京市秦淮区人民法院刑事判决书，（2021）苏0104刑初188号。

② 参见江苏省南京市秦淮区人民法院刑事判决书，（2021）苏0104刑初644号。

共同犯罪的故意。而审判实践对关联犯罪仍然停留在传统的共犯理论层面，固守只有共同的犯罪行为、共同的犯罪故意等才能认定为共同犯罪的立场，限缩了共同犯罪的成立范围，这也是司法实践中认为行为人构成帮信罪而非上游犯罪共犯最多的裁判理由。[①]加之法律对部分此类帮助行为独立化定罪，行为人主观明知内容、程度、阶段的不同往往会导致司法机关得出不同的结论，而帮信罪、掩隐罪、上游犯罪共犯等罪名之间刑期差异巨大，行为人在趋利避害心理下更容易在供述时避重就轻，造成司法指控证明难度加大。

（二）相似的帮助行为给罪名准确适用带来困难

“断卡”行动中涉银行卡案件定性分歧产生的原因，一方面在于相关法律和司法解释对于此类犯罪行为的规定较为相似，罪名之间存在一定竞合，另一方面在于司法实践中如何将相似的司法解释落实到具体的刑事证据上亦存在一定困难。例如，2016年《最高人民法院、最高人民检察院、公安部关于办理电信网络诈骗等刑事案件适用法律若干问题的意见》（以下简称《意见》）规定，明知是电信网络诈骗犯罪所得及其产生的收益，为他人提供非本人身份证明开设的信用卡、资金支付结算账户后，又帮助他人转账、套现、取现的，以掩隐罪追究刑事责任，并且另外规定了“实施上述行为，事前通谋的，以共同犯罪论处”。根据《刑法》第287条之二关于帮信罪的规定，“明知他人利用信息网络实施犯罪，为其犯罪提供互联网接入、服务器托管、网络存储、通讯传输等技术支持，或者提供广告推广、支付结算等帮助，情节严重的，处三年以下有期徒刑或者拘役，并处或者单处罚金”。

其实，无论是刑法条文还是司法解释，都在本质上认同为电信诈骗犯罪提供银行卡是一种帮助行为，而将帮助行为正犯化独立定罪，正是因为帮助行为的危害性日益严重而有独立评价的必要。正如参与立法者所言，设置该罪名的立法初衷至少有三方面的考量：第一，部分

① 参见欧阳本祺、刘梦：《帮助信息网络犯罪活动罪的适用方法：从本罪优先到共犯优先》，《中国应用法学》2022年第1期。

犯罪借助网络形成了利益分享的产业链，产业链中各行为人具有相对独立性；第二，帮助行为经由网络技术被成倍放大，不仅降低了网络犯罪的门槛和成本，而且部分案件中帮助行为的作用与实行行为基本相当，甚至对案件具有支配性影响；第三，网络帮助行为改变了传统“一对一”的认定模式，其犯罪链条、犯意联络以及上下游关系复杂，认定共犯存在较大障碍。[①]

但由此带来的问题则是，如何合理运用法律论证方式将类似行为通过刑事证据予以准确区分。笔者认为，在法律适用逻辑上，首先应牢牢把握帮信罪作为“两卡”犯罪兜底性罪名设置这一定位，只有在行为无法作为上游犯罪共犯或者掩隐罪等其他罪名适用的情况下方可考虑该罪名，对于银行卡提供者，如果确有行为人与上游犯罪分子事前共谋的线索，则应积极引导侦查机关收集相应证据，而不能将本应按重罪认定的行为以帮信罪降格处理。例如，上述案例三中，虽然钟某实施的是电信诈骗中的帮助行为，钟某及其辩护人亦提出钟某应以掩隐罪定性的意见，但法院综合侦查机关收集的上下游同案犯供述、双方微信聊天记录等在案证据，尤其是考虑钟某系在观看“上游”诈骗分子向其发送的“杀鱼”诈骗作案视频，明确知晓“上游”犯罪手段后仍积极纠集多人提供收款账户，其系在诈骗既遂前进行犯罪共谋，并按照转账数额约20%获取高额分成，该分成比例亦远超司法实践中掩隐罪中行为人按转账数额获取的1%—3%分成，最终认定钟某构成诈骗罪共犯而非掩隐罪。

（三）以行为所侵犯的法益不同为区分

在涉银行卡类“两卡”犯罪中，更大的难点在于如何区分犯罪形态较为类似的帮信罪与掩隐罪，因为提供银行卡及收取、转移钱款等行为往往既可被归入帮信罪中“提供支付结算等帮助”，亦可被归入掩隐罪中“窝藏、转移”等犯罪构成之中。针对两罪的区分标准，有观点

---

① 参见臧铁伟、李寿伟主编：《中华人民共和国刑法修正案（九）条文说明、立法理由及相关规定》，北京大学出版社2016年版，第233页。

提出以提供银行卡等帮助行为是在上游诈骗犯罪既遂之前还是之后产生并发挥作用力，或者以银行卡是直接或者间接接收被害人钱款来区分。[①]笔者认为二者均存在一定不足，司法实践中下游行为人提供银行卡绝大多数发生在上游犯罪既遂前，因此单纯考虑时间节点难以真正起到区分罪名的作用。另外，银行卡提供者在提供银行卡后，并不知晓或介意银行卡具体是被用于接收还是转移钱款，以行为人并不知晓或无法控制的银行卡后期使用阶段来区分前期行为罪名亦有“客观归罪”之嫌。

笔者认为，“无行为则无犯罪”，刑法所打击的是行为人具体实施的犯罪行为而非单纯的犯意，刑法所保护的也是与之相对应的法益，对于行为人在类似或连续犯意引导下实施的客观行为，可以参照行为所侵犯的法益来区分帮信罪与掩隐罪。这两个罪名虽均被纳入《刑法》分则第六章妨害社会管理秩序罪章节，但细分二者，帮信罪系扰乱公共秩序罪范畴，掩隐罪则属于妨害司法罪。我国《银行卡业务管理办法》第 28 条规定，“银行卡及其账户只限经发卡银行批准的持卡人本人使用，不得出租和转借”。因此，如果行为人明知他人使用银行卡用于犯罪活动，但仅实施提供银行卡等行为，则因行为人负有不得将实名制银行卡出租、转借等银行合同或者社会公共管理秩序等方面的抽象义务而构成帮信罪。如果行为人不仅提供银行卡，还帮助犯罪分子转移赃款以逃避、妨害司法机关对电信诈骗等犯罪的打击，则因其另行转账、取现等行为侵害了新的法益，社会危害性相较于帮信罪更大，则以掩隐罪定性为宜。

因此，在上述案例一中，张某、申某仅实施了售卖银行卡“四件套”这一个行为，其既未实施后续转账等行为，亦未从中获益，其客观行为止步于此，因此只能以其提供银行卡行为给社会公共管理秩序造成的抽象法益侵害定罪。而在案例二中，王某等人不仅提供收款二维码，还按照“上家”指示另行实施收款、转移等行为，并按照转账

---

① 参见李勇：《帮助信息网络犯罪活动罪的司法适用误区》，《检察日报》2022 年 1 月 18 日。

数额获取约3.5%提成，王某等人的行为具有内容的多样性，其不仅侵犯了抽象的社会公共管理秩序等法益，亦现实妨害了司法机关后续对此类犯罪的及时查处追诉，具有法益侵害的双重性。最终法院认定张某、申某等人仅构成帮信罪，而认定王某等人构成掩隐罪。

三、对银行卡提供者主观明知证据的审查要点

（一）严格区分不同罪名中银行卡提供者主观明知认定标准

“断卡”行动中查办的案件客观行为较为类似，因此行为人主观明知方面的证据对于准确区分罪名显得尤为必要。根据刑法规定，帮信罪需要行为人“明知他人利用信息网络实施犯罪”，而掩隐罪需要行为人“明知是犯罪所得及其产生的收益”。

笔者认为，罪刑轻重应与公诉机关的指控、证明义务成正比例关系，帮信罪作为法定刑最高为3年有期徒刑的轻罪案件，其对行为人主观明知方面要求不应高于法定刑最高为7年有期徒刑的掩隐罪，对帮信罪等轻罪案件设定过高的主观证明标准，不仅不符合罪责刑相适应的刑法原则，也容易放纵对此类犯罪的打击。司法实践中，掩隐罪对行为人主观方面的要求已经降低为只需行为人笼统供述明知“钱款来路不正”即可。因此，帮信罪中对银行卡提供者主观方面的要求应为行为人明确供述知道银行卡会被用于网络违法犯罪行为，或者通过其他证据能够推定行为人确知，或者事中知晓但怠于采取补救措施以至犯罪继续发生的均可构成该罪。正如有些学者所言，其构成要件可分为两种类型，既包括明知正犯犯罪计划或意图且有促进犯罪行为更容易实现的意思（“明知且促进型”），也包括虽然明知正犯犯罪计划或意图但是没有促进该犯罪行为易于实现的意思（“明知非促进型”），帮信罪的设定实际上正是以立法的形式肯定了“明知非促进型”中立帮助行为的可罚性。①

---

① 参见张明楷、刘艳红、周加海等:《关于帮助信息网络犯罪活动罪理解与适用的讨论》,《民主与法制》2022年第7期。

（二）运用经验法则合理推定银行卡提供者主观明知

司法实践中较难认定的就是行为人的主观方面，作为犯罪构成要件的“明知”“故意”等主观因素，除非行为人主动如实供述，否则很难确定证明，尤其在此类犯罪大多欠缺上游犯罪同案犯供述的情况下，如果行为人拒不供认，则进一步加大了司法机关将事实涵摄入相关罪名的难度。而此时，事实推定作为证据缺乏状态下运用客观事实证明行为人主观心理状态的唯一手段，在司法实践中发挥极为关键的作用。[①]《意见》中规定了可以推定行为人主观明知的各种情形。因此，对帮信罪行为人主观明知的认定，可以结合一般人认知水平和能力，考察行为是否违反法律禁止性规定，行为人是否逃避监管调查等多种情形综合评判。

易言之，主观付诸客观，司法机关调取的能够印证银行卡提供者行为异常的客观证据越充分，行为人主观知道或应当知道“上家”使用银行卡进行电信诈骗犯罪的结论则越容易得出。经验法则作为连通基础事实与待证事实的桥梁，根据基础事实与待证事实之间的逻辑联系，可以解决待证事实证明的困境，也降低了司法者对主观故意的证明难度。[②]例如，上述案例二中，虽然部分行为人提出不知晓钱款系犯罪所得的辩解，但法院综合钱款转账大多集中发生于凌晨时段，钱款到账后行为人按照“上家”要求立即删除转账记录，部分转账记录附言出现“报警、抓到你”等字眼，行为人与“上家”联系会专门使用具有自动销毁等功能的密聊软件，行为人从转账数额获取3.5%的高额提成等多方客观证据，最终并未采信相关辩解意见，而认定行为人构成掩隐罪。

（三）综合银行卡提供者主观明知内容、程度准确定性

帮信罪和掩隐罪中的银行卡提供者对上游犯罪多为概括性明知，其

---

① 参见杨宗辉：《刑事案件的事实推定：诱惑、困惑与解惑》，《中国刑事法杂志》2019年第4期。

② 参见韩旭：《刑事司法如何运用好经验法则》，《检察日报》2021年8月18日。

仅要求行为人认识到上游会实施或在实施犯罪即可，并不要求认识到实施特定犯罪，其对被帮助者所实施具体犯罪手段、危害后果等内容虽然具有认知，但难以具有清晰、确定的认识，其一般对上游犯罪的发生结果持放任态度，尤其是当帮助行为人仅明知自己在帮助他人实施犯罪，但并不知道犯罪的具体种类或具体情形时，或者行为人同时帮助多人实施犯罪，但并不知道每个人实施的具体犯罪种类之时，行为人仍以帮信罪定性为宜。例如上述案例一中，张某、申某供述称提供银行卡给对方用来“跑分”，银行卡会被用于收取赌博等违法犯罪活动的钱款，虽然最终查实银行卡内钱款来源于电信诈骗犯罪而非赌博活动，与二人认知的具体内容有一定差异，但在被帮助对象行为会涉及违法犯罪层面是一致的，该认知仍可被帮信罪的概括性主观明知构成要件所涵盖，张某、申某二人明知且放任后续诈骗犯罪的实现，应以帮信罪论处。但如果确有证据证实行为人事前即明确知晓上游犯罪的具体作案手段、后果等内容而仍积极提供帮助，行为人此时对犯罪结果的发生则持希望或积极促进的态度，其主观罪过更大，客观参与程度也更深，司法机关可在综合考量行为人分赃获利、帮助行为持续时间、行为社会危害性等因素后，对此类行为人以上游犯罪共犯论处。

总之，在打击涉银行卡提供者的“两卡”犯罪中，司法机关既要防止因有帮信罪等兜底性罪名而放纵对本应以上游犯罪共犯行为的打击，又要防止不顾罪刑法定、罪责刑相适应等原则而笼统将银行卡提供者均以上游犯罪共犯论处的倾向，确保打击“两卡”犯罪不枉不纵。

电信网络诈骗犯罪办案探析

马　军　王立言　曾朝贤*

摘　要　以甘肃省B市检察机关办理的两起电信网络诈骗案例为样本可以看出，办理电信网络诈骗犯罪案件，难点和重点问题是如何准确认定主从犯、正确界定电信网络诈骗和网络传销行为、有效区分帮助信息网络犯罪活动和洗钱犯罪等。对此，应从犯罪嫌疑人所处地位、具体分工、实施行为、利益分配等案件细节着手予以判断认定，进而能够实现对新型电信网络诈骗犯罪精准打击，最大限度保护受害人合法权益。

关键词　电信网络诈骗　主从犯　洗钱

在当今网络信息快速发展的时代，电信网络诈骗犯罪呈持续泛滥、高速攀升的趋势，作案手段也逐步由电话诈骗向网络诈骗转变，受害群体以老年人居多向以年轻人为主的趋势发展。2018年以来，B市检察机关共办理公安机关移送起诉的电信网络诈骗犯罪案件118件583人，犯罪数量逐年增加，已成为当前发展最快、严重影响人民群众信息和财产安全的犯罪，给B市司法实践带来许多新的难题和挑战。下文以B市检察机关2021年办理的两起电信网络诈骗案件为例，探讨检察机关办理相关案件的实践经验，助力提升电信网络诈骗犯罪案件办理效果。

* 马军，甘肃省白银市人民检察院检察长、二级高级检察官；王立言，甘肃省白银市人民检察院党组成员、专职委员、三级高级检察官；曾朝贤，甘肃省白银市人民检察院一级主任科员。

一、基本案情及办理过程

[案例一] 2020年12月，犯罪嫌疑人吴某某伙同朱某清购买“YUNSN”数字钱包App，在平台上线运营后，吴某某伙同朱某清等人，约定分红比例，在未经有关部门依法批准的情况下，以微信传播等方式，面向社会不特定对象公开宣传投资“YUNSN”数字链平台理财产品，或宣称“Y宝”短期内可获得300%高额收益、充值1元人民币即可获得3个“Y宝”，谎称“YUNSN”数字链平台是“以阿里达摩院与中科院倪光团队为开发背景，业务辐射全球，旨在应用数字链技术解决经济发展及民生问题”的平台，散布平台将于2021年6月在虚拟货币交易所上线虚拟货币“Y币”、用户持有的“Y宝”可兑换为“Y币”，鼓吹“Y币”上线后价值将达167美元等虚假信息，以此为诱饵骗取社会公众投资。同时雇佣朱某科等人为其开发支付平台、维护平台前端、修复安全漏洞，雇佣廖某某等人从事客服工作。为掩饰、隐瞒其犯罪所得，犯罪嫌疑人吴某某要求用户从“火币网”等虚拟货币交易平台购买USDT（泰达币）后向其虚拟货币钱包地址转账充值，为便于用户充值，吴某某等人以过卡金额的3%—5%利诱平台中部分会员购买虚拟货币的用户成为“联创人”，“联创人”提供名下银行账户用于平台其他用户充值，并提供网银登录密码用于吴某某等人监督，吴某某等人将“联创人”提供的银行账户植入平台后台轮流使用。犯罪嫌疑人唐某某等16人为获利先后成为该平台“联创人”，将用户充值资金扣除3%—5%好处费后，将剩余资金按要求在“火币网”等虚拟货币交易平台购买为USDT（泰达币）、ETH（以太坊）、BTC（比特币）等虚拟货币，并转账至吴某某提供的虚拟货币钱包地址或其指定的其他“联创人”银行账户，以此完成洗钱行为。至案发，“YUNSN”数字链平台注册会员372386人，共计骗取87567名集资参与人3000余万元，涉及洗钱金额2000余万元。

[案例二] 2020年4月以来，犯罪嫌疑人黄某、朱某谎称“五行币”“火币”“贺币”等数字货币可以进行交易升值，购买者可以获得高额提成奖励，先后通过制作虚假App、创建微信群、会员群向群成员推广出售其发行的虚拟“五行币”“火币”“贺币”等数字币，通过宣

传、推广方式发展下线，然后诱导群成员购买，再由朱某通过非常规手段购买来的结算账户管理资金，套取现金，从而获得暴利。李某等3人在网上看到黄某、朱某的推广以后，以推销具有投资价值的虚拟数字货币为名，通过微信群组建传销组织，以向群成员推广销售虚拟数字币作为返利依据的方式，骗取他人财物。该案件跨陇粤两省四市，涉案金额达到2000多万元。

从两案中查明的案情来看，以上两个案例除了与一般的电信网络诈骗犯罪一样，受害群体涉及面广、涉案金额较大以外，还有几个明显的特点：一是都具有较强的技术性。两案行为人在实施犯罪的过程中，都是利用数字App、虚拟货币交易平台等专业技术进行交易，而交易标的都是“数字虚拟货币”，结合近两年虚拟数字货币价格居高不下的大背景，利用“以阿里达摩院与中科院倪光团队为开发背景，业务辐射全球，旨在应用数字链技术解决经济发展及民生问题”“虚拟币可以上市交易”等所谓科技概念，给案件加持不少高科技迷雾。二是两案在法律适用过程中，存在争议点较多，定性困难的问题。相同的犯罪行为因犯罪嫌疑人主观故意和具体作用难以识别，或因上游犯罪、赃款流向等原因导致产生了完全不同的定性，多种罪名交织，给检察机关的定性带来了很大难度。三是洗钱手段区别于传统犯罪。犯罪嫌疑人利用数字货币的隐蔽性及可以支持全球交易的特性，将诈骗款项通过购买比特币、以太坊等数字货币进行洗钱，给追赃挽损带来了很大的难度。

为确保精准打击，B市检察机关选配业务能力强、办案经验丰富的员额检察官提前介入引导侦查取证，先后多次与侦查人员会商、分析案情，研判取证方向、取证需求，及时全面规范固定了书证、物证、电子证据，为案件顺利起诉奠定了坚实基础。一是明确了取证标准。对证据收集程序，是否存在非法证据排除情形进行了审查，对需要补充的证据提出了意见建议，对电子证据进行了固定，如案例一中，检察官就引导侦查人员对涉案电脑、平台转账记录、手机通讯记录进行了详细取证。二是审查证据关联性。对各个证据的逻辑链进行分析研判，通过对固定电子证据入手，通过“抽丝剥茧”的方式，审查涉案证据的关联性和载体的关联性，保证案件证据确实、充分。三是准确还原犯罪事实。重点审查有无漏罪漏犯，对公安机关认定的事实能否准确还原客观真实状况等进行了审查，确保事实清楚。四是针对各个涉案成员在案件中从事的犯罪行为、所具有的主观故意及在整个犯罪体系中所处的地位，就主从犯、所涉罪名进行区分，就罪与非罪、此罪与彼罪进行研判，并给予公安机关意见建议。

二、案件办理过程中遇到的分歧和难点解析

（一）认定电信网络诈骗案主从犯不能以行为人是否系实行犯为标准

案例一中，移送起诉的共有 31 人，吴某某等 11 人被认定为主犯，廖某某等 6 人被认定为从犯，这 6 人主要受雇于吴某某等人从事客服工作，为其“YUNSN”数字链平台做网络维护，在审查案件时，就 6 人中的廖某某等 4 人是否应该被定为从犯，存在一定争议。《最高人民法院、最高人民检察院、公安部关于办理电信网络诈骗等刑事案件适用法律若干问题的意见》对电信网络诈骗中主从犯认定有一个笼统的规定：多人共同实施电信网络诈骗，犯罪嫌疑人、被告人应对其参与期间该诈骗团伙实施的全部诈骗行为承担责任。在其所参与的犯罪环节中起主要作用的，可以认定为主犯；起次要作用的，可以认定为从犯。在具体司法实践中，电信网络诈骗案件因涉案人数较多，且各犯罪嫌疑人各司其职、分工明确，属于复杂共同犯罪，因此，根据各被告人的具体行为以及在犯罪中所起的作用正确区分主从犯，从而更准确量刑，不仅是刑法罪责刑相适应原则的基本要求，也能更好地促使犯罪嫌疑人认罪认罚。首先，从各嫌疑人所处地位来看，本案 6 名从犯均是受雇佣参与到犯罪团伙之中，按照组织者的意志和安排实施诈骗行为；其次，从 6 名从犯行为内容来看，廖某某等人受雇进行网络维护工作，对平台如何具体运作、对诈骗的全流程并没有明确的认识，直到案发后，才了解自身行为的违法性；再次，从团伙具体分工来看，廖某某等 6 人主要负责答复客户，用户充值审核等工作，为吴某某等人的诈骗行为创造条件，其行为虽不可或缺，但不属于电信网络诈骗的关键环节；最后，从赃款的分配机制来看，廖某某等 6 人均按月拿

工资，并不参与赃款的具体分配，其非法收益仅占诈骗收益的很小一部分。但也不能据此认定廖某某等6名从犯不负刑事责任。廖某某等6人在参与该团伙工作期间，对自己的行为可能违法是有明确认知的。主犯和从犯在团伙内部分工明确，各个岗位和节点紧密相连不可或缺，客观上各犯罪嫌疑人也在各自负责的环节上实施了诈骗行为，因此，廖某某等6名从犯对犯罪危害结果的发生难辞其咎，应负刑事责任。

另外，本案中朱某清等人类似于受雇佣的性质，虽然存在中途离开的情形，但综合全案情况来看，几人对主犯吴某某的诈骗手段十分清楚，系诈骗活动的具体组织实施者，事后获得一定红利，应与前述6名从犯行为予以区分。综上所述，区分主从犯时，不能简单地以行为人是否系实行犯为标准，而应当结合全案的具体情况，考察行为人是否系犯意的发起者、犯罪的纠集者、指挥者、主要责任者，是否参与了犯罪的主要过程和关键环节，综合全案证据进行评判。

（二）关于电信网络诈骗和网络传销的区别认定

案例二中，检察机关对通过“虚拟”货币进行电信网络诈骗的不同行为进行了区别认定：犯罪嫌疑人黄某、朱某等人以非法占有为目的，通过网络虚拟项目进行传销型诈骗犯罪，检察机关以诈骗罪定性。李某等3人以推销具有投资价值的虚拟数字货币为名，通过微信群组建传销组织，以向群成员推广销售虚拟数字币作为返利依据的方式，骗取他人财物，扰乱社会秩序，对检察机关以组织、领导传销活动罪提起公诉。

随着传销模式的不断发展，非法传销出现脱实向虚的趋势，有别于传统传销的“保健品”“化妆品”等实物产品，新的网络传销通过“股权”“会员积分”等虚拟标的物，以高额提成为诱饵，诱导人不断发展下线，随着传销模式的变化，网络传销与非法集资诈骗的界限逐渐开始模糊。在司法实践中，准确区分诈骗罪和组织、领导传销活动罪两个罪名仍然是精准打击电信网络诈骗犯罪的需要，而区分关键在于行为人最终是否真正实现了对以传销方式取得的诈骗款项的非法占有及支配的权利。在传销型电信诈骗犯罪中，多数行为人虽然符合组织、领导传销活动罪的构成要件，甚至在传销组织中具有重要作用，但其最终并未控制任何由其或其他传销人员吸收的款项，也不具有决定、支配资金用途的权利，其所获得的收益主要来源于在传销活动中“直接或者间接以发展人员的数量作为计酬或者返利依据”的酬劳。案例二中李某等人在网上看到黄某等人宣传的App后，在与黄某等人素未谋面的情况下以推销具有投资价值的虚拟数字货币为名，自行通过微信群组建传销组织，推广黄某等人的虚拟币，李某等人所得收入主要是通过推广吸收成员所得。诈骗的款项收入则最终流向了虚拟币的实际控制人黄某，并处于其非法占有和支配之下，据此在同一个案件中出现了两种截然不同的定性。

（三）关于帮助信息网络犯罪活动罪的审查认定

认定帮助信息网络犯罪活动罪有两个方面需要注意：

一是该罪的客观要件要求行为人必须“明知他人实施信息网络犯罪”，如何认定“主观明知”。比如案例一中朱某科等6人帮助吴某某维护平台前端、修复安全漏洞、设置抽奖模块等工作，其中朱某科等4人被以帮助信息网络犯罪活动罪移送起诉，另2人因犯罪情节轻微作相对不起诉处理。从供述看，吴某某在和朱某科等人合作期间，没有明确说明自己需要开发程序的真实意图，也没有合意进行违法犯罪，并不是字面意义上的“明知”，只是在开发过程中，朱某科等人觉得这个项目可能存在问题，在这种情况下，是否可以认定朱某科等人主观明知呢？根据《最高人民法院、最高人民检察院关于办理非法利用信息网络、帮助信息网络犯罪活动等刑事案件适用法律若干问题的解释》第11条规定的七种情形，可以推定出朱某科等人主观上可能知道吴某某所作所为是“可能违法”的。本案中朱某科在接手这个平台运营项目后，在吴某某没有提供法律备案手续的情况下为其开发程序，在开发过程中，朱某科等人也感觉到吴某某等人可能存在违法问题，相关人员则供称：“该充值平台已经有充值人员30万人，充值金额2000多万元。”“将抽奖中奖率设置为0”“删除数据库中用户上传的转账截图”，从上述行为中完全可以推断出吴某某等人是在从事违法犯罪活动。因此可以推定出朱某科等人是明知他人实施信息网络犯罪的。

二是在案例一中，有关唐某某等人提供银行账户和银行卡协助吴某某洗钱的行为，应该以帮助信息网络犯罪活动罪还是以洗钱罪进行定性，公安机关和检察机关产生了分歧。唐某某等人为吴某某提供资金账户和银行卡，进行资金结算和流转，并从中收取手续费，根据《最高人民法院、最高人民检察院、公安部关于办理电信网络诈骗等刑事案件适用法律若干问题的意见（二）》第7条第1款的规定，为他人利用信息网络实施犯罪而实施下列行为，可以认定为《刑法》第287条之二规定的“帮助”行为：收购、出售、出租信用卡、银行账户、非银行支付账户、具有支付结算功能的互联网账号密码、网络支付接口、网上银行数字证书的。而本案中，唐某某等人使用自己或亲戚的银行卡目的是为吴某某提供资金流转结算，银行卡的主要功能是为了购买虚拟数字货币，根据《刑法》第191条第1款规定，唐某某等人为吴某某提供资金账户，掩饰、隐瞒资金来源和性质，以洗钱罪定性更为合适。

（四）掩饰、隐瞒犯罪所得罪和洗钱罪的区别认定

两案中有一个需要注意的问题，即相似行为的不同定性问题。案例一中，唐某某等16人明知是集资诈骗犯罪的所得及其产生的收益，为掩饰、隐瞒其来源和性质，提供资金账户、通过转账或者其他结算方式协助资金转移，B市J县检察机关在审查起诉时，认为应当以洗钱罪追究其刑事责任。案例二中，被告人廖某某等3人明知是电信网络诈骗犯罪所得，仍然为他人提供银行卡账户等，用于帮助他人转账、套现、取现、转移财物，情节严重，B市H县检察机关以掩饰、隐瞒犯罪所得罪定性。在两案中，唐某某等人和廖某某等人的行为都是为主犯提供银行账户，协助资金转移，两案定性不同主要是由于两案上游犯罪定性不同导致的。刑法将洗钱罪的上游犯罪设定为毒品犯罪、黑社会性质的犯罪等七种犯罪，针对七类上游犯罪所得及其收益实施的洗钱行为，才有可能构成洗钱罪，否则只能以掩饰、隐瞒犯罪所得、犯罪所得收益罪认定。案例一中，上游犯罪是集资诈骗罪，属于金融诈骗犯罪，属于洗钱罪的七个上游犯罪之一，所以唐某某等人的行为触犯了《刑法》第191条的规定，以洗钱罪追究其刑事责任。案例二中，上游犯罪是诈骗罪，所以廖某等人的行为是按照《刑法》第312

条之规定，以掩饰、隐瞒犯罪所得罪追究其刑事责任。

另外，B 市 J 县检察机关办理的吴某某电信网络诈骗案是 B 市检察机关办理的首起自洗钱案件，该案的洗钱方式也需要引起注意，吴某某等人将用户充值资金扣除 3%—5% 好处费后，将剩余资金按要求在“火币网”等虚拟货币交易平台购买 USDT（泰达币）、ETH（以太坊）、BTC（比特币）等虚拟货币并转账至吴某某的虚拟货币钱包。数字货币洗钱有别于以往的洗钱手段，数字货币是通过分布式记账方式进行记录的去中心化货币，具有匿名、无监管、国际范围内支付兑换等特点，对从事黑市交易与洗钱活动有着天然优势。[①] 数字货币钱包因为没有空间体积和实物运输的限制，只通过互联网即可以实现数字货币的全球转移，而且数字货币的账户遍布全球，使得资金监控非常困难，追款难度非常大，本案中实际的追赃挽损效果也不好，数字货币洗钱也是我国反洗钱监管的短板。目前学术界一般认为，虚拟货币洗钱监管是全球性的任务[②]，仅靠国内监管很难产生效果。

① 参见杨东、徐信子:《数字货币的反洗钱问题研究》,《人民检察》2021 年第 9 期。

② 参见万毅:《虚拟货币洗钱黑产链演变及治理对策初探》,《中国检察官》2021 年第 14 期。

电信网络诈骗犯罪中“掐卡”行为的认定

薛璐璐　李佳峰*

摘　要　从杭州市萧山区人民法院办理的陈某、丁某电信网络诈骗犯罪案可以看出，“卡农”将自己银行卡出售给“卡商”，并追踪银行卡资金流水进而挂失，非法获取银行卡内钱款的行为模式的“掐卡”行为是较为典型的“黑吃黑”新型作案手段，但在行为认定上存在一定分歧。“掐卡”行为人与上家之间不存在通谋，但是按照一般人的认知水平和能力，“掐卡”行为人具有“卡商”买卡可能用于违法犯罪的故意，主观上具有帮助正犯的放任故意。

关键词　电信网络诈骗　“掐卡”　故意　行为认定

［**基本案情**］2019年下半年，陈某、丁某结伙，在怀疑师某在境外从事赌博、网络诈骗等违法犯罪活动的情况下，仍将陈某本人办理的多套银行卡材料，以300元一套的价格出售给师某。经查，上述银行卡被境外诈骗分子用于诈骗活动，诈骗流水金额共计50余万元。

陈某发现上述银行卡内有资金进出的情况后，便与丁某商议，意图通过挂失方式共同非法取得上述钱款。2019年9月9日、2020年7月

* 薛璐璐，浙江省宁波市人民检察院第二检察部四级高级检察官；李佳峰，浙江省杭州市萧山区人民检察院第二检察部一级检察官。

31 日，陈某发现其出售给网络诈骗团伙的该张中信银行卡内分别转入人民币 1 万元、2 万元，遂将上述银行卡挂失，并取走卡内的人民币 1 万元、2 万元，分给丁某 0.6 万元。[①]

一、分歧意见

本案中，“卡农”将自己银行卡出售给“卡商”，并追踪银行卡资金流水进而挂失，非法获取银行卡内钱款的行为模式，在实践中被形象地称为“掐卡”，也是较为典型的“黑吃黑”新型作案手段。本案中，对于本案被告人陈某、丁某的行为定性存在三种不同意见：

第一种意见认为，二被告人与上家之间不存在通谋，但是按照一般人的认知水平和能力，二人已经意识到“卡商”买卡可能用于违法犯罪，主观上具有帮助正犯的放任故意。客观上，被告人实施了出售银行卡获利的行为，后上家利用该银行卡实施诈骗活动、转移诈骗赃款，符合《刑法》第 287 条之二的规定，依法应当以帮助信息网络犯罪活动罪追究其刑事责任。二被告人挂失并补办银行卡后将卡内钱款取出的行为系另起犯意，秘密窃取他人资金，应当评价为盗窃罪。二被告人先后实施了两个行为侵犯了两个不同的法益，应予以数罪并罚。

第二种意见认为，二被告人的售卡行为认定为帮助信息网络犯罪活动罪无疑，但非法取得银行卡内资金的行为应认定为侵占罪。首先，虽然银行卡交由上家实际使用，但“卡农”在法律意义上占有银行卡内存款，至少是银行账户存款的保管人；其次，“卡农”实施的挂失补卡行为符合银行业相关规定；最后，“卡农”侵吞卡内资金系违反与“卡商”保管约定的行为。综上，“卡农”的行为符合“将代为保管的他人财物非法占为己有”的行为要件，应认定为侵占罪。

第三种意见认为，二被告人出卖银行卡的行为构成诈骗罪的共犯，截留赃款并私吞的行为属于上游犯罪的延续，即使“卡农”不能确定“卡商”收卡是用于赌博还是用于诈骗活动，但无论是赌博还是诈骗，都在“卡农”的认知范围内，符合帮助诈骗正犯的共犯特征，不再另

---

① 杭州市萧山区人民法院刑事判决书，(2021) 浙 0109 刑初 23 号。

行定罪。故综合认定二被告人对整个诈骗活动起到帮助作用，依法认定为诈骗罪的帮助犯。

二、评析意见

笔者赞同第一种意见，二被告人构成帮助信息网络犯罪活动罪、盗窃罪，两罪并罚。理由如下：

（一）被告人没有事先通谋，应当以帮助信息网络诈骗活动罪定罪处罚

首先，关于帮助信息网络犯罪活动罪与诈骗共犯的区分问题，《最高人民法院、最高人民检察院、公安部关于办理电信网络诈骗等刑事案件适用法律若干问题的意见（二）》中虽有比较明确的帮助行为模式规定，但在具体案件的处理中仍分歧较大。笔者认为，可以参考浙江省高级人民法院、省人民检察院、省公安厅发布的《关于办理电信网络诈骗犯罪案件若干问题的解答》中有关掩饰、隐瞒犯罪所得与诈骗共犯区分的认定，以是否“事先通谋”为判断标准，如果供卡人与电信网络诈骗犯罪团伙之间形成较长时间稳定的“销售分层”配合模式，呈现出交替重叠、循环往复的状态时，可以认定为事先通谋，进而认定为诈骗共犯，即“卡商”可以认定为诈骗共犯；如果对于“卡农”仅仅售卡获利的行为，不宜认定为通谋，应以帮助信息网络诈骗活动罪定罪处罚。

本案中，被告人认识到出售的银行卡会被用于违法犯罪活动，但具体是赌博、诈骗、洗钱、偷税等何种犯罪活动，并非明确、具体、清晰地知晓；客观上，被告人出售银行卡的行为与诈骗活动的发生在空间上还隔着“卡商”，时空相隔较久，即售卡行为与犯罪实行行为距离较远，时间间隔长，紧密度不足。此外，从获利来看，“卡农”仅仅是前端获益，而非事后分赃，因此不宜以诈骗罪共犯论处。

（二）从占有角度出发，“掐卡”行为应认定为盗窃罪

首先，二被告人通过挂失补卡的行为，打破实际持卡人对银行债权的占有，构成盗窃罪。占有关系的判断直接影响侵占罪与其他财产犯

罪的定性，如果是将自己本人占有的财物变成非法所有，构成侵占罪；若非法侵占他人占有的财物，构成其他财产犯罪。[①]虽然我国个人银行账户实行实名制管理，办理银行卡需要实名认证并享有相应的权利，但银行的存取款流程是形式审查，并不会实际考察取款、转账口令发出者系否款项的真实权利人。就存款占有的问题而言，当储户将现金存入银行，银行即占有了现金，而储户则凭借存款凭证占有了要求银行支付、转账、结算相应存款金额的请求权，也就是享有了对于银行的债权。二被告人将其办理的银行卡卖给他人，事实上其已将该银行卡的实际支配、控制权让与“卡商”，卡内的资金及资金往来流向均不受其控制、保管，即银行对卡内资金实现占有，而取款、转账系银行依据身份和密码口令进行流程操作，并不实质审核钱款实际所有人，而基于此“卡商”通过占有银行卡这一债权凭证拥有对于银行支付请求权，从而享有对于卡内资金的处分能力。二被告人既没有对于现金的占有，也没有对于银行财产性利益的占有，其二人通过挂失补卡的行为，打破实际持卡人对银行债权的占有，重新建立自己对于银行债权的占有，系在被害人不知情的情况下侵入被害人的权利领域，符合盗窃罪他人损害型犯罪的特征。整个过程中，被告人造成了被害人对银行所享有的债权的减损。[②]故当二被告人完成新卡的补办手续可以随时支配卡内资金时盗窃已经既遂。

其次，占有变所有的前提不存在，本案不构成侵占罪。侵占罪的观点不当地把被告人为实现不法目的所实施的一系列行为割裂开来，误将服务于侵吞卡内存款的挂失行为评价为合法占有行为，从而认为补卡后先合法取得占有权，进而认定侵吞行为构成拒不归还型的侵占罪。但如前述分析当储户将钱款存入银行之后，钱款系银行占有，储户作为债权人通过占有存款凭证享有对银行的支付请求权。本案中二被告人没有实际控制银行卡这一债权凭证，不能毫无障碍地支配卡内资金，

---

① 参见徐长江、张勇:《将交由他人使用的银行卡挂失非法获取存款如何定性——以韩某某盗窃案为例》,《法律适用》2019年第8期。

② 参见王钢:《盗窃与诈骗的区分——围绕最高人民法院第27号指导案例的展开》,《政治与法律》2015年第4期。

只能通过挂失补办等手续重新建立对于银行债权的占有，所以不能认为名义上的持卡人就当然占有银行债权。据此构成侵占罪前提事实并不存在，不能认定为侵占罪。

帮助信息网络犯罪活动罪与盗窃罪侵犯的法益不同，在本案中亦无牵连关系，二被告人系在出售银行卡后另起犯意又实施了独立的盗窃行为，从罚当其罪角度审视，应当以帮助信息网络犯罪活动罪、盗窃罪数罪并罚。

最终，法院认定陈某、丁某构成帮助信息网络犯罪活动罪、盗窃罪，两罪并罚，判处陈某有期徒刑 1 年 6 个月并处罚金 5000 元，判处丁某有期徒刑 1 年 2 个月并处罚金 4000 元。[①]

① 浙江省杭州市萧山区人民法院刑事判决书，(2021) 浙 0109 刑初 23 号。

专题三

新型支付方式下的财产犯罪

利用第三方支付非法取财的再类型化分析

韩铁柱 *

摘 要 利用第三方支付非法取财中，机器预设人可以被骗，但还应考察程序核验义务与能力、取财行为与用户行为判断“是否被骗”。以用户预先行为作为变量再类型化分析，转走余额、已绑定信用卡、已申请借贷类资金的，统一定性盗窃罪；行为人绑定信用卡并转走资金的，根据信用卡及其资料的获取方式分别定性盗窃罪和信用卡诈骗罪；行为人申请借贷类资金的，以借贷公司为被害人，根据其是否是金融机构分别定性贷款诈骗罪和诈骗罪。第三方支付的发展对非用户社会公众带来的安全风险应当受到重视。

关键词 第三方支付 预设的同意 类型化分析

一、实务认定争议

依托中国裁判文书网，以“支付宝”为关键词，获取重庆市和上海市两地在 2018 年 6 月 1 日至 2019 年 5 月 31 日期间，案由为信用卡诈骗罪、诈骗罪、盗窃罪的全部一审判决书；另外以“支付宝”为关键词，获取上述期间全国案由为信用卡诈骗罪、贷款诈骗罪的全部一审

* 韩铁柱，重庆市九龙坡区人民检察院。

判决书。通过逐份浏览的方式排除无关样本后，最终获取研究样本220份，其中重庆市盗窃罪判决书69份，信用卡诈骗罪判决书3份；上海市盗窃罪判决书86份，诈骗罪判决书4份，信用卡诈骗罪判决书7份；其他省份信用卡诈骗罪判决书51份，贷款诈骗罪判决书0份。以资金来源为变量整理如下。

（一）支付宝余额

［案例一］ 2018年4月5日，被告人杨某某在重庆市渝北区网咖内，盗走被害人廖某某价值550元的手机一部。杨某某发现手机未锁且存有支付宝密码，便以扫码支付套现的方式将支付宝内2000元盗走。[①]

与上述案例相同，仅转走他人支付宝余额的判决书共计75份，均认定盗窃罪，全国范围内没有判决贷款诈骗罪和信用卡诈骗罪，在重庆和上海两市均没有判决诈骗罪（见表1）。

表1 仅转走他人支付宝余额

省份	定性	数量
重庆	盗窃罪	27
上海	盗窃罪	48

（二）信用卡资金

利用支付宝转走他人信用卡资金的判决书共计97份。以用户是否事先开通为变量，样本情况如下。

［案例二］ 2018年9月20日凌晨，被告人汪某某撬锁进入他人店内，将被害人江某某的华为手机一部盗走。之后，汪某某利用上述手机采用短信验证的方式登录被害人江某某的支付宝账号，并将该账号绑定银行卡内的4700元转至自己的支付宝账户内。[②]

① 参见重庆市渝北区人民法院刑事判决书，（2018）渝0112刑初705号。

② 参见重庆市沙坪坝区人民法院刑事判决书，（2018）渝0106刑初1407号。

与上述案例相同，转走已绑定信用卡资金判决书共计54份，有盗窃罪、信用卡诈骗罪的差异（见表2）。

表2　转走他人已绑定信用卡资金

省份	定性	数量
重庆	信用卡诈骗罪	1
	盗窃罪	18
上海	信用卡诈骗	3
	盗窃罪	14
其他省份	信用卡诈骗罪	18

［**案例三**］2018年12月17日，被告人卢某某利用事先获知的被害人叶某某身份证、银行卡等信息，在自己手机上私自注册叶某某的支付宝账户并绑定叶某某的银行卡，后将叶某某银行卡内5万元转入支付宝由被告人卢某某控制。[①]

与上述案例相同，行为人非法获取他人信用卡或者信用卡信息，通过绑定支付宝转走资金的判决书共计43份。其中，盗窃信用卡的，重庆和上海均定性盗窃罪；非法获取信用卡信息或者拾得、骗得信用卡的，有信用卡诈骗罪、盗窃罪的差异（见表3）。

表3　通过绑定转走他人信用卡资金

绑定方法	省份	定性	数量
获取信用卡信息拾得、骗得信用卡	重庆	信用卡诈骗罪	2
		盗窃罪	6
	上海	信用卡诈骗罪	3
		盗窃罪	2
	其他省份	信用卡诈骗罪	27
盗窃信用卡	重庆	盗窃罪	2
	上海	盗窃罪	1

① 参见上海市浦东新区人民法院刑事判决书，（2019）沪0115刑初1075号。

（三）借贷类资金

利用支付宝转走他人借贷类资金的判决书共计43份，存在盗窃罪、诈骗罪、信用卡诈骗罪的差异，全国均没有定性贷款诈骗罪。借贷类资金主要指支付宝软件内设的花呗、借呗、招联金融等，或者支付宝软件之外的其他网络软件的借贷资金。以用户是否事先开通为变量，样本情况如下。

［案例四］ 2018年1月10日，被告人张某某私自操作同住朋友孙某某手机，登录孙某某支付宝，将借呗账户贷款5000元转至孙某某绑定于该支付宝的银行卡内，然后利用支付宝将上述5000元及银行卡内原有的4000元转走。

与上述案例相同，转走他人已开通借贷类资金的判决书共计38份。行为人提现至支付宝余额再转走的，只有1份以用户为被害人定性诈骗罪，其他均定性盗窃罪；放款至支付宝绑定信用卡再被转走的，有信用卡诈骗罪、盗窃罪的差异（见表4）。

表4 转走他人已开通借贷类资金

贷款放款去向	省份	定性	数量
支付宝余额	重庆	盗窃罪	13
	上海	诈骗罪	2
		盗窃罪	15
支付宝绑定信用卡	重庆	盗窃罪	1
	上海	盗窃罪	3
		信用卡诈骗罪	1
	其他省份	信用卡诈骗罪	3

［案例五］ 2018年5月7日至15日，被告人修某某借得被害人周某某的苹果手机一部，未经周某某同意在手机上私自下载来分期、安逸花、招联金融App，然后利用周某某支付宝账户向上述App申请贷款共计6.1万元，并转至支付宝绑定的银行卡内，最后修某某利用支付

宝将上述资金转走。[①]

与上述案例相同，利用支付宝账户申请借贷类资金判决书共计10份，均以用户为被害人，有盗窃罪、诈骗罪、信用卡诈骗罪的差异（见表5）。

表5　冒用他人名义开通并转走借贷类资金

贷款放款去向	省份	定性	数量
支付宝余额	重庆	盗窃罪	2
	上海	诈骗罪	2
		盗窃罪	3
支付宝绑定银行卡	其他省份	信用卡诈骗罪	3

二、学界理论争议

在刑法意义上，由于未经授权冒用他人名义利用第三方支付非法取财行为不具有显著典型性，以骗取和窃取手段区分诈骗罪与盗窃罪的一维判断模式失效，理论上未能厘清第三方支付的地位作用，造成司法实务中大量的“同案不同判”，损害了构成要件明确性，降低了司法公信力。

现有研究以第三方支付软件能否被骗为焦点形成第一方面争议，以资金来源是否影响定性为焦点形成第二方面争议。第一方面争议形成了“诈骗说”和“盗窃说”之争，“诈骗说”内部有“信用卡诈骗说”和“普通诈骗说”。“信用卡诈骗说”认为，第三方支付账户与信用卡账户在功能和使用方式上具有同一性，应当将第三方支付账户视为信用卡账户，定性信用卡诈骗罪。[②]“诈骗说”通过修正机器不能被骗的德日刑法教义，定性诈骗罪。但修正理论内部又有不同观点，有的认

① 参见吉林省农安县人民法院刑事判决书，（2018）吉0122刑初523号。

② 参见刘宪权：《论新型支付方式下网络侵财犯罪的定性》，《法学评论》2017年第5期。

为第三方支付作为智能设备本身可以被骗，[①]有的依据“预设的同意”理论通过“拟制的处分”认为程序预设人可以被骗。[②]“盗窃说”坚守机器不能被骗，从资金债权由用户占有的角度论证构成盗窃罪。[③]对于第二方面的争议焦点，又形成了“统一论”和“区分论”之争，“统一论”将转走信用卡资金与转走第三方支付账户余额作相同分析。“区分论”中，有的将已绑定信用卡和行为人绑定信用卡作统一讨论，有的认为已绑定信用卡资金不影响定性，行为人绑定信用卡资金定性信用卡诈骗罪。

利用第三方支付非法取财的案件，往往是行为人同时转走余额、信用卡资金、借贷类资金，且同时交叉存在已绑定信用卡、已申请借贷类资金与行为人绑定信用卡、申请借贷类资金的情况。第一方面争议中，“诈骗说”以“机器可以被骗”，跳跃性得出第三方支付“被骗”的结论，“可以被骗”与“是否被骗”之间论证阙如，导致结论的偏差;“盗窃说”直接坚守“机器不能被骗”而否定“诈骗说”，证伪不足。第二方面争议中，忽视用户先前行为的作用，以资金来源为类型化方法难以达到逻辑自洽。本文在对裁判文书展现的取财手段进行全面考察基础上，分析软件程序可否被骗、如何被骗、是否被骗，实现再类型化分析。

三、第三方支付可否被骗：应然层面的判断

利用第三方支付非法取财，形成行为人—第三方支付—用户之间的三元互动场景，第三方支付可否被骗成为定性判断的争议核心。可否被骗的深层思考是如何被骗，类推 ATM 或者因其智能性而可以被骗的理由均不能成立，也面临主体性欠缺的问题。但指导性案例创设了可以被骗的规则，坚守不能被骗的观点已无实定法根据，有必要在“预设的同意”理论基础上进行教义学建构。

---

① 参见杨志琼:《利用第三方支付非法取财的刑法规制误区及其匡正》,《政治与法律》2018 年第 12 期。

② 参见姜涛:《网络型诈骗罪的拟制处分行为》,《中外法学》2019 年第 3 期。

③ 参见钱叶六:《存款占有的归属与财产犯罪的界限》,《中国法学》2019 年第 2 期。

（一）不能直接被骗

1. 视为 ATM 属于类推解释

2008 年 4 月 18 日最高人民检察院批复，拾得他人信用卡并在自动柜员机（ATM）上使用的行为，属于冒用他人信用卡的情形，构成犯罪的，以信用卡诈骗罪追究刑事责任。有的根据此批复，认为从 ATM 可以被骗推论第三方支付程序可以被骗，或者认为利用第三方支付非法取财的行为应当比照处理。本人认为，前述观点属于类推解释。

（1）第三方支付账户不同于信用卡账户。直接从论理解释的角度比较二者在功能上、使用方式上的差异，难以准确界定二者在刑法意义上的关系，易于划入类推解释的范畴。应当回归刑法解释方法的阶层选择，“能够根据文义解释法合理地界定刑法语词含义的，则没有必要进行论理解释”[①]。构成要件要素的判断，应当以相关的实定法作为评价基础。立法解释已将信用卡发行主体明确限定为“商业银行或者其他金融机构”，根据金融法规，第三方支付平台不是“商业银行或者其他金融机构”，第三方支付账户也就不是刑法意义上的“信用卡”账户。

（2）ATM 可以被骗不等于第三方支付可以被骗。第一，ATM 能否被骗，理论上仍然存在争议，有的认为上述批复不符合信用卡诈骗罪的基本原理；[②] 有的虽然认为 ATM 可以被骗，但也是在信用卡诈骗罪这一特殊诈骗类型语境下认可，并未在传统诈骗罪中认可。[③] 第二，即使 ATM 可以被骗也不能论证出诈骗罪及其他诈骗类犯罪语境下机器可以被骗的结论。信用卡诈骗罪与诈骗罪是法条竞合关系，但在构成要件上并非简单的包容关系，而是交叉竞合关系。[④] 由于法益保护、司法政策等不同，第三方支付账户不属于信用卡账户，也不涉及信用卡诈骗罪，不能在信用卡诈骗罪语境下进行论证。

---

① 梁根林:《罪刑法定视域中的刑法适用解释》,《中国法学》2014 年第 3 期。

② 参见张明楷:《刑法学》，法律出版社 2016 年版，第 803 页。

③ 参见刘明祥:《用拾得的信用卡在 ATM 机上取款行为之定性》,《清华法学》2007 年第 4 期。

④ 参见闫二鹏:《信用卡诈骗罪与诈骗罪关系辨证》,《政治与法律》2010 年第 2 期。

2. 智能程度不是评价标准

以智能性较高为由，认为第三方支付具有了识别、处分能力的观点不能成立。诚然，从技术层面来看，部分智能设备似乎具有了一定的认识、判断能力，理论意义上可以被骗。但是第三方支付是否属于具有识别能力和处分功能的机器并没有界定标准，有的便提出其与无民事行为能力人一样，不能被骗。[①]机器本身能否被骗是类比自然人民事行为能力进行论证的，现阶段在生物学上并无法明确界定自然人是否具有民事行为能力，同样在刑法意义上也无法区分是否具有识别能力和处分功能，更加无法论证第三方支付本身可以被骗，上述认为有的机器可以被骗的观点并无刑法的规范价值和实践意义。

（二）用户预设同意下可以被骗

刑法意义上的软件程序能否被骗问题，并非自然科学意义上的争论，而是在实在法基础上所作出的教义学理论设定。“实在法对法教义学来说，是一种先在的东西，是教义学分析的逻辑起点，并对教义学分析形成约束。”[②]“不能不认为刑法教义学知识是有国界的，因为刑法作为实在法是有国界的。”[③]故应当根据我国的实定法，来判断是否坚守德日“不能被骗”的刑法教义。在德日刑法有计算机诈骗罪而我国没有的语境下，关于坚守必要性的讨论较多，但仍然争议较大，不再赘述。

本文认为，从最高人民检察院检例第38号出发，应当认为软件程序可以被骗。在我国现有法律体系下，实定法并非仅指刑法和司法解释，具有规则创设作用的指导性案例也应被纳入分析视野。《人民检察院组织法》第23条第2款规定，最高人民检察院可以发布指导性案例;《最高人民检察院关于案例指导工作的规定》第15条规定，各级人民检察院应当参照指导性案例办理类似案件。“解释法律型案例，是

① 参见黄伯青、宋文健:《涉第三方支付类侵财案件的刑事规制解析》,《人民法院报》2019年2月14日。

② 陈兴良:《刑法知识的教义学化》,《法学研究》2011年第6期。

③ 丁胜明:《刑法教义学研究的中国主体性》,《法学研究》2015年第2期。

指对法条、司法解释的规定作进一步解释、具体化或者是在法条的文意范围内进行适宜解释的指导性案例”，“第九批指导性案例（检例第33—38号）也都是这类指导性案例的典型代表”。[①]有的也认为“现有的刑法裁判要点中，创制司法规则的功能得到了彰显”[②]。检例第38号中，网约车公司规定乘客无法全额支付车费时由其垫付车费且同样给予司机承接订单的补贴，被告人通过操控司机端账户和用户端账户虚构用车订单、故意不全额支付车费，非法获取网约车公司垫付车费及补贴。指导性意见肯定了网约车软件可以被骗，认为该行为符合诈骗罪的本质特征，是一种新型诈骗罪的表现形式。

该指导性意见创设了软件程序可以被骗的规则，理论上已无坚守机器不能被骗的根据，但由于软件程序本身不能直接被骗，故应当在“预设的同意”理论基础上进行教义学建构。预设的同意，是指占有人针对未来财物的占有转移作出的有预设条件的同意。[③]质言之，占有人对未来交易预设条件，对方满足条件占有人便同意转移占有，同时意味着占有人放弃占有、进行处分。职是之故，占有人以预设条件的方式与交易对方实现即时对话，达成合意的法律效果，以此来提高对话效率、解放占有人劳动力。预设的同意符合传统盗窃罪与诈骗罪之间，被害人是否同意处分财物的区分标准。

四、第三方支付是否被骗：实然层面的区分

“可否”与“是否”在哲学上属于可能性与现实性的不同层面。第三方支付可以被骗属于应然层面，在明确“预设的同意”理论基础后，还应进一步从实然层面判断是否被骗。德国谚语有云：“只有在人群中，才能认识自己。”因此，应当全面掌握利用第三方支付转走他人资金的事实特征，透视第三方支付的平台性质，从微观层面对账户余额、信用卡绑定、申请借贷三种程序的不同犯罪类型进行对比考察。

---

① 万春：《检察指导案例效力研究》，《中国法学》2018年第2期。

② 陈兴良：《刑法指导案例裁判要点功能研究》，《环球法律评论》2018年第3期。

③ 参见车浩：《盗窃罪中的被害人同意》，《法学研究》2012年第2期。

（一）骗取手段的类型

1. 冒用他人名义申请贷款

霸王餐案与预设的同意理论相契合，餐厅预设条件为客人入座点餐，同意内容为提供餐食。行为人以“入座点餐”行为虚构付款能力和意愿，餐厅因而陷入错误认识处分餐食。同理，贷款申请程序预设条件为，申请人满足 App 预设的申请程序，同意内容为提供借贷资金。[案例五]中修某某以填写信息行为冒用他人名义，借贷公司作为预设人被骗且处分借贷资金。即应当以贷款 App 预设人为被害人，定性诈骗罪，属于金融机构的，定性贷款诈骗罪。

[案例五]裁判结果是信用卡诈骗罪。其裁判逻辑是，贷款 App 将借贷资金转入的是周某某名下的信用卡，修某某取财手段系利用支付宝转走周某某信用卡内资金，故以周某某作为被害人定性信用卡诈骗罪。与该案例相同的 10 份样本均以用户为被害人，分别定性信用卡诈骗罪、诈骗罪、盗窃罪，在裁判逻辑上是一致的。但前述被害人的认定，均是根据朴素价值作出的直觉裁判，并不符合道义直觉。借贷公司预设条件存在疏忽，周某某并无过错，不应受到信用风险和诉累，却由于贷款公司掌握周某某个人信息、影响征信记录，导致周某某承担不利后果。故应当将周某某名下信用卡及其支付宝视为犯罪工具。在电信诈骗案件中，行为人网络购买第三人微信及其信用卡，以骗得被害人向上述微信转账，行为人再将赃款从微信中转移。一般均会将骗得被害人转账作为取财行为，取财账号仅是作案工具。同理，周某某名下的信用卡及其支付宝，只是犯罪工具，周某某并非被害人。

综上，行为人利用支付宝冒用他人名义申请借贷类资金并转走，资金经过余额还是信用卡并不影响定性，均应以贷款 App 预设人为被害人，定性为贷款诈骗罪或者诈骗罪。

2. 冒用他人名义绑定信用卡

基于同理，[案例三]将他人信用卡绑定至支付宝，然后转走卡内资金的行为，应当是银行被骗。以“中国工商银行快捷支付业务服务协议”为例，其规定将信用卡绑定至支付宝，是指银行与支付宝公司向用户提供的，将用户信用卡与支付账户签约绑定后，银行即可根据支付宝公司发送的指令，扣划用户银行卡账户资金的支付服务业务。可见，虽然支付宝软件程序是由支付宝公司开发设计，但须银行认可该“预设的同意”，绑定行为才能成功和有效。质言之，银行与支付宝公司共同“预设”并同意根据支付宝公司指令转移资金。行为人将他人银行卡绑定至支付宝，同时诈骗了预设人银行和支付宝公司，资金占有人和处分人是银行，即行为人利用被骗的支付宝骗取（银行）信用卡资金，银行才是被骗人。

从法律适用的角度,《刑法》规定盗窃信用卡并使用的，定性盗窃罪；司法解释规定，拾得、骗得他人信用卡并使用的；窃取、收买、骗取或者以其他方式获取他人信用卡资料，并通过互联网、通讯终端等使用的，以冒用他人信用卡定性信用卡诈骗罪。上述规范中的“使用”，包括利用支付宝转移信用卡资金的行为。

综上分析，将他人信用卡绑定至支付宝并转走资金的行为，被骗的是“银行”，应当分别依照《刑法》规定定性盗窃罪或者信用卡诈骗罪。

（二）窃取手段的类型

1.用户已开通程序

［案例四］中已开通借贷账户、信用卡绑定程序的情形，相关软件程序没有被骗。共涉及支付宝账户、信用卡绑定、借呗账户三个独立程序，支付宝账户程序的预设条件为申请信息属实，同意内容为支付宝公司开设支付宝账户、用户以密码核验形式向支付宝公司发送指令；信用卡绑定程序的预设条件为申请信息属实，同意内容为银行依照支付宝公司指令转移信用卡资金；借呗账户程序的预设条件为申请信息属实，同意内容为开设借呗账户、发放借贷资金、依照支付宝公司指令转移。上述三个账户程序的开通均由用户本人孙某某预先开通，程序效果为支付宝账户密码核验形式向支付宝公司发送指令，支付宝公司转移支付宝账户余额、信用卡资金、借呗账户资金，通过支付宝公司的平台作用实现交易效率的提升。

张某某的取财行为可以分为两部分，一是张某某冒充用户通过输入正确的支付宝账户密码向支付宝公司发送指令，支付宝公司转移借呗账户资金至绑定信用卡；二是张某某冒充用户通过输入正确的支付宝账户密码向支付宝公司发送指令，支付宝公司转移信用卡资金至张某某处。由此可见，事实层面，借呗程序和银行均是根据支付宝公司指令转移资金，但张某某没有冒充支付宝公司，支付宝公司没有诈骗，在支付宝公司与借呗程序、银行之间也不存在被骗的问题；规范层面，根据因果关系直接性原则，张某某的行为没有直接与借呗程序、银行发生互动，用户的预先开通行为和支付宝公司作为介入因素中断了张某某行为与借呗资金、信用卡资金转移之间的因果关系。

2. 用户已注册账户

根据前文分析，张某某的取财行为是冒充用户通过密码核验程序向支付宝公司发送指令的行为，那么支付宝公司是否被骗？支付宝公司的预设条件是密码正确，同意内容为接受并发出指令。表面上看，似乎属于“预设的同意”理论下支付宝公司被骗的情形。但该预设条件以密码作为唯一判断依据。在用户的预先同意下，支付宝公司对是否用户本人失去审核义务和判断能力，即孙某某输入密码错误支付宝公司不会服从指令，张某某输入密码正确支付宝公司也会服从指令。质言之，该预设程序不存在“被骗”的人设空间，“缺乏沟通下的单纯不知情不算陷入错误”[①]，故软件程序已由“可以被骗”转为“不能被骗”。

当然，在“预设的同意”理论之下可否被骗变得十分模糊，且有学者论证了冒用他人信用卡在ATM上取款时“预设的同意”可以适用，有必要“退一步”明晰“可以被骗”语境下“是否被骗”的判断。有学者指出，“银行是ATM内现金的占有人，银行同意现金占有转移的客观条件中并不包括取款者的身份，只要使用者插入真卡并且输入正确密码，银行就同意现金的转移。由于存在一个现金占有转移的同意，因此就排除了盗窃罪客观构成要件中的‘打破占有’”[②]。根据该论述，可以展示“预设的同意”理论适用逻辑，银行是程序预设人，行为人诈骗方法为向银行冒充用户。

但支付宝软件中的密码核验程序，预设人并非支付宝公司，若无

---

① 许泽天:《刑法各论（一）》，台北新学林出版股份有限公司2018年版，第119页。

② 许泽天:《刑法各论（一）》，台北新学林出版股份有限公司2018年版，第119页。

用户同意，支付宝公司无权转移他人资金。质言之，该程序是用户与支付宝公司签订协议后形成，预设人为用户而非支付宝公司。依照上述“预设的同意”理论适用逻辑，张某某的行为系向程序预设人冒充孙某某转移资金。相当于张某某输入孙某某防盗门密码进入家中转移物品无异，也无异于行为人向贷款 App 冒充借贷公司转走资金，向被害人本人冒充被害人取财的行为属于盗窃罪而非诈骗罪。另外，由于信用卡诈骗罪保护法益和构成要件的特征，其与诈骗罪的教义原理并不一致，支付宝软件密码核验程序与 ATM 密码核验程序二者也不可类比适用。

综上分析，利用第三方支付转走他人已开通借贷类资金，借贷类程序没有被骗、资金流转过程中的银行没有被骗，支付宝程序也没有被骗，该行为构成盗窃罪。另外，[案例二]利用第三方支付转走他人已绑定信用卡资金，由于用户本人的绑定行为之介入，银行没有被骗，支付宝程序也没有被骗，该行为构成盗窃罪；[案例一]利用第三方支付转走他人账户余额的行为，由于用户本人的第三方支付注册设置行为，支付宝程序没有被骗，该行为构成盗窃罪。

五、结论

利用第三方支付非法取财的行为，应当适用“预设的同意”理论即软件程序预设人可以被骗，还需结合预设人、预设条件、同意内容判断软件程序是否被骗。第三方支付账户、信用卡绑定、借贷账户等软件程序，用户预先开通的，利用第三方支付非法取财的行为构成盗窃罪；用户没有相应预先开通行为的，冒用他人名义开通程序并利用第三方支付非法取财的行为构成诈骗类犯罪。职是之故，不应以资金来源作为类型化方法，而应以用户预先行为情况作为变量，再类型化分析：

类型 1：利用第三方支付转走他人账户余额、已绑定信用卡、已开通借贷类资金的，软件程序没有被骗、用户本人也没有被骗，不属于被害人基于意思瑕疵的交付财产犯罪，而是违反被害人意志取得财产的盗窃罪。

类型 2：盗窃他人信用卡，利用第三方支付绑定信用卡并转走信用卡资金的，依照《刑法》第196条第3款之规定，定性盗窃罪；拾得、骗得他人信用卡或者非法获取他人信用卡资料，利用第三方支付绑定信用卡并转走信用卡资金的，依照《刑法》第196条第1款之规定，定性信用卡诈骗罪。

类型3：利用第三方支付开通借贷类账户程序并转走借贷类资金的，均以借贷公司为被害人，属于金融机构定性贷款诈骗罪，其他定性诈骗罪。

第三方支付的快速发展带来了效率与安全的价值冲突课题。给用户带来的资金安全风险被社会所容许，但给非用户社会公众带来的安全风险尚未得到足够重视。在传统支付环境下，信用卡资金安全风险较低，除非柜台签约否则信用卡手机银行无法开通，线上取财难度大，不知真实密码情况下线下取财易于案发；在传统线下会签审核的情况下，难以冒充他人骗取借贷资金。但第三方支付环境下，只需获取他人身份信息和信用卡信息便可开通快捷支付转走信用卡资金，也可冒用他人名义获取借贷类资金，给非用户社会公众带来了安全和信用风险，乃至诉累。软件程序开发者、自担风险用户的效率追求，与社会公众的安全追求之间如何平衡，如何合理附加软件程序开发者的安全保障义务，及刑法如何体现价值倾向，有必要重新审视。

诈骗罪与民事欺诈的区别与认定

——以杭州首例“套路嫖”案为例

曹巧峤 *

摘　要　诈骗犯罪侵害的客体为公私财物所有权，民事欺诈的目的在于意思表示或合同的履行利益，其制度价值则在于修复意思表示的瑕疵。诈骗罪作为典型的财产占有型犯罪，行为人应具有非法占有权利人财产的主观目的。主观目的属于意识领域，只有通过查明和综合分析客观行为和事实并进行推定。区分诈骗罪和民事欺诈的重要标准就是能否通过综合事实推定行为人存在非法占有目的。

关键词　套路嫖　诈骗罪　民事欺诈　非法占有目的

一、诈骗罪与民事欺诈的区别之争

［**基本案情**］ 2017 年 9 月，于某、黄某等人注册成立杭州御府美容有限公司，并开设杭州御府男士 SPA 俊颜馆（以下简称杭州御府 SPA 馆）。2017 年 11 月 20 日起，于某等人以可以提供色情服务为诱饵，由张某和李某负责营销团队，采取打电话，散发美女图像卡片等方式对外宣传，吸引客户。在与客户交流过程中，营销人员通过“话术”诱导和暗示客户，让其误认为可以提供色情服务从而到店消费。客户

*　曹巧峤，北京市西城区人民法院民四庭一级法官。

到店后，由店内管家与营销人员、技师相互配合，用“话术”进行言语误导，并通过坐大腿等肢体接触暗示店内有色情服务，引诱客户充值办卡。客户交纳费用后，由技师给客户提供普通按摩服务，当客户意识被骗时，由店长罗某等人出面安抚，或者继续让客户误以为后期会有色情服务，或者以多送会员卡金额方式，不让客户退卡退款。骗取的充值消费被以股东分红、工资、提成方式分赃。截至2018年1月17日，于某、黄某等人共诈骗1452名被害人，涉案金额1557万多元。法院判决认为，杭州御府SPA馆不是以提供合格、高质量服务获取报酬的正常经营，而是以色情为诱饵，以按摩为幌子，掩盖骗人钱财的“套路嫖”行为，属于有预谋的诈骗犯罪行为。

第一种观点认为本案被告人的行为不构成诈骗罪，应当属于一种民事欺诈。杭州御府SPA馆未明确声称提供色情服务，不存在虚构事实的行为，也有多名客户声称不是为了享受性服务而办理的充值。公司具备真实的投资经营能力，有固定的经营场所，提供正规按摩服务，通过提供服务牟取经营利润，不是直接针对被害人财物的诈骗行为。其采取相关“话术”是店内服务促销的一种手段，公司具备随时退费的能力，不具有刑法上的非法占有目的。

第二种观点认为本案被告人的行为构成诈骗罪。杭州御府SPA馆使用“话术”诱惑客户充值办卡，使受害人误以为其能够提供色情服务，已经构成了以虚构事实和隐瞒真相使得受害人产生错误认识，其拒绝受害人要求退款的请求以及将充值消费进行分赃的后续行为，可以证明行为人具有非法占有受害人财物的目的，服务和办卡只是其犯罪手段和形式。行为人基于非法占有之目的，对被害人实施的欺骗行为导致被害人失去了对充值钱款的所有权，符合诈骗罪构成要件，应科以刑罚处罚。

第三种观点认为本案被告人的行为属于民事欺诈还是诈骗罪重点在于认定其是否具有非法占有被害人财产的目的，应当根据杭州御府SPA馆提供服务的质量和价格、客户在发现套路后能否实际办理退款、客户办卡的主观意图是基于对色情服务的错误认识还是想要接受正规按摩服务等实际情况综合考量。诈骗罪与民事欺诈在客观行为的表现上具有共同特征，即行为人都是采取虚构事实或隐瞒真相使相对人陷人认识错误，并基于错误认识作出行为人希望发生之行为。不同的是诈骗罪的行为人所欲的是被害人的财物，民事欺诈的行为人所欲的是被害人作出特定意思表示。区分诈害行为的罪与非罪主要是认定行为人是否具有非法占有相对人财物的主观目的，这需要从行为人的客观行为如实施诈害的具体手段、方式、行为实施后的结果和表现等综合因素结合具体案件进行认定。

二、诈骗罪的犯罪客体与民事欺诈的制度价值

犯罪的本质是对于重要的生活利益（人格尊严和维持人格发展所必需的个人利益，以及支持这些利益的社会、国家利益）事实上予以侵害或使其危害化的行为。[①] 即犯罪是一种侵害法律保护利益的行为，这种法益就是犯罪客体。无论利益对象是人还是物，利益关系都是一种典型的社会关系，即在社会交往中，利益人与自身以外的特定或不特定主体的关系。法律调整的是社会关系，社会关系既包括平等主体之间的权利义务关系，也包括不平等主体之间的权利义务责任关系。法律制度的两个基本概念——秩序与正义，[②] 正是通过法律规范调整社会关系实现的。刑法调整的是犯罪与刑罚之间的关系，具体来说是犯罪人与国家追诉权之间的保护性社会关系，即犯罪人对一定社会关系实施侵害，刑法对其行为进行否定性评价进而彰显刑法所保护的法益，并建构起刑法所追求的秩序与正义。[③] 故犯罪客体具体到社会关系上是刑法所保护的、为犯罪所侵害的社会关系，是犯罪构成的必备要件之一，是区分罪与非罪的关键因素，是犯罪本质在法律适用中的具体化。

我国《刑法》第 13 条以列举的形式对分则各种犯罪行为的客体进行了明确表述。按照诈骗罪所属的财产型犯罪在《刑法》分则体系中的位置，其侵害的客体应当是公私财产所有权。刑法上的财产所有权

---

① 参见［日］野村稔:《刑法总论》，全理其、何力译，法律出版社 2001 年版，第 79 页。

② 参见［美］博登海默:《法理学：法律哲学与法律方法》，邓正来译，中国政法大学出版社 2004 年版，第 227 页。

③ 参见周旺生:《法理学》，人民法院出版社 2002 年版，第 194 页。

与民法上的所有权并非一一对应关系，通说认为只要侵害到权利人对公私财物依自由意志为占有、使用、收益、处分权能（不一定基于所有权）之一即可成立对刑法上所有权的危害。[①] 以公民个人财产权为例，财产权是一种消极的，对世的绝对法律关系。财产权的权利主体享有的权能可以通过对财产的事实占有和利用及处分实现，不需要第三人积极行为的配合。在财产权的法律关系中，义务主体只需要消极地对权利人权利地位的尊重和不侵犯即可。财产权的主体可以是单独的也可以是共同的，但其必须是确定的，但义务主体则是权利人之外的所有不特定主体，任何权利人外的主体均是义务。财产权人自取得权利之时即可依据自己的独立自由意志对财产进行任何形式的占有、使用、收益和处分，只要权利行使不损害社会公共利益和善良风俗，不侵害他人的合法权益即可。按照社会秩序与正义来说，个人合法取得的财产除非其本人意愿或法律上的明确规定才能让渡给相对人，前者如签订合同，后者如履行侵权责任或纳税义务。诈骗罪侵害的客体正是个人让渡合法财产应依据自愿或法定原因这一显明的社会秩序和正义。

在民法的概念体系中，欺诈属于意思表示制度，意思表示是法律行为的核心要素，法律行为又是私法自治的工具。民法首先从正面规定了一项合法有效的法律行为应当具备真实意思表示的要求，又在反面规定了因意思表示不真实导致法律行为效力瑕疵的救济制度。[②] 因相对人或第三人实施欺诈，导致表意人对欺诈人虚构的事实和隐瞒的真相产生认识错误，并以该认识错误为动机作出相应意思表示的，民法赋予其撤销权，以解除不真实意思表示对表意人的约束力。故，民事欺诈的制度价值在于平衡私法自治，即表意人应当受自己真实意思表示的约束是私法自治的正面要求，如果其意思表示因他人过错欺诈行为导致不真实，表意人决定其意思的自由已不复存在，仍让其受约束显

① 参见高铭暄、马克昌主编:《刑法学》，北京大学出版社2000年版，第504页。

② 《民法典》第143条明确规定，意思表示真实是民事法律行为有效要件之一；第148条明确规定，以欺诈手段使对方做出不真实意思表示的民事法律行为可予以撤销。

然与私法自治本意和公平原则不符。[①]

民法上的欺诈，依通说是指表意人因他人之欺骗行为陷于错误而为意思表示。[②]欺诈损害的是表意人自由决策权，是一种机会和起点的公平，欺诈人是否真正获利和表意人是否实际受损不是欺诈的必要构成要件。例如，A 供货商谎称其储存的挪威进口三文鱼为国产三文鱼，B 超市因信赖 A 的陈述与其订立了三文鱼购销合同，则无论合同约定的价格是否合理，履行结果是否顺畅，最终销售是否获利，B 超市均可以欺诈为由对合同予以撤销。表意人受欺诈的结果是作出意思表示，这种意思表示是欺诈人所希望发生的，该意思表示可能导致表意人受到财产损失，也可能导致表意人财产不受损甚至发生增值。

根据诈骗罪的犯罪客体和民事欺诈制度价值的对比可以看出，前者直接侵害的是财产所有权，后者损害的是表意人的自由决策，属于动态的交易安全，而不属于静态的归属安全。虽然表意人基于欺诈作出的意思表示最终导致的也是财产权利的变动，但欺诈人的目的是表意人作出相应意思表示而非财产变动本身，不能将欺诈在民法上的目的与其经济意义上的目的相混淆。以合同这种典型法律行为为例，即使未受欺诈的合同对于双方而言也不可能完全等价有偿，表意人只要主观认为自己的给付与对方的对待给付具有平等性即可。要求合同一方不获取利益不符合合同的经济本质。所以与诈骗罪直接针对财产所有权，犯罪人获取相应财产利益不同，民事欺诈不能简单以财产所有权变动或行为人是否取得财产利益为标准加以认定。

三、诈骗罪的构成要件与非法占有目的

犯罪客体具有高度抽象性，犯罪人侵害某一刑法保护的社会关系总是表现为一定客观外在事实特征，即犯罪构成的客观方面。[③]通说认为诈骗罪的客观构成要件为：行为人实施欺骗行为—受害人产生错误认

---

① 参见［德］卡尔·拉伦茨:《德国民法通论（下）》，王晓晔等译，法律出版社 2003 年版，第 542 页。

② 参见史尚宽:《民法总论》，中国政法大学出版社 2000 年版，第 423 页。

③ 参见高铭暄、马克昌主编:《刑法学》，北京大学出版社 2000 年版，第 64 页。

识—受害人基于错误认识处分财产—行为人或者第三人取得财产—被害人遭受财产损失，[①]各个客观行为之间具有层层递进式的因果联系。而主观方面，诈骗行为构成犯罪应当具有非法占有之目的。

首先，就行为人实施欺骗行为而言，积极作为的虚构事实和消极不作为的隐瞒真相，语言、文字和举动等明示和默示手段均可以构成欺骗。是否存在默示的欺骗应结合行为时、行为前乃至行为后的各种状态进行判断。行为人是否有实现承诺的某些行为不影响欺骗的成立，自始导致和加深维持错误认识均可以成立欺骗。[②]

其次，受害人基于行为人欺骗行为产生了错误认识，是诈骗客观行为的重要环节。受害人对行为人的诈骗行为全部确信或虽产生抽象怀疑，但在行为当时无法对事实真伪进行鉴别均可成立认识错误。只要欺骗行为与认识错误之间存在因果关系，即使被害人自己有一定的判断失误或过错，也不影响诈骗罪的成立。[③]

再次，受害人基于对认识错误的信赖，做出了财产处分并造成行为人或者第三人取得财产，受害人蒙受财产损失是诈骗行为人所追求的客观结果。受害人处分财产既要有将自己占有的财产移转给他人占有的行为，还必须具有意识到自己占有的财物或享有的财产性利益转移给对方占有或享有的意识，即处分行为与处分意识的主客观统一。[④]

最后，行为人取得受害人财产的占有并不是行为的终点，其不仅要对所骗取的财物进行事实上的占有，还要对财物排除他人占有和遵从财物本来的经济属性加以利用。行为人最终从取得财物占有并加以利用中获利，与之相对的是受害人则因失去财物占有和利用权能而遭受损失。行为人的获利和受害人的损失均来自对财物的占有支配和使用处分。

通过对诈骗罪客观构成要件的分析可见，与民事欺诈行为人通过欺骗行为造成相对人认识错误，并基于认识错误作出意思表示的客观表

---

① 参见张明楷:《刑法学》，法律出版社2016年版，第1000页。

② 参见张明楷:《论诈骗罪的欺骗行为》,《甘肃政法学院学报》2005年第3期。

③ 参见马卫军:《论诈骗罪中的被害人错误认识》,《当代法学》2016年第6期。

④ 参见柏浪涛:《论诈骗罪中的“处分意识”》,《东方法学》2017年第2期。

现不同的是，诈骗罪的客观结果是受害人最终基于错误认识作出的财产处分并造成行为人获得财产，自己受到损失。这种客观上的区别决定于行为人主观心态上的差异。诈骗罪行为人的欺骗行为及客观结果都是在非法占有他人财产这一目的支配下的行为，而民事欺诈行为人的欺骗行为及客观结果并没有直接非法占有他人财产的目的，行为人只是希望通过相对人之意思表示获取财产利益。这是诈骗罪与民事欺诈行为人在主观方面的本质区别。虽然《刑法》在诈骗罪的字面条文中并未明确"非法占有目的"，但通说认为，这是诈骗罪这一占有型财产犯罪的当然构成要件，是诈骗罪等系列欺骗型财产犯罪的题中之义。行为人基于故意实施的诈骗客观行为即可实现非法占有目的，诈骗罪是一种直接目的犯。①

非法占有目的是区分欺骗行为罪与非罪的重要因素，是诈骗罪的主观方面，是指排除权利人，将他人的财物作为自己的所有物进行支配，并遵从财物的用途进行利用、处分的意思。即非法占有目的由"排除意思"和"利用意思"构成。排除意思是指达到可罚程度的妨害权利人利用财产的意思，利用意思是指遵从财物可能具有的用途进行利用和处分的意思。②非法是指行为人没有占有财产的合法根据，通常是指符合私法上财产法的权利取得或保有根据。

作为行为人的主观心态，在查明和认定上只能以行为人的客观行为来证明和推断。即要认定行为人是否具有非法占有目的必须以能够证明的事实和相关行为为基础加以推断。具体而言应坚持主客观一致的原则进行综合审查：行为人是否具备履行能力和条件；客观上的骗取行为；行为人事后态度及是否具有归还财物的意图。③

四、"套路嫖"案件罪与非罪的标准与认定

对于前述案例，相较而言，笔者更赞同第三种观点，理由如下：

---

① 参见陈兴良:《目的犯的法理探究》,《法学研究》2004年第3期。

② 参见张明楷:《论财产罪的非法占有目的》,《法商研究》2005年第5期。

③ 参见李明:《诈骗罪中"非法占有目的"的推定规则》,《法学杂志》2013年第10期。

第一，本案不能简单地从客观欺骗行为上认定行为人是否构成诈骗罪。被告人于某、黄某等人通过事前虚假宣传吸引客户到店体验，客户到店后伙同销售人员、技师使用“话术”或肢体接触等明示和默示的手段使客户产生店内可以提供色情服务的错误认识。在客户产生怀疑或发现上当后继续进行诱导的行为已经构成了客观欺骗行为。但由于诈骗罪和民事欺诈在欺骗行为上具有同质性，仅从是否存在欺骗行为无法明确本案罪与非罪的标准。

本案在认定行为人实施欺骗行为使相对人陷入认识错误并做出财产处分这一事实链条上，应当尽可能查明未报案客户充值办卡的真实目的，即使无法查明也应当坚持疑罪从无的原则，不能笼统地将充值办卡的1452名客户和1557万多元充值金额全部推定，系相对人基于对杭州御府SPA馆存在色情服务这一认识错误所为的财产处分。即便这些办卡充值的客户可能基于种种原因未报案，但无法排除其可能基于对正常按摩服务的需求办理充值办卡的合理怀疑。

第二，从客观行为综合推定是否存在非法占有目的。诈骗罪侵害的是财产权利人直接占有、利用财产价值的权益，这一客体贯彻于行为人进行犯罪准备、组织具体实施、事后掩饰分赃的全过程。这要求综合分析行为人整个行为流程上的事实和证据，才能推定出行为人是否具有非法占有目的。具体到本案中，应当充分查明被告人在实施欺骗行为前的策划组织事实，与周边地段同种类服务价格和当地行业服务价格进行对比，杭州御府SPA馆提供的按摩服务是否明显高于平均水平。不必拘泥于被告人供述的事实和杭州御府SPA馆是否客观上具备正常经营及退款能力，而应该重点查明受害人办卡后能否获得正常按摩服务，是否可以办理退款。通过客观事实推定行为人是否存在非法占有目的，与行为人只以通过合同履行牟利为目的的民事欺诈相区别。

类似的推定方法在“酒托案”中也有运用，如果行为人以恋爱交往或一夜情为欺骗内容，使受害人陷入认识错误并进行酒水消费，如酒水价格与实际成本严重不符，行为人具有组织策划的明显预谋，则消费就只是形式和手段，骗取受害人财物才是行为人直接目的。反之，如酒水价格符合市场价格，即使存在组织策划和欺骗内容，也只能认定为违反正常市场交易秩序的普通行政违法行为。行为人未明示附带相应目的的，则属于以履行合同获取利益的商业促销行为。[①]

第三，准确把握预付费服务合同的性质认定犯罪所得。应当认识到客户基于对杭州御府SPA馆存在色情服务产生认识错误，虽然在动机上属于违反法律的禁止性规定，存在一定过错，但客户与杭州御府SPA馆订立的预付费服务合同却是有效的。因为基于何种动机订立合同对于合同有效性来说是不重要的，重要的是这种动机有没有受到相对人的欺诈。

预付费服务合同是指服务接收方通过预先支付费用，获得服务提供方在服务单价或总价上的折扣，并按照每次服务进行结算的合同。[②]故客户在充值办卡时一次性移转了储值货币的占有，在货币占有即所有的权利外观推定下，客户具有处分自己储值货币的处分意识和处分行为。在给付货币后，其享有的不再是货币的所有权，而是享有了针对杭州御府SPA馆的以按摩服务为给付内容的债权请求权。如果客户可以获得杭州御府SPA馆后续的正规按摩服务，或可以实际办理退款，其已经正常消费或实际退款部分不能认定为是被告人对客户全部储值的非法占有。这里被告人是否具有占有意识不能依据其口供陈述，而应当查明是否存在实际的正常消费和退款行为。反之，如果确定被告人存在完全的非法占有目的，合同本身只是其犯罪手段和形式，其非法占有目的应当涵摄整个充值金额。

综上，"套路嫖"的套路是否构成诈骗罪，关键在于确定行为人是否存在非法占有目的，这一主观心态只能通过行为人事前、事中、事后的具体行为综合考量加以推定。行为明显直接指向受害人财产，合同只起掩饰作用，服务质量明显与对价不符，行为人既无实际或意愿履行合同，又拒绝退还充值金额的，应当认定为诈骗罪。反之，行为直接指向合同履行利益，合同本身即是行为目的，服务质量与对价基本相当，行为人有能力实际履行合同并存在退款事实的，应当认定为民事欺诈。

---

① 参见郭慧丽、周力:《"酒托"行为应当以诈骗罪论处》,《中国检察官》2012年第4期。

② 参见赵云:《我国预付费消费合同法律规制探析》,《中国政法大学学报》2013年第2期。

五、结语

客观行为具有复杂和多样性，欺骗行为既可以是基于非法占有他人财物目的而为，也可以是基于他人做出相应意思表示目的而为。准确把握罪与非罪的核心在于认识刑法所保护的法益和社会关系，即犯罪客体。行为人侵害犯罪客体总是具体表现为客观行为，而行为又必然受目的和意识支配，所以在认定某种欺骗行为是否构成诈骗罪时，应当以查明的客观行为为基础事实推定行为人是否具有非法占有他人财物的目的。只有在非法占有目的支配下的欺骗行为侵害了权利人财产安全和支配利益，才满足犯罪构成要件，具有刑罚可罚性。

第三方支付方式中侵财犯罪的定性困境与出路*

唐　祥　金朝榜**

摘　要　第三方支付方式中的新型侵财犯罪，尚未脱离既有的刑法规制范畴，所谓的“诈骗”“盗窃”对立，也应在解释论层面予以消解。为了合理界定新型侵财犯罪的本质，需要明确夺取类犯罪与交付类犯罪的罪质特征，需合理区分财产性利益与无形财物的界限，明确第三方支付平台所涉财物“数字化财产”的属性，将偷换扫码端口和转移他人支付宝余额或余额宝账户内资金的侵财行为认定为盗窃罪。坚守“机器不能被骗”的立场，同时鉴于诈骗类犯罪的“诈骗”内涵，宜将骗取信贷资金的行为以合同诈骗罪论处，侵犯支付后端所绑定银行卡的行为按信用卡诈骗罪认定。

关键词　第三方支付　盗窃罪　诈骗罪　财产性利益

一、第三方支付方式侵财犯罪的认定争议

[案例一]　被告人袁某、刘某等人通过分工合作的方式于2018年

*　本文系四川省成都市锦江区人民检察院2020年度检察调研一般课题“新型支付方式中侵财犯罪的定性路径分析”（CDJJJC2020C07）的阶段性成果。

**　唐祥，四川省成都市锦江区人民检察院综合业务部副主任；金朝榜，西南财经大学法学院刑法学博士研究生。

7月至2018年9月期间多次实施盗窃行为，通过所窃取的手机、身份证、银行卡等物件，借助支付宝、微信等第三方平台，窃取他人支付宝余额，转移信用卡资金，透支他人花呗、借呗共计251428.8元。二审法院认为，上诉人以非法占有为目的，秘密窃取他人财物，数额巨大，其行为均已构成盗窃罪。[①]

[案例二] 2017年2月至3月，被告人邹某某先后到石狮市沃尔玛商场门口台湾脆皮玉米店、章鱼小丸子店、世茂摩天城商场可可柠檬奶茶店、石狮市湖东菜市场、长福菜市场、五星菜市场、洋下菜市场，以及晋江市青阳街道等地的店铺、摊位，乘无人注意之机，将上述店铺、摊位上的微信收款二维码调换（覆盖）为自己的微信二维码，从而获取顾客通过微信扫描支付给上述商家的钱款。直至案发，行为人共获取他人钱款6983.03元。福建省石狮市人民法院认为被告人邹某某以非法占有为目的，多次采用秘密手段窃取公民财物，认定为盗窃罪。[②]

[案例三] 2017年7月23日，被告人李某某将被害人李某的手机借来后利用李某的手机号码、身份信息和银行卡信息，通过自己的手机注册了支付宝账号，并捆绑了李某的银行卡，然后用支付宝将李某银行卡上的钱分十次共转出1万元；7月25日，又以同样的方式将李某银行卡里的1万元转至自己的朋友郭某的支付宝，后郭某用微信将钱转给李某某。本案中，法院以信用卡诈骗罪判处被告人有期徒刑1年2个月。[③]

[案例四] 2016年6月至8月，被告人苑某某借助朋友身份之便私自将被害人张某某支付宝中款项13114元转至自己支付宝进行消费。除了余额款项外，被告人还以被害人名义向蚂蚁借呗借款10864元、向招联金融借款1000元。一审法院认为，被告人以被害人名义向支付宝蚂蚁借呗借款，并将相应款项转入自己支付宝，非法占为已有，其行为构成贷款诈骗罪。[④]

---

① 参见四川省成都市中级人民法院刑事裁定书，（2019）川01刑终568号。

② 参见福建省石狮市人民法院刑事判决书，（2017）闽0581刑初1070号。

③ 参见四川省成都市中级人民法院刑事判决书，（2018）川34刑终60号。

④ 参见山西省阳泉市中级人民法院刑事判决书，（2018）晋03刑终47号。

[案例五] 被告人徐某因偶然机会发现可以在单位下发手机上登录同事马某的支付宝账号，然后利用工作之便间接获取马某支付密码，使用该手机将被害人马某的支付宝账户内的1.5万元转至自己账户。海曙区人民法院判决被告人徐某犯诈骗罪，判处有期徒刑7个月，缓刑1年，并处罚金。[①]

从上述案例看，第三方支付方式中侵财犯罪的认定，司法实践中主要存在着“诈骗”“盗窃”分歧，至今尚无定论。案例一、案例二体现了第三方支付方式中侵财犯罪以“盗窃”定性的情形。两个案例行为人的犯罪行为至少包含“利用支付宝转移他人信用卡资金”“利用被害人身份在第三方平台借款消费”“窃取支付宝内余额”“偷换二维码”四种行为，但在法院认定过程中仍坚持以“盗窃”为核心的犯罪认定路径，均以盗窃罪论处。显然，上述法院只注重于行为人“秘密窃取”的主观心态，而忽视了客观行为特性，也未深入研究各侵财犯罪事例的差异，概括式地将四种不同行为类型统一认定为“盗窃罪”，并不适宜。[②]

面对日益高发的新型侵财犯罪，除了案例一、案例二以盗窃罪定罪处罚外，案例三定为信用卡诈骗罪、案例四定为贷款诈骗罪、案例五定为诈骗罪，后面三个案例体现了第三方支付方式中侵财犯罪以“诈骗”定性情形。从诈骗罪的犯罪构造看，该罪核心在于“被骗人（诈骗对象）基于认识错误处分财产”，但是在新型侵财犯罪中，诈骗对象指向的是第三方支付平台，所以第三方支付平台能否被骗直接关系到罪名的认定。若得出肯定回答，无疑是赋予了第三方平台拟制人格。在当前情况下，尤其是随着智能支付的发展，从密码支付到指纹支付再到刷脸支付，第三方支付识别变得更加智能化，对象识别日益倾向于“人”的识别。实践中，法院在针对窃取支付宝内资金、透支信用额度、侵犯信用卡资金几类情形时都毫无例外地以“诈骗”定性。但第三方平台能否赋予拟制人格？在何种程度下赋予拟制人格？第三方平台基于支付指令处分财产的行为能否契合诈骗罪的犯罪构成？第三

① 参见浙江省宁波市中级人民法院刑事裁定书，（2015）浙甬刑二终字第497号。

② 参见杨志琼：《利用第三方支付非法取财的刑法规制误区及其匡正》，《政治与法律》2018年第12期。

方支付方式中侵财犯罪的行为人“偷”的主观心态在诈骗罪中该如何评价？上述问题的存在，无疑对诈骗罪的定性提出了挑战。

综上可知，面对第三方支付方式中新型侵财犯罪，司法实践中存在着盗窃罪、信用卡诈骗罪、贷款诈骗罪、诈骗罪的定性分歧。产生分歧的原因在于，新型侵财犯罪中财产范围的扩大化、支付空间的抽象化，使得刑法中关于财物的认定边界更加模糊，财产的转移占有愈加抽象，财产处分意识逐步弱化，以实物为基础构建的侵财犯罪体系在网络支付中面临困境，因而新型犯罪行为呈现出“似盗非盗，似骗非骗”的新特征，传统的盗窃罪或是诈骗罪都难以实现全面评价。首先，该类行为并不完全符合诈骗罪规定，行为人借助被害人和第三方平台不知情“偷”的主观要素是诈骗罪绕不过去的障碍。其次，该类行为也并不完全符合盗窃罪规定，支付环节均在网络空间进行，如何解释“转移占有”也是将其作盗窃罪认定的难点。结合行为人的行为样态、第三方支付平台在新型侵财犯罪中所充当的角色、犯罪行为所指向的对象，宜将第三方支付方式中侵财犯罪行为划分为偷换二维码、窃取支付宝余额资金或理财资金、透支信贷资金、转移信用卡资金四种行为，现分别予以论述。

二、第三方支付方式中侵财行为的定性分析

法律推理的演绎路径，决定了刑法适用只能发生在具体个案当中，在刑法规范与个案事实发生对应关系时，才需对规范进行解释。当前，第三方支付方式中侵财犯罪的“诈骗”“盗窃”分歧在很大程度上是源于犯罪对象、犯罪手段不同视角得出的结论。有观点认为，“对财产犯罪案件的分析，首先要确定被害人，然后根据被害人所遭受的损失内容来确定犯罪行为性质”[①]；也有观点认为“刑事看行为，民事看关系”，因此行为方式才是解决第三方支付方式中侵财犯罪定性问题的关键。为进一步探究司法实践中骗、盗对立的成因，本文拟从犯罪对象和行为方式展开论述。

---

① 张明楷：《三角诈骗的类型》，《法学评论》2017 年第 1 期。

（一）被害人视角的分析

被害人视角的分析是依照犯罪行为所作用的人按图索骥，进而确定行为方式和资金流转方向。此过程的难点在于准确锁定被害人，进而按照一定方式进行逆向推理。其基本逻辑就在于：谁是被害人—被害人损失的是什么—被害人是基于什么原因遭受损失的—行为人在这个过程中发挥了什么作用或实施了什么行为，进而依照相应罪名进行认定。

1. 被害人的确定。被害人作为犯罪行为所侵害之人，在整个犯罪过程中具有不可替代的作用，因此被害人的确定直接决定了法律推理的方向。在以支付宝为例的第三方支付方式中，四类犯罪行为若从实际受害用户视角进行分析，则被害人应当是真实用户，其因不知情而遭受财产损失，所以行为人的行为更贴近于“盗窃”。但是第三方支付方式不同于线下的实物交易，民事法律关系错综复杂，技术手段虚拟便捷，对行为人的“偷”在虚拟空间可能会发生异变，演变为“骗”。

2. 损失内容的确定。从《刑法》条文表述来看，诈骗罪的“隐瞒真相”与盗窃罪的“秘密窃取”似乎具有交叉关系，但是结合两罪本质，前者属于交付罪，后者属于夺取罪，二者之间具有本质区别。诈骗罪的核心在于处分行为与处分意识，而盗窃罪的核心在于秘密方式转移占有。处分行为或意识可以涵盖动产、不动产、财产性利益；而转移占有更多的还主要是动产。因此被害人的损失内容直接关系到罪名的确定。在提现之前，如若将上述四类行为认定为是行为人对第三方平台或银行债权的取得，被害人的损失是债权的不当减少或债务的增加，则毫无例外地应当将四类行为归结为“诈骗”类罪，因为盗窃罪作为夺取罪，转移占有的障碍决定其对象不包含财产性利益。

3. 财产损失的原因。被害人遭受财产损失的原因是被害人视角分析的一个重要环节，被害人是整个环节的核心，被害人遭受财产损失的原因也应当围绕被害人展开。若商家及用户是被害人，遭受财产损失的原因便在于“不知情”，因而更加符合盗窃罪“秘密”的规定；若买家和第三方平台作为被害人，则遭受财产损失的原因是基于认识错误而处分财产，则更倾向于诈骗。

被害人视角分析无疑是第三方支付方式中侵财犯罪准确定性的重

要方式，但在涉及多方主体、民刑法律关系错综复杂的第三方支付方式中，被害人视角的分析仅仅指明的是一种思考方向，还存在诸多问题。首先，被害人视角的分析，在“被害人的确定到行为人行为样态”推理的四个环节中，被害人的确定、被害人的损失和被害人财产损失原因均是围绕被害人为中心展开，与刑法所关注的犯罪行为存在悖逆。换言之，刑法的核心应当在于行为人的行为，而非被害人遭受的损失。其次，被害人视角的分析在逻辑推理过程中存在以下不足：（1）“被害人的确定”环节，忽视了民刑定性特征，没能合理把握刑法规范视角“被害人”与实际“受害人”之间的差异。因为上述案例被害人的确定在很大程度上是基于民事责任的承担者来认定刑法上的被害人，而民事责任的承担主要依据的是过错比例或义务的划分，但是民事关系中的过错和义务总是因不同场景而发生变化，其结果便是被害人因过错或义务的变化而变化。以偷换二维码案为例，上述盗窃罪定性的逻辑是商家没有合理保管收款二维码存在过错，其损失应当自行承担，因此商家是受害者，损失的是应收款项，损失原因在于二维码的偷换，行为人通过秘密方式偷换二维码获取财物，从而得出被害人是商家，行为人构成盗窃罪。若上述案例稍加修改，缩小时空间隙，被害人也会随之变化：如果本案中商户设置了到账提醒功能，用户付款后商家未接收到到账提醒，进而以用户未付款为由拒绝用户拿走商品，恐怕此时的被害人便是用户。导致上述问题的根本原因在于“事实层面的被害者”“民法上的责任承担者”“刑法上的被害者”在特定情况下会发生分离。（2）损失内容环节，《刑法》分则第五章规定了侵犯财产罪，且条文仅使用了“财物”一词。于是，需要回答以下问题：作为诈骗罪或盗窃罪对象的“财物”是否包含财产性利益？如果作出否认回答，是否符合法益保护目的与客观现实？倘若得出肯定结论，是否违反罪刑法定原则？同时，财产性利益的内涵是什么？其与无形财产之间的界限又是什么？（3）财产损失的原因以被害人为视角进行分析，存在逻辑推理上的本末倒置问题。在整个犯罪论体系中，犯罪行为是犯罪认定的核心，其应然逻辑应该是犯罪行为—犯罪结果；而被害人视角的财产损失原因却是犯罪结果—犯罪行为，因而被害人视角的分析脱离了“行为”中心。同时应当注意，行为人的主观心态及行为类型作为客观存在，不会因为被害人的主观感知而变化。总之，被害人视角的分析提供的仅仅是一种思路方向，但绝非犯罪认定的应然逻辑。

（二）行为方式维度的思考

与被害人视角分析不同的是，行为方式维度的思考则是以行为人为逻辑起点，通过分析犯罪行为样态来准确认定犯罪性质。

1. 诈骗罪的行为样态。诈骗罪是交付罪，系被害人主动交付财物，在整个诈骗过程中，被骗人是否陷入认识错误并处分财产是认定诈骗罪的核心。在偷换扫码端口、侵犯信贷资金、转移信用卡资金案中，第三方平台提供的仅是技术支撑，犯罪行为指向的对象要么是自然人商家，要么是具备拟制人格的小微贷款公司或银行，因此可以成为诈骗对象。但是，侵犯第三方平台账户资金案中，犯罪行为所指向的对象是第三方平台，且第三方平台在交易过程中从交易工具蜕变为独立个体，如何认定第三方平台被骗是刑法中的难点。关于机器能否被骗的问题，早在彭宇案中就进行了激烈探讨，但科技发展日新月异，人工智能也经历了“弱人工智能、强人工智能和超人工智能”的发展，刑法理论上也从当初ATM能否被骗的争论演变为第三方平台能否被骗的探讨。按照“有限人格说”的观点，第三方平台在正常运作情况下属于强人工智能阶段，具备人脑的模拟思维，因此第三方平台不再是单纯的机器，而是具备人脑思维的机器人，可以承担有限的法律责任。[①]按此逻辑分析，第三方平台无疑能够成为诈骗的对象。“工具说”的观点则认为，虽然人工智能得到极大发展，但第三平台尚不具备“人”的因素，因而不能成为诈骗的对象，更不具备处分意识。[②]“代理说”认为，第三方平台不能被骗，但第三方平台的处分行为是背后权利人的意志延伸，因而诈骗的对象不是第三方平台，而是第三方平台背后的权利人。正如有学者所言“自动取款机无疑不具有人的灵性，但它是按权利人的要求设计制造的，其一举一动都是权利人意志的反

---

① 参见袁曾:《人工智能有限法律人格审视》,《东方法学》2017年第5期。

② 参见张明楷:《刑法学》，法律出版社2016年版，第803页。

映，或者为权利人所认可。自动取款机并非不可以被骗欺，这种被欺骗实际上是权利人被欺骗”[①]。本文认为，人工智能的快速发展虽然具备了一定的识别能力，但人工智能始终没有摆脱作为行为工具的桎梏，将支付宝为代表的第三方平台认定为机器人具有玩弄文字之嫌。诈骗罪作为交付罪，与盗窃罪“他损”的行为方式不同，诈骗罪是“自损”的犯罪，行为人取得财物是基于被害人意思瑕疵而错误处分了财产，被害人在整个交易过程中也存在一定过错。[②]即在诈骗罪中被害人基于诈骗行为存在着陷入认识错误的“可能”，而第三方平台在面对支付指令时只能按照既有的编辑程序作出支付或不支付的确切反映，与交付罪所要求的这种“可能性”相违背，所以“机器人”理论与实际不符。按照服务协议约定，只要客户输入正确的密码，就等于完成了身份验证。机器本身不可能识别用户真实身份，行为人冒用他人信用卡时，虽然违反了银行管理人的意志，但是并没有使机器人陷入错误认识。

2. 盗窃罪的行为样态。根据盗窃行为的法教义学分析，只要行为人以非法占有为目的，采用秘密窃取的方式转移他人占有财物，建立新的支配关系，便构成盗窃罪。由此可知，盗窃罪是转移占有的夺取罪，与诈骗罪具有本质的不同。在涉及第三方支付方式侵财犯罪过程中，将犯罪行为作盗窃认定的障碍主要在于诸多观点认为被害人损失的是“债权性利益”，因此需要回答的是财产性利益能否成为盗窃罪的对象。采取肯定说的观点主要有以下几点理由：（1）德日刑法在财物犯罪中明确区分了财物与财产性利益，而我国《刑法》分则第五章“侵犯财产罪”中统一称之为“财产”，因此我国侵财犯罪中财物应当包含财产性利益；（2）我国《刑法》第265条将电信设备、电信号码、电力资源等规定为盗窃罪的对象。如张明楷教授就认为“债权等财产性利益不能成为盗窃罪的对象，可谓19世纪的观念”[③]。采取否定说的观点认为，债权性利益在很大程度上属于观念层面的东西，并不能在事实

① 金瑞锋：《疑难信用卡诈骗行为定性研究》，《刑法评论（五）》，法律出版社2004年版，第42页。

② 参见林东茂：《刑法纵览》，一品文化出版社2015年版，第472页。

③ 张明楷：《论盗窃财产性利益》，《中外法学》2016年第6期。

层面被人管控，这与盗窃罪所要求的直接转移占有不符，所以财产性利益不能成为盗窃罪的对象。

本文认为，从刑法的严谨性来看，将财产性利益理解为财物并无不妥，但涉及具体罪名时应当具体分析。盗窃罪、抢夺罪作为夺取罪，需要转移占有，因此财物应当从狭义上进行理解。而债权性利益往往基于合同关系而存在，根据合同的相对性及债权债务本身的特殊性，盗窃债权的行为难以达到侵财的效果。因为盗窃罪“侵害占有”或“打破占有”的特性，在一定程度上决定了其侵害的对象只能是财物而非财产性利益。[①]需要注意的是，虽然不可窃取财产性利益，但是窃取债权性凭证导致被害人遭受财产性损失该如何评价却是刑法中的难点。例如，债务人通过窃取欠条来达到免除债务的目的，司法实践中通常以盗窃罪论处。本文对此持否定态度，欠条仅仅是债权凭证，它本身并非财物，债权人丧失欠条只是征表债权债务关系载体的消失，并不意味着欠条背后债务关系的消灭。正如黎宏教授所言“借据只能对当事人之间借贷法律关系起到证明作用，它的灭失对债权债务关系的设立、变更和消灭不造成任何实质影响”[②]。

在第三方支付方式中，侵财犯罪的行为方式具有“似盗非盗，似骗非骗”的特点，一方面行为人是基于用户“不知情”来窃取财物，另一方面又是通过“冒用用户名义”使第三方平台陷入认识错误来处分财产。因此第三方支付方式中的侵财犯罪是一种骗盗交织的行为，按照德日刑法规定，以“使用计算机诈骗罪”论处即可妥善解决。但是，我国刑法体系不同，并无类似罪名，虽然《刑法》规定了针对计算机信息系统的相关犯罪，但是并不能实现犯罪行为的全面评价。为此必须明确，既有的《刑法》规定能否对新的行为方式实现合理规制。若是第三方支付方式中侵财犯罪与传统犯罪仅具有“量”上的差异，通过合理的刑法解释即可达到规制目的；若是二者之间具有“质”上的区别，则需要调整刑法体系或者增设相应罪名。当前侵财犯罪还属于

① 参见刘明祥:《论窃取财产性利益》,《政治与法律》2019 年第 8 期。

② 黎宏:《论盗窃财产性利益》,《清华法学》2013 年第 6 期。

前者。首先，在第三方支付方式侵财犯罪中虽然牵连主体众多，网络空间的犯罪场地更加抽象，但就实质来看，第三方平台充当的还主要是犯罪工具的角色。虽然网络空间的隐蔽性、技术性、多样性增加了案件发现和查明的难度，但与发生在非虚拟网络空间的类似犯罪相比，并无本质区别，人工智能的发展程度还不具备“人”的属性。其次，第三方支付方式中侵财犯罪还未脱离“财产”属性，只是技术因素的加入使得民事法律关系更加复杂，行为人的行为性质并未发生本质改变，所谓的分歧不过是骗、盗认定的分歧。因而第三方支付方式中的侵财犯罪认定，不在于增设新的罪名，也不在于质疑现有的《刑法》规定，而在于如何在财产法益范围内合理定性。

三、第三方支付方式中侵财行为定性的应然逻辑

鉴于当前第三方平台人工智能发展程度还未脱离既有的刑法规制范围，因此无须新增罪名，只需借助合理的刑法解释便可达到规制目的，第三方支付方式中侵财犯罪的定性问题实际上是“诈骗”“盗窃”解释的问题。在不同的行为样态中，第三方平台所发挥的作用与充当的角色各不相同，因此对侵财犯罪行为进行准确定性，需要合理把握第三方平台在第三方支付方式中的角色定位，再结合行为方式、犯罪对象进行具体分析。

（一）第三方支付平台支付端口领域：偷换二维码窃取财物构成盗窃罪

扫码支付的运用逻辑是通过端口对端口的方式构建买家与商家之间的支付通道，从而促使交易活动的顺利进行。二维码作为支付端口虽系用户特有，但用户群体之间完全可以自由匹配，因此扫码端口偷换的行为实质就是支付通道的重新构建。二维码本身仅仅是支付端口并不征表经济价值，因此不宜将其理解为财物，应受处罚的行为主要是后续的取财行为。简言之，偷换支付端口的犯罪行为主要表现为“通过偷换二维码，来取得他人财物”。单就取财行为来看，上述行为并不符合盗窃罪与诈骗罪的大前提规定，因此需要透过表象探究实质。当前针对偷换二维码的行为主要存在三种观点：第一种观点认为该行为

构成盗窃罪，窃取的是商户应收款项；第二种观点认为该行为使消费者用户陷入认识错误处分财产，构成诈骗罪；第三种观点认为，本案的受害者是商家，被骗对象是买家，成立三角诈骗，应以诈骗罪论处。本文认为，以上三种观点没有厘清扫码支付的技术原理，均有不妥。观点一中，商家“不知情”虽然符合盗窃罪中“秘密窃取”的主观心态，但盗窃罪是夺取罪，需要打破占有来建立新的占有关系，纵观整个交易过程，商家所获得仅仅是一种预期收益，从始至终均未占有该收益，更谈不上所谓的“打破占有”。观点二中行为人通过“隐瞒真相”的方式偷换二维码使买家误认为商家二维码而付款，进而认定诈骗罪。该观点无疑是将买家认定为诈骗罪的被害人，但是该观点忽视了诈骗罪“整体性财产犯罪”特征，仅仅具有被害人处分财产的行为还不够，还必须考察被害人在交易前后金钱价值整体上是否减少、经济上是否有损害，即被害人是否受到了“净资产”的损失。所以，买家是否是诈骗罪的受害者应当从整体上进行把握，在偷换二维码案中，由于买家已经取得了对价的商品，在实质上并未受损，故对用户不构成诈骗罪。观点三认为买家基于错误的二维码处分了商家的预期收益，根据被骗人与受害人的分离，构成三角诈骗。该观点忽视了三角诈骗与普通诈骗的区别。实际上，财产性利益不能成为三角诈骗的对象，因为被骗人是基于行为人的租赁、委托或借用等行为所形成的事实占有关系，预期收益作为财产利益只能观念占有，被骗人的处分行为并不能导致债权性利益的减少。如债权的转让需要通知债务人，债务的转移需要征询债权人的同意，三角诈骗中的被害人无论是作为债务人还是债权人在没有经过法律规定的要式程序前，均不可能遭受财产利益的损失。如妻子基于债务人虚构的事实免除了丈夫对债务人所享有的债权，基于合同相对性和债权的特殊性并不能达到免除债务的效果。以上三种观点虽然违背了扫码支付的基本原理，但并不说明偷换扫码端口的行为无法进行规范评价。只要合理把握资金流转动态，便可得出合理结论。

本文认为，偷换扫码端口行为构成盗窃罪，理由如下：（1）被害人受损是“数字化财产”而非财产性利益；（2）买家通过扫描收款二维码便构建了商家与买家的支付通道，当“数字化财产”流出支付端口但尚未进入收款端口之前，“数字化财产”还存留于第三方平台所提供的支付通道之内，即第三方平台占有该部分财产，行为人透过偷换二维码截取的方式取得该财产，应当构成盗窃罪。该观点可与窃取电力犯罪理论相契合，只不过前者属于虚拟通道，而后者属于有线电路，行为方式一致，故应以盗窃罪认定。

（二）第三方支付平台网络理财或备付金领域：转移余额或余额宝资金构成盗窃罪

在第三方支付方式中网络理财的实质是借助第三方平台将用户资金嫁接到货币市场基金，第三方平台并非理财产品购买协议的参与方，因此以余额宝为例的理财产品并不能直接转出提现，行为人获取财物往往需要通过赎回指令将理财资金转为第三方平台余额，才能转入自己银行卡。在先前的赎回指令中，用户资金只是场景发生改变但用户并未遭受任何损失，因此可作一体化讨论。依照中国人民银行《非银行支付机构客户备付金存管办法》第3条“客户备付金，是指非银行支付机构为办理客户委托的支付业务而实际收到的预收待付货币资金”的规定，用户与第三方支付平台是委托保管关系。再依照《民法典》第888条“保管合同是保管人保管寄存人交付的保管物，并返还该物的合同”规定可知，债权性利益不能成为保管合同的标的，保管合同的对象应该是狭义上的财物。若将保管财物理解为货币，依据“货币占有即所有”的基本原理，第三方平台不是财物的保管者而是所有者，则用户不是财物的所有者而是基于保管关系所形成的债权人。所以，无论是将保管合同标的理解为债权性利益还是货币都与保管合同的根本属性相矛盾，唯一的解释就是行为人将货币资金转至第三方平台兑换为等额的“数字化财产”，且“数字化财产”为用户所有，第三方平台保管，才能实现理论自洽。况且，数字化财产具有货币“价值尺度、流通手段、支付手段”几种职能，将其理解为财物而非财产性利益并未超出“财物”的核心要义。此外，因第三方平台作为智能机器不能被骗且不具备处分意识，故不构成诈骗罪。相反，行为人是借助平台或用户的“不知情”来转移占有，更加符合盗窃罪的规定。

存在疑问的是，行为人的这种“冒用”行为是否构成信用卡诈骗罪。《最高人民法院、最高人民检察院关于办理妨害信用卡管理刑事案件具体应用法律若干问题的解释》（以下简称《解释》）第5条规定，窃取、收买、骗取或者以其他非法方式获取他人信用卡信息资料，并通过互联网、通讯终端等使用的，认定为冒用他人信用卡，其核心在于第三方支付平台的账户信息是否属于司法解释中的信用卡信息资料。刘宪权教授认为，第三方支付平台的账户信息与信用卡信息相关联，系信用卡支付功能的延伸，第三方支付平台的账户信息属于司法解释中的“信用卡信息资料”。采取窃取、骗取、收买第三方支付平台账户信息，通过互联网或有关终端侵犯用户财产的，该行为构成信用卡诈骗罪。本文认为该观点并不可取。首先，第三方支付平台属于非银行支付机构，用户在申请第三方平台账户时所形成的信息，不具有金融属性。其次，第三方支付账号与银行卡账户是不同的账户体系，现实过程中完全存在未绑定银行卡的第三方支付账户，因此获得账户信息并不等同于获得信用卡信息。所以，行为人通过窃取支付宝账户信息的行为不构成信用卡诈骗罪。

（三）第三方支付平台网络信贷领域：冒领信贷产品构成合同诈骗罪

在以花呗与借呗为例的新型信贷产品中，行为人以用户名义向信贷公司申请贷款，信贷公司基于用户个人信用额度给付贷款的行为更加符合诈骗规定。首先，无论是花呗还是借呗在很大程度上都是第三方平台推出的信贷产品，行为人冒用用户名义与信贷公司订立的是信贷合同，其本质是信贷关系。行为人所虚构的债权债务关系，其本质上属于财产性利益，不符合盗窃罪侵财对象要求，故应在诈骗类罪中分析。诈骗犯罪主要集中于《刑法》分则第三章与第五章，由于具体罪名侵犯法益不同，诈骗的行为内容也各不相同。如《刑法》第266条诈骗罪强调的是诈骗行为的实质内容，即诈骗行为是否足以使行为对象陷入认识错误进而处分财产；而《刑法》第224条的合同诈骗罪、第196条的信用卡诈骗罪在上述基础上还包括了“冒充他人名义”，因为冒用他人名义本身就是扰乱市场交易秩序或信用卡管理秩序的行为。行为人借助第三方平台转移他人信贷资金的行为，表现为“假人”实施了符合贷款规则的“真实指令”，信贷公司是基于真实的信用额度、真实的支付指令来出借贷款，因而并未遭受欺骗。故上述行为虽不符合诈骗罪中的“诈骗”规定，但“冒用”行为却为市场交易规则和信用卡管理秩序所禁止，因而可能构成合同诈骗罪或信用卡诈骗罪。有观点遵循实体信用卡到虚拟信用卡的发展轨迹，认为2004年全国人民代表大会常务委员会颁布的《关于〈中华人民共和国刑法〉有关信用卡规定的解释》标志着刑法意义上的信用卡概念独立于金融业务上的信用卡概念，对信用卡的理解应从实质上进行把握。[①]花呗是由具有金融性质的小微贷款公司提供，而且具备消费支付、信用贷款、转账结算等信用卡功能，虽然形式上欠缺有形载体，但符合信用卡的实质，宜将其理解为信用卡。所以，行为人以用户名义冒领、冒用花呗构成信用卡诈骗罪。从客观解释角度对信用卡进行定义也许符合未来发展趋势，但从当前情况来看，保守解释更为可取。虽然天弘基金等小微贷款公司符合《关于2011年中资金融机构金融统计制度有关事项的通知》中“境内其他金融机构”的规定，且取得了相应金融牌照，但并非取得金融执照的金融机构所提供具备消费信贷功能的产品就是信用卡。例如，中国人民银行曾于2014年3月13日紧急叫停两类虚拟信用卡（中信银行微信信用卡和中信淘宝异度支付信用卡）。由此可知，信用卡的认定并非如上述学理解释一般漫无边际，在扩大解释时应当予以克制。花呗只是一种基于消费信贷合同的支付工具，不属于刑法意义上的信用卡，相关欺诈行为也不构成信用卡诈骗罪。[②]也有学者认为，支付宝天弘基金所提供的借呗或花呗是一种金融机构的信贷产品，骗取信贷产品的行为构成“贷款诈骗罪”。此观点只意识到小微贷款的金融性质但未实质考察行为人的行为样态，《刑法》第193条所规定的5类诈骗情形，并不包含“冒用他人”的内容，因此以贷款诈骗罪认定并不适宜。实际上，该行为是行为人在与小微贷款公司签订借贷合同

---

① 参见刘宪权：《信用卡“养卡”、“套现”行为的刑法定性分析》，《法学》2012年第7期。

② 参见马寅翔：《冒用电商平台个人信用支付产品的行为定性》，《法学》2016年第9期。

时，冒用了他人名义，扰乱了市场交易秩序，故应依照《刑法》第224条第1项规定以合同诈骗罪论处。

（四）第三方支付平台支付后端领域：转移信用卡资金构成信用卡诈骗罪

涉及支付后端的侵财犯罪主要表现为行为人利用用户与第三方平台所签订的服务协议及第三方平台与银行所签订的业务合作协议，以用户名义向第三方平台发出请求银行支付的指令，从而转移银行钱款的行为。这种通过获取第三方平台账户密码来转移银行卡资金的行为，有观点依据《刑法》第196条第3款“盗窃信用卡并使用的，以盗窃罪定罪处罚”规定认定该行为构成盗窃罪；亦有观点认为，该行为符合《解释》第5条关于“信用卡信息资料，通过互联网、通讯终端使用的”规定，应以信用卡诈骗罪论处。本文认为上述行为构成信用卡诈骗罪，具体理由如下：

第一，借助第三方平台转移信用卡资金的行为不构成盗窃罪。按照货币“占有即所有”的基本原理，用户并不占有该钱款，行为人所侵犯的是银行资金，该资金系银行所有。被害人所丧失的是对银行的债权，被害人的占有没有被侵害，银行也未遭受任何损失，该行为不符合盗窃罪转移占有规定。上述“盗窃信用卡并使用的，以盗窃罪定罪处罚”的规定，实际上是将后续的信用卡使用行为与先前的盗窃行为看作牵连关系，“使用行为”是“盗窃行为”的延续。在借助第三方平台转移信用卡资金中，由于没有实体信用卡的存在，将“盗窃 + 使用”虚拟信用卡的行为认定为盗窃罪并不妥当。根据盗窃信用卡但不使用的行为不具有可罚性可知，“盗窃 + 使用”信用卡的处罚根据在于“使用”行为，其本质上应构成信用卡诈骗罪。故《刑法》第196条第3款宜将其理解为拟制条款，不宜推而广之，在适用时应当作严格解释，将信用卡的范围局限于实体信用卡。因此，司法实践中，行为人通过窃取方式获取他人手机，借助手机支付App转移他人钱款的行为，应将窃取手机的行为认定为盗窃罪，转移信用卡资金行为认定为信用卡诈骗罪，进而数罪并罚。

第二，借助第三方平台转移信用卡资金的行为构成信用卡诈骗罪。

信用卡是连接第三方平台与银行之间的纽带，借助第三方平台侵犯用户信用卡资金的行为不再局限于第三方平台所构建的支付服务场景，并且突破了第三方平台管控范围进入了金融支付领域，犯罪行为除了涉及财产法益外还侵犯了信用卡管理秩序，以信用卡诈骗罪认定才能实现全面评价。正如上文所述，由于第三方支付过程中并不涉及实体信用卡，那么行为人所窃取的对象便不是信用卡而是信用卡信息，进而依据《解释》第5条规定以信用卡诈骗罪论处，便具有合理性。首先，窃取第三方平台所绑定的信用卡资金，既侵犯了被害人的债权利益，又侵犯了信用卡管理制度，以信用卡诈骗罪进行认定能够实现刑法的全面评价。其次，从行为样态来看，用户在银行存储的资金由银行占有直接转变为了行为人占有，此过程中被害人的占有权没有被侵犯，故不构成盗窃罪。综上可知，“冒用”只要未经合法持卡人许可，擅自使用他人信用卡或信用卡信息的行为均构成信用卡诈骗罪。

诈骗花呗额度行为的定性分析

张怡铭　李佳峰*

摘　要　花呗的法律属性为一种消费信贷产品，而非银行等金融机构发行的信用卡。诈骗花呗额度的行为，涉及四方主体刑事责任认定问题。行骗人提议被害人使用花呗付款，因被害人对使用花呗刷单具有自我决定权且遭受了实际损失，应当认定为普通诈骗罪而非贷款诈骗罪的间接正犯；花呗用户虚构交易进行刷单，因小额贷款公司不属于“其他金融机构”以及虚构用途不属于实质性欺骗，不能认定为骗取贷款罪；中介商利用花呗套现，属于“非法从事资金支付结算业务”，根据司法解释规定，情节严重的构成非法经营罪。

关键词　花呗额度　诈骗罪　骗取贷款罪　非法经营罪

随着互联网与电子商务的飞速发展，新型财产犯罪层出不穷，营造的骗局令人防不胜防。当传统的“庞氏骗局”包裹上电子商务的外衣，当诈骗罪的对象从现金变为信贷额度，当线下支付变为扫码付款，侵财犯罪的社会危害性也随着时间、空间呈几何式增长。本文从一起真实案例出发，分析诈骗花呗额度行为背后的刑事责任，力求为此类案件提供办理思路。

*　张怡铭，浙江省杭州市人民检察院；李佳峰，浙江省杭州市萧山区人民检察院。

一、问题的提出

[基本案情] 2018年6月至7月，被告人沈某某虚构开网店刷单赚积分的事由，让被害人李某坤、李某丹帮忙刷单，并承诺给予一定比例的提成。被告人沈某某通过章某获取杨某持有的某商城、厉某某持有的某数码杭州广场店、祁某某持有的某手机商店等支付终端的支付二维码，并将上述二维码通过微信提供给被害人李某坤、李某丹，被害人李某坤、李某丹通过支付宝或微信扫码的方式，将信用卡或花呗中的钱款转入上述账户内。经被害人李某坤及李某丹的介绍，被害人李某青等16人分别从李某坤、李某丹处获取上述支付二维码，以同样的方式进行刷单。章某通过支付终端持有人祁某某、厉某某等人将钱套现后，通过支付宝及微信转账的方式，将除手续费外套取的资金转账给被告人沈某某。被告人沈某某采用后债还前债的方式，将部分本金及好处费返还给被害人，部分套现所得用于赌博及个人挥霍，截至案发时，尚有375799元未返还。

本案中，被告人沈某某实施了两个行为：先虚构了“网店刷单”的事由，承诺高利回报，骗取被害人转账；后联系套现中介提供二维码，将花呗中的信贷额度变现为财产并占为己有。本案涉及四方主体：行骗人、受骗人、花呗平台、套现中介，相互之间的关系如下图所示。

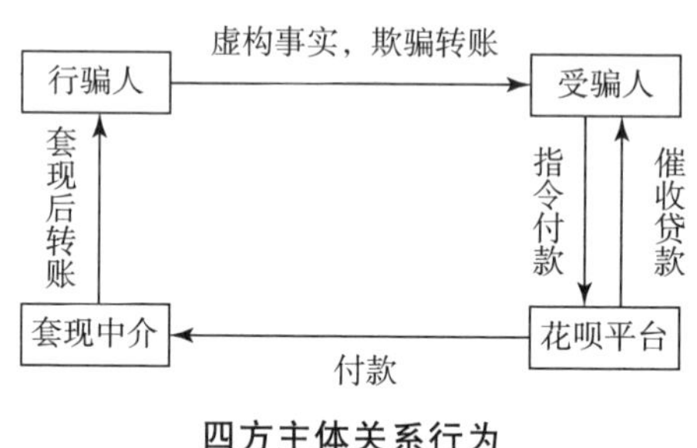

四方主体关系行为

针对上述两个行为、四方主体，产生了定性方面的三个争议：一是行骗人提议受骗人使用花呗进行刷单的行为，根据受损主体不同，定性上出现了诈骗罪与贷款诈骗罪的分歧；二是花呗用户在没有真实交易的情况下取得小额贷款公司贷款，是否构成骗取贷款罪；三是中介商利用花呗套现的行为，是否构成非法经营罪。要想厘清上述问题，首先需要明确花呗等个人信用支付产品的性质。

二、花呗的法律属性探究

花呗作为支付宝平台推出的一项个人信用支付产品，用户在使用花呗时必须与重庆阿里巴巴小额贷款有限公司（以下简称小贷公司）、商融（上海）商业保理有限公司（以下简称商融保理）这两家服务商签订《蚂蚁花呗用户服务合同》，并授权服务商向芝麻信用管理有限公司（以下简称芝麻信用）查询用户的信用信息，根据该分值，服务商给予用户相应的消费额度用以在指定店铺内享受先消费、后付款的服务。[①]虽然花呗在信用评估、还款期限、消费模式等方面与银行发行的贷记卡没有实质区别，但花呗不属于刑法意义上的信用卡。

（一）法律规范层面分析

2004 年 12 月 29 日《全国人民代表大会常务委员会关于〈中华人民共和国刑法〉有关信用卡规定的解释》指出："刑法规定的'信用卡'，是指由商业银行或者其他金融机构发行的具有消费支付、信用贷款、转账结算、存取现金等全部功能或者部分功能的电子支付卡。" 1999 年 3 月 1 日起实施的中国人民银行《银行卡业务管理办法》第 2 条规定："本办法所称银行卡，是指由商业银行（含邮政金融机构）向社会发行的具有消费信用、转账结算、存取现金等全部或部分功能的信用支付工具。商业银行未经中国人民银行批准不得发行银行卡。"由此可见，在我国只有商业银行和邮政金融机构才能发行信用卡，且必须经过中国人民银行的批准。根据阿里小贷公司工商登记信息，经营范围是"开展办理各项贷款、票据贴现、资产转让业务"，显然与商业银行开展的人民币存款、贷款、同业拆借、国内外结算等银行牌照业务不同。结合《银行卡业务管理办法》第 2 条，此处的其他金融机

① 马寅翔：《冒用电商平台个人信用支付产品的行为定性——以花呗为例的分析》，《法学》2016 年第 9 期。

构应当作限缩解释，目前仅指具有发卡权限的邮政金融机构，而不是泛指所有金融机构。

（二）法益保护层面分析

小贷公司与商业银行在资金来源和性质方面也存在差异。这一差异决定了二者造成的法益侵害不同。商业银行的资金来源于公众存款，关系到社会秩序的稳定和个人财产安全。而阿里小贷公司的资金来源于自有资金、股东借款、银行借款及发行 ABS（资产证券化），[①] 不能直接吸收公众存款。国家允许小额贷款公司的存在，主要目的在于合理引导民间资本的流向，减少非法融资行为，促进社会经济发展，其并不涉及社会公众资金的安全，尚未上升到需要刑法将其界定为金融机构并进行特殊保护的地位。[②]

经过前述分析，花呗不能认定为刑法意义上的信用卡，那么此类个人信用支付产品的法律属性究竟为何？根据《蚂蚁花呗用户服务合同》，主要是由用户与阿里小贷、商融保理签订的一种消费信贷合同。所谓消费信贷合同，是指由消费者出于个人消费目的而与银行、金融机构或者特定的专门机构就一定时间内使用对方提供的货币资金或者迟延付款而达成的协议。[③] 花呗在消费信贷关系中加入个人信用因素，搭载第三方支付平台，对接淘宝等特约商户，成为一种具有金融创新色彩的新型消费信贷产品。

三、诈骗花呗额度行为定性

花呗作为支付宝付款的一种方式，虽然与账户余额、绑定银行卡、余额宝等付款方式并列选择，但却因为其法律属性和资金来源的差异，

---

① 阿里小贷公司将大量稳定可期的贷款额度以资产证券化的方式，通过中国国际金融有限公司进行融资，从而将信用资产变成了可以交易的流通证券。

② 王国平:《从首例利用“蚂蚁花呗”套现案例探析相关套现行为的本质属性》,《法律适用》2018 年第 10 期。

③ 参见顾芳芳、陆珩瑱:《消费信贷合同的内涵及法律特征研究》,《商业研究》2007 年第 7 期。

可能落入其他罪名的打击范围，造成定性上的争论。

（一）行骗人行为定性分析

根据受损对象的不同，行骗人行为性质有诈骗罪和贷款诈骗罪的间接正犯两种观点。诈骗罪说认为，受骗人作为实际遭受财产损失的对象，是刑法上的被害人。行骗人通过虚构事实，使被骗人自愿处分财物，行骗人获得了套现资金，而使受骗人背负了花呗还款义务，符合诈骗罪的构造。贷款诈骗罪说认为，行骗人的犯罪对象是小贷公司的资金，基于非法占有目的，指使受骗人使用花呗付款，间接从阿里小贷公司骗取信贷资金，小贷公司才是被害人。此时行骗人通过欺骗手段支配不知情者实施犯罪行为，应当以贷款诈骗罪的间接正犯论处。笔者认同第一种观点，理由如下：

首先，贷款诈骗罪规制的是贷款申请人的行为，不能将主体身份无限扩大。在本案情形中，贷款申请人是花呗用户，是否构成贷款诈骗罪应重点评价花呗用户的贷款行为。其一，花呗用户明知自己在使用花呗付款，也明知自己具有还款义务，主观上不具有非法占有目的。虽然行骗人具有非法占有的目的，但花呗用户仍以为只是刷单，可以按时归还花呗贷款。其二，花呗用户客观上没有采用欺骗手段获取贷款。用户基于自由意志开通花呗账户，并进行身份认证，遵守《蚂蚁花呗用户服务合同》的要求，在信用评级给出的信贷限额幅度内使用，不属于欺骗手段。其三，行骗人虽然对花呗用户有教唆的作用，但是否决定花呗付款依然处于用户的自由意志范畴，用户并没有沦为行骗人控制的工具。而使用花呗的目的是购买商品还是刷单，并不影响行为性质的判定。

其次，以诈骗罪认定可以评价整个犯罪行为。以诈骗罪认定可以充分评价行骗人虚构事实、隐瞒真相的欺骗行为，受骗者陷入认识错误处分财产的行为，将受骗者的财产认定为犯罪对象，也符合一般人的常识和观念。若以贷款诈骗罪这一特殊罪名认定，难以评价全案事实，受骗者仅作为工具或者不知情的被教唆者，虽然在自由意志的支配下参与了付款、收款等环节，最后却没有将其作为被害人，置于整个犯罪过程之外，忽略了对其行为和受损法益的评价。

最后，以诈骗罪认定更有利于保障小贷公司对还款义务人的追偿权。在行骗者与受骗者的法律关系中，可以用诈骗罪评价解决，在受骗者与小贷公司的法律关系中，可以通过民事合同进行追偿。若以贷款诈骗罪认定，小贷公司只能向被告人追回资金，无法再向花呗用户索要钱款，实践中不利于信贷资金的全面保护，很可能因为被告人的挥霍造成资金无法偿还的境地。

跳出本案，试想如果行骗人虚构事实，使受骗者主动交付花呗给行骗人使用，行骗人冒用用户身份套现花呗中的资金，此时属于冒用他人信用支付产品的行为，可以根据受骗人是否具有处分意识区分认定为盗窃罪或者诈骗罪。不成立贷款诈骗罪的理由在于，小额贷款公司并非刑法意义上的“金融机构”，下文将作详述。

（二）花呗用户套现行为定性

花呗用户在明知无真实交易的情况下，利用花呗付款刷单、获得返利，此行为是否构成骗取贷款罪？肯定说认为，花呗用户虚构交易进行套现，给小贷公司造成重大损失的，成立骗取贷款罪。否定说认为，小贷公司不属于金融机构，不能成为骗取贷款罪和贷款诈骗罪的犯罪对象；花呗用户仅虚构了资金用途，不构成实质性欺骗。分歧意见主要集中在两个方面：一是小贷公司是否系“其他金融机构”；二是虚构资金用途是否系“欺骗手段”。

1. 小额贷款公司的法律属性分析

一种观点认为，小贷公司属于金融机构。主要理由为：第一，根据中国银监会和中国人民银行联合发布的《关于小额贷款公司试点的指导意见》（以下简称《试点意见》），小贷公司不吸收公众存款，但经营小额贷款业务，该业务是典型的金融业务；第二，中国人民银行发布的《金融机构编码规范》中，明确赋予了小贷公司金融机构编码；第三，是否取得金融许可证并不影响小贷公司金融机构性质的认定。另一种观点认为，小贷公司不属于金融机构。笔者认同第二种观点。

首先，现行法规政策表明小贷公司不属于“其他金融机构”。我国金融机构分为三大类：银行业金融机构，证券机构，保险机构。小贷公司的业务限定为“小额贷款业务”，与证券业务、保险业务无关联。

而银行业金融机构的判定标准为，是否取得银监机构颁发的金融许可证。[①] 根据《试点意见》，小贷公司的设立不需要银监机构批准，只需省级政府主管部门批准后即可到工商部门办理注册登记。从监督管理角度，金融机构应接受银监机构的审慎监管，但是小贷公司是由省级政府主管部门监管。

其次，赋予小贷公司金融机构编码与其是否为“其他金融机构”没有必然联系。金融机构编码不同于金融机构许可证，只是为了适应信息系统建设和数据交换的需求。在中国人民银行 2014 年发布的《金融机构编码规范》中，小贷公司被编入“Z– 其他”类，实质是对“金融机构”与“其他有关机构”进行了区分。

最后，从立法本意来看，不宜将骗取小贷公司贷款的行为认定为骗取贷款罪。我国刑法之所以对银行和其他金融机构的信贷资金安全特别关注，根本原因在于上述机构具有吸储功能，危害其资金安全的行为具有广泛、深远和面向社会大众的特点，会直接威胁到国家金融信誉和金融管理秩序。而小贷公司的资金来源于股东缴纳的资本金、捐赠资金，以及来自不超过两个银行业金融机构的融入资金。由于不吸收公众存款，以自有资金从事放贷业务，对小贷公司资金的危害不会危及整体金融安全，不需刑法特别保护；相反如果认定为金融机构，会不当扩大刑法处罚范围，侵蚀民事主体的自主决定权利。

综上，小贷公司不属于“其他金融机构”，不能作为贷款诈骗罪、骗取贷款罪的犯罪对象。

2. 欺骗手段的限制解释

《刑法》第 13 条明确了犯罪的本质是行为的严重社会危害性。[②] 具体到本罪，则要求行为人的骗贷行为对金融机构信贷资金安全产生严重的社会危害性后果或者危险；或者对于金融机构造成损失达到立案

---

① 《商业银行法》第 11 条规定:“设立商业银行，应当经国务院银行业监督管理机构审查批准。未经国务院银行业监督管理机构批准，任何单位和个人不得从事吸收公众存款等商业银行业务，任何单位不得在名称中使用‘银行’字样。”

② 参见马克昌:《犯罪通论》，武汉大学出版社 1999 年版，第 16 页。

追诉标准。[①]本案中，花呗用户以为在帮店铺刷单，所以拒绝了真实的商品交易，但钱款确实打入了特约商户的账户中，从形式上看，满足花呗服务合同中对于消费信贷的约定。虚构资金用途是否当然构成实质性欺骗，还需要从信贷资金安全角度分析。花呗根据用户信用情况，分别授予500—50000元的信贷额度，并会随着用户不断使用、按时还款而逐步提高额度。也即，在阿里小贷授予用户花呗额度时，就已经综合评估了用户的还款能力，并应当承担用户无法还款的风险。虚构资金用途，并非在授予额度时施加影响，而是在资金使用中的瑕疵行为，不具有严重社会危害性，运用平台规则（降低花呗额度等）加以限制即可，无须动用刑法处置，以体现刑法的谦抑性。

综上，被告人沈某某虚构刷单事实，骗取被害人花呗资金并套现，造成被害人损失37万余元，其行为构成诈骗罪；因为小贷公司不属于刑法意义上的“其他金融机构”，花呗用户虚构资金用途不构成实质性欺骗，因此不构成骗取贷款罪。杭州市萧山区人民检察院以被告人沈某某犯诈骗罪向杭州市萧山区人民法院提起公诉，判决认定被告人沈某某犯诈骗罪，鉴于自首等量刑情节，判处有期徒刑4年，并处罚金人民币3万元。

四、中介商利用花呗套现行为定性

（一）定性分歧

中介商提供店铺二维码，套现信用卡或者花呗额度的行为定性值得研究。其中，利用信用卡套现的行为认定非法经营罪并无异议，司法解释对此作出了明确规定。[②]争议焦点在于中介商利用花呗套现并收取手续费的行为应否认定为非法经营罪。

---

① 参见史令珊:《骗取贷款罪的司法过度扩张与限制适用》,《湖北警官学院学报》2018年第6期。

② 《最高人民法院、最高人民检察院关于办理妨害信用卡管理刑事案件具体应用法律若干问题的解释》第12条规定:“违反国家规定，使用销售点终端机具（POS机）等方法，以虚构交易、虚开价格、现金退货等方式向信用卡持卡人直接支付现金，情节严重的，应当依据刑法第二百二十五条的规定，以非法经营罪定罪处罚。”

一种观点认为，中介商利用花呗套现构成非法经营罪，属于"非法从事资金支付结算业务"。在全国首例利用花呗套现以非法经营罪论处的案件中，[①]重庆市江北区人民法院审理认为，被告人杜某某在没有真实交易的情况下，通过虚构交易，将重庆市阿里巴巴小额贷款公司的资金直接支付给淘宝用户，并从中获利，系未经国家有关主管部门批准非法从事资金支付结算业务的行为，符合非法经营罪的构成要件。[②]

另一种观点认为，中介商利用花呗套现不能认定为非法经营罪。第一，花呗与信用卡在发行主体、资金来源、管理方式等方面存在本质的差异，根据罪刑法定原则，不能将花呗类推解释为信用卡，不能直接适用信用卡套现的司法解释。第二，利用花呗套现不属于"从事资金支付结算业务"。花呗作为一种消费信贷产品，其根本出发点落在"消费"上，目的是交易的快速完成与市场经济的高速运转，[③]花呗套现的开启条件是交易的发生，而支付结算业务的开启条件是提出结算的申请，二者并不相同。第三，对于花呗套现的认定应当遵从立法原意，不应扩大解释。从《刑法修正案（七）》以及2019年2月1日起施行的《最高人民法院、最高人民检察院关于办理非法从事资金支付结算业务、非法买卖外汇刑事案件适用法律若干问题的解释》的立法背景来看，[④]增设"非法从事资金支付结算业务"的情形，主要是针对"地下钱庄"逃避金融监管，非法为他人办理大额资金转移等资金支付结算业务，而非针对新型支付方式套现的打击，因此不能作为法律适用依据。

---

① 王国平：《从首例利用"蚂蚁花呗"套现案例探析相关套现行为的本质属性》，《法律适用》2018年第10期。

② 参见重庆市江北区人民法院刑事判决书，（2017）渝0105刑初817号。

③ 参见胡世伟：《蚂蚁花呗套现行为之刑法评价——以解构冒用他人账号进行套现为切入》，《安徽警官职业学院学报》2019年第2期。

④《最高人民法院、最高人民检察院关于办理非法从事资金支付结算业务、非法买卖外汇刑事案件适用法律若干问题的解释》第1条规定："违反国家规定，具有下列情形之一的，属于刑法第二百二十五条第三项规定的'非法从事资金支付结算业务'：（一）使用受理终端或者网络支付接口等方法，以虚构交易、虚开价格、交易退款等非法方式向指定付款方支付货币资金的；（二）非法为他人提供单位银行结算账户套现或者单位银行结算账户转个人账户服务的；（三）非法为他人提供支票套现服务的；（四）其他非法从事资金支付结算业务的情形。"

上述两种观点的争议焦点在于：对“非法从事资金支付结算业务”的理解不同，对法律规范的适用范围认识不统一。

（二）中介商利用花呗套现属于“非法从事支付结算业务”

所谓“资金支付结算业务”，《最高人民检察院关于办理涉互联网金融犯罪案件有关问题座谈会纪要》中指出，商业银行或者支付机构在收付款人之间提供的货币资金转移服务。根据中国人民银行《支付结算办法》的规定，支付结算是指单位、个人在社会经济活动中使用票据、信用卡和汇兑、托收承付、委托收款等结算方式进行货币给付及其资金结算的行为，银行是支付结算和资金清算的中介机构。根据国务院《防范和处置非法集资条例》的规定，未经依法许可或者违反国家金融管理规定，擅自从事发放贷款、支付结算、票据贴现等金融业务活动的，由国务院金融管理部门或者地方金融管理部门按照监督管理职责分工进行处置。由此可见，支付结算业务的本质特征是资金货币在收付款人之间的转移，并且只有经过许可的银行才能合法经营。

花呗套现中介商的行为实质上也在从事资金支付结算业务。与信用卡套现相类似，花呗套现的过程中发生了资金的转移。花呗用户与中介商联系，通过虚假的交易，使小额贷款公司误以为发生了真实的消费活动，依据事先签订的合同拨付资金给中介商，中介商收款后扣除手续费再将余款打回给受骗人，此时即实现了资金在特约商户与用户之间的转移。本案中，祁某某、厉某某等特约商户正是通过套现的方式，将只能用于消费的花呗额度转化为现实资金，实现了资金转移，本质是在提供支付结算服务。

（三）对司法解释的理解适用

法律的修订来源于现实的需要，但基于法律的滞后性，立法者很难在制定法律时预见到所有可能出现的情形，只能抓住最核心的特征加以规定，用概括性话语规范类型化行为，由此带来的语义模糊需要司法者的合理解释。《刑法修正案（七）》增设“非法从事资金支付结算业务”的背景是为了打击猖獗的“地下钱庄”，但并不意味着法律内涵不会随着时代发展而改变。近年来，随着互联网金融的迅猛发展，资金支付结算方式发生了很大变化，开始从典型形态向非典型形态发展，从线下结算走入线上结算。支付方法包括但不限于 POS 机等终端机具，还包括其他各种受理终端和网络支付接口；套现的行为、方式也呈多样化，包括但不限于信用卡套现行为，还包括以各种非法方式向指定付款方支付货币资金的行为。[①]只要相关类型的行为，未经国家有关部门批准，具有“资金支付结算业务”的本质特征，并且扰乱了正常金融秩序，就可以将其归类为“非法从事资金支付结算业务”，适用相关规定予以处理。

根据司法解释的规定，非法从事资金支付结算业务或者非法买卖外汇，非法经营数额在 500 万元以上的，或者违法所得数额在 10 万元以上的，应当认定为非法经营行为“情节严重”。本案中，中介商的套现金额以及违法所得均未达到情节严重的标准，因此，依法不构成非法经营罪。但利用花呗套现的行为性质应当属于非法经营行为。

五、结语

互联网飞速发展，催生了支付结算方式的革新，财产犯罪的对象也从传统的现实资金转为预期的信贷额度。花呗作为一种消费信贷产品，根据用户信用赋予其一定信贷额度，可以低息或者无息优惠，旨在促进交易完成和经济发展。然而，在经济利益的驱使下，花呗额度却容易被不法分子盯上，通过套现中介快速提现用于非消费目的。在分析行为定性时，需要从法益保护出发，坚持实质解释的路径，只有具有严重社会危害性的行为才是刑法打击的对象。同时，在解释法律时，既要立足立法背景，又要抓住核心特征与时俱进，使固定不变的法律条文适应千变万化的现实生活是司法工作者的职责。

---

① 参见姜永义、陈学勇、陈新旺：《〈关于办理非法从事资金支付结算业务、非法买卖外汇刑事案件适用法律若干问题的解释〉的理解与适用》，《人民法院报》2020 年 2 月 27 日。

涉第三方支付类案件法律疑难问题研究*

江苏省南通市崇川区人民检察院课题组**

摘　要　办理涉第三方支付类案件时要进行类型化区分，准确把握行为特征，明确主要行为手段。对虚假刷单获取支付平台返利的行为，应认定为诈骗罪。对以套现为幌子，欺骗套现人财物的行为，应认定为诈骗罪。对冒用他人名义开通消费（透支）账户并套现的行为，视该产品背后公司的属性，认定为贷款诈骗罪或诈骗罪、合同诈骗罪。对营利性帮助他人消费（透支）账户套现的，应认定为非法经营罪。对采取欺骗方式获取第三方支付账号、密码非法获取钱款的行为，应认定为诈骗罪；对盗取或利用事先知晓的第三方支付账户、密码非法获取钱款的行为，不论该钱财是账户余额、已绑定银行卡内资金还是已开通消费（透支）账户、理财账户资金，均应认定为盗窃罪。对利用第三方支付平台先绑定银行卡再取得银行卡内资金的行为，应认定为信用卡诈骗罪。

关键词　第三方支付　法律属性　行为模式

---

*　本文系2019年度最高人民检察院检察应用理论研究课题“涉互联网支付类案件若干法律疑难问题研究”成果。

**　课题负责人：邹建华，江苏省南通市人民检察院检察委员会专职委员，江苏省检察业务专家；课题组成员：章建生，江苏省南通市崇川区人民检察院党组副书记、副检察长；任留存，江苏省南通市人民检察院员额检察官，江苏省检察业务专家；刘俊杰、姜依菲、陈宝红、王美霞、鞠丽，江苏省南通市崇川区人民检察院检察官助理。

第三方支付是互联网支付的重要类型。近年来，随着手机的大众化，支付宝、财付通（微信支付）等互联网第三方支付平台提供的支付服务以其高效便捷性迅速影响了公众生活。[①]支付宝、微信等互联网第三方支付平台已从单纯支付工具延伸至网络理财、信贷、公共事业费缴付等多种场合，极大便利了人民群众。然而，效率与安全问题始终是一对矛盾，作为一种新兴的支付服务，第三方支付在展现出高效性的同时，不可避免地引发各类犯罪活动，成为侵财犯罪的新兴领域，相关案件因其新颖性，无法与现有的刑法条文恰当对应等原因，第三方支付领域的刑事案件在法律适用上也存在较大分歧。本文将第三方支付领域的相关问题进行类型化分析，以期为司法办案提供相对系统的参考。

一、涉第三方支付刑事案件法律适用分歧

［案例一］“满立减”支付宝补贴案。2015年11月11日，支付宝公司向警方举报温州14家水果卖场组织他人虚构交易，利用支付宝公司开展的“随机立减最高100元”优惠活动，虚假刷单，套取“满立减”优惠补贴计26万余元。2016年12月21日，温州市瓯海区人民法院对这起诈骗案进行了宣判，水果卖场店主、员工等21人虚假刷单，骗取支付宝补贴，分别被依法判处拘役4个月至有期徒刑4年。

［案例二］杜某非法经营案。[②]2015年11月10日至2015年11月13日，行为人杜某等虚构交易2500余笔，利用消费（透支）账户套取470万余元。

［案例三］涂某盗窃案。[③]行为人涂某假借并登录被害人第三方支付账户，通过被害人消费（透支）账户贷出5000元人民币，后转账至他处套现。

① 参见浙江省杭州市人民检察院课题组:《涉网络支付犯罪规制的实践范例》,《人民检察》2019年第6期。

② 参见（2017）渝0105刑初817号刑事判决书。

③ 参见（2018）沪0112刑初590号刑事判决书。

［案例四］ 黄某诈骗案。[①] 2016年12月9日至12月24日，行为人黄某以帮被害人刘某办信用卡为由，骗得刘某的第三方支付账号及密码。后又以办卡需要走流程等理由，通过刘某的第三方支付账号关联的消费透支账户套现或消费，先后骗取刘某人民币48027元。后黄某退还刘某人民币5533元，实际骗得刘某人民币42494元。

［案例五］ 徐某某诈骗案。2015年3月，行为人徐某某发现使用单位配发的手机可登录原同事马某的第三方支付账户。其利用工作时获取的该账户密码，使用该手机分两次从账户转账1.5万元到刘某的银行账户，后刘某将钱款提现。在该案件的定性上，检察院与法院持不同意见，检察院指控行为人徐某某犯盗窃罪，一审判决认定其犯诈骗罪，检察院以定罪错误为由提出抗诉，二审法院裁定维持原判，即徐某某以诈骗罪被追究刑事责任。[②]

［案例六］ 石某盗窃案。[③] 2017年7月21日至24日，行为人石某利用暂住在被害人李某家之机，趁李某不备使用李某手机，先后以转账、购物套现等方式乘隙盗窃李某第三方支付账户内人民币共计21300元。

［案例七］ 黄某诈骗案。[④] 2016年7月21日至24日，行为人黄某通过网络联系被害人张某，以帮张某办理信用卡走流水为由，骗得张某的第三方支付账号及密码，黄某从张某的第三方支付账号转账人民币1.2万元至自己的第三方支付账户。

［案例八］ 王某信用卡诈骗案。[⑤] 王某事先知道林某取款密码，其在借用林某手机期间看到林某招商银行信用卡内有几万元的额度后就动了歪心思，后其通过取现功能，于2016年4月25日至5月1日先后多次把林某信用卡上的钱通过银行App掌上预借现金功能，分多次将信用卡内3万元转入林某支付宝账户后，再转出至王某支付宝账户。

---

① 参见（2017）苏0602刑初503号刑事判决书。

② 参见陈卫星、王晓燕:《登陆第三方支付平台非法获取他人钱款行为的定性》,《上海公安高等专科学校学报》2018年第6期。

③ 参见（2017）苏0602刑初610号刑事判决书。

④ 参见（2017）苏0602刑初503号刑事判决书。

⑤ 参见（2016）赣0102刑初579号刑事判决书。

［案例九］ 廖某盗窃案。[①]被害人何某背包遗留在某饭店。行为人廖某（系该饭店员工）发现包内被害人手机装有支付宝，绑定银行卡，无须密码登录。廖某用被害人手机从银行卡转出8000元至其本人账户。

［案例十］ 黄某诈骗案。[②]行为人黄某以帮被害人马某办理信用卡为由，骗得马某的第三方支付账号及密码。后又以办卡需要走流程等理由，将马某上述账号中关联银行卡内的资金共计人民币11万余元转至自己的第三方支付账户。

［案例十一］ 石某某盗窃案。[③]行为人石某某在帮助李某办理网络贷款过程中，将李某的银行卡与李某的支付宝账户绑定。其间，石某某登录在李某的银行网银、支付宝账号时，使用李某的手机支付宝秘密地将刚刚绑定的银行卡内资金人民币7760元转至自己的支付宝账户。

［案例十二］ 黄某某信用卡诈骗案。[④]行为人黄某某趁室友吴某某熟睡之机，窃取被害人吴某某身份证以及银行卡卡号、预留手机号码等基本信息，将吴某某微信账户绑定该卡，并将卡内钱款2900元先后转入其个人银行账户。同月，黄某某再次利用所窃取的相关信息冒用吴某某身份注册支付宝账号，并向吴某某谎称借打手机，获取短信验证码后将该卡绑定至该支付宝账户，后将卡内钱款7339.80元先后消费、转账。

从上述涉第三方支付类刑事案件可以看出，涉第三方支付类刑事案件类型多样、法律适用复杂，适用罪名涉及诈骗罪、盗窃罪、信用卡诈骗罪、非法经营罪等罪名。部分案例法律适用分歧较大。为此，坚持体系化思维，准确把握互联网领域刑事案件类型特征，准确界定第三方支付平台、第三方支付账户、条码（二维码）支付信息、第三方

---

① 参见（2015）佛中法刑二终字第100号刑事判决书。

② 参见（2017）苏0602刑初503号刑事判决书。

③ 参见（2017）苏0602刑初610号刑事判决书。

④ 参见陈卫星、王晓燕:《登陆第三方支付平台非法获取他人钱款行为的定性》,《上海公安高等专科学校学报》2018年第6期。

支付账户密码等的法律属性，明确主要行为手段，结合不同类型，作出不同认定，有其必要性。

二、涉第三方支付刑事案件类型特征

（一）涉第三方支付刑事案件类型

从近年来司法实践中出现的案例来看，涉第三方支付刑事犯罪一般可以分为三大类型：

第一种类型，虚假刷单获取互联网第三方支付平台返利。这类犯罪主要表现为行为人以非法占有为目的，通过虚构交易、虚假刷单等方式，虚构事实、隐瞒真相，使第三方支付平台陷入认识错误，误以为真实交易现实发生，最终返利给行为人。

第二种类型，利用互联网消费（透支）账户套现。利用第三方支付消费（透支）账户套现具体细化为：第一，纯中介性质的套现；第二，以套现为名获取财物。两种情形最为典型的分别是借助第三方支付平台的授信额度，假冒真实使用人，套取信贷资金用以消费、取款，以及以“花呗套现”为幌子，欺骗套现人，骗得套现人财物。

第三种类型，登录他人第三方支付账户非法获取财物。从犯罪手法来看，该类型的犯罪又细化为：第一，登录他人第三方支付账户非法获取他人账户余额。主要表现为通过登录他人第三方支付账户，在他人不知情的情况下，非法获取他人账户内资金。获取他人第三方支付用户名和密码的手段，包括骗取、事先无意知晓、事后技术破解甚至撞库等。第二，登录第三方支付平台非法获取他人账户已关联银行卡内钱款。第三，获取他人银行卡（银行卡信息）后，将他人银行卡与第三方支付平台绑定进而非法获取卡内钱款。①

（二）涉第三方支付刑事案件特征

一般而言，涉第三方支付刑事案件呈现出几个方面的特征。

---

① 参见黄伯青、宋文健：《涉第三方支付类侵财案件的刑事规制解析》，《人民法院报》2019年2月14日。

第一，信息交换的失真性强。与传统支付方式相比，第三方支付是一种非接触式支付，[①]平台与用户之间的联系薄弱，不需要面对面办理，身份审查宽泛，信息交换的失真性强。

第二，犯罪行为的隐蔽性强。与传统支付方式相比，第三方支付突破了时间、空间、物理等方面的限制，在金融因素基础上加入互联网因素，行为人大多具有计算机及网络方面的专业背景，[②]犯罪行为的隐蔽性更强。

第三，犯罪结果的危害性强。与传统支付业务相比，第三方支付双重叠加了金融活动与互联网的安全风险及技术漏洞，波及面广，传播速度快，覆盖范围广，社会危害性更强。[③]

第四，法律适用的疑难性高。第三方支付领域新型犯罪行为层出不穷，手段复杂，[④]作案手段包含利用非法获取他人支付账户私密信息窃取他人账户资金、偷换他人收款二维码、更换他人支付密钥以及利用技术手段非法修改服务器网页冒用支付网站等，现有刑法条文、刑法体系难以适应这类犯罪，该领域的案件在法律适用上存在较大分歧，法律适用的疑难性也较高。

第五，涉案罪名具有集中性。第三方支付类案件涉案罪名具有相对集中性。以第三方支付平台所涉案件为例，这类案件罪名一般涉及未经中国人民银行批准取得支付业务许可证，从事或变相从事支付业务的非法经营罪，利用第三方支付平台进行套现诈骗以及利用网络技术“黑客”等手段攻击、窃取或修改支付信息，盗取网络账号内资金的盗窃案等。[⑤]

第六，案件办理的证明力强。与传统实体货币支付方式相比，第三

---

① 参见浙江省杭州市人民检察院课题组:《涉网络支付犯罪规制的实践范例》,《人民检察》2019年第6期。

② 参见阮小慧:《网络金融犯罪的法律规制》,《人民检察》2018年第15期。

③ 参见胡春健、陈龙鑫:《互联网金融案件的刑民界分》,《人民检察》2019年第9期。

④ 参见鲍键、张怡铭:《秘密转移第三方支付平台资金类行为的认定》,《人民检察》2019年第8期。

⑤ 参见沈雪中、吴露萍、王挺:《互联网金融刑事法律风险及防控》,《人民检察》2017年第9期。

方支付模式下各种电子数据全程留痕，第三方支付领域犯罪活动的交易记录、支付记录、聊天记录等，只要不被故意破坏、损坏，更能被获取、固定和鉴定，更容易形成证据锁链，案件办理的证明力更强。[①]

三、涉第三方支付刑事案件中的基础法律问题探析

涉第三方支付刑事案件类型多样，有必要对其中的几个基础问题开展探析。

（一）第三方支付平台的法律界定

关于互联网第三方支付平台能否认定为刑法意义上的金融机构问题，理论界和实务界均存在争议。一种观点认为，2013 年银监会通过的《消费金融公司试点管理办法》（已失效）首次将金融服务公司界定为非银行金融机构，而一些第三方支付平台就在获许可的企业名录之列，因而第三方支付平台具有金融机构特征，属于刑法意义上的金融机构。另一种观点认为，金融机构在刑法上具有特殊意义。传统的金融机构一般是由中国人民银行、银保监会、证监会等主管机关进行审批、直接监督、管理，持有金融业务许可证照的机构，故目前第三方支付平台还不能界定为刑法意义上的金融机构。

本文认为，目前仍不宜将互联网第三方支付平台认定为刑法上的金融机构。主要理由：

一是相关规定对金融机构的界定坚持传统观点。根据《金融机构编码规范》，互联网第三方支付平台不属于我国金融机构范围。[②]最高人民检察院印发的《关于办理涉互联网金融犯罪案件有关问题座谈会纪要》，规定了非法金融的认定依据。中国人民银行公布了《金融机构大额交易和可疑交易报告管理办法》，其中第 2 条规定了该办法所适用的金融机构范围。从这些规定来看，最高人民检察院、中国人民银行对金融机构的界定仍然秉持传统观点。另外，就《刑法》第 174 条规定

① 参见浙江省杭州市人民检察院课题组：《涉网络支付犯罪规制的实践范例》，《人民检察》2019 年第 6 期。

② 参见杨赞：《利用电子支付账户盗骗该如何规制》，《检察日报》2018 年 2 月 4 日。

的擅自设立金融机构罪来看，将银行、证交所、期交所、证券公司、期货经纪公司、保险公司或者其他金融机构涵摄为金融机构，体现金融机构设立的法定性。

二是从事金融相关活动并不必然是金融机构。实践中，部分第三方支付平台的关联公司已按照中国人民银行颁布的《金融机构编码规范》取得了金融机构编码，各项业务数据也被作为金融数据进行统计；部分第三方支付平台还取得了《支付业务许可证》。但颁发《支付业务许可证》的依据是2010年中国人民银行制定并出台的《非金融机构支付服务管理办法》，该办法明确了第三方支付平台的非金融机构定位。[①]相关举措旨在鼓励第三方支付平台积极从事金融服务活动、开展金融创新，第三方支付平台的非金融机构定位不变。

三是互联网第三方支付平台提供的服务决定其不能被界定为金融机构。以最为典型的第三方支付平台支付宝为例，其与用户对服务的非金融机构性质[②]、支付宝账户的预付性[③]、调拨资金权限[④]等作出了约定。从支付宝的服务协议可以看出支付宝的服务模式一般为：用户与支付宝订立协议→用户缴纳备付金→支付宝将备付金缴纳至银行备付金专用存款账户→用户发出拨付指令→支付宝接受委托→支付宝向银行发起资金调拨指令→银行调拨资金。可见，在整个运行过程中，支付宝与用户之间是委托保管关系，支付宝与银行是托管关系，支付宝在支付的整体过程中，充当了资金保管和指令支付的中介角色。[⑤]

① 参见闫君剑:《利用第三方支付平台实施侵财犯罪的司法认定》,《中国检察官》2019年第5期。

② 参见刘砺兵:《盗用他人信息注册支付宝并消费的行为定性》,《人民司法》2019年第11期。

③ 参见张妍:《电子商务环境下移动支付模式研究——以支付宝和微信为例》,《现代经济信息》2016年第18期。

④ 参见刘砺兵:《盗用他人信息注册支付宝并消费的行为定性》,《人民司法》2019年第11期。

⑤ 参见曾亚妮:《私转支付宝账户资金的刑法规制》,《人民司法》2019年第1期。

（二）第三方支付账户及账号密码的法律属性

我们认为，从目前刑事法律的规制及司法实践的角度来审视，第三方支付账户仍然是网络支付工具，还不能界定为信用卡。主要理由是信用卡的定义决定了互联网支付账户不是信用卡。从信用卡的定义可以看出，其发行主体是金融机构，具有主体和功能特定性，信用卡的物质表现形式是一种特制的卡片，借以实现无现金支付。[①] 基于第三方支付平台为非金融机构，故其账户虽有支付结算功能，但不应认定为信用卡。

第三方支付的特点是无现金交易，基于其支付的机理及用户和平台的事先约定，第三方支付平台一般通过密码核验程序，校验是否系第三方支付账户的持有人在使用该账户，账号、密码正确，第三方支付平台则认为该使用人系用户本人。因此，第三方支付账号和密码几乎可以等同于现实社会的保险箱和其中的资金，谁拥有了密码谁就拥有了开启保险箱的钥匙，可以轻易控制其中的财产和财产性权益。本文认为，获取第三方支付账号和密码的行为，意味着该侵财行为的着手，被害人财产将因第三方支付账号和密码被他人知悉，而面临损失的现实危险。因而，就第三方支付案件，对行为定性的关键在于观察行为人是否能够支配、控制他人财物的权限，而后续实现占有的行为并非考察的着力点。[②]

与此同时，侵财类案件一般以被害人产生损失为犯罪既遂标准，涉第三方支付类案件也不例外。涉第三方支付类案件往往涉及多个被害人自身账户互转，比如从被害人自己的银行卡转至被害人的支付宝账户、从被害人的支付宝账户转至被害人的微信账户等，基于失控说，本文认为只要相关的钱款未转出被害人控制的账户，被害人就没有损失，也就不能认为该犯罪行为已经既遂。另外，为减少第三方支付类案件带来的损失，目前我国对于转账规定了 24 小时内可撤回，因此对

---

① 参见杨赞、刘俊杰:《利用电子支付账户实施盗骗行为如何适用法律》,《人民检察》2018 年第 2 期。

② 参见杨赞:《利用电子支付账户盗骗该如何规制》,《检察日报》2018 年 2 月 4 日。

于已经撤回的该部分财物，只能以犯罪未遂评断。

（三）第三方支付关联的消费透支产品的法律属性

以蚂蚁花呗为例，蚂蚁花呗作为一款消费信贷产品，其特点是用户在特定商家消费时，可享受到蚂蚁花呗垫付货款的优惠政策，但用户不能直接提取现金。使用蚂蚁花呗之前需要与相关服务商签订《花呗用户服务合同》，并授权服务商向芝麻信用管理有限公司查询用户的信用状况，并据此评估用户信用等级，明确信用额度。开通蚂蚁花呗的用户将因此获得一定的消费额度供消费使用。这样，用户与花呗服务商（重庆蚂蚁小微小贷）之间成立消费信贷合同法律关系，合同当事方为用户与花呗服务商，借贷资金需用于特定购物平台消费。支付宝属于中间平台角色，其作用是作为委托服务的货币资金转移服务，一方面接受用户委托向蚂蚁金服申请放款，贷款先被划到支付宝账户，另一方面在还款期限来临时接受用户委托划扣资金进行还款。

（四）涉第三方支付案件中主要手段行为的确定

就第三方支付案件而言，什么情形可认定为行为人基于错误认识处分财产，这种处分是一种什么性质的处分，会存在分歧。就第三方支付案件而言，被害人基于错误认识而处分其财物，总体上可以分为两阶段[①]：一是被害人将账户密码告诉行为人。这一阶段上，可以说行为人即获得了对诈骗钱款的控制权；二是行为人在被害人不知情的情况下将进入自己控制账户的钱款取走。两种行为是一种先后关系，但却存在主次，行为人采取欺骗手段获得他人支付宝账户密码，则已经获得在蚂蚁花呗平台套现或消费的权限，这一权限的获得显然是通过欺骗手段完成的，被害人对这种权限的让与是有处分意识的，是基于错误的认识而让与的。因此，行为人基于非法占有目的骗取他人支付宝账户密码，这是获得占有他人财物的权限，是最为关键的因素，其后续实施的输入账户密码在蚂蚁花呗等支付平台的套现消费等行为，只

① 参见黎宏:《电信诈骗中的若干难点问题解析》,《法学》2017 年第 5 期。

不过是实现其诈骗犯罪的后续行为，是实现占有他人财物的行为。区分属于盗窃罪抑或诈骗罪，应当以获得“占有他人财物的权限”这一关键性行为为依据判断。

是否有银行等金融机构的介入也是应当考量的关键因素之一。行为人通过非法渠道获取他人银行卡信息资料，将其与第三方支付平台绑定，进而非法获取银行卡内钱款。[①]此种情况下，获取财物的手段中介入了欺骗特殊财物保管人银行的环节，属于“冒用他人信用卡”行为，符合信用卡诈骗罪的构成要件。

四、第三方支付领域具体刑事犯罪分析

（一）虚假刷单获取互联网第三方支付平台返利符合诈骗罪的构成要件

第一，准确区分利用规则获利的民事行为与虚构事实、隐瞒真相的诈骗行为。准确判断利用规则获利的民事行为与虚构事实、隐瞒真相的诈骗行为，需要注意把握以下两点：一是要把握第三方支付平台交易规则的实质内涵。“随机立减最高 100 元”优惠活动的前提是进行真实的商品交易。合理利用规则应在规则约束范围之内，不能人为恶意创设条件突破规则适用前提，无真实交易则不能适用交易规则。二是要把握网络背景下诈骗行为的基本构造。本案中行为人虚构交易、虚假刷单，使得被害单位陷入了“随机立减最高 100 元”的错误认识，从而仿佛自愿地发放补贴并予以兑现，符合“行为人虚构事实满足‘满立减’补贴规则——被害人陷入‘兑现补贴’的错误认识——被害人仿佛自愿地给予补贴——行为人获取补贴”诈骗行为的客观构成要件。

第二，准确认定此类犯罪行为非法占有的目的。一般来说，行为人没有占有他人财产的合法根据，或者说没有使他人转移财产给行为人或第三人的合法根据，却具有占有他人财产的目的，就属于非法占有

① 参见《最高人民法院、最高人民检察院关于办理妨害信用卡管理刑事案件具体应用法律若干问题的解释》第 5 条第 2 款第 3 项。

目的。[①]与此同时，网络犯罪区别于传统犯罪的一个重要方面是作案手段技术性强，往往存在大量技术问题与专业性语言。准确认定此类犯罪行为非法占有的目的，需要从技术角度、法律角度详尽考察其“排除意思”与“利用意思”。本案中，行为人通过虚构交易、虚假刷单的方式，使第三方支付平台陷入认识错误，误以为真实交易现实发生，最终返利给行为人，实质上排除了被害单位支付宝公司对自己财物的支配，行为人最终取得自己通过合法手段无法得到的被害单位财物。上述行为不仅体现出行为人存在欺骗的手段，更体现出行为人存在非法占有的目的。

（二）利用互联网消费（透支）账户套现涉嫌诈骗或非法经营罪

一般来说这类犯罪可以分为纯中介性质的套现和幌子型的诈骗套现。据此，法律适用应区别情况分别认定。首先，对于以套现为幌子，欺骗套现人，骗得套现人财物的行为，认定为诈骗罪较为妥当。其次，对于冒用他人第三方支付账户进行消费套现的犯罪行为，司法实践中，有必要区分消费透支产品的开立者：第一种“自开他用”型套现。这类套现行为由被害人自行开通消费透支产品，行为人予以冒用。第二种“他开他用”型套现。这类套现行为中，消费透支产品由行为人开通并套现。对“自开他用”型套现，被害人没有处分自己财产的意思，行为人的行为特征更多符合主动秘密和平方式取得财物，应认定为盗窃罪。对“他开他用”型套现，属于冒充被害人登录第三方支付账号，与消费透支产品背后运营的小贷公司签订消费借贷合同，行为人套现的行为属于窃取信用额度，基于小贷公司为其他金融机构，故应认定为贷款诈骗罪。再次，对于纯中介性质的蚂蚁花呗套现定性问题，可直接适用 2019 年 2 月 1 日起施行的《最高人民法院、最高人民检察院关于办理非法从事资金支付结算业务、非法买卖外汇刑事案件适用法律若干问题的解释》第 1 条的规定，属于违反国家规定，使用受理终端或者网络支付接口等方法，以虚构交易、虚开价格、交易退款等非

---

① 参见张明楷:《论财产罪的非法占有目的》,《法商研究》2005 年第 5 期。

法方式向指定付款方支付货币资金的“非法从事资金支付结算业务”，认定为非法经营罪。

（三）登录他人第三方支付账户非法获取账户余额或已绑定银行卡资金的，应以获取账号、密码的手段行为认定罪名

以上两种情形具有类似性，故做统一论述。行为主要表现为通过登录他人第三方支付平台账户，在他人不知情的情况下，非法获取账户内余额或已绑定银行卡内资金。获取他人第三方支付用户名和密码的手段，包括骗取、事先无意知晓、事后技术破解甚至撞库等。非法获取他人支付宝、微信内资金属于非授权支付行为。[①] 从一般意义上说，非授权支付行为包含非法获取账户余额或支付账户绑定的信用卡内资金。案例五、六、七中，由于行为人并未侵犯支付账户所绑定的信用卡内资金，只侵犯了第三方支付账户余额资金，对该情形的认定有诈骗罪、盗窃罪两种不同观点。本文倾向认为，对这类行为应以获取账号、密码的手段行为认定。主要理由为：

第一，第三方支付账户不是信用卡账户的当然延伸。本文认为，第三方支付账户与信用卡账户密切关联，但这种关联性并不意味着，无论第三方支付账户是否绑定信用卡，第三方支付账户都是信用卡支付方式的延伸。[②] 第三方支付的核心功能在于“支付”，[③] 信用卡账户是第三方支付平台的源头活水。[④] 但在已经绑定情况下，信用卡账户作为第三方支付平台的资金来源，与余额无异，获取其中财物仍是基于对第三方支付账号和密码的校验；只有在介入绑定情况下，第三方支付平台才能视作信用卡支付方式的延伸。

---

① 参见杨志琼:《利用第三方支付非法取财的刑法规制误区及其匡正》,《政治与法律》2018 年第 12 期。

② 参见刘宪权、林雨佳:《涉第三方支付方式侵财应属信用卡诈骗》,《检察日报》2017 年 12 月 18 日。

③ 参见刘宪权、林雨佳:《涉第三方支付方式侵财应属信用卡诈骗》,《检察日报》2017 年 12 月 18 日。

④ 参见何俊:《论非法使用他人第三方网络支付账户行为之定性——以支付宝为例》,《武汉交通职业学院学报》2017 年第 3 期。

第二，第三方支付方式不等同信用卡支付方式。因第三方支付平台与金融机构存在类似性，第三方支付账户与信用卡账户存在类似性，故第三方支付方式与信用卡支付方式也存在类似性。但第三方支付账户由非金融机构发行，还不能认定为刑法意义上的信用卡。结合对第三方支付账户密码的法律属性的论证，对行为定性的关键在观察行为人是否能够支配、控制他人财物的权限，而后续实现占有的行为并非考察的着力点。

第三，盗窃罪和诈骗罪，均是侵财型犯罪。按照我国刑法通说，盗窃罪与诈骗罪区分的关键之一是行为人获取财物方式的不同。盗窃罪下行为人获取财物方式表现为主动秘密取得，而诈骗罪取财方式则表现为被动错误交付。[①] 在认定登录他人第三方支付平台账户非法获取账户资金时，应把握主动秘密取得与被动错误交付的行为界限，辅之以身份关系及程序原理综合分析判断。如以秘密方式获取他人第三方支付平台账户和密码，进而控制第三方支付平台账户，非法占有第三方支付平台账户内资金，行为人非法取财方式符合盗窃罪主动秘密获取的行为特征。[②] 而案例七中行为人取得他人账户资金，尽管也采取了主动秘密取得方式，但该行为方式是其诈骗环节的一个链条，则应构成诈骗罪。

第四，第三方支付平台无权处分账户余额资金。从民事法律关系上看，第三方支付平台与用户之间是委托保管合同关系。在这种委托保管合同关系下，用户将资金转入第三方支付平台管理，资金所有权归用户自己，第三方支付平台不享有财产处分权，不能独立转移、处分用户财产，只能根据用户相关指令来管理受托财产。[③]

---

① 参见刘明祥:《论作骗罪中的交付财产行为》,《法学评论》2001 年第 2 期。

② 参见吴波:《秘密转移第三方支付平台资金行为的定性——以支付宝为例》,《华东政法大学学报》2017 年第 3 期。

③ 参见鲍键、张怡铭:《秘密转移第三方支付平台资金类行为的认定》,《人民检察》2019 年第 8 期。

（四）利用第三方支付平台绑定银行卡取得银行卡内资金的涉嫌信用卡诈骗罪

与上一种情形不同的是，行为人是在主动将被害人的银行卡与第三方支付平台绑定后，实施的非法获取钱财的行为，其间介入绑定银行卡的环节。本文认为，行为人通过第三方支付平台绑定信用卡进而获取信用卡内资金的行为，应认定为信用卡诈骗罪。在这里关键的问题是如何从刑法上对“绑定 + 取财”行为予以评价。主要理由：

一是考察“绑定”行为。一般来说，第三方支付平台与信用卡之间的绑定实质是一种民事法律关系，即银行同意根据第三方支付平台的指令而进行资金划拨。通常情况下，实现第三方支付平台与信用卡之间的绑定需要证明信用卡持卡人的有效身份信息，如持卡人姓名、公民身份证号码、银行预留的手机号码等。行为人通过第三方支付平台对信用卡进行绑定情况下，行为人冒充信用卡持卡人与银行达成合意，提供相应的信用卡信息资料，进而使得银行误以为行为人即信用卡持有人。[①]因此，行为人的绑定取财行为属于虚构信用卡持有人身份，隐瞒真相，骗取银行被动错误交付资金，符合信用卡诈骗罪的构成要件。

二是考察社会危害性。这一类行为侵犯的客体，不仅侵犯了公民财产权，更在一定程度上侵犯了国家的信用卡管理秩序及金融秩序，其社会危害性比单纯侵犯公私财产所有权更严重。对这一类行为评价为信用卡诈骗罪比评价为盗窃罪更为全面，体现罚当其罪的原则。当然，这一情形与非法获取第三方平台已绑定银行卡内资金行为相比，危害更要严重。这种情况下行为人侵犯信用卡管理秩序的主动性更强，被害人过失更少，在具体量刑适用上应比后者要重。

五、第三方支付领域相关问题的类型化处理路径

第三方支付领域案件纷繁复杂，司法实践中，对这种包含现代化手段的传统犯罪，需要把握技术实质，透过现象看本质，明确财产占有

---

① 参见鲍键、张怡铭:《秘密转移第三方支付平台资金类行为的认定》,《人民检察》2019 年第 8 期。

路径，辨析管理义务，结合不同类型，作出不同认定。

首先，对虚假刷单获取支付平台返利行为的认定。行为人以非法占有为目的，虚构交易、虚假刷单，欺骗第三方支付平台，使其误以为发生真实交易，而对行为人予以补贴，数额较大的，应依法认定为诈骗罪。行为人主观上具有非法占有目的，客观上采取了虚构事实、隐瞒真相的方法，行为具有主动性、掠夺性，触犯了刑律，不属于不当得利。准确认定此类犯罪行为非法占有的目的，需要从技术、法律角度详尽考察其"排除意思"与"利用意思"。

其次，利用第三方支付消费（透支）账户套现的行为的认定。对于以套现为幌子，欺骗套现人，骗得套现人财物的行为，应依法认定为诈骗罪。对被害人自行开通消费（透支）账户，行为人予以冒用的行为，应认定为盗窃罪。对行为人冒充他人身份开通消费（透支）账户并套现的行为，应区别该消费（透支）产品的运营公司属性分别定性，对于运营公司属于金融机构的，认定为贷款诈骗罪；运营公司不能被依法认定为金融机构的，应认定为诈骗罪或合同诈骗罪。对营利性帮助他人消费（透支）账户套现的，应认定为非法经营罪。

最后，登录他人第三方支付账户非法获取财物的认定。对通过他人第三方支付账户非法获取钱款的行为，不论该钱财是账户余额、已绑定银行卡内资金还是已开通理财账户资金，一般应认定为盗窃罪；对采取欺骗等方式获取账号、密码的，获取账号、密码的手段行为还会直接影响案件定性，对行为人以非法取得第三方支付平台内资金为手段，实施诈骗他人财物行为的，应认定为诈骗罪。对利用第三方支付平台先绑定银行卡再取得银行卡内资金的行为，应认定为信用卡诈骗罪。

“游戏托”入刑法理探析

薛　津　孙　超*

摘　要　“游戏托”指在网络游戏中扮演单身女性角色，以“奔现交友”“恋爱结婚”等理由诱骗男性玩家对其游戏账号进行高额充值赚取提成的游戏推广人员。被害人的承诺有效需基于其真实的意思表示，“游戏托”案中被害人对游戏账户进行充值并非其真实意思表示。诈骗罪侵犯的法益应包含财产性利益，“游戏托”实施的行为侵害了被害人的财产性利益，被害人财产的社会性法益无法实现，因此以刑法手段打击“游戏托”诈骗行为具有以预防为目的的处罚必要性。

关键词　游戏托　诈骗　意思表示　目的失败论　刑法预防

近年来，以互联网平台作为媒介依托，游戏运营服务商为自然人用户电子终端提供的可以休闲、娱乐、竞技并产生成就感的网络在线游戏蓬勃兴起。然而，在这一朝阳产业迅猛发展的同时，网络游戏中的违法犯罪活动也应运而生，不仅让受害人蒙受经济权益及精神权益的双重损害，同时也对网络游戏市场的繁荣稳定构成了严重的威胁。关涉网络游戏的违法犯罪活动，种类繁多、花样翻新，成为网络游戏的

*　薛津，天津市津南区人民检察院检察委员会专职委员、四级高级检察官；孙超，天津市津南区人民检察院第三检察部副主任、二级检察官。

“痛点”，也为社会埋下了不安定的“炸弹”。

一段时期以来，具有“游戏托”公司化性质的电信诈骗犯罪集团案件在全国各地多发。在司法实践中，被告人的真实身份是在网络游戏公司的游戏推广人员，其在网络游戏中扮演单身女性角色，以“奔现交友”“恋爱结婚”等理由诱骗男性玩家对其游戏账号进行高额充值，从而赚取提成返现。该类型案件属于新型案件，针对上述人员的行为是否需用刑法打击存在理论争议，本文以T市J区检察机关办案实践为例，以承诺效力的判断及诈骗罪中目的失败论为切入点，对该类型案件的性质进行法理探析，进而确定以刑法手段打击“游戏托”诈骗行为具有以预防为目的的处罚必要性。

［基本案情］ 2018年2月23日，被告人刘某某在辽宁省盘锦市某写字楼五楼注册成立并实际经营盘锦某某网络科技有限公司，从事游戏推广经营活动。2018年8月，刘某某通过邓某某（另案处理）与江苏某某网络科技有限公司约定代理推广上述公司未在文化监管部门备案的《梦入凡情》《鸣剑风云》《梦昆仑》《仙侣世界》等网络游戏，收取游戏玩家在上述游戏中充值总额的70%作为提成返利。被告人杨某某等40余人先后通过招聘等方式进入盘锦某某网络科技有限公司，以底薪加业务提成的方式获利。其间，杨某某担任该公司风神部主管、姚某某担任该公司林天部主管，文某某、赵某某、蔡某某分别担任业务小组长，王某某负责公司招聘，刘某某负责游戏技术扶持。被告人高某某、郭某某等40余人具体实施犯罪，形成了以刘某某为首要分子，以杨某某、姚某某为骨干成员，其余被告人为一般成员的诈骗犯罪集团。

2018年8月至2019年4月2日，杨某某、姚某某在刘某某的授意下，带领部门内业务员推广《梦入凡情》《仙侣世界》《鸣剑风云》等网络游戏。上述被告人虚构年轻女性身份，在自己或公司配发的微信账号上使用年轻女性头像及昵称，利用刘某某等人提供的“话术单”，以年轻女性身份通过《王者荣耀》《QQ飞车》等热门游戏发送寻求男性游戏玩家组建游戏情侣的消息，添加被害人微信后发送相关游戏链接，引诱被害人下载游戏后与被告人组建游戏情侣，并假意与被害人发展恋爱关系，通过发送虚假的机票订单信息截图、共享位置截图等方式持续骗取被害人的信任，诱骗被害人通过支付宝及微信支付等方式向游戏账号充值获利。其中，部分被告人以给付见面诚意金、报销飞机票等理由，短时间多次向被害人索要钱款后向其游戏账号充值获利。经统计，上述被告人及涉案人员共计骗取他人人民币1924551.67元。案发后，上述被告人被公安机关抓获归案，部分涉案财物被依法扣押。T市J区检察机关以诈骗罪提起公诉。

现阶段，电信网络诈骗案件的类型，按照不同的划分标准，可分为数十种之多，由于标准不一，类型五花八门。主要有：按照诈骗行为的手段，可分为传统类型诈骗、销售类型诈骗和投资类型诈骗；[①]按照诈骗行为的冒充身份，可分为冒充公职人员诈骗、冒充特定职务诈骗、冒充特定身份诈骗和冒充近亲属诈骗；[②]按照诈骗行为的载体，可分为电话诈骗、短信诈骗、网络诈骗及综合运用上述三种载体协同作案的诈骗等。[③]

然而，在T市J区的“游戏托”案件中，却很难依据上述标准对其进行简单归类。其主要原因在于“游戏托”类型案件存在多角度的法理争议，但是经过综合后认定，被告人通过网络游戏平台，采取虚构事实或隐瞒真相的方法，骗取网络游戏玩家数额较大的财物，该行为属于冒充特定身份（女性婚恋对象身份）的变相销售型网络诈骗。

一、“游戏托”类案件是否入刑的法理争议

关于“游戏托”类案件的定性问题，在刑事理论认识上与司法实践过程中均存在多种不同的观点。相关争议主要体现在以下观点之中。

（一）行为人不构成犯罪

持这种观点的学者们认为，被告人获取财物的关键环节在于通过被

---

① 参见张文波、郑锐、李灵雁：《投资型电信网络诈骗案件办理难点及应对——以A省L市检察机关办案实践为样本》，《人民检察》2019年第16期。

② 参见翟家圣：《信息化背景下我国电信诈骗的发展特征及防控探析》，郝宏奎主编：《侦查论坛》（第15卷），中国人民公安大学出版社2017年版，第122页。

③ 参见何秀英：《浅析电信网路诈骗犯罪证据体系的构建难点及出路》，孙长永主编：《刑事司法论丛》（第5卷），中国检察出版社2018年版，第369页。

害人对游戏进行充值谋取提成。但被害人对游戏账号进行充值主要是出于“组CP”“奔现”等心理因素考虑，而进行游戏消费是满足被害人此种心理所必需的前提条件，在这种情况下，被害人根本不关心游戏的可玩性，但因怕与被告人“分手”，而自愿交付钱款。可见，被害人并不是因为对游戏存在错误认识而交付财物，而是基于其他目的放弃自己的财物，因此，被害人自愿付款与被告人的虚构事实之间没有因果关系。被告人的行为不符合诈骗罪的特征，其行为属于违规经营和商业欺诈。另外，被告人虽有诱骗被害人进行大额游戏充值的行为，但是，被告人确实通过游戏公司后台为被害人游戏账户进行了充值，双方存在真实的交易。可见，被告人实施上述行为只是为了获取不合理的高额利润，而并非非法占有被害人财物。被害人事先知道游戏充值价值，且自愿选择消费并转账，最终获取了“游戏元宝”。那么，引诱他人高消费的行为只能算作一种不正当竞争行为，不能认为其具有欺诈交易的性质，不构成犯罪。

（二）行为人构成诈骗罪

持这种观点的学者们意识到“游戏托”首先通过网络等方式搭识被害人，再约被害人共同玩游戏研发公司推广的游戏，且诱使被害人进行高额游戏充值，利用被害人在“女友”面前要面子、维系情侣关系的心理，获取非法利益。这种行为具有非法占有的故意，消费活动自始至终都充满了欺骗，被害人对游戏进行充值也是在受骗的前提下所为，因此，这种行为符合诈骗罪的要件。

上述理论争议的焦点在于：男性网友对“处CP”“奔现交友”“恋爱结婚”等目的上存在的认识错误，能否及于其对财产处分的认识错误？对于游戏是否具有与其充值等价的可玩性并无特别关注，其对账户充值时主观上存在对消费的承诺及认可，且对于付款之后果也较为了解，客观上被告人也履行了承诺，该种情形是否属于陷入认识错误？男性网友在不愿继续玩游戏情况下基于不在“女友”面前失面子，继续维持男女朋友关系等考虑而选择自愿充值，财产兑换成不能继续交换的游戏“元宝”，是否存在财产损失？笔者认为，这些问题是关系到“游戏托”案能否以诈骗罪论处的根本性问题，也是“游戏托”案能否定性为诈骗罪的法理基础。

二、“游戏托”类案件司法判断法理分析

人与一般动物的本质区别在于人的存在是一种目的性的生命活动，活动的目的在于作出一种意义性的判断和选择。因而，基于这种目的性的判断与选择，要求在诈骗罪构成中，错误与处分财产之间必须有实质的因果关系，换言之，只有当欺骗行为导致受骗者陷入处分财产的认识错误时，该欺骗行为才是诈骗罪中的欺骗行为，进而可能成立诈骗罪。

在“游戏托”案中，欺骗行为主要体现在“游戏托”提出“奔现”要求，与男性网友交友约会、恋爱结婚等，男性网友也是在这一问题上陷入认识错误，而对其游戏账户进行充值。被害人对游戏本身换来的“可玩性价值”事先是明知的，对于处分财产的范围、种类具有一定认识，对这一行为本身并未存在认识错误，即便被害人认为该游戏非常无聊，但被害人对于游戏充值价格是默认的，可见被害人对于财产处分这一行为本身并无认识错误。被害人损失的金钱也以不可再兑换的“游戏元宝”形式客观上进入了被害人的游戏账户内。这种情形下，对于“游戏托”案件以诈骗罪论处，需要在提高刑法的适应性、增强刑罚的预防目的前提下对诈骗罪的构成要件进行法理上的重新解释。

（一）被害人承诺需基于真实意思表示

罗马法有句谚语“得承诺的行为不违法”。被害人承诺，是指被害人同意他人侵害自身法益的情况。被害人承诺在刑法上承担着重要的意义，可以影响定罪及量刑。应该说，男网友基于“组 CP”“奔现恋爱”“结婚”等目的与“游戏托”共同进行游戏，无论是主观上还是客观上均存在对于游戏账号进行充值的认可，其实质上属于一种财产处分的“承诺”行为。法理上一般认为，被害人的承诺可以阻却部分行为的违法性。“如果从宪法保护个人行动自由的角度出发，认为承诺涉及放弃身体、自由的法益或处分自己的财产，不管这样的承诺是理性或是非理性的，都应该被理解为个人人格自由的行使与展现，因此

可以阻却不法性。”[①] 在“游戏托”案件中，被害人基于“组 CP”“奔现恋爱”“结婚”等目的对游戏账号进行充值，是基于以放弃其自身利益（支付充值）去维持或者换取另外一个利益（“奔现恋爱”“结婚”等可期待的诱惑），而这一情形，显然属于承诺的一种表现形式。“法益所有人的承诺之所以有可能对于行为人实施的侵害行为的不法评价产生阻却作用，其主要思想基础源自个人的自我决定权与行为自由。也就是说，在一定条件下，法益所有人基于其内在利益的抉择而自愿决定放弃某个法益以维持或追求另外一个利益，由于其所放弃的属个人法益，在不影响他人利益的前提下，法律原则上应当允许。”[②]

承诺是否具有法律效力是对其承诺行为的核心评价。要使得承诺有效进而阻却违法性，承诺人所作出的承诺必须是在非受到强制、胁迫且基于真实意思表示而作出。但是，比较有争议的问题是，承诺人如果受到欺骗而作出的承诺，是否当然属于无效的承诺。“游戏托”案就是典型的这一情形。被害人之所以进行游戏充值，就是因“游戏托”虚构了“组 CP”“奔现交友”“恋爱结婚”等目的而作出的。“游戏托”的欺骗行为，能否影响被害人承诺（游戏充值）的效力，这是“游戏托”案能否定性为诈骗罪的核心，也是理解“游戏托”虚构“奔现”事实与被害人进行游戏充值之间是否存在因果关系的重点。

对于被害人因受欺骗而作出承诺是否具有法律效力，理论界存在不同观点。德、日刑法界对此有过激烈的讨论，三种比较主流的观点，即完全无意思瑕疵理论（全面无效论）、本质错误说（重大错误说、决定动机错误说）和法益关联性理论（法益错误论）。完全无意思瑕疵理论是以“欺骗”为核心进行量度，只要存在被告人欺骗的事实，被害人的承诺即为无效。本质错误说认为，如果被害人没有错误认识（或者知道真相）就不会作出承诺，或者说被告人的欺骗行为对于被害人的意思及行为选择起了决定性的作用，则该承诺无效。法益关联理论则认为，仅仅是动机方面的错误且与法益无直接关系，不会阻断承诺

① 王皇玉：《强制手段与被害人受欺骗的同意：以强制性交猥亵罪为中心》，《台大法学论丛》2013 年第 2 期。

② 吴耀宗：《被害人受骗之承诺》，《月旦法学教室》2013 年第 4 期。

的效力。但是这种观点在处理某些案件的时候常常会与人们的朴素正义观相悖。

综合上述有关三种承诺效力的观点，对照“游戏托”诈骗行为，可以得出如下结论。在“游戏托”案中，被害人受到“游戏托”的欺骗而作出游戏充值的承诺，结合全面错误说和本质错误说，在此类案件中，“游戏托”的欺骗已经使得被害人形成了关于对等给付、所追求的目的（“奔现交友”“恋爱结婚”等）的错误认识，此错误事关关键事实。因为被害人的支付行为基于这一错误，如果没有该错误，就不会自愿实施充值行为。因而被害人关于游戏账户充值的错误想象属于重大瑕疵，其决定性的动机是错误的，因此导致被害人承诺的无效，进而肯定“游戏托”行为具有犯罪属性。从这个角度而言，无论“游戏托”是否向男性网友游戏账户提供“游戏元宝”，都会因为被害人承诺的无效而具有构成诈骗罪的可能。因而难以否定“无认识错误”承诺的效力，而会排除“游戏托”案的犯罪性，不利于普遍正义的实现。

（二）诈骗罪的目的失败论

财产损失是诈骗罪成立的构成要件要素之一。在通常的诈骗中，被害人是因陷入错误认识而处分财产，因而对自己的财产损失并不“明知”。对于“游戏托”类型案件中，被害人被诱骗向自己的游戏账户进行充值，换回“游戏元宝（不能再交换）”能否认定被害人存在财产损失？有不同观点认为该种行为一般认为不构成诈骗罪。理由是，经营者拥有经营自主权，可以根据市场行情进行商品推广，被害人并无财产损失，因为他的财产换来了“游戏元宝”，至于推广的手段违反了诚实信用原则，引诱他人消费的行为只能算作一种不正当竞争行为或者是欺诈消费行为，是行政法调整的范围，故不构成诈骗罪。为了驳斥这种观点，应该进行更深层次的刑事法理依据反思。

财产犯罪的法益，并不单指被侵害的财产本身，其既包括财产，也包括财产性利益，这已成为刑法学界公认的观点。如同财产具有“使用价值”和“交换价值”一样，财产利益包括“使用利益”及“交换利益”两种类型。“事物之所以具有价值，是因为能够被个人的主观利用目的所投射，当得知该事物能够满足自己的某种需求时，则该事物存在使用价值。即物品能够满足人们某种需要的效用。”[①]“交换利益”又被称为“经济利益”，“交换利益”表现为一种只有在货币已经确立的时候才存在的抽象，且“只是在揭露欺诈行为等时才在法律上区别于价格”。[②]财产权人所享有的交换利益是否受到损害，不能仅作形式上的判断，而必须观察整个交换过程，以此判断财产权人所享有的财产“整体价值”是否有所减损。这个过程应是财产权人能以其自己的意愿，根据一定的价值规律进行交换，以达到自己的目的。[③]

由于交换利益与财产权人的主观需求有关，因而交换利益是否损失的判断，应当结合财产权人主观需求、目的是否得以实现或者是否具有实现的可能性加以判断。对于上述观点，我国学界也予以认可。“与使用目的重大的背离，是一种财产损害……被欺骗而处分财产的人，所得到的给付如果与订约目的重大违背，也是一种财产损害。”[④]此观点在有关诈骗罪错误的解释中引入了主观目的，进而以此为基础判定财产损失。行为人既可以利用事实，也可以利用价值判断骗取他人财物。价值判断有大体的公认标准，可以使人产生错误，从社会关系的复杂化以及刑法对现实的适应性来考察，应承认就价值判断可以进行欺骗，这不违反我国刑法的规定。在“游戏托”类型案件中，受害人就所交付财产的用途、财产的接受者存在主观上的认识错误时，即使受骗者没有期待反对给付，也应认为存在财产损失，对方的行为应成立诈骗罪。诈骗罪中财产损失的认定与诈骗罪的特点是制造并利用受骗者的认识错误侵犯被害人的财产，如果能够肯定受骗者因为行为人的欺骗行为产生了用途上的错误，进而处分了财产，就此造成了财产损失。在财产法益中，法益处分行为的社会意义的错误，就是法益关系的错误。通过财产的给付而得到的不仅是经济利益，还包含社会目的得以

---

① 张天一：《对财产犯罪中“财产概念”之再建构（下）——以“支配关系”所形成之财产概念》，《月旦法学杂志》2009年第2期。

② 参见《马克思恩格斯全集》（第31卷），人民出版社1998年版，第180页。

③ 参见张天一：《对财产犯罪中“财产概念”之再建构（下）——以“支配关系”所形成之财产概念》，《月旦法学杂志》2009年第2期。

④ 张明楷：《诈骗罪与金融诈骗罪研究》，清华大学出版社2007年版，第247—248页。

实现，这就是法益处分的社会意义问题。据此，对财产的转移被害者没有主观目的错误的场合，交付的结果是有交付权限的被害者所接受的，不能追究欺骗行为人对被害人“转移财产”的责任；反过来，基于主观目的错误转移财产的场合，则由于被害者不接受转移财产的结果，加上这又是行为人的欺诈所引起的，当然要追究他对自己引起对方不正当转移财产的行为的责任。换言之，如果受骗者的财产交换失败、处分财产的目的没有实现，就意味着存在财产损失。[①]本案中，无论被害人如何处分自己的财产，其处分财产的目的（与“游戏托”恋爱、结婚）都无法实现。可以看出，通过交换利益以及财产损失的实质解释，较好地解决了“游戏托”诈骗案在财产损失理解与认定上的理论。

（三）刑罚的预防目的及刑法适应性

刑罚的重要目的之一即为预防和减少犯罪，既警醒具有犯罪潜在危险者避免犯罪，又告示已经犯罪者基于刑罚威慑力量不能再次犯罪。司法人员要时刻考虑自己的司法活动是否符合刑法目的，从而有利于将刑法目的贯穿于刑事司法活动的始终。罪刑法定原则是刑法的基本原则，然而其本身并不否定刑法应具备与社会发展相洽的刑罚适应性和刑罚规则效力。刑法的适应性，就是指相对固定、简单和有限的刑法规范如何满足纷繁复杂、变动不居的社会生活需要，这既是一个重要的理论问题，同时也是一个极具实践意义的问题。弗里德里曼曾经说过：“法律和社会工作者必须能描述和测量运行中的法律制度。他指出两个方面的影响途径：从社会到法律制度和从法律制度到社会。”[②]换言之，无论是立法者还是司法者都必须揭示法律制度的来源、社会力量如何评价或转化为法律以及法律制度如何防止犯罪用于社会生活。由于法律通常滞后于社会情势的频繁变迁，刑法的立法目的只是通过固定的方式维护现存的社会秩序，的确会凸显出一种忠实、保守的倾

① 参见林东茂:《诈欺罪的财产损害》,《台湾警察大学法学论集》1998 年第 3 期。

② Lawence M.Friendman, The Legal System, 1975by Russell Sage Foundation, pp.270–271.

向。因此，司法者在适用法律时，尤其是面对法律规则与社会事实的摩擦地带，必须充分考虑到社会生活的复杂性和变化可能。司法者在作出裁决时，除了必须依法裁判之外，也应当善于利用法律本身所具有的灵活性机制，充分考虑案件的具体情况，在法律的“格式化”与案件的“非格式化”之间寻求最佳的解决方案，在每一起案件中尽量寻求一般正义与个别正义、形式公平与实质公平的合理平衡。刑法只有运用到现实生活中才具有意义，判决书、起诉书是对刑法活生生的解读，刑法的内容越被一般人理解，刑法就越能发挥一般预防的作用。

“游戏托”电信诈骗行为已经严重影响了网络空间和他人的财产权，刑法如果坐视不理，此类公司化运营的电信诈骗集团将会不断发展，严重蚕食网络环境。从形式上看，“游戏托”行为与传统诈骗罪构成要件虽然存在不尽一致的地方，这实际上是逻辑与实在之间的冲突在刑法领域的再现。因此，以刑法手段打击“游戏托”诈骗行为具有以预防为目的的处罚必要性。

三、结语

随着互联网技术的快速发展、移动智能设备的迅速普及，各类网络游戏呈现大火态势。但是利用网络游戏实施侵害的犯罪案件也同时日益突出，危害不断凸显。较之传统的婚恋诈骗，在“游戏托”类案件中，被告人通过“婚托”方式将受害人引入游戏“陷阱”骗取钱财，犯罪分子与网络游戏平台相互“勾连”，为了规避法律风险，他们试图利用游戏充值这种形式合法的交易方式，将诈骗钱款“洗白”，具有较强的欺骗性，因此，需要司法者以灵活的方式打击犯罪，而不是以武断的方式去裁剪实施。

虚拟财产的法律属性

王　隆*

摘　要　将非法获取虚拟财产的行为认定为计算机相关犯罪的做法，不但提高了入罪标准，且无法对未侵入计算机系统或未使用其他技术手段获取虚拟财产的行为定罪处罚，同时在涉案金额特别巨大的情形下，认定计算机相关犯罪将导致量刑畸轻。应提倡客观主义解释理念，将具有财产属性的虚拟财产解释为刑法上的财物，如此可以充分保护法益，避免处罚漏洞。司法实务中应根据不同类型的虚拟财产，确定不同的价值计算方法。

关键词　虚拟财产　客观主义　财物属性　价值计算

一、虚拟财产属性实证分析

[案例一] 2016年11月5日晚上9时许，被告人陈某在网上窃取被害人龚某的游戏账号及密码并登录平台，窃取游戏账号内9600万游戏分，后以4000元的价格卖给邓某。法院认定陈某构成盗窃罪。①

[案例二] 被告人匡某某在虎牙直播平台上，冒充主播周某所在的天津正恒科技发展有限公司管理员的身份，以升级权限为由骗得周某的虎牙直播账号和密码，后将周某的虎牙直播账号中价值31530元

---

* 王隆，浙江省乐清市人民检察院三级检察官。

① 参见湖北省赤壁市人民法院刑事判决书，(2017)鄂1281刑初170号。

虎牙佣金以1∶1的比例兑换成虚拟财产“Y币”进行提现消费。[①]

[案例三] 被告人张某某利用管理《影之刃》游戏的职务之便，修改该游戏数据库内数据生成大量礼包码，然后将上述礼包码发给叶某，由叶某通过淘宝网公开销售，张某某获利共计人民币948123元。[②]

[案例四] 甲在网吧当场使用小刀威胁乙将其价值10万元的游戏装备转移至自己控制的游戏账户下，乙被迫转移。

[案例五] 庞某通过植入木马程序的方式侵入他人计算机，窃取计算机中的游戏点卡，共价值人民币1032486元，法院判处被告人庞某犯盗窃罪，判处有期徒刑11年6个月。[③]

网络虚拟财产究竟属于数据还是财物，众说纷纭。学界大多从理论上探讨网络虚拟财产的法律属性，而较少以裁判文书为样本进行实证研究。2010年至2020年公开的86份涉及虚拟财产的法律属性认定的刑事裁判文书显示，我国司法实践对虚拟财产法律属性的司法认定标准并不统一，一部分裁判文书认为虚拟财产属于刑法意义上的财物（以下简称财物说），一部分裁判文书认为虚拟财产仅属于计算机数据而非财物（以下简称数据说），存在着类案不同判的司法乱象。

通过在中国裁判文书网刑事案件中搜索关键词“虚拟财产”，获取118份2010年至2020年的刑事判决文书，经过筛选，剔除32份无关文书，获得86份涉及虚拟财产性质认定的裁判文书，犯罪对象涉及游戏账号、游戏币、游戏装备、游戏点卡、虚拟货币、网络域名等具有财物属性的虚拟财产。通过统计，其中50份裁判文书中法院支持将虚拟财产认定为刑法意义上的财物，以财产犯罪定罪，占比约58.1%；其中36份裁判文书中法院认为网络虚拟财产的法律属性为数据而非财物，以计算机相关犯罪判处，占比约41.9%，可见司法实践对虚拟财产法律属性的认定争议较大。

---

① 参见天津市滨海新区人民法院刑事判决书，（2018）津0116刑初20300号。

② 参见广东省广州市天河区人民法院刑事判决书，（2017）粤0106刑初845号。

③ 参见福建省龙岩市新罗区人民法院刑事判决书，（2018）闽0802刑初213号。

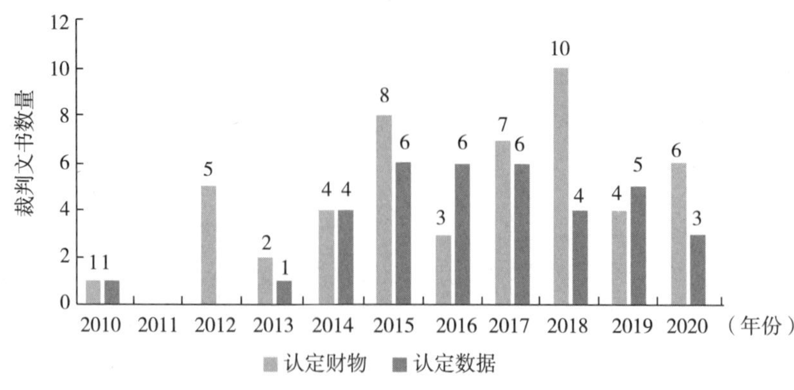

2010—2020 年裁判文书对虚拟财产属性的认定情况

按照年份分类，司法实践中对虚拟财产属性的认定并未出现从非财物到财物再到数据的转变过程，[①]除 2011 年、2012 年缺少部分公开的裁判文书数据外，2010 年、2013 年至 2020 年对虚拟财产属性的认定呈现持续争议的状态。通过进一步数据分析对比，有以下三个特点：

（一）裁判文书说理多样化

虽然有 50 份裁判文书支持“财物说”，36 份裁判文书支持“数据说”，但不同的裁判文书论证的角度、理由并不一样，裁判说理呈现多样化。

50 份裁判文书支持将网络虚拟财产认定为刑法意义上的财物，除部分文书未说理外，呈现出以下不同的理由：第一，认为虚拟财产体现网络服务商的劳动价值，代表被害人享有的财产权益，可以成为侵财犯罪的对象；[②]第二，认为虚拟财产具有可兑换性，在互联网交易平台上可以兑换成实际的货币，属于刑法保护的财物范围；[③]第三，根据文义解释，认为能够被管理、转移处置并具有价值性的物（包括无形物），均可以认定为公民私人所有的财产，虚拟财产可以作为财产犯罪

① 参见陈兴良：《虚拟财产的刑法属性及其保护路径》，《中国法学》2017 年第 2 期。

② 参见上海市第一中级人民法院刑事判决书，（2020）沪 01 刑终 35 号。

③ 参见陕西省宝鸡市中级人民法院刑事判决书，（2020）陕 03 刑终 96 号。

的对象；[①] 第四，虚拟财产可以在市场上自由交换，具有交换价值和使用价值，可以认定为财物；[②] 第五，人们已熟知并使用虚拟财产的概念，将虚拟财产解释为刑法中的财物，不会侵害国民的预测可能性；[③] 第六，从民法的角度分析，认为我国《民法典》已经确定了网络虚拟财产的物权法律地位，所有权人可以对虚拟财产进行占有、使用、收益和处分，因此可以认定虚拟财产为刑法上的财物。[④]

36 份裁判文书认为网络虚拟财产的法律属性为数据而非财物，但呈现出以下不同的说理：第一即为大部分裁判文书所采取的说理，认为虚拟财产的法律属性是计算机信息系统数据，将其解释为财物缺乏法律依据，也不符合公众认知的一般意义上的公私财物，有违罪刑法定原则；[⑤] 第二，认为虚拟财产缺乏财物的属性，网络运营商可以无限生成，不具有稀缺性，不能认定为财物；[⑥] 第三，认为虚拟财产不具有自由交换的现实流通性，不具有交换属性，有别于刑法意义上的财产；[⑦] 第四，认为虚拟财产没有被普遍接受的价值计算方式，价值存在不确定性及不稳定性，不能认定为财物。[⑧]

上述多种裁判说理除了论证角度的不同外，对解释理念和财物的属性也有不同的认识，由此可见，确立合理的解释理念、统一的财物属性标准对于判断虚拟财产是否属于财物十分重要。

（二）认定罪名相对集中

在 86 份裁判文书中（部分文书涉及多起事实、多个罪名），将非法获取虚拟财产的行为认定为盗窃罪的有 37 份文书，占所有罪名的

---

① 参见广东省佛山市中级人民法院刑事判决书，（2016）粤 06 刑终 1152 号。

② 参见广东省深圳市中级人民法院刑事裁定书，（2010）深中法刑二终 699 号。

③ 参见浙江省杭州市下城区人民法院刑事判决书，（2018）浙 0103 刑初 180 号。

④ 参见江苏省丰县人民法院刑事判决书，（2018）苏 0321 刑初 33 号。

⑤ 参见山东省日照经济技术开发区人民法院刑事判决书，（2016）鲁 1191 刑初 24 号。

⑥ 参见福建省福州市中级人民法院刑事判决书，（2019）闽 01 刑终 1259 号。

⑦ 参见福建省厦门市中级人民法院刑事判决书，（2019）闽 02 刑终 41 号。

⑧ 参见河北省容城县人民法院刑事判决书，（2015）容刑初 58 号。

40%；认定为非法获取计算机信息系统数据罪有 34 份，占所有罪名的 37%；认定为诈骗罪 9 份，占所有罪名的 10%；认定为职务侵占罪 7 份，占所有罪名的 8%；认定为非法控制计算机信息系统罪 2 份，占所有罪名的 2%；认定为掩饰、隐瞒犯罪所得罪 1 份，认定为破坏计算机信息系统罪 1 份，认定为敲诈勒索罪 1 份，均占所有罪名的 1%。

从上述数据可以看出，罪名呈现多样化，但主要集中在盗窃罪、非法获取计算机信息系统数据罪。司法实务中主要争议集中在对非法获取虚拟财产的行为认定为盗窃罪还是非法获取计算机信息系统数据罪。

（三）涉案虚拟财产类型集中

在 86 份裁判文书中（部分文书涉及多种虚拟财产），游戏类虚拟财产占比最大，有 68 份文书涉及网络游戏类产品，占虚拟财产总数的 77%，该类虚拟财产包括游戏装备、游戏道具、游戏币、游戏点卡、游戏账号、游戏网吧特权点数、游戏礼包码、游戏激活码，其中认定财产类犯罪有 54%，认定为计算机犯罪有 46%。有 9 份文书犯罪对象为虚拟货币（以太坊币、EOS 币、阿希币等），占虚拟财产总数的 10%，其中认定财产类犯罪占比 56%，认定为计算机犯罪占比 44%；有 3 份文书犯罪对象为 Q 币，均认定为财产类犯罪；有 2 份文书犯罪对象为积分类（中国移动积分、宽带积分），认定为财产类犯罪有 50%，认定为计算机犯罪有 50%；有 2 份文书犯罪对象为手机类（手机流量、手机号码），均认定为财产类犯罪；有 1 份文书犯罪对象为网络域名，认定为财产类犯罪；有 1 份文书犯罪对象为网络充值卡，认定为计算机犯罪；有 1 份文书犯罪对象为网络卡券，认定为财产类犯罪；有 1 份文书犯罪对象为网页账号，认定为计算机犯罪。可见涉及虚拟财产案件的犯罪对象种类多样化，但主要集中在游戏类、虚拟货币类，且认定的罪名分歧较大。

二、“数据说”的缺陷和“财物说”的合理性

（一）“数据说”的缺陷

将非法获取虚拟财产的行为认定为计算机犯罪，而否认该行为同时

构成侵财类犯罪，“数据说”将一部分犯罪行为排除在刑法的调整范围之外，形成处罚的漏洞，不利于法益的保护，同时在涉案金额特别巨大的情形下，与财产类犯罪量刑上存在不平衡，导致罪刑责不相适应。

首先，“数据说”提高了入罪标准，形成处罚漏洞。以案例一被告人陈某盗窃案为例，按照“数据说”的观点，本案的游戏分属于计算机数据，而非财物，而根据2011年《最高人民法院、最高人民检察院关于办理危害计算机信息系统安全刑事案件应用法律若干问题的解释》第1条，“非法获取计算机信息系统数据或者非法控制计算机信息系统，具有下列情形之一的，应当认定为刑法第二百八十五条第二款规定的‘情节严重’：……（四）违法所得五千元以上或者造成经济损失一万元以上的”。因为该案的涉案金额为4000元，故按照“数据说”，被告人陈某不构成犯罪，形成处罚漏洞。从上文的数据分析可知，司法实务中主要争议集中在对非法获取虚拟财产的行为认定为盗窃罪还是非法获取计算机信息系统数据罪。根据2013年《最高人民法院、最高人民检察院关于办理盗窃刑事案件适用法律若干问题的解释》，盗窃罪数额较大的标准为1000元至3000元，与计算机犯罪高入罪标准相比，入罪标准较低，能够更加全面地保护被害人的利益。此外，在多次非法获取虚拟财产的情况下，假设陈某六次窃取账号内游戏分，每次价值500元，按照“数据说”的观点，被告人陈某不属于情节严重，不构成犯罪，结论亦难以让人接受。

其次，“数据说”无法对未侵入计算机系统或未使用其他技术手段获取虚拟财产的行为定罪处罚，形成处罚漏洞。根据《刑法》第285条第2款的规定，非法获取计算机信息系统数据、非法控制计算机信息系统罪，是指违反国家规定，侵入前款规定以外的计算机信息系统或者采用其他技术手段，获取该计算机信息系统中存储、处理或者传输的数据，或者对该计算机信息系统实施非法控制，情节严重的行为。可见侵入计算机系统或采用其他技术手段是计算机犯罪的构成要件之一。如果缺少相应的构成要件，“数据说”无法对相关犯罪事实进行定罪处罚。以欺骗、暴力方式或者以职务便利等方式非法获取他人虚拟财产的，无法认定为计算机类犯罪。以案例二被告人匡某某盗窃案为例，匡某某的行为是通过欺骗手段非法获取虚拟财产，未侵入计算机系统也未使用其他技术手段，故无法认定为计算机相关犯罪。又如案例三被告人张某某职务侵占案，该案被告人张某某系通过职务便利合法登入游戏数据库，未使用其他技术手段，亦无法以计算机相关犯罪定罪处罚。此外，以暴力手段非法获取他人虚拟财产，按照“数据说”的观点也无法定罪处罚，如案例四，因甲未侵入计算机系统或采用其他技术手段，而是当场使用暴力威胁获取虚拟财产，故甲的行为无法认定为计算机犯罪。

最后，在涉案金额特别巨大的情形下，认定计算机相关犯罪将导致量刑畸轻，明显失衡。盗窃罪、诈骗罪等侵财类犯罪的法定最高刑为10年以上有期徒刑或者无期徒刑，而非法获取计算机信息系统数据罪、非法控制计算机信息系统罪等计算机类犯罪的法定最高刑为3年以上7年以下有期徒刑。如案例五被告人庞某盗窃案，如果按照“数据说”，本案被告人庞某的量刑为“三年以上七年以下有期徒刑”，将导致量刑畸轻，明显失衡。当然，有人认为游戏点卡等数据可以由网络运营商无限生成，非法获取数据在量刑上应当从轻，但可以假设第一种情形，被害人为购买点卡准备的100万元在购买点卡之前被庞某窃取，庞某构成盗窃罪，法定最高刑为10年以上有期徒刑或者无期徒刑。第二种情形，被害人为购买点卡准备了100万元，在购买点卡之后，价值100万元的点卡被庞某通过木马程序窃取，按照“数据说”的观点，庞某构成非法获取计算机信息系统数据罪，法定最高刑为3年以上7年以下有期徒刑。就被害人而言，其损失的不管是现金还是点卡，均为100万元价值，但被告人庞某的刑期却截然不同，显然，在涉案金额特别巨大的情形下，认定计算机类犯罪将导致量刑不平衡。

（二）“财物说”的合理性

1. 树立客观主义解释理念对财物的含义进行解释

客观解释论是指以法益保护为目的，在不违反罪刑法定的前提下，对法律条文进行与时俱进的解释。从法律生效的那一刻起，法律即随着社会的发展而不断地加以适应，使其保持“旺盛的生命力”。[①]而坚

① 参见张明楷：《非法获取虚拟财产的行为性质》，《法学》2015年第3期。

持“数据说”的裁判者在解释理念方面则采取了主观解释论，严格按照刑法条文所包含的通常字面含义，坚持立法原意，认为立法者在制定1979年《刑法》和1997年修订《刑法》时并未将虚拟财产纳入刑法中“财物”的范畴，将虚拟财产解释为财物缺乏法律依据，属于类推解释。

诚然，法律需要稳定性，但法律也具有滞后性，社会的飞速发展使得法律对新兴事物的调整出现了滞后和漏洞，随之也引发相应的社会问题。1979年《刑法》和1997年修订《刑法》的立法者无法预测在21世纪，虚拟财产会成为互联网时代人们财产和精神生活的一部分。据中国互联网络信息中心（CNNIC）发布第46次《中国互联网络发展状况统计报告》统计，我国的网民规模从2017年6月的7.5亿人增长到2020年的9.4亿人，互联网普及率从54.3%升至67%。[①]据《2019中国游戏产业年度报告》显示，中国游戏市场实际销售收入从2010年的333亿元增长到2020年的2330.2亿元。[②]同时，游戏市场调研公司Niko Partners在2020年发布的《中国游戏主机市场报告》显示，2019年中国有6.85亿游戏玩家。[③]众多的虚拟财产交易平台在提供虚拟财产的交易服务，如淘宝、网易的交易平台藏宝阁、交易猫等游戏账号交易平台。巨大的玩家群体愿意花费现金购买游戏装备、游戏账号、金币等虚拟财产。虚拟财产已经成为市场经济中的新兴事物，越来越多的人将游戏装备、游戏点卡、Q币等虚拟财产视为自己生活中的财物，玩家、用户已经熟知并接纳虚拟财产。所以，“财物”一词的外延完全可以覆盖具有财产属性的虚拟财产，将具有财产属性的虚拟财产解释为财物不会侵犯国民的预测可能性，能够被一般人所接受。且基于上文分析，认定计算机类犯罪存在着诸多缺陷和漏洞，不利于保护法益，

① 参见《中国互联网络发展状况统计报告》，中国网信网，http://www.cac.gov.cn/2020-09/29/c_1602939918747816.htm，最后访问日期：2020年10月7日。

② 参见《2019中国游戏产业年度报告》，中文互联网数据资讯网，http://www.199it.com/archives/983442.html，最后访问日期：2020年10月7日。

③ 参见《中国游戏主机市场报告》，腾讯网，https://new.qq.com/rain/a/20200611A0RGXT00，最后访问日期：2020年10月7日。

使得“财物”一词的外延合理扩展到虚拟财产成为必要，在判断是扩大解释还是类推解释时，处罚的必要性是需要考虑的重要因素，认定计算机类犯罪无法在一些情形下对法益进行保护，而对“财物”进行扩大解释可以充分地保护法益。综上所述，“财物说”并不违反罪刑法定原则，具有合理性。

2. 需要确立统一的财物属性标准

无论是有体物还是虚拟财产，判断其是否为财物，都需要判断其是否具备财物的属性。确立正确的判断标准，有利于司法实践对涉虚拟财产类案件裁判尺度的统一。36份“数据说”裁判文书中部分文书认为财物应具有稀缺性、价值稳定性。本文认为稀缺性并非财物的属性，空气、水等较为丰富的资源均能成为财物，同时价值稳定性也不是财物的属性，即使是有体物，如黄金、白银的价格都会随着市场环境、供需关系的变化而变化。财物的属性应包含价值属性、可管理属性和可转移属性，在判断一个事物是否属于财物时，应当以其是否具备上述三个属性为判断标准。如果虚拟财产不同时具备这三种属性，则不能认定为刑法中的财物。

首先，财物具有价值属性，包括使用价值和交换价值。一个物品没有价值就没有保护的必要。使用价值是指物品能够满足人们需要，如裁判文书中的游戏类虚拟财产可以提高玩家的游戏体验，满足玩家在虚拟世界的精神需求。一个好的网络域名可以吸引更多的用户，公司可以借助网络域名进行广告宣传。所以，在判断虚拟财产是否为财物时，首先要判断该虚拟财产是否能满足人们某一方面的需要，如不具备使用价值，则不能认定为财物。交换价值是物品能够通过与他人交换体现出的价值。如今众多虚拟财产的交易平台在合法运营，并具有大量的需求客户。一些用户将虚拟财产进行出售，一些用户花费货币购买需要的虚拟财产。网络游戏运营商对游戏产品进行研发，追求其交换价值，而普通人的日记、书信等物品具有使用价值，但不具备交换价值。因此在判断虚拟财产是否为财物时，要考虑该类虚拟财产是否具有交换价值。

其次，财物具有可管理属性，财物的占有者可以对该财物进行管理、支配，无法进行管理、支配的物品不属于财物。如一些商家宣传出售天上的星星，并给购买者颁发证书予以确认，因为购买者在现有科学技术下不可能管理、支配星星，所以星星不可能属于财物。因此，在判断虚拟财产是否为财物时，要判断被害人是否可以通过计算机系统或其他方式对虚拟财产进行管理、支配。

最后，财物具有可转移属性。如果仅财物的占有者可以对物品进行管理、支配，但不能对物品进行转移，那么第三人不具有占有该物品的可能，就无法实施犯罪行为。如游戏类产品、虚拟货币，用户可以通过私下或交易平台与他人达成交易进行转移。因此，在判断虚拟财产是否为财物时，要判断虚拟财产能否被转移给他人。

三、虚拟财产的价值计算方法

支持“数据说”的裁判文书显示，价值计算困难成为否定虚拟财产为财物的一个重要理由。虚拟财产价值计算是认定财产犯罪需要解决的重要问题。《刑事审判参考》766号邓玮铭盗窃案总结出虚拟财产的价值计算方法，具有一定的参考价值，主要有：“（1）以社会必要劳动时间为准计算互联网财产的价值；（2）根据用户真实货币的投入计算互联网财产价值；（3）根据市场交易价格来确定互联网财产价值；（4）网络运营商对互联网财产的定价；（5）根据受害者的直接损失和间接损失来确定互联网财产价值”[①]。

从86份裁判文书中总结出虚拟财产种类有游戏装备、游戏道具、游戏币、游戏点卡、游戏账号、游戏网吧特权点数、游戏礼包码、游戏激活码、虚拟货币（以太坊币、EOS币、阿希币等）、Q币、积分类（中国移动积分、宽带积分）、手机类（手机流量、手机号码）、网络域名、网络充值卡、卡券、网页账号等。在确认虚拟财产具有财物属性后，应针对不同的虚拟财产类型，按照不同的方法计算其价值。

第一类为网络运营商已经对其有明确定价的虚拟财产。如Q币、游戏点卡、游戏网吧特权点数、网络充值卡、网络卡券、手机流量等，

① 最高人民法院刑事审判第一、二、三、四、五庭主办:《刑事审判参考》，法律出版社2012年版，第63—67页。

这类虚拟财产有网络运营商确定的价格，并有大量的用户购买，已形成稳定的交易市场。在计算价值时可由网络运营商出具官方的价格证明，直接按照官方的定价计算价值。

第二类为网络运营商无直接定价的虚拟财产，可以根据市场交易价格来确定虚拟财产的价值。虚拟货币、游戏账号、游戏道具、游戏币、游戏装备、游戏礼包码、游戏激活码、网页账号、网络域名、手机号码等虚拟财产官方并无明确价格，该类虚拟财产可以按照交易平台同类物品的市场交易价格确定价值，如虚拟货币的价值可在数字货币交易平台确定，数字货币交易平台每天产生大量的交易，并以区块链技术为依托，虚拟货币的价格可以在平台上客观反映出来。再如游戏类的虚拟财产、网页账号、网络域名、手机号码等，可在游戏交易平台和账号、手机号码交易平台查找同样的虚拟财产的交易价格，如淘宝、网易的藏宝阁、交易猫等平台，如果没有同样的虚拟财产，则可以通过计算同类、类似的虚拟财产的平均交易价格计算出价值。如果仍无法找到类似的虚拟财产，则可以以行为人的销赃数额来认定价值。

第三类为积分类虚拟财产，包括手机积分、宽带积分等，网络运营商无直接定价的虚拟财产，且缺少相应的交易平台，很难进行交易流通，可以按照积分兑换的商品确定价值。如移动的手机积分可以兑换成相应的话费、商品，可以直接按照话费、商品的价值来确定积分的价值。

四、结语

在 21 世纪互联网时代，虚拟财产的出现对“财物”这一法律概念产生冲击，坚持所谓立法原意的主观解释并不能解决虚拟财产等新兴事物产生的法律漏洞。唯有与时俱进，以法益保护为目的，将具有财物属性的虚拟财产视为刑法中的财物进行保护，才能适应社会的发展，使法律保持生命力。

“荐股诈骗”类犯罪的法律适用探析 *

福建省福州市晋安区人民检察院课题组 **

摘　要　当前司法实践中“荐股诈骗”类犯罪的法律适用存在标准不一，诈骗罪与非法经营罪界限混乱的现象，在福州市以及全国范围内都有类案不同判情形出现。通过对该类犯罪手段、模式、特征进行解析，并根据相关证券交易规则、刑事犯罪理论，进行类型化定性分析，尝试厘清此类案件中，诈骗罪与非法经营罪的界限，对于毫无资质、随机推荐的以及可通过行为表现、交易规则推定涉案交易实为虚拟交易的情形应认定为诈骗犯罪。

关键词　“荐股诈骗”类犯罪　非法经营　诈骗

近年来，电信网络犯罪案件犯罪形式不断演化，在刑事案件中的占比逐年上升。一些不法分子从体量巨大的散户 ① 对证券投资知识的

* 本文系最高人民检察院 2020 年度检察应用理论课题““荐股诈骗’类犯罪的法律适用辨析”研究成果。

** 课题组负责人：陈喆，福建省福州市人民检察院副检察长、三级高级检察官；课题组成员：赵希霞，福建省福州市晋安区人民检察院检察委员会委员、第六检察部主任、一级检察官；商婷婷，福州工商学院文法系教师；张颖，福建省福州市晋安区人民检察院第四检察部检察官助理；袁闽川，邮储银行福建分行授信政策管理中心主任。

① 2019 年 11 月底，我国开立 A 股账户的自然人投资者达 1.58 亿，占 A 股总数的 99.78%。新浪财经头条，https://www.baidu.com/link?url=l0P4XW-_Do5L82CgoXNBfAjUYXrUWYmCIgITp44P2OSSBnKfncvIeL1YZlt3dzgQRgXFiUYjTxZMAgtIkW4F79pYAVnghgyRfhM72fv-RcO&wd=&eqid=bd4073db00d2d8c000000005663e3a05，最后访问日期：2024 年 5 月 10 日。

需求中发现可乘之机，“荐股诈骗”类犯罪由此产生，但在认识及法律适用上均存在不统一的情况。本文选取71个公开案例①，结合部分本地案例，对“荐股诈骗”类案件定性进行分析。通过对判例中的犯罪手段及定性进行汇总分析，影响定性的行为表现主要有是否有荐股资质、是否随机推荐、是否存在虚拟盘、是否人为操控、是否对赌吃客损等因素。（1）出现随机推荐手段的10个案例，以及有人为操控的6个案例，均以诈骗罪判决；（2）毫无证券从业资质，通过身份伪装等进行荐股类行为的36案中，29案以诈骗罪判决，7案以非法经营罪判决；（3）涉案平台系虚拟平台的21个案例中，15案以诈骗罪判决，6案以非法经营罪判决。其中，涉及（2）（3）两类因素的案件定性存在争议，有约20%—30%的不同认识。图示如下表：

表1 “荐股诈骗”类案件定性汇总表

<table>
<tr><th>随机推荐类</th><th>人为操控类</th><th colspan="2">毫无资质类</th><th colspan="2">虚拟平台类</th></tr>
<tr><td rowspan="2">10</td><td rowspan="2">6</td><td colspan="2">36</td><td colspan="2">21</td></tr>
<tr><td>29</td><td>7</td><td>15</td><td>6</td></tr>
<tr><td>诈骗罪</td><td>诈骗罪</td><td>诈骗罪</td><td>非法经营罪</td><td>诈骗罪</td><td>非法经营罪</td></tr>
</table>

一、案例介绍

由前述分析可见，“荐股诈骗”类犯罪案件的争议焦点在于诈骗罪

---

① 71个样本案例来源于中国裁判文书网。搜索日期为2020年10月18日。使用“高级检索”功能，全文搜索关键字“荐股”，案由选择“刑事案由”，案件类型选择“刑事案件”，文书类型选择“判决书”，裁判日期选择“2019-01-01 TO 2020-09-30”，共检索到75个相关案例判决书，其中一审判决书73份（其中重复文书1份、）、二审判决书2份，符合“荐股诈骗”类犯罪形式的案件共71件。保留其他搜索条件，文书类型选择“裁定书”，共检索到24个相关案例裁定书，其中二审刑事裁定书21份，刑罚变更刑事裁定书3份，均为维持原判或准予撤回裁定，故未另行讨论。

同时还需要说明的是：该类型案件还存在于“推荐股票”“推荐期货”两关键字关联的案例中，因研究时限等原因，当前仅先以荐股关键词关联的案例为样本进行分析，虽不具有绝对的全面性，但经初步核实，在全部案例中，整体争议及不同定性比例基本相当。

与非法经营罪的界限。具体办案难点，在于事实认定环节，对所谓交易有否对接真实市场，以及相关市场真假的判断。以下以雷某某等人系列案进行简要释明。

［**基本案情**］2016年10月，雷某某等人成立公司，通过与黑龙江中远农业商品现货交易平台的会员单位黑龙江亨通电子商务有限公司签订协议，成为平台代理商，取得开户交易资格。该交易App系委托他人开发，可自主导入数据。雷某某公司自行经营的同时，发展同案人金某某公司作为下级代理，涉案资金由雷某某公司与亨通公司结算后，再与下线金某公司结算。具体作案模式为，业务员通过微信在婚恋交友网站上以虚构的成功异性身份结交好友谈恋爱，骗取信任，展示中远平台的巨额利润（实为虚拟盘），诱导被害人到该平台投资虚构的“纯尿素50”现货产品，并通过反向喊单、诱导被害人频繁交易等与被害人对赌，获取被害人亏损的资金，自行控制、分割该部分资金。[①]

二、文书摘录

公安机关意见：雷某某等人涉嫌诈骗罪，移送起诉。

检察机关意见：认定诈骗罪，提起公诉。雷某某等人以虚构身份、虚假信息，使被害人陷于投资利好的错误认识并到平台投资虚构现货产品，借机控制并获取高额手续费及被害人亏损的额度，系诈骗。

一审法院意见：择重认定诈骗罪，依法判决，后被告人上诉。

二审法院意见：事实不清，裁定发回重审。该系列案定性情况如下：

表2　雷某某等人系列案定性情况

犯罪嫌疑人	公安机关	检察机关	一审法院	生效情况
雷某某	诈骗罪	诈骗罪	诈骗罪	重审判决非法经营罪，已生效

① 经相关职能部门证实：黑龙江中远农业商品交易中心有限公司经黑龙江省政府同意设立，经营范围包括提供大宗商品交易平台咨询、商品进出口、农副产品销售等；2016年1月至2017年8月3日，尚在筹建中，未生产，也无任何经营行为；未取得中国证监会核准的经营证券期货业务许可证；案发期间国内期货交易所上市交易的品种未有纯尿素交易品种。

续表

犯罪嫌疑人	公安机关	检察机关	一审法院	生效情况
黄某某[①]	诈骗罪	诈骗罪	诈骗罪	未上诉，已生效
金某某[②]	非法经营罪	非法经营罪	非法经营罪	未上诉，已生效

三、裁判理由及法理评析

本文以案例为基础，从实证角度，对该类犯罪的横向分类、纵向流程、典型特征进行分析，为后续进行法律适用辨析提供事实依据与参考。

（一）“荐股诈骗”类犯罪横向分类

经结合犯罪构成梳理案例，“荐股诈骗”类犯罪常见类型有以下几种。

1. 基本等价服务。行为人个人具有相应证券从业资格证或者从业经历，在作案过程中具有一定夸大宣传甚至虚假宣传行为，但主观上追求帮助被害人通过投资获利，客观上业务能力与向被害人所作承诺基本相符，能提供被害人支付价款的对价服务，但在实际经营证券、期货业务过程中，未获得证监会等主管机关批准。

2. 毫无资质。行为人完全不具备相应能力，虚构从业资格及能力，骗取被害人手续费或投资款。如（2018）豫 0105 刑初 1442 号王某等 5 人诈骗案。

3. 随机推荐。行为人有一定的资质、能力却无证券从业资格，承诺提供专业服务，实际随机推荐。其追求非法获取手续费等利益，主观上不追求被害人获利，客观上不积极提供，亦无能力提供所获利益的对价服务。如（2020）苏 0113 刑初 244 号李其勇等 2 人诈骗案。

---

① 在雷某某案一审判决后，雷某某的同案人黄某某被同一公检法机关以诈骗罪处理，被告人未上诉，判决已生效。

② 雷某某另一同案人下线金某某，被以非法经营罪由另一地区基层法院判决，被告人未上诉，判决已生效。

4. 虚拟平台。交易平台 App 未对接真实市场，被害人被诱导进行的投资实系虚拟投资。行为人以虚构隐瞒基础上的非法获利为目的，主观上及客观上均未能提供所获利益的对价服务。

5. 人为操控。因资金链未查实，上游在国外、侦查不到位等多种原因，平台性质未完全查实，但在案证据证实行为人可人为操控交易平台中交易对象品种、资金走向等，与证券市场基本规则相悖。如（2020）湘 0822 刑初 14 号韩乾振等 2 人诈骗案。

6. 上游隐蔽。上游在国外，资金链以及平台性质难以查实，在案证据未能证实人为操控、对赌吃客损等情形出现，难以查实涉案投资系在犯罪行为诱导下进行的虚拟投资，还是对接真实的证券市场。

（二）“荐股诈骗”类犯罪纵向流程

通过上述横向分类可见，“荐股诈骗”类犯罪系证券投资领域电信诈骗犯罪的概括性称谓。具有以下共同特征：以谋利为目的，借助电信网络进行，假借证券等业务之名，通过虚构、隐瞒手段使被害人对行为人荐股能力、资质产生错误认识从而接受其业务并支付费用。其基本作案流程可概括为前期准备、推广引流、获取信任、多层获利等四个阶段。

1. 前期准备。购买号码、包装养号、编写购买话本、进行话术培训以及异地取经学习等。如（2020）苏 0113 刑初 244 号李其勇等 2 人诈骗案中，李其勇等人就是“外地取经学习，回来后即按所学方法实施诈骗”。

2. 推广引流。以“投资公司”等名义，或以“有内幕信息”、“专业老师指导”、“能拉升股票”、免费推荐“牛股”等物质吸引，或走情感路线，以交友、婚恋名义搭识特定人群，诱导对方购买服务，进行投资。

3. 获取信任。通过推荐开盘惯性上涨股、分组扮演“投资人”“专业老师”、伪造盈利假象、签订合同等方式进一步获取被害人信任。如（2020）苏 0113 刑初 244 号李其勇等 2 人诈骗案中，犯罪行为人即要求被害人签订所谓“合同”，增强信任，迷惑被害人。

4. 多层获利。获取被害人信任后，诱使其基于信任购买服务，支付费用。且在大部分案件中，行为人引诱被害人在购买基础服务后继续投资，多层获利。通过频繁交易、反向引导、多倍杠杆、强制平仓等手段，非法获取投资者的手续费、本金及亏损。

（三）"荐股诈骗"类犯罪的特征

1. 主体特征。一方面犯罪主体实行公司化经营。冒充知名公司、谎称具有合法资质、人员等，引诱被害人进行所谓投资。另一方面涉案人员年轻化特征明显。"荐股诈骗"犯罪系电信诈骗的新发展形式，通过电话、网络等推销，以公司名义吸收涉世未深的毕业生作案。在71个样本案例中，452名有出生日期的被告人中，1990年后出生的占73.89%，1980年后的有442人，占97.79%。

2. 行为特征。犯罪行为以证券类业务为载体，通过网络、电话等电信手段进行营销。所涉证券类业务既有传统的股票、期货推荐、课程售卖，也有新的"区块链""虚拟币"等业务。如（2020）沪0117刑初659号胡振利诈骗案中，犯罪行为人以高额回报为诱饵，诱骗投资者至"菲比特"等虚假平台投资购买"区块链""虚拟币"等产品。

3. 主观方面。以非法获利为目的，有收取会员费、服务费、软件售卖费等多种形式。有的案例中犯罪行为人吃客损获利，通过反向引导、多倍杠杆、强制平仓等方式造成被害人损失，如（2020）川1181刑初78号敖某荣、陈某勇诈骗案中，诱骗客户到MT4平台开户入金后，通过反向操作使投资者在平台投资亏损。有的案例中犯罪行为人直接操控庄家账户控制涨跌，如（2020）湘0822刑初14号韩某振、孙某等人诈骗案。获利方式及资金控制方式图示如下：

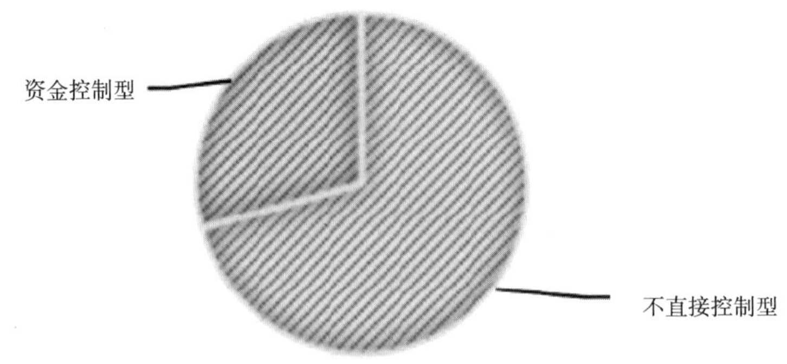

图1　资金控制方式对比图

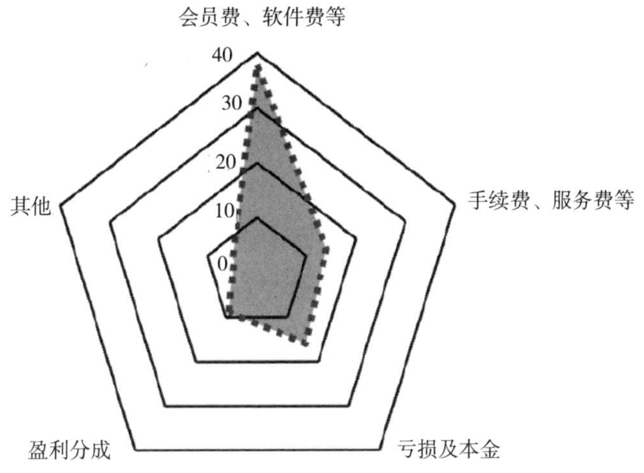

图 2　获利方式类型分布图

4. 作案模式成本低，易复制。“荐股诈骗”类犯罪模式简单，复制、再生能力强。有的犯罪行为人参加“荐股诈骗”团伙后，学习复制公司营业模式，另行组团作案。如（2019）渝 0108 刑初 1017 号谭某兰、邓某等诈骗案。从样本案例看，案件发生地遍布全国 16 个省（自治区、直辖市）。①

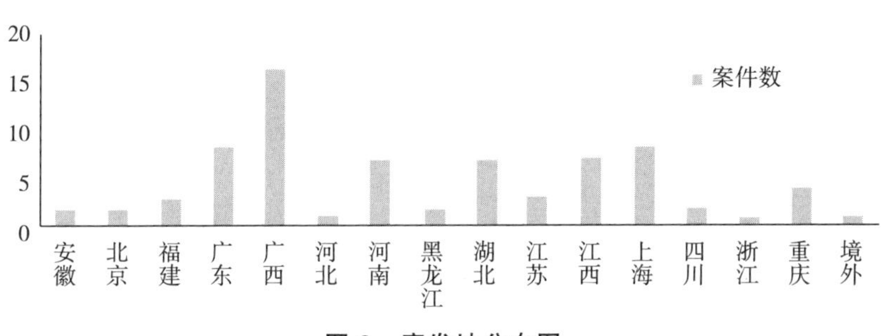

图 3　案发地分布图

（四）“荐股诈骗”类犯罪定性分析

1. 等价服务类。在该类型中，行为人主观上以其提供的服务换取

① 案件发生地以被告所在地为准统计。

相应费用，客观上经过一定的专业学习、培训，或个人具有证券从业资格，能提供与其承诺对价的投资咨询等服务。同时，其系真实证券类业务，所投资资金流入市场。被害人基于对其承诺与服务能力的信任支付价款，能获得对价服务。犯罪行为人行为不构成诈骗罪，应就其未经国家有关主管部门批准，非法经营证券业务，扰乱市场秩序的行为，认定非法经营罪。

2. 无资质类。通过汇总案例看，该情形下诈骗罪与非法经营罪的认定比例为 4：1。能否认定为刑事诈骗的关键在于是否因行为人的虚构隐瞒行为使被害人陷入错误认识，无法获取对价服务，而自愿处分财产并遭受损失。该错误认识是针对犯罪行为人证券类业务能力的认识。那何种程度的认知偏差可认定为诈骗罪的错误认识？其实为民事之诈程度逐步加深，演变为刑事之诈的过程。[①] 如何把握性质变异的界分点？可参考资格证书或从业经历认定，有证券从业资格证或者一定程度的正规从业经历的，认定为夸大宣传，系非法经营；无任何从业资格证且无任何从业经历，虚构有专业资质及能力后作案，造成被害人认识错误且遭受损失的，认定为诈骗罪。

3. 随机推荐类。该类型中，犯罪行为人宣称提供专业服务，推荐优质投资，但实际上随机推荐，非法获取被害人交付的固定比例费用或概率性获取被害人投资获利分红。该类型犯罪行为人主观上以非法获利为目的，不追求帮助被害人获取投资收益，客观上的虚构隐瞒行为使被害人陷入错误认识并自愿交付财物，遭受损失，应当认定为诈骗罪。

4. 虚拟平台类。通过资金链追踪、资金池认定等方式，可查实所谓证券、期货业务关联的交易平台未能对接真实市场，被害人被诱导进行的投资实系虚拟的人为“杀猪盘”，行为人主观上及客观上均未能提供所获利益的对价服务，被害人不具有通过所谓投资获取相应市场红利的基础，且陷入错误认识进而自愿处分财产，遭受损失，对此类型应认定诈骗罪。

---

① 参见张明楷：《刑法学中的概念使用与创制》，《法商研究》2021 年第 1 期。

5. 推定虚假类。“推定是以法律规定形式确立的，运用逻辑推理对待证事实的间接认定”①，在我国司法实践中尚不完善，在一定程度上影响司法效率与公正，“荐股诈骗”犯罪领域同样如此。受客观侦查条件所限，涉案平台性质无法完全查实的情况下，有的被就低认定为非法经营罪。但经深入探讨发现，可依赖其经营模式的外在表现，通过逻辑判断，推定诈骗犯罪。具体分析如下：

（1）人为操控。股价的浮动原则上由市场决定，虽也不能完全排除庄家人为操控的可能，但各种因素最终都需落脚到买卖这个载体。逻辑上不存在其他第三方能够人为直接操纵更改价格。因此，在可人为操盘价格的“荐股诈骗”类犯罪中，即使资金走向、投资平台性质等未查清，亦可根据逻辑原理、经验法则推定虚拟平台，认定行为人的行为为以虚构的证券交易为手段的诈骗犯罪行为。

（2）存在对赌。以股票为例，股票交易费用以印花税、佣金、过户费为主，为固定比例费用，与交易额度成正比。以 A 股为例，我国沪深证券交易所 A 股的印花税均为交易额的 0.069‰，双向收取；佣金均为成交金额的 3‰，起点 5 元；而过户费分别为成交额的 3‰、0.025‰，无最低收费②。存在对赌的案例中，行为人获利与被害人亏损直接正比例挂钩，这与正常股票经营存在逻辑错误。因此出现对赌现象的“荐股诈骗”类案件，可根据通行的市场规则，推定行为人行为为诈骗。

（3）费用畸高。以期货交易费用为例，我国 22 个上市的期货品种均有固定公开的交易手续费，例如上交所黄金 10 元 / 手 /1000 克，按照金价 408.88 元每克③，为 0.2446‱；大交所大豆 4 元 / 手 /10 吨，按

① 何家弘：《司法证明方法与推定规则》，法律出版社 2018 年版，第 195 页。

② 股票交易手续费，参见百度百科，https://www.baidu.com/link?url=UerxgJafGB8t_NEBcjSNc4Us0PSmO926L8Uv3AHYCMMihxljbwUCT_P4imGqiQ0hvze1LuGmqLP2W1obRre4tbF3xzm5T19NKt3OzvC_L5fS6cK586GbN19eM6CNOSo7JgdgXZXPdo6TExcS1kCw5a&wd=&eqid=d02c718a0024cae700000005663e3b25，最后访问日期：2024 年 5 月 10 日。

③ 参见《中国证券登记结算有限责任公司关于进一步调整 A 股交易过户费收费标准有关事项的通知》，华律网，https://www.baidu.com/link?url=z5UkjHxTW-ppUVkMrESFZMfMSPB8ay951H8Dc9VBaXzSJUvpxIamcWw1THsQZ5YU&wd=&eqid=e4f1a6fa005cf76e00000005663e3b75，最后访问日期：2024 年 5 月 10 日。

照东升七号大豆产地货源价格 2.62 元每斤[①]，费用为 0.7634‱，该两项手续费比例均不到交易标的额 1‱。作为各交易所会员的期货公司收取费用会在交易所费用的基础上加一部分作为自身运营费用。2020 年度我国正规期货平台有 5 类 11 个级别共计 149 家，级别由最高的 AA 到 D，总体上级别越高排名越靠前，费用越高，AA 类定级期货公司相对费用较高。其中排名最高的永安期货，业内收费亦相对较高，而其收费也仅为期货交易所所收取费用的 1.5 倍。以上述所计算的上交所黄金、大豆费用为例，其证券公司费用不超过万分之一。而在一些存在争议的“荐股诈骗”案例中手续费动辄 10% 以上，费用为正常交易的 1000 倍以上，可作为认定诈骗的重要参考因素。

（4）无保证金。期货交易的保证金制度为国际惯例，交易者需按合约价格的一定比率交纳少量资金作为履约的财力担保。《中国金融期货交易所结算细则》中金所采用分级结算制度，确认我国期货市场的保证金交易制度：结算会员向非结算会员和投资者收取的交易保证金不得低于中金所向结算会员收取的交易保证金，非结算会员向投资者收取的交易保证金不得低于其向结算会员交纳的交易保证金。具体期货公司亦按此制度执行，如金投网显示，大连商品交易所豆一期货合约规则中，黄大豆 1 号最低交易保证金为合约价值的 5%[②]。但有的以期货交易为载体的案例中，并未执行保证金制度，与期货交易基本规则相悖。

（5）标的虚构。以期货为例，期货是以大众产品或者金融资产为标的的标准化合约交易，其标的物可以是金融工具，亦可以是工业、农业、能源产品，但工农业及能源产品类型均为公众熟知的大众化产品。在一些荐股案件中，由于侦查能力等条件所限，涉案资金走向无

---

① 参见 https://www.baidu.com/link?url=sOlyaMq_eHgkqXA6S8goHBTII5CC_u_YEJPkwG_cELirWOJGzXIELOmkXGGT_fSfpWra-ShuBAxn7djyHL1WqiNcOQI84kHO6INF9-xxRD-7hZ59GSVCb4RZ67TO-71aSkG5VEWW7hMJsAhCAwrZc_ehT2sZ1udWpULwv-Tnms2UgH-KrsaXB5II9mtlsuKX1p5nAv1Zd0DmW6CKXcaHYrqONi_x_lw6-7nUGpWkwwwBjKYs7OablOY-D8pGBl1i40He9vs0nEIrvBIUg6iPSORFB3r_bKyE_o4EL6A0UQQvNOKFJC8qlKuQLoidWHid-P2z&wd=&eqid=b2be7e1800656cd900000005663e428c，最后访问日期：2024 年 5 月 10 日。

② 参见金投网豆一期货合约规则，https://www.baidu.com/link?url=k7ivPv59KR0JepFOnxp5S5aQiT8efqP0lU7Hi8nqxu6w4qA68fhz0OTZOpw4rnbKmHuzH5FeEos8qIt_Nit3cK&wd=&eqid=d7c9802c00de648500000005663e4046，最后访问日期：2024 年 5 月 10 日。

法完全查实时，可根据其所谓交易当中出现虚构期货品种的表现，推定其所进行的系虚假交易，认定诈骗。根据我国刑事诉讼证明原则，刑事案件举证责任原则上由公诉机关承担。但在此类案件办理中，一方面，因其系虚构，原则上难以证明；另一方面，理论上可以采取排除法进行证明，但客观上难以实现。因此，在公诉机关证实其经营模式存在逻辑矛盾后，可由经营方对其所经营业务性质承担证明责任，否则可推定其虚拟经营的性质。

（6）就低认定的情形。在行为人具有一定能力，但未经核准经营相关证券类服务业务时，没有充分的行为表现作为依据认定其平台虚假，也不存在对赌吃客损、人为操控系统等与证券交易基本规则相悖的行为表现的前提下。由于侦查等多种因素，涉案所谓交易性质真假确系无法查清，则应遵循谦抑性原则，承认涉案平台接入真实市场的可能性，采取有利于行为人的角度对案件进行定性，认定犯罪行为人的相关行为系未经核准，非法提供证券交易服务，扰乱市场秩序的非法经营行为。

四、立法司法建议

尝试对今后此类案件办理，提出如下思考与建议，以供探讨。

第一，行为人具有从业资格或者 1 年以上从业经历的，可认定具有一定的从业能力，对夸大业务能力的行为，不认定为诈骗行为，而对其侵犯市场管理秩序的行为认定为非法经营罪。

第二，对完全无从业资格且无 1 年以上从业经历，谎称有资质、内幕信息等，使被害人陷入错误认识，接受服务，并在无对价的基础上支付费用遭受损失的，应认定为诈骗罪。

第三，对谎称专业服务，实际不追求帮助被害人获取利润，而随机推荐骗取被害人相关费用的，认定为诈骗罪。

第四，对诱骗被害人在虚拟平台进行所谓投资，应认定为诈骗罪。

第五，在投资平台真假难以查实，但经营模式有人为操控、对赌、费用畸高、无保证金、标的虚构等与市场交易基本规则相悖情形时，可根据逻辑，认定涉案投资为虚拟投资，涉案行为系诈骗。反之就低认定为非法经营行为。

假平台真数据类投资型平台涉刑案件的定性

周　峰　沈静瑜*

摘　要　投资型平台刑事案件定罪的关键在于行为人使用的是真平台还是假平台。真假平台区别的关键在于是否控制入金钱款。真平台一般都是通过合法的第三方平台控制入金款，而假平台在投资人入金后就会直接控制投资人的入金款。基于上述区别，假平台真数据类刑事案件中的行为人通过实施欺骗行为导致被害人实施了处分财产的入金行为，并产生了经济损失，符合诈骗罪的犯罪构成要件。犯罪金额应当为投资人的入金金额扣除行为人案发前返还的金额。

关键词　投资型平台　假平台真数据　诈骗　非法经营　犯罪数额

一、投资型平台刑事案件定性争议

［案例一］　邹某某等人使用真实大宗商品交易平台，平台不能控制交易数据、价格、客户出入金，但未完全遵循现货交易法律规定进行交易。徐某某等人以高收益为诱饵吸引客户入金。法院认为本案中引诱客户入金虽有夸大，但因大宗商品交易本就具有高风险、收益不

*　周峰，江苏省无锡市人民检察院第八检察部副主任；沈静瑜，江苏省江阴市人民检察院澄江检察室检察官助理。

确定，客户对此应明知，不能认定为诈骗罪中的“虚构事实”，最终法院以非法经营罪对邹某某等人定罪量刑。[①]

[案例二] 贺某某等人购买虚假股指期货平台，该平台可以控制交易数据。贺某某等人以高收益为诱饵吸引客户入金。客户入金后钱款进入贺某某等人控制的账户。贺某某等人通过控制交易数据造成客户盈亏假象，一旦投资人实现盈利，贺某某等人会以需要公司进行审核为由，人为设置出金障碍。法院最终以诈骗罪对贺某某等人定罪量刑。[②]

[案例三] 隋某某等人购买虚假的股票交易平台，该假平台数据与大盘保持一致。隋某某等人以高收益为诱饵吸引客户入金。只是投资人入金后钱款不是进入股市而是通过第三方支付平台进入隋某某等人控制的账户，一旦投资人实现盈利，隋某某等人会将获利返还给投资人。法院认为隋某某等人没有操纵数据和限制投资人出金，因此以非法经营罪对隋某某等人定罪量刑。[③]

[案例四] 郑某某购买虚假的期货交易平台和账户交易系统，招募林某某为总经理管理公司，该平台数据不与现实期货数据保持一致，林某某手下业务员以高收益为诱饵吸引客户入金。客户入金后钱款不是进入股市而是进入郑某某等人控制的账户，在客户交易时存在“网络卡滞”“限制交易”等情况，导致客户不能正常交割而丧失最佳交易机会。但因郑某某未归案，现有证据无法证实林某某及业务员对交易平台数据真假、可操控性、交易资金流向明知情况，无法证实其主观上有诈骗故意，法院最终以非法经营罪对林某某等人定罪量刑。[④]

从上述四个案例可以看出，司法实践中，对于利用投资型平台收割投资人资金的刑事案件的定性，司法机关之间常有争议，各地判决的罪名不一。主要问题在于平台鱼龙混杂，各地对于投资平台行为与犯罪构成要件的匹配路径未形成统一认识。本文将从投资型平台行为入

---

① 参见江苏省无锡市中级人民法院刑事判决书，(2018) 苏 02 刑终字第 505 号。

② 参见江苏省泰州市中级人民法院刑事裁定书，(2018) 苏 12 刑终字第 353 号。

③ 参见江苏省江阴市人民法院刑事判决书，(2019) 苏 0281 刑初字第 1677 号。

④ 参见上海市静安区人民法院刑事判决书，(2016) 沪 0106 刑初字第 1185 号。

手，对该类型案件定性进行分析。

二、投资型平台刑事案件定性的实践逻辑分析

投资型平台刑事案件是指行为人依托一定的投资平台，通过一系列的虚假宣传营造可以获取高额收益的错觉，使投资人入金，实现行为人非法占有目的的案件。投资型平台在实践中多种多样，涉及原油、贵金属、股票等多种项目。按照平台和数据真假可以分为真平台真数据类、假平台假数据类和假平台真数据类。

（一）司法实务中对于投资型平台定性的思路

实践中，司法机关对于投资型平台刑事案件，主要有以下几种认定思路：

一是关注行为人是否操纵数据，认为操纵数据才是定罪的关键行为。行为人有无操纵数据，可以反映出行为人主观上是否具有非法占有目的。不论平台真假，对于交易平台采用真实交易数据的案件，行为人不会操纵平台数据，其获利途径是从投资人亏损中获取一定比例的提成，对于这种行为，实践中普遍认定为非法经营罪；而对于采用虚假交易数据的，行为人通过操纵交易数据，造成投资人亏损的假象，让投资人误以为是自己投资造成了亏损，从而骗取投资人钱财，对于这种行为，实践中司法机关普遍认定为诈骗罪。

二是对出金行为作有利于行为人的解释，一旦平台允许出金，则认为行为人无非法占有目的。案例二中，行为人操纵了数据，对投资者从平台上取现做出了比较苛刻的条件，那么也可以反映出行为人主观上具有非法占有投资者钱财的目的。反之，如案例三，如果行为人没有限制投资者出金，则意味着投资者可以随时将自己投资入平台的钱取出来，这种情况下，行为人对投资者投资的钱款并无非法占有故意，不宜认定为诈骗罪，应当认定为非法经营罪。

三是罪疑从轻，常从“有利于被告人”角度，认定为非法经营罪。如果要认定行为人构成诈骗罪，一般需要满足“操纵数据＋掌控入金＋限制出金＋主观明知”的条件，但实践中，由于投资型平台刑事案件属于电信网络诈骗，成员间非接触交流，较为隐蔽，如上述案例四，

司法机关在主观明知、平台数据情况方面取证困难，在上述证据无法完全搜集到位的情况下，仅能从“有利于被告人”的角度，以非法经营罪论处。

（二）假平台真数据类投资型平台案件定性的实务困境

上述几种认定思路针对假平台假数据以及真平台真数据类的投资型平台刑事案件并无问题，但是在面对假平台真数据类案件时则存在一定的问题。假平台真数据类案件，顾名思义，就是平台为违法设立，但使用的数据是与真实大盘数据同步的。按照上述思路，在假平台真数据类投资平台案件中，行为人由于没有操纵数据，没有营造投资人亏损的假象，客观上也没有限制投资人出金，因此也应当认定为非法经营罪。

案例三中，行为人不存在操纵平台数据的行为，且不会限制投资人出金，但是主观上对于平台为假以及实施欺骗行为骗取投资人入金都是明知的，而且在投资人入金后就掌握了入金钱款的绝对控制权。也就是说假平台真信息类案件符合“掌控入金”和“主观明知”的条件，但不符合“操纵数据”和“限制出金”的条件。对此类行为如何定性成为实践中的一大难题，有的司法机关从“有利于被告人”的角度出发，对此类案件以非法经营罪论处，但笔者认为此类案件应认定为诈骗罪。

三、假平台真数据类投资型平台刑事案件定性分析

根据罪刑法定原则，对平台类投资型刑事案件的性质认定应当严格按照犯罪构成要件进行评价，不能“罪疑从轻”。认定某一行为是否构成特定犯罪的唯一标准应当是犯罪构成要件，实践中出现的犯罪定性判断方法不能与犯罪构成理论相悖。

（一）假平台真数据类投资型平台刑事案件不宜认定为非法经营罪

根据《刑法》第 225 条规定，构成非法经营罪有四个要件：一是违反国家规定；二是有非法经营行为；三是扰乱市场秩序；四是情节严重。而假平台真数据类投资型平台不具备扰乱市场秩序的条件，不

应当被认定为非法经营罪。

1. 假平台类案件缺乏对相应市场秩序的实质侵害

从形式上来看，行为人在不具备相应资质的情况，通过购买虚假的平台，违反法律规定经营股票、期货等业务，符合非法经营罪的构成要件。但是，违法性包含形式的违法性与实质的违法性，被司法机关定罪判刑的犯罪行为不仅应具有形式的违法性，还应具有实质的违法性。[①]违法性的实质在于法益侵害。非法经营罪保护的法益为相关的市场秩序。在假平台类案件中，由于平台为假，与真平台并不存在实际的关联，也不可能对真平台涉及的相关市场造成干扰和损害。例如在案例三中，认定其行为构成非法经营罪，是因为其未经国家有关主管部门批准非法经营股票业务，也就是说对国家的证券市场秩序的经营管理造成了损害。但是，隋某某等人操作的是虚假的股票交易平台，与真平台没有任何关联，只是借用真平台的数据，也不会对股票市场造成任何影响，如何会对证券市场秩序造成损害呢？行为人利用的假平台与真平台不存在任何关联，并不会对真平台或者股票市场产生影响，行为人根本不存在构成非法经营罪的可能，在非法经营罪的范畴内，属于不能犯。

2. 假平台类案件的认定应以钱款的控制为核心

依托于“平台”是投资型电信网络诈骗犯罪的典型特征，对于“平台”性质的判断是认定行为是否构成诈骗罪的关键。[②]真假平台在对投资人资金的控制上存在根本性区别。真平台在投资人入金后，资金由第三方控制，行为人必须诱导投资人亏损后才能拿到相应的分成。假平台在投资人入金后，资金直接被行为人所控制，行为人既可以操纵数据营造投资亏损的假象占有投资人的钱款，也可以直接占有投资人的钱款。钱款的控制问题往往是认定某一行为是否构成诈骗罪的关键。如果仅仅关注平台数据的真假和是否限制出金，对入金后钱款的控制问题避而不谈，则容易流于问题表面，没有深入问题实质。

---

① 参见陈兴良主编:《刑法总论精释》，人民法院出版社2016年版，第236页。

② 参见张文波、郑锐、李灵雁:《投资型电信网络诈骗案件办理难点及应对》,《人民检察》2019年第16期。

（二）假平台真数据类案件应认定为诈骗罪

刑法理论通常认为，诈骗罪（既遂）的基本构造为：行为人实施欺骗行为——对方（受骗者）产生（或继续维持）错误认识——对方基于错误认识处分财产——行为人或第三者取得财产——被害人遭受财产损害。[①] 根据这一构造，诈骗罪的客观构成要件要素包括欺诈行为、认识错误、财产处分和财产损失四个要素。假平台真数据类投资型平台案件完全具备诈骗罪的四个要素，应当认定为诈骗罪。

第一，在真平台案件中的辅助性欺诈行为在假平台中变成了关键性欺诈行为，使投资者产生错误认识。平台类案件中充斥着各种各样的欺骗行为，无论是平台的真假还是对指导老师身份的包装抑或对投资盈利前景的夸张描述，无一不是对投资人的欺骗。但是，不能由于存在欺骗行为而就一概认定构成诈骗罪，必须对欺骗行为区别看待。诈骗罪最突出的特点，就是行为人设法使被害人产生错误认识，进而自愿将持有的财物交付给行为人或者放弃自己财物的所有权，免除行为人返还财物的义务。[②] 也就是说，诱使投资者将自己财产交出由行为人支配的欺诈行为才是诈骗罪中的关键性行为。反之，如果行为人对投资者实施了欺诈，但投资者的财产并不因此交由行为人占有支配，此欺诈行为仅是诈骗中的辅助性行为。

结合诈骗罪保护的财产法益来理解，诈骗罪中的欺骗行为要有侵害法益的危险，必须可能导致受骗者陷入处分财产的认识错误。“如果行为人实施了某种‘欺骗行为’，但其内容不是使对方作出财产处分行为，则不属于诈骗罪中的欺骗行为。换言之，诈骗罪的‘欺骗’行为，是作为取得财物、财产上利益的手段而实施的，故必须有使受骗者实施交付或者其他财产处分行为的‘欺骗行为’。”[③] 因此，判断是否构成诈骗罪中欺骗行为的关键就在于是否有导致被骗人处分财产的可能，

① 参见张明楷:《刑法学》，法律出版社 2016 年版，第 1000 页。

② 参见高铭暄、马克昌:《刑法学》，北京大学出版社、高等教育出版社 2016 年版，第 509 页。

③ 张明楷:《论诈骗罪的欺骗行为》，《甘肃政法学院学报》2005 年第 3 期。

可能导致处分财产的应当认为诈骗罪中的欺骗行为。

真假平台在对投资人资金的控制上存在根本性区别。如案例一，平台为真实的，投资人入金、出金均在平台指定的第三方托管账户中进行，投资人进入平台交易投资并不意味着投资人就对财产丧失控制权，行为人必须诱导投资人亏损后才能拿到相应的分成。行为人欺骗投资人进入交易平台操作以及鼓动投资人加金、频繁操作也就不能认为系诈骗罪中致被害人转移财产的处分行为。可以说，在真平台类刑事案件过程中，投资人在被骗后实施的都是投资行为而不是处分行为。

另外，在真平台类刑事案件中，行为人将行情涨跌的信息提供给投资人，但由于平台为真实的，行为人并不能对信息进行操控，其提供的信息并不必然为假，而是行为人完全不能控制、存在不可预测性的将来事实，无法认定为与客观事实不同的虚构事实。比如股票指导老师在股票群里向股友推荐股票，由于股票行情具有不可预知性，即使老师主观上故意说反话或是股友买入之后股价下跌，不能据此认定老师通过虚构事实诈骗他人钱财。

综上所述，在真平台类案件中，行为人虽然存在一系列的欺骗行为诱导投资人投资，但是并没有任何一个欺骗行为会直接必然导致被害人财产的损失，而且，部分欺骗行为由于提供的信息具有不可操控性和未知性，并不必然具有欺骗性，上述欺骗行为是否属于诈骗罪中所要求的欺骗行为也就存在疑问。在真平台类案件中，投资人的财产损失归根结底是由于投资失败。因此，真平台类刑事案件不构成诈骗罪。

在假平台类刑事案件中，行为人掌控着资金的出入金通道和账户，投资人一旦入金，钱款就被行为人所控制，相应的财产立即实现了转移。因此，在假平台类刑事案件中，行为人通过前期的欺骗行为已经掌握了投资人的资金，不需要后续通过各种手段造成投资人损失获取平台提供的相应返利。

相对来说，假平台类刑事案件的关键在于欺骗投资人入金阶段，真平台类刑事案件的关键在于造成投资人损失阶段。判断案件是否构成诈骗罪，主要是看在关键行为亦即获得投资人钱财中是否存在欺骗行为。假平台类案件中，行为人为了欺骗投资人入金，会隐瞒平台是虚假的真相，并包装指导老师，虚构盈利截图。这些事实完全与真实的事实相背离，符合诈骗罪虚构事实、隐瞒真相的规定，属于诈骗罪中的欺骗行为。投资人也正是基于上述内容产生错误认识，实施了投资入金的行为。

第二，在真平台中的投资入金行为在假平台中转化为财产的处分行为，给投资者造成财产损失。受骗者的处分行为展示出诈骗罪不同于其他财产型犯罪的特质。如果没有受骗者的处分行为，在诈骗罪的范围内就不可能对法益产生侵害，即使行为人通过其他方式取得了财产，也不能认定为骗取了财产。例如，在徐某某等人非法经营案中，法院认为被告人不构成诈骗罪的理由之一是：从本质上看，诈骗罪中的欺诈行为的内容是使被骗人产生处分财产的错误认识，进而处分财产，丧失对财产的占有。但投资人受骗后实施的是投资行为而不是处分行为，因此本案不应当认定为诈骗罪。①

处分行为的一个重要特征就是使受骗者实施财产转移的行为，如果该行为没有导致受骗者的财产转移，实际控制权仍然在受骗者手中，则不能认定为处分行为。投资人入金的行为是否能够评价为处分行为是判断平台类案件的关键。在真平台类案件中，投资人入金后，资金掌握在第三方控制当中。如在徐某某等人非法经营案中，投资人入金以及产生的手续费和盈利等全部进入合法成立并具备相关资质的天津纭沣公司的账户，而不是徐某某等人控制的账户。此时，行为人并未取得财产，投资人也没有产生财产损失，依然可以控制自己的财产。因此，入金行为不宜评价为处分行为，真平台类案件在此阶段也就不存在处分行为。假平台类刑事案件中，行为人掌控着资金的出入金通道和账户，投资人一旦入金，钱款就被行为人所控制，相应的财产立即实现了转移，是否偿还完全取决于行为人个人的意志。如在案例三中，投资人一旦入金就会通过第三方支付平台直接转入由隋某某等人控制的账户，资金完全在行为人的控制之中，此时投资人的入金已经转移。因此，在假平台案件中，投资人的入金行为实际上就是一种处分财产导致自身丧失控制权的行为。

---

① 参见最高人民法院刑事审判第一、二、三、四、五庭：《刑事审判参考》，法律出版社 2019 年版，第 20 页。

四、假平台真数据类投资型平台案件犯罪金额的认定

在投资型平台类刑事案件中，投资人对钱款丧失占有的时间由于平台的真假而存在不同。在平台为真的情况下，投资人入金后，钱款由第三方托管，只有当投资人进行交易操作产生损失后才会对部分钱款丧失占有；而在平台为假的情况下，投资人入金后钱款即被行为人所控制，此时投资人实际上已经丧失了对钱款的占有。因此，在假平台案件当中，投资人入金即意味着犯罪既遂，犯罪金额应当为投资人的入金金额。

但是，实践中投资人通过虚假平台实际获利后会存在申请出金的情况，行为人会将相应的本金及盈利返还给投资人，对这一行为如何评价？

首先，假平台中行为人与投资人获利是对立关系。二者之间是一种封闭式对赌关系，投资人盈利则行为人亏损，只有投资人亏损行为人才能获得相应的钱款。行为人通过虚构盈利截图、包装指导老师等手段就是为了引诱投资人到平台入金，并欲占有投资人本金以获利，主观上对所有入金都具有非法占有的目的。

其次，允许出金行为是为了后续骗取更多财产。在诈骗案件中，行为人会通过各种手段欺骗被害人，防止假象被发现，进而可以欺骗更多的投资人。在大量的集资诈骗案件中，行为人前期都会对投资人的本金利息予以返还，进而可以扩大宣传，骗取更多的资金。在假平台真数据类投资型案件中，出金实际上是行为人掩盖其实施欺骗行为的重要方法，是诱导其他被害人投资的必要手段。行为人给予投资人出金的行为无疑是为了掩饰平台虚假的真相，为了获取更多的投资人的钱款。

最后，诈骗金额的认定应当以被害人遭受的损失为基准。司法实践中针对案发前归还的诈骗款普遍做法是从诈骗数额中予以扣除，如此做法并不是意味着行为人对返还的金额客观上没有诈骗行为或者主观上没有非法占有目的，而是因为被害人针对返还金额没有遭受损失。也就是说，行为人虽然实施了诈骗行为，但是由于被害人在返还金额的范围内没有遭受损失，相应的法益侵害没有产生，因此不构成诈骗罪。因此，在假平台真数据类案件中，案发前已经返还给被害人的金额应当予以扣除。但是在立案后，公安机关查获的行为人控制账户内的金额应当全部认定为诈骗的犯罪金额。

论病毒短信型侵财案件罪数的认定和表述

——“同案不同判”引发的思考

胡锋云 *

摘　要　通过群发植入木马病毒链接的短信息诱导被害人点击，非法获取被害人身份和银行卡信息以非法取财的犯罪类型近年来一直多发高发。此类型犯罪涉及危害计算机安全犯罪、侵犯公民个人信息犯罪和侵犯财产犯罪，各地裁判结果各异，引发“同案不同判”的疑虑或批评。造成该现象的原因多样，但司法实务多关注行为定性争议，而忽视对罪数的认定、处理，文书表述时亦时有缺漏。应贯彻罪数评价穷尽判断原则并坚持竞合明示机能，以避免病毒短信型侵财案件罪数处理上存在的“误判”和“错觉”。

关键词　同案不同判　罪数评价　穷尽判断原则　竞合明示机能

一、判决概况

［**案例一**］　2015年10月至2016年4月，被告人潘某某伙同他人群发含有木马病毒链接短信，在被害人点击后通过植入的木马病毒窃

*　胡锋云，安徽省马鞍山市人民检察院第八检察部主任、四级高级检察官。

取被害人手机中包含的姓名、银行卡、手机号码等信息，并拦截短信验证码，在第三方平台上盗刷119名被害人银行卡购物套现，共盗刷229万余元（其中犯罪未遂42万余元）。一审法院以信用卡诈骗罪判处潘某某有期徒刑11年3个月，并处罚金20万元。

［**案例二**］ 2015年3—4月，被告人何某租用手机木马程序并捆绑网易邮箱，群发木马程序链接短信息，在被害人点击后远程控制目标手机，读取并发送手机内的通信录及短信内容（包括新接收短信息）至网易邮箱，同时操纵该中毒手机以机主名义将带有木马链接的短信群发给通信录联系人，以此远程控制共计2670个手机号码所对应的手机。何某通过被控手机查询或其他途径获取机主的个人信息，如身份证号码、银行卡号，绑定购物网站后拦截被害人短信验证码购物套现，共获利5万余元。一审法院以非法控制计算机信息系统罪论处。

木马病毒产业链作为涉网络黑灰产违法犯罪的主要领域之一，发展较早且尚未衰败。病毒短信型侵财案件更是近些年高发多发的犯罪类型。以“手机”“木马”“银行卡”“刑事案由”为关键词在中国裁判文书网进行粗略检索，共检索出案件1346件，涉案罪名多样，排在前五位的罪名是诈骗罪（609件）、盗窃罪（288件）、信用卡诈骗罪（145件）、非法获取计算机信息系统数据、非法控制计算机信息系统罪（140件）、侵犯公民个人信息罪（61件）[①]。

从中国裁判文书网上对此类案件的判决情况来看，各地法院所持的立场和观点各有不同，主要体现出如下的特点：

第一，病毒短信型侵财案件涉及侵犯公民个人信息犯罪、危害计算机系统安全犯罪和侵犯财产犯罪三大领域。值得关注的是，即便在个案中上述三个领域的法益均受到不同程度的侵害，但几乎无一例案件的裁判结果适用或完整评判可能涉及的所有罪名。

第二，绝大多数已非法获取财物案件适用罪名限于侵财类罪名，取财方式多为以被害人名义绑定第三方平台购物套现，多以诈骗罪或盗窃罪定性，亦有部分适用信用卡诈骗罪，如案例一潘某某信用卡诈骗案。[②]

---

① 鉴于中国裁判文书网统计口径原因，上述罪名的案件相互之间会有交叉。

② 参见安徽省和县人民法院刑事判决书，（2017）皖0523刑初第153号。

第三，少量案件单独适用危害计算机安全犯罪的罪名，如非法获取计算机信息系统数据罪或非法控制计算机信息系统罪，鲜见两罪同时适用。值得一提的是，以危害计算机安全犯罪论处的案件，大多获取财物数量较少或处于未遂状态。如案例二何某非法控制计算机信息系统案。[①]

第四，少量案件同时适用侵犯公民个人信息罪与侵财类罪名，一般是将明确以信息拦截型手机木马侵财犯罪单独认定为侵财类罪名，对犯罪嫌疑人所存储的大量来源不明的公民个人信息认定为侵犯公民个人信息罪。但鲜见危害计算机安全犯罪与侵犯公民个人信息犯罪同时适用的案件。

综上，结合案例一、案例二，不难看出此类犯罪手段与目的行为层层递进、环环相扣，从群发短信植入木马到最后非法获取财物的过程中，侵犯法益的种类较多，所以裁判文书在罪名选择上呈现多样化，但此类型案件犯罪手法高度雷同，裁判文书罪名适用不同却未加说明，是否涉及牵连关系、想象竞合或其他关系无从得知，过于精练的裁判理由和结论无法揭示不同阶段犯罪行为侵害法益的种类、内容及程度之不同，从而引致“同案不同判”的疑虑或批判。[②]造成此种现象的原因，既包括对各阶段犯罪行为性质认定的争议，也包括对全案罪数认定的误判和忽视。鉴于刑法学界和实务界对涉案行为的具体定性问题已多有讨论[③]，本文从罪数角度加以分析。

---

① 参见安徽省芜湖经济技术开发区人民法院刑事判决书，(2016) 皖 0291 刑初第 19 号。

② 参见林胜超:《新型支付方式侵财犯罪的法律适用问题研究——以浙江地区 2013 年至 2018 年侵财案例为样本》，中国知网，https://kns.cnki.net/kcms/detail/detail.aspx?dbcode=CPFD&dbname=CPFDLAST2021&filename=RMFY202010001017&uniplatform=NZKPT&v=ofb6HPY5zKdcigRlXvIPAuQ23D8SM8im9BY8erVBReMR%25mmd2FobkpZ1XqWxzwtNvYuJy3fRexY3cfEQ%3d，最后访问日期: 2021 年 9 月 23 日。

③ 参见鲍键、张怡铭:《秘密转移第三方支付平台资金类行为的认定》,《人民检察》2019 年第 8 期；杨志琼:《利用第三方支付非法取财的刑法规制误区及其匡正》,《政治与法律》2018 年第 12 期。

二、病毒短信型侵财案件概述

信息拦截型手机木马侵财犯罪的核心元素是植入的木马。专业人士对此类手机木马病毒功能的分析可以清晰地反映该类犯罪的流程和特征。[①]犯罪分子在目标手机中植入木马后，通过木马携带的电子邮箱获取到通信录和历史短信息，即姓名、身份证号码、银行卡号及手机号码等，再进一步分析目标银行卡的网上支付方式，一般通过绑定第三方购物平台，利用木马拦截实时短信息，获取网上支付短信息验证码，从而进行盗刷银行卡活动。

流程：A 发送含有木马病毒程序的短信→B 被害人点击后目标手机被植入木马→C 控制被害人手机系统→D 获取目标手机内存储的被害人身份信息、银行卡信息等→E 以被害人名义注册第三方账户绑定被害人银行卡→F 拦截手机验证码→G 通过第三方平台直接购物消费套现或伪造他人银行卡等方式刷卡套现。

上述犯罪流程可以明晰地反映出此类犯罪可能涉嫌危害计算机安全犯罪（节点 C、D、F）、侵犯公民个人信息犯罪（节点 D）和侵犯财产犯罪（节点 G），层层递进的手段行为与不同目的必然导致具体罪名的选择争议和罪数认定之困。

需要特别说明的是，本文所讨论病毒短信型侵财案件不同于 2015 年最高人民法院发布的第 27 号指导案例“臧进泉等盗窃、诈骗案”[②]。该案中被告人臧进泉发送给被害人金某一个交易金额标注为 1 元而实际植入了支付 30.5 万元的计算机程序的虚假链接，金某在诱导下点击了该虚假链接，其建设银行网银账户中的 30.5 万元随即通过臧进泉预设的计算机程序进入臧进泉账户中。从表面上看，虽然两种类型案件都有植入木马程序这一环节，也即均有非法侵入计算机系统的情节，但明显臧进泉案并不涉及通过非法获取目标手机的数据或非法控制系

① 参见刘鑫、李维：《浅析新型 Android 手机木马病毒功能及实现盗刷银行卡过程》，《公安科技》2017 年第 2 期。

② 参见吴光侠：《〈臧进泉等盗窃、诈骗案〉的理解与参照——利用信息网络进行盗窃与诈骗的区分》，《人民司法》2015 年第 12 期。

统的问题，因此并无罪数争议，也无法作为病毒短信型侵财案件处理的统一范式。

三、罪数原则之概述

罪数，是指一人所犯之罪的数量。罪数区分是准确定罪、合理量刑的基础。对罪数的区分一般应包括两个方面的判断：一是基于犯罪论的视角，考察在犯罪成立阶段，行为人所犯罪行究竟属于一罪还是数罪；二是基于刑罚论的视角，考察在犯罪处罚阶段，对于已成立的数个犯罪，应当如何处罚，是否需要并罚。

犯罪论上罪数的认定，我国通说是采用犯罪构成说（也称构成要件说），以行为符合的犯罪构成数量为标准区分一罪和数罪。犯罪构成要件包含了成立犯罪所要求的全部要素，实际上难以进行全部考察，而只能以犯罪的本质即法益侵害作为罪数评价的标准。对侵害法益数量的评价应遵循穷尽判断原则，进行全面而充分的考察。正如甘添贵教授在论证罪数判断之穷尽判断原则所言："基于依法裁判原理，司法者对于立法者所设之各种犯罪类型，以及处罚效果之规定，均需毫无遗漏地全部加以评价，以检验具体行为事实是否合于各该规定之构成要件。"①

刑罚论上罪数的处理，即竞合理论的适用，虽在具体判断上或有争议，但对存在牵连关系、想象竞合等犯罪的处理上或有可直接引用的具体规定或者存在通说观点，司法实务上争议相对并不明显。但在该部分需要特别强调的是，竞合明示机能在司法文书中的体现，尤其在信息拦截型手机木马侵财犯罪中，涉及多链条的手段目的的牵连或一行为触犯数罪名的想象竞合，理应在司法文书中对竞合关系及其处理予以明确说明。

四、罪数原则的具体适用

（一）一罪与数罪的判断——穷尽判断原则的贯彻

以阶段性目的为标准对此类犯罪进行划分，从群发信息到控制手机

---

① 甘添贵：《罪数理论之研究》，中国人民大学出版社2008年版，第6页。

获取数据（即节点 A—D、F）属于非法获取被害人信息之目的的实现阶段（信息获取阶段），绑定第三方平台刷卡套现，即节点 E—G 是行为人非法获取财物之目的实现阶段（非法取财阶段）。不同阶段逐一考察所侵害的法益，进行全面充分的判断，以贯彻穷尽判断原则。

信息获取阶段主要涉及侵犯公民个人信息犯罪、危害计算机安全犯罪。2009 年《刑法修正案（七）》出台，增设第 253 条之一侵犯公民个人信息罪，增设第 285 条第 2 款非法获取计算机系统数据、非法控制计算机信息系统罪。于此阶段，犯罪行为人通过木马病毒程序实施了“窃取或以其他方法获取公民个人信息”“违反国家规定，侵入计算机信息系统或采取其他技术手段，获取该计算机信息系统中存储、处理或者传输的数据，或者对该计算机信息系统实施非法控制”的行为，可能涉及侵犯公民个人信息罪、非法获取计算机系统数据罪、非法控制计算机信息系统罪。

非法取财阶段不仅涉及被害人资金转移所可能造成的财产权受侵害，还可能涉及冒用他人信用卡等妨害信用卡管理秩序或其他金融秩序等的侵害。具言之，结合现有法律规定及刑法理论，一般认为根据资金来源方式和被害人有无认识的不同，可能涉及盗窃罪、诈骗罪之分，对伪造、冒用他人信用卡的行为可能涉及妨害信用卡管理罪、信用卡诈骗罪的适用。

（二）并罚与否的判断——罪名关联性之常态考察

从犯罪的整体进程来看，信息获取阶段与非法取财阶段成立手段与目的的牵连关系。同时，亦应逐步考察每一阶段，行为与行为之间的关系，以作为评价的基础。

信息获取阶段，犯罪行为人在被害人手机植入木马病毒程序后，A 控制被害人手机信息系统，尤其是短信接收系统；B 获取机主手机通信录、短信息内容并拦截短信验证码，在此基础上，对所获取信息进行整理；C 一般可获得至少能识别被害人作为特定自然人的身份信息。上述 A、B、C 理论上均存在时间上的接续性，前行为与后行为均系手段与目的的关系。换言之，非法控制计算机信息系统是手段行为，非法获取计算机信息数据是 A 之目的、C 之手段，侵犯公民个人信息是 B

之目的，但亦为后续侵财目的之手段，相互之间具有刑法上的牵连关系。当然，在刑法规范意义上，在B基础上整理而成C，整理行为并不具有单独评价的价值，也即非法获取计算机信息数据本身侵犯了公民个人信息罪的保护法益，二者亦可成立一行为触犯数罪的想象竞合关系。此外，考虑到非法获取计算机系统数据与非法控制计算机信息系统系选择罪名，在适用上可以参考运输、贩卖毒品罪，可以不适用牵连关系之择一重处罚之规则，而是同时适用。

非法取财阶段，正如前述，取财行为方式不同和被害人的认知不同导致定性各异。但应当注意的是，在同一案件可能存在各异的套现方式。对性质的评判要结合每一笔资金流出的具体情形加以评价，不能统而论之，笼统以主要的行为方式为全案定性，毕竟财产犯罪中不同的手段行为征表不同的法益侵害程度，具有不同的定罪量刑标准。例如，林某光盗窃案[①]中，林某光一方面将被害人杨某的资金转入第三方平台账户进行购物套现，符合盗窃罪的犯罪构成，另一方面伪造被害人卢某的信用卡后绑定第三方平台转账，并以POS机刷卡的方式套现，显然构成信用卡诈骗罪。两种取财方式针对不同的被害人应属平行关系，并不具有竞合关系，理应数罪并罚。

（三）文书的罪数表述——竞合明示机能的坚持

竞合的明示机能，是指当被告人的行为具有数个有责的不法时，应在判决宣告时将其一一列出，做到充分评价，以便被告人和一般人从中了解被告人的行为触犯了几个犯罪，从而得知什么样的行为构成犯罪，从而有助于实现特殊预防与一般预防。[②]正如张明楷教授所言："刑法虽然具有行为规范的一面，但是一般人并不直接阅读刑法条文，而是通过起诉书、判决书来了解刑法的内容。起诉书、判决书是对刑法的活生生的解读，解读得越明确、越合理，刑法的内容就越容易被一般人理解和接受。国民对刑事案件的关注，必然形成某种结论，并对

① 参见安徽省马鞍山市中级人民法院刑事裁定书，（2017）皖05刑终第137号。

② 参见张明楷：《法条竞合与想象竞合的区分》，《法学研究》2016年第1期。

其今后的行为产生影响。”①

1. 坚持竞合明示机能在定罪上的重要作用。落实竞合明示机能不仅可以避免司法机关陷入“同案不同判”的境地，还可以避免部分司法机关对某些案件的审查仅关注起诉意见书、起诉书中移送罪名而忽视对被竞合的轻罪的审查，导致穷尽判断原则适用的落空，更可以避免因错判的发生导致法益保护不够全面的风险。

从目前检索到的信息拦截型手机侵财犯罪案件来看，多数案件仅审查、评价非法取财阶段的手段与目的，忽视对信息获取阶段的评价，容易给人产生非法控制他人手机并获取信息的行为并不值得评价的错误观感；或者相反，在仅取得少数财物或尚未取得财物时，而仅以非法获取手机信息的行为作为裁判基础的现象亦可能发生错误认定而不自知的情况。以案例二为例，该案的判决书是少有的明示适用牵连理论进行评述的案例。其一审判决认为，“何某为盗刷他人的银行卡而非法控制他人手机，触犯了盗窃罪和非法控制计算机信息系统罪，系牵连犯，择一重处罚，以非法控制计算机信息系统罪论处”。虽然该论述也相当简单，但不难看出该案的认定不同于同类以侵财类罪名定性的案件，主要是因为其他案例没有具体区分阶段进行评价，导致对不同阶段的犯罪对象的评价发生混同。详言之，案例二一审判决所认定的何某非法控制2670个手机号码所对应的手机中分为两种情形：一是成功利用了少量信息拦截验证码的方式非法获取他人银行卡资金5万余元，二是尚未开始非法取财阶段或者处于未遂阶段。对该两种情况倘若充分贯彻穷尽判断原则和竞合理论应分为三种处理可能：（1）控制被害人手机完成信息获取和非法取财的，由于取财阶段的量刑一般更重，多应以侵财类犯罪论处；（2）完成前述两阶段行为但取财未遂的，应比较非法获取计算机信息罪、非法控制计算机信息罪（还可能涉及侵犯公民个人信息罪）与侵财类罪名的未遂的量刑进行比较，择一重处罚；（3）仅完成信息获取的，应比非法获取计算机信息罪、非法控制计算

① 张明楷：《妥善对待维权行为　避免助长违法犯罪》，《中国刑事法杂志》2020年第5期。

机信息罪和侵犯公民个人信息罪的量刑，择一重论处。

2. 坚持竞合明示机能在量刑上的重要作用。落实竞合明示机能还有利于充分发挥轻罪封锁作用，即在个案的裁判中当较重之罪的最低法定刑轻于较轻之罪的最低法定刑时，最后的处断刑不能低于较轻之罪的最低本刑。简言之，被竞合的轻罪最低刑具有封锁最后处断刑之效果。

以信息拦截型手机木马侵财未遂案件为例。若该案构成“情节严重的”非法控制计算机信息系统罪，其法定刑为“三年以上七年以下有期徒刑，并处罚金”；同时构成“情节严重的”盗窃罪，其法定刑为“三年以下十年以上有期徒刑，并处罚金”，二者符合牵连关系择一重论处，应以盗窃罪论处。由于该盗窃犯罪存在未遂的情节，可以比照既遂犯从轻或减轻处罚，但由于该案系牵连竞合处理的案件，所以在量刑时，应当注意被竞合的轻罪——非法控制计算机信息系统罪的法定最低刑为 3 年有期徒刑，具有封锁最后处断刑的效果，所以本案的裁判结果不得适用比照既遂犯减轻处罚的规定，只能在 3 年以上有期徒刑量刑。

五、结论

病毒短信型侵财案件的裁判呈现“同案不同判”的现象，一方面是由于该类型犯罪手段的复杂性以及具体行为性质的评价存在较大争议，但另一方面则系案件处理过程中未能有效贯彻罪数原则而造成的“误判”或“错觉”。因此，在具体案件审查时，应在穷尽判断原则的指引下分阶段全面充分考察法益侵害，同时在裁判文书的说理中充分落实竞合明示机能，方能有效避免“同案不同判”的“误判”或“错觉”。

“嗅探劫持”情境下的网络侵财犯罪规制检视*

李德胜**

摘　要　“嗅探劫持”情境下的网络侵财犯罪模式复杂，被侵入的网络金融账户类型多样，法律性质各异，具有盗骗交织的行为特征，犯罪模式的特殊性与财产账户的多元性导致入罪评价复杂化。要准确认定此种作案模式下的网络侵财犯罪，需立足于既有的法律规定，厘清不同网络金融账户的法律性质与应用状态，充分激活盗窃罪与诈骗罪的规范逻辑，有效兼顾第三方支付模式下盗窃、诈骗和信用卡诈骗罪认定的特殊性，实质评价“嗅探劫持”模式下不同侵财行为的法益侵害性与构成要件符合性。对非法处置网络银行账户资金的行为应定信用卡诈骗罪，对非法处置第三方支付账户财产的行为应定盗窃罪。

关键词　嗅探劫持　网络侵财　第三方支付

嗅探技术本是网络安全应用的专业术语，但随着网络支付的快速发展，此项技术被不法分子用于网络侵财犯罪，如行为人利用嗅探器窃取个人手机号码、身份证信息和各类金融财产账户，远程劫持手机号

---

*　本文为2020年度最高人民检察院检察应用理论研究课题“被害人教义学语境下套路贷行为的规制研究”的阶段性成果。

**　李德胜，北京市人民检察院四级高级检察官、法学博士。

及通信内容，而后侵入个人支付账户，对账户内的财产进行处置，让用户在不知不觉的状态下遭受财产损失。这种“嗅探劫持”情境下的网络侵财犯罪的作案手段特殊，涉案账户类型多样，相比于传统的网络侵财犯罪更加复杂。此类侵财犯罪的处理对各类账户的法律性质和支付委托关系依赖度高，具有盗骗交织的行为特征，需立足于现有的法律规定，充分激活盗窃罪、诈骗罪和信用卡诈骗罪的规范逻辑，实质解读行为人在“嗅探劫持”情境下非法处置各类财产账户内钱款的行为性质。

一、“嗅探劫持”情境下的入罪规制疑难

［**基本案情**］ 2018年1月至3月，被告人于某某、杨某某、虞某某等人使用自制“网络嗅探劫持”设备，在北京市某区、河北省某市等地，筛选相关移动通信基站附近高频度通信手机号码，通过非法途径对撞手机号码关联的居民身份证号码、银行卡号、第三方支付平台账户等个人信息，再以“嗅探劫持”形式对非法获取的网络金融账户进行操作，处置他人网络银行账户和第三方支付平台账户内的钱款。被告人先后转走了被害人高某某、吴某某、李某某、刘某某、邵某某、杨某某、张某某等10余名被害人多家网络银行账户和支付宝、微信等第三方支付平台账户内的相关钱款。其中非法获取他人网络银行账户内钱款共计人民币3万余元，获取他人第三方支付平台账户内钱款共计人民币4万余元。

在该案办理过程中，就于某某等人采取“嗅探劫持”形式从他人网络银行账户、第三方支付平台账户内转账的行为应如何规制，是否应区分不同网络财产账户的实际类型，对同一犯罪行为既侵入第三方支付平台账户，又侵入网络银行账户，是否予以区分处理，存在争议。此案的争议源于作案手段的特殊性与网络财产账户的多元性。要准确评价“嗅探劫持”情境下的入罪规制，既需对“嗅探劫持”情境下的犯罪行为模式进行规范解析，也需厘清不同网络财产账户的法律性质，明确盗骗交织情形下到底何种行为起决定性作用。嗅探技术本是网络安全应用的专业术语，但随着网络支付的快速发展，此项技术被不法分子用于网络侵财犯罪，如行为人利用嗅探器窃取个人手机号码、身

份证信息和各类金融财产账户，远程劫持手机号及通信内容，而后侵入个人支付账户，对账户内的财产进行处置，让用户在不知不觉的状态下遭受财产损失。这种“嗅探劫持”情境下的网络侵财犯罪的作案手段特殊，涉案账户类型多样，相比于传统的网络侵财犯罪更加复杂。此类侵财犯罪的处理对各类账户的法律性质和支付委托关系依赖度高，具有盗骗交织的行为特征，需立足于现有的法律规定，充分激活盗窃罪、诈骗罪和信用卡诈骗罪的规范逻辑，实质解读行为人在“嗅探劫持”情境下非法处置各类财产账户内钱款的行为性质。

二、入罪评价首先应区分法益保护对象的差异性

对于某某等人的行为评价必须首先解决不同网络财产账户是否意味着不同的犯罪对象，是否应区分处置。从案件事实看，于某某等人在作案中同时或分阶段对不同的财产账户进行了操作，并从中获取钱款，犯罪对象既有网络电子银行账户，也有第三方支付平台账户。要在规范评价上解决犯罪对象的差异性问题，必须明确第三方支付平台账户与网络银行账户的法律性质差异与规范保护差别所在。要注意区分网络金融账户的类型和法律性质，不能简单以一罪规制“嗅探劫持”情境下的所有网络侵财犯罪。有学者认为网络侵财犯罪与传统的侵财犯罪的规制和惩罚思路无本质差异，新型支付模式的实质是信用卡支付，适宜以信用卡诈骗罪规制此类行为。[①] 但归责评价要以被侵害金融账户的法律属性为基础，我国现行法律规范对网络银行账户和第三方支付平台账户采取了不同的监管规定，具体的入罪评价要注意区分财产账户的法律性质差异。

（一）不同财产账户的交易模式不同

第三方支付平台账户和网络银行账户所承载的应用功能具有相似性，但在基本的支付交易模式上有所区别。各类网络金融账户均是个

---

① 参见刘宪权：《论新型支付方式下网络侵财犯罪的定性》，《法学评论》2017 年第 5 期。

人的现实社会财富在网络空间的数字化储存和体现，是个人财富的虚拟化表达。无论是网络银行金融账户，还是第三方支付平台账户，都是个人社会财富的网络化记载与体现，都是为了网络支付交易所建立，但其基本的支付交易模式不同，网络银行只涉及客户和银行之间的网络支付委托关系，是电子支付卡在网络社会的延伸；而第三方支付则是银行、支付平台和客户的三家支付关系，需要客户的网络银行账户为第三方支付平台账户进行资金背书。本案中于某某等人侵入的各类财产账户即存在交易模式上的差异。

（二）入罪评价应关注第三方支付平台账户与网银账户的关联

第三方支付平台账户与网络银行金融账户之间存在着密切的关联，入罪评价应关注其内在的关联性。第三方支付实际上是一种典型的第三方担保交易，实质是在买卖双方设置中介性过渡账户，通过支付交易实现资金的托管性流转[①]，按照现行支付结算规定，第三方支付平台账户均需绑定特定的网络银行金融账户，并以该银行金融账户作为资金进入第三方支付平台的中转媒介，经过中转处理，个人资金通过银行的支付结算处理流入第三方支付平台账户，进而在第三方支付平台实现资金和财富的存留。对侵犯第三方支付平台账户钱款的行为进行入罪评价要结合具体的犯罪模式与支付流程，处理好网络银行金融账户与第三方支付平台账户之间的财富背书与应用依存关系，对侵入网络银行账户和第三方支付平台账户的非法取财行为，要确定盗窃与诈骗两种行为中是何种行为起决定性作用，究竟是对网络银行账户的冒用，还是对第三方支付平台账户的盗窃。

（三）应充分关注不同财产账户的法律属性

网络银行金融账户与第三方支付平台账户的法律属性不同，我国现行法律和司法解释对网络财产账户采取了区分式保护处理。一方面，网络银行账户的法律性质和资金保护法律规范已有明确规定。网络银

① 参见姜涛:《网络型诈骗罪的拟制处分行为》,《中外法学》2019 年第 3 期。

行是商业银行的支付结算服务在网络社会的延伸，网络银行账户则以具体的银行信用卡为实体支撑，进行网络电子支付结算。鉴于全国人民代表大会常务委员会在立法解释中已明确“信用卡”的本质属性是一种电子支付卡，网络银行账户因此也属于电子支付卡在网络中的具体承载。按照现行法律规定，本案中于某某等人侵入的网络银行账户实质上可作为“信用卡”解读。另一方面，第三方支付本质上是非银行性金融支付结算服务，此种服务依存的支付账户并不具有信用卡的法律属性。基于支付风险控制的需要，金融监管部门将第三方支付平台作为非金融机构监管，相关金融支付服务必然属于非银行类金融业务，对此类账户的管理和保护无法按照网络银行账户进行，第三方支付平台只是一种资金支付结算通道，资金真实性依赖于账户背后的银行卡和支付平台签阅的银行背书。本案中于某某等人侵入的支付宝、微信等第三方支付账户需要绑定特定银行卡，与网络银行账户在法律属性上存在本质差异，金融监管部门将此类账户列为非金融账户管理。

三、“嗅探劫持”情境下的网络侵财具有盗骗交织行为特征

“嗅探劫持”情境下的网络侵财犯罪虽然作案模式特殊，但整体上依然是利用移动支付模式下智能支付系统的不足所实施的非法取财行为，相关取财行为兼具盗窃和诈骗两重行为模式，区分此罪与彼罪的关键在于确定特定情境下盗窃与诈骗何种行为起决定性作用。

（一）规范评价应聚焦法益侵害行为

“嗅探劫持”下的犯罪事实虽然相对复杂，但具有规范评价意义的实质内容是获取账户信息和支付交易密码行为的非法性，以及冒名交易支付行为的可罚性。从事实状态看，“嗅探劫持”虽体现为一系列复杂的犯罪过程，但实际上可解构为相对明确的三个阶段：第一阶段以通信劫持为基础，获取准确的手机号码；第二阶段以手机号码为基础对撞身份证号码和各类财产账户号码，并更改支付交易密码；第三阶段以更改的账户交易密码为基础，对账户内财产进行交易处置。但对侵财犯罪而言，实质上这一系列行为可分为犯罪预备行为与实行行为，

在行为人实施第三阶段的行为之前的一切行为均系整个侵财犯罪的预备行为，都是非法取财的预备性手段行为，实际侵入账户和处置相应钱款的行为才是财产法益受到侵害的紧迫性危险的开始。“嗅探劫持”情境下的作案模式之所以特殊，关键在于行为人通过修改支付交易密码，完全控制了财产账户的支付交易，传统的第三方支付安全保障因“嗅探劫持”而完全落空，此种作案手段兼具隐蔽性、秘密性、欺骗性等特征。

（二）规范评价应结合全案事实判断主导性行为

“嗅探劫持”情境下影响行为定性的关键环节在于行为人的侵财手段和侵财对象具有特殊性，此种作案模式比传统的网络侵财犯罪更为隐蔽，法律适用更加复杂。移动支付模式下的侵财犯罪大多存在被骗主体、受损主体的实际分离，往往兼具盗骗交织和“三角诈骗”的行为特征。司法实践中的疑难问题集中于如何理解和适用“冒用他人信用卡”，可否向“机器”冒用、“三角诈骗”模式下的诈骗与盗窃区分等方面。一方面，就“机器能否被骗问题”，有观点认为冒用他人信用卡，不仅包括向自然人使用，更包括向机器使用①；而持反对意见的观点则认为冒用他人信用卡，只限于对自然人使用，对机器使用的，则成立盗窃罪②。虽然理论上的分歧较大，但司法实践中已有明确的解答。最高人民检察院在《关于拾得他人信用卡并在自动柜员机上使用的行为如何定性问题的批复》中明确规定“拾得信用卡并在自动柜员机使用”属于信用卡诈骗罪所规定的“冒用他人信用卡”，这一批复肯定了金融机构的机器可以被骗。于某某等人冒用他人网络银行账户的行为，虽然欺骗的是商业银行的网络支付服务系统，但支付系统的背后是银行机构，可做“冒用他人信用卡”解读。另一方面，第三方支付和网络银行支付模式下的侵财犯罪兼具“盗骗交织”和“三角诈骗”的双重特征。犯罪行为模式的特殊性导致具体的法律关系中被骗人和被害

---

① 参见刘明祥:《用拾得的信用卡在ATM机上取款行为之定性》,《清华法学》2007年第4期。

② 参见张明楷:《刑法学》(第四版)，法律出版社2011年版，第721页。

人分离、财产所有关系与财产占有关系分离、非法占有手段的秘密性与欺骗性兼具等特征，法律关系与作案手段的特殊性导致具体个案中司法人员难以按照传统的诈骗罪与盗窃罪的刑法教义逻辑和裁判规范对案件进行处理，相似的案情有的法院按照诈骗罪处理，有的法院按照盗窃罪处理，还有的法院按照信用卡诈骗罪处理①。本案中于某某等人的作案模式具有盗骗交织行为特征，既有直接冒充被害人对银行账户进行操作的行为，也有直接转走第三方支付平台账户内相关资金或利用相关资金购物的行为，需要我们透过作案模式去判断个案中盗窃与诈骗到底何种行为起主导作用。

（三）规范评价的核心在冒名处置

“嗅探劫持”情境下的作案模式虽然特殊，但规范评价的核心在于行为人“冒名”对财产账户内资金进行处置。此种作案模式看起来充满技术性，涉及非法获取他人信息、非法进入网络银行或第三方支付平台账户，但不论行为人侵财的行为如何技术化和复杂化，都是非法获取他人财物的一种手段而已，都可规范化解读为诈骗与盗窃，归责的关键在于诈骗与窃取何种行为起主导作用。此种作案模式下行为人实际掌握了被害人网络财产仓库的交易钥匙，随时可以被害人的名义处置相关账户内的资金。无论是网络银行的电子支付交易系统，还是第三方支付平台的支付系统，所有的交易处理都是以客户设置的交易密码得到识别确认为基础，所有的欺骗性交易行为都是行为人向被害人的财产保管人所实施。本案中于某某等人以“嗅探劫持”为技术支撑，对被害人的网络财产账户进行动态控制，在被害人不明知或明知的情况下，对财产账户内的资金进行处置，致使被害人遭受损失。对网络银行账户的资金处置来说，银行的支付交易系统与信用卡直接关联，于某某等人冒用信用卡的行为起着主导性作用；对第三方支付平台账户而言，于某某等人掌握了交易识别密码就掌握了账户内的钱款，犯罪中窃取行为起着主导作用。

---

① 参见吴波：《秘密转移第三方支付平台资金行为的定性——以支付宝为例》，《华东政法大学学报》2017 年第 3 期。

四、“嗅探劫持”情境下的网络侵财犯罪应分类评价

在基本犯罪模式明确的前提下，作出盗骗交织评价的关键在于何种行为起决定性作用。另外，还需兼顾已有法律和司法解释的特殊规定，准确作出分类处理。

（一）对非法处置网络银行账户资金的行为应定信用卡诈骗罪

于某某等人对网络银行账户实施的侵财行为，可解构为两个阶段。第一阶段是非法获取网络银行账户信息并修改支付交易密码，第二阶段是以修改的支付交易密码为基础，冒名处置账户内财产，犯罪中行为人非法获取信用卡信息与冒用处置衔接紧密。在主观故意和涉案金额明确的情况下，于某某等人的行为可做两种不同的规范解读。一种是构成信用卡诈骗罪的规范解读。两个阶段的事实行为结合起来，就是典型的“非法获取信用卡信息资料，并通过互联网、通讯终端进行使用”，应评价为“冒用他人信用卡”。另一种是构成盗窃罪的规范解读。于某某等人通过非法途径获取信用卡账户信息，并以“嗅探劫持”修改账户交易支付密码，而后进入账户进行资金交易处置，在资金结算日益网络化和电子支付广泛使用的当下，电子银行账户与实体信用卡功能日趋同质化，此种犯罪的法益侵害程度与盗窃他人信用卡并使用不存在本质差别。

结合“嗅探劫持”情境下的具体作案行为和现有法律规定，本案中对于某某等人非法处置网络银行账户内财产的行为适宜以信用卡诈骗罪定罪处罚。一是于某某等人客观上有非法获取他人信用卡信息的行为，也积极实施了具体冒用处置行为，整个犯罪行为符合“冒用他人信用卡”的相关规定。二是虽然网络银行账户是信用卡在网络社会的延伸，与客户持有的实体信用卡具有支付功能的同质性，但二者毕竟不是同一事物，立法和司法解释明确作出了不同的规定，个案处理必须以既有的法律规定为基础，实质解读信用卡不能与既有的规范相冲突。本案中，于某某等人利用“嗅探劫持”技术秘密获取网络银行账户信息和动态控制交易密码的行为，虽然与窃取信用卡并使用相似，但不能解读为盗窃信用卡。三是盗窃信用卡并使用按盗窃罪处置的规

定是特殊的立法拟制，此种犯罪模式本质上是信用卡诈骗行为，只是这一部分信用卡诈骗行为是盗窃犯罪的后续延伸，是手段行为和目的行为的关系，基于规范评价和突出财产权益保障的目的，立法作了特殊规定，司法实践中不能扩张适用此种情形。

（二）对非法处置第三方支付账户财产的行为应定盗窃罪

对行为人冒用他人身份处置第三方支付平台账户内财产的行为到底应定诈骗罪，还是定盗窃罪，理论界和实务界争议颇大。理论上有的观点认为应区分账户的性质，对处置第三方支付平台账户财产的行为应以盗窃罪处置，对处置支付平台账户所绑定银行卡内钱款的行为应定信用卡诈骗罪[①]；也有观点认为无论行为人处置的是第三方支付平台账户内的钱款，还是第三方支付平台账户所绑定的银行账户内钱款，对行为人都宜以盗窃罪定罪量刑[②]。第三方支付平台账户虽具有一般信用卡的支付结算功能，但在金融监管实践中，此类账户属于非金融账户，不属于立法解释所规定的信用卡，在入罪评价中对侵入此类支付账户非法处置资金的行为不能以信用卡诈骗罪评价，只能在诈骗罪与盗窃罪领域内评价。准确定性的关键在于确定究竟是欺骗行为在犯罪过程中起决定性作用，还是盗窃行为控制整个犯罪。

在第三方支付平台模式下，所有的支付都是按照平台与客户约定的支付模式，即按照既定的支付指令和支付密码识别进行。对平台而言，不管发出支付请求的实际客户是谁，只要支付指令符合预先的支付规则要求，保障支付交易安全的支付交易识别密码正确，支付就可以进行。基于支付交易成本的考量，此种模式下的支付具有被动性和智能性，是一种典型的只认交易支付规则和交易识别密码，不认发出具体指令人的支付模式。只要支付交易符合预先设定的支付规则要求，行为人冒用真实客户进行交易，第三方支付平台不会去辨别，也不可能辨别。

---

① 参见吴波：《秘密转移第三方支付平台资金行为的定性——以支付宝为例》，《华东政法大学学报》2017 年第 3 期。

② 参见张明楷：《刑法学》（第六版），法律出版社 2021 年版，第 1047 页。

本案中对于某某等人非法处置第三方支付平台账户内资金的定性，要结合“嗅探劫持”情境下的作案模式的特殊性与第三方支付的交易模式，实质性评价盗窃与诈骗到底何种行为起主导作用。于某某等人通过“嗅探劫持”对第三方支付平台账户进行资金处置，虽然具有欺骗平台和秘密取财的双重性质，但因其对支付交易密码的动态控制，平台严格按照支付规则进行支付，不存在基于错误的认知，做出错误的支付处理问题。虽然于某某等人有冒用行为，发出支付指令和提交支付密码均具有欺骗性，但整个犯罪实施中行为人对支付交易密码实施动态的掌握是关键，交易密码在整个交易进程中既是交易安全的保障，也是交易支付开启的前提。若按照诈骗罪处理则存在规范评价中错误认知的论证难、被骗人缺位、支付交易系统对财物的处分缺乏等问题。对于实际的交易支付来说，行为人掌握了交易密码就意味着掌握了账户内一切财物的处置权。“嗅探劫持”情境下的侵财行为，实际上相当于行为人非法获取了被害人第三方支付平台财产账户的钥匙，在手握钥匙的情况下，行为人每发出一次支付指令，就是一次具体的秘密取财行为。因而在对第三方支付平台账户财产进行处置的过程中，于某某等人非法取财的秘密性起着决定性作用，对支付平台交易系统的欺骗虽是一种事实，但受制于特定的支付交易规则，不具有实质的规范评价意义。因此，于某某等人侵入第三方支付平台账户非法取财的行为，不宜认定为诈骗罪与信用卡诈骗罪，适宜评价为盗窃罪。

利用抓包软件篡改计算机交易数据的行为定性分析

王晓光　李　洋　谢　添*

摘　要　司法实践中对于利用网络技术非法获取、篡改计算机交易数据行为的定性存在争议和分歧，从行为人的主观故意看，获取数据只是手段，其行为的实质在于通过篡改数据窃取虚拟财产，具有非法占有的目的；从行为的危害后果看，该行为在改变数据状态的同时并未改变数据的权属，也未影响系统的运营，而是造成了数据所有人的财产损失，系网络空间中的盗窃行为，应当认定为盗窃罪。

关键词　信息网络技术　计算机数据　行为定性　盗窃罪

［**基本案情**］　2020 年 12 月至 2021 年 1 月，温某某利用“夜神”手机模拟器和“fiddler4”抓包软件等计算机特殊工具，抓取某网络科技有限公司开发的新能源汽车充电软件“千牛”App 发送的充电指令相关参数数据信息，并在闲鱼交易平台上发布、出售低价充电信息。温某某通过上述计算机抓包技术获取相关数据信息后，故意篡改“千牛”App 后台用户 ID、充电桩编号以及充电金额的参数，利用其他含

* 王晓光，浙江省杭州市西湖区人民检察院党组书记、检察长、二级高级检察官；李洋，浙江省杭州市西湖区人民检察院第五检察部副主任；谢添，浙江省杭州市西湖区人民检察院第一检察部四级检察官助理。

有充值金额的“千牛”App沉睡账户给相应的充电桩发送指令，帮助全国各地有充电需求的车主（客户）充值，每次充值金额约50元，每单获利20元至25元。

温某某利用查找到的300余个含有充值金的“千牛”App沉睡账户给“客户”低价远程充电，非法获利金额达2万多元；另查明，温某某还利用同样方式盗取另外一家提供充电服务的公司的平台账户给“客户”充电，非法获利近2万元。

一、分歧意见

本案发生在网络空间，犯罪人员通过新型网络技术实现了窃取他人虚拟财产的目的，这也给本案增加了审查的难度，容易与各类计算机信息系统犯罪相混淆，办案组成员也产生了案件定性上的分歧。

第一种观点认为，行为构成非法获取计算机信息系统数据罪。从温某某的行为手段看，其利用“千牛”App系统漏洞，使用抓包工具和夜神模拟器应用系统，在未经授权的情况下，突破计算机信息系统安全保护措施，抓取后台数据包，获取了存储在该系统内的用户ID、充电桩编号等数据，进而获得了对上述数据进行删除、增加、修改的权限。温某某获得数据操作权限的行为具有明显的违法性，是典型的侵入计算机信息系统的行为。从危害的对象看，温某某入侵的是国家事务、国防建设、尖端科学技术领域以外的计算机信息系统，其非法获取、使用数据的行为，威胁到了计算机信息系统的安全。从行为后果看，温某某侵入“千牛”App后台并非法获取数据后通过对数据的直接利用，不仅达到了牟利的目的，也给被害单位造成了上万元的经济损失，已经达到情节严重的程度。因此，温某某的行为应当评价为非法获取计算机信息系统数据罪。

第二种观点认为，行为构成破坏计算机信息系统罪。从温某某的行为表现看，温某某采取非法技术手段不仅抓取了“千牛”App内存储的相关数据，更有篡改数据、利用修改后的数据给应用程序下达指令等行为，非法获取计算机信息系统数据罪不足以完全评价温某某的行为。温某某通过篡改数据，使用沉睡账户给充电桩发送充值指令，是对原有正常充值指令的修改，导致未进行充电的新能源车主账户产生了充值消费，使得该App原有的正常消费功能无法正确实现，属于典型的对计算机信息系统功能进行修改、干扰，造成计算机信息系统不能正常运行的情形，符合破坏计算机信息系统罪的客观表现。从危害的对象来看，数据、应用程序均属于破坏计算机信息系统行为的对象，二者是择一的关系。温某某虽然主要通过删除、修改数据实施犯罪，没有直接对应用程序进行破坏，但侵犯的对象也是破坏计算机信息系统罪保护的客体。从行为的后果看，温某某破坏计算机信息系统的行为造成了该App运行紊乱，大量沉睡账户内的充值金额被他人用于充电消费，最终由被害单位买单，损失上万元，符合破坏计算机信息系统罪中“后果严重”的结果要件。因此，温某某的行为应当评价为破坏计算机信息系统罪。

第三种观点认为，行为构成盗窃罪。温某某通过入侵“千牛”App后台获取数据的根本目的在于盗窃平台账户内的充值金，从而牟利。因此，无论将温某某的行为评价为非法获取计算机信息系统数据罪还是评价为破坏计算机信息系统罪，都忽略了温某某利用数据窃取平台账户内充值金的行为。从温某某实施犯罪的全过程来看，侵入计算机信息系统、获取和篡改数据均属于温某某实施犯罪的准备活动，温某某并非通过非法获取计算机信息系统数据或破坏计算机信息系统直接给被害单位造成损失，而是将平台沉睡账户内的已有充值金窃走并提供给其他人员使用，从而导致被害单位蒙受损失。温某某行为系利用计算机秘密窃取被害单位财物的行为，符合盗窃罪的行为要件。温某某将平台账户内的充值款窃得后，虽然没有直接供本人使用，但其将该充值款提供给其他人使用并收取报酬，实质上处分了窃得的财物，在主观上具有非法占有的目的。根据《刑法》第287条，温某某利用计算机实施盗窃行为，应当按照《刑法》关于盗窃罪的规定，将温某某的行为评价为盗窃罪。

第四种观点认为，行为构成破坏计算机信息系统罪与盗窃罪之间想象竞合。从整体上看，温某某侵入App后台、抓取数据、篡改参数、发送指令等操作是一个锁链式的连贯行为，但从侵犯的法益来看，温某某的行为实质上侵犯了两个法益。从行为手段看，温某某采用非法的技术手段入侵“千牛”App后台并抓取数据包内的数据，该行为本身就对App后台系统造成了危害，导致该应用程序的正常功能未能实现，是对计算机信息系统的破坏行为；从行为目的看，温某某破坏计算机信息系统是为了通过干扰平台正常运营为其盗窃平台沉睡账户中的充值款项创造机会，盗窃是温某某破坏计算机信息系统的最终目的。因此，若单独将温某某的行为评价为破坏计算机信息系统数据罪或盗窃罪，均不能够完整评价温某某的犯罪行为，温某某的行为系同一犯罪行为触犯多个法益，属于破坏计算机信息系统罪与盗窃罪的想象竞合犯。

第五种观点认为，行为构成诈骗罪。温某某实施的并非盗窃行为，而是诈骗行为。温某某通过篡改用户ID、充电桩编号、充电金额等参数，使其能够利用平台沉睡账户给充电桩发送充电指令，从而给其他车辆进行充电。该行为本质是通过篡改数据，给充电桩下达一个为沉睡账户的用户进行汽车充电的虚假指令，隐瞒了真实的用户信息，系统根据错误指令，使用沉睡账户内的充值款支付充电费用。而系统是由被害单位控制、管理的，系统作出错误反应的背后是被害单位上当受骗。温某某的行为本质上是虚构事实、隐瞒真相的诈骗行为，其行为导致被害单位陷入认识错误，使用沉睡账户充值款抵扣充电费用，后因赔付用户充值款产生财产损失，该损失与温某某的诈骗行为有直接的因果关系。温某某的行为属于利用计算机实施诈骗犯罪，应当认定构成诈骗罪。

二、评析意见

笔者认为，温某某的行为构成盗窃罪。对于上述案件的定性分析应当根据案情实际情况，结合犯罪的主观故意，犯罪的目的以及犯罪行为实际侵犯的法益等各方面来综合分析，才能够对该案件做出准确的定性，具体分析如下：

（一）温某某的行为不构成非法获取计算机信息系统数据罪

第一，从温某某犯罪的行为目的层面看，温某某仅有“改变”数据的目的，没有“获取”数据的目的。本案中，温某某使用“fiddler4”抓包工具和“夜神”手机模拟器在运行“千牛”App时拦截抓取的是

“千牛”会员账户的交易数据，从表面上看，是一种非法获取数据的行为。但是，温某某抓包的重点不是截取数据，而是要修改目标数据包中的交易参数，温某某在主观上并没有从无到有地获取数据的目的。第二，从温某某犯罪的行为后果层面看，温某某的行为没有造成被害单位数据的权属发生变更。温某某对目标数据包内的交易参数进行人为修改，但修改后的数据参数并未发送到温某某本人控制的网站或者服务器上，而是直接发回涉案公司的官网。温某某通过绕过会员信息的验证，实现可以使用并消费涉案会员账户余额的目的，在本质上只是对数据从此状态到彼状态的改变。

（二）温某某的行为不应认定为破坏计算机信息系统罪

第一，从温某某犯罪的危害后果层面来看，温某某的行为没有对计算机信息系统造成无法正常运行等破坏结果。温某某的抓包、改包、发包技术操作改变的仅仅是会员客户交易数据参数本身，被害单位“千牛”App公司计算机信息系统是完好的，且一直处于正常运营状态，故并不属于故意破坏“千牛”公司的官网计算机信息系统安全和公司正常运行的“计算机信息系统数据”。破坏计算机信息系统罪属于扰乱公共秩序的行为，是对公法益的犯罪，本案中，仅有被害单位的私益受到侵害，若将某种行为认定为侵害公法益的犯罪来保护个人法益，明显不当。[①]第二，从温某某犯罪的主观故意层面来看，温某某作为新能源汽车“千牛”App充电会员用户，他无意间发现了“千牛”App后台数据可以进行抓包、改包、发包的网站安全漏洞，主观并不具有破坏计算机信息系统并进行损害公司运行系统的故意，温某某要实现远程使用涉案会员账户里的余额为“客户”充电，必须建立在“千牛”App公司能够正常运营的前提之下，所以他主观目的并不是破坏计算机信息系统致使公司运营瘫痪。

---

① 参见张明楷:《非法获取虚拟财产的行为性质》,《法学》2015年第3期。

（三）温某某的行为不构成破坏计算机信息系统罪与盗窃罪之间想象竞合

第一，从温某某犯罪行为的法益侵害后果来看，本案有且仅有一个法益受损，即开发运营“千牛”App的被害单位遭受了财产损失，温某某的犯罪行为没有影响到其他未涉案会员账户的正常使用，并没有造成计算机信息系统的破坏，不存在“一行为触犯多法益”的情形，不应认定构成破坏计算机信息系统罪与盗窃罪的想象竞合。第二，从温某某的侵入行为与盗窃行为的关联性来看，温某某非法侵入“千牛”App后台并抓取、篡改数据的行为是犯罪手段，盗窃沉睡账户内的充值款项是犯罪目的。想象竞合犯的观点实质上是将手段行为和目的行为割裂开来分别评价，即使温某某侵入系统、篡改数据的行为可以评价为对计算机信息系统功能进行修改、干扰的行为，从而认定该行为构成破坏计算机信息系统罪，同时温某某在此基础上盗窃充值款项数额较大，其目的行为又构成盗窃罪，前后行为分别触犯了不同的罪名。手段行为构成的破坏计算机信息系统罪与目的行为构成的盗窃罪之间成立牵连犯，不符合想象竞合犯的成立条件。

（四）温某某的行为不应认定为诈骗罪

盗窃罪与诈骗罪的本质区别之一在于盗窃罪是“主动获取型”犯罪，而诈骗罪是“被动交付型”犯罪。换言之，对于欺骗与秘密获取方式并行的侵财类案件如何定性，正确解释诈骗罪的“被动交付”与盗窃罪的“主动获取”便成为区分盗窃罪与诈骗罪的关键。①“千牛”App根据事先设定的程序，在收到用户的指令后，自行向充电桩发送充电指令。温某某通过篡改用户ID、充电桩编号、充电金额等参数后下达充电指令是一种主动获取沉睡账户内充值金额的行为。同时，被害单位对于温某某利用沉睡账户的会员用户给充电桩下达为汽车充电的虚假指令并不知情，不存在被害单位因陷入认识错误而处分财物的情况。

① 参见徐光华:《刑法解释视域下的“自愿处分”——以常见疑难盗窃与诈骗案件的区分为视角》,《政治与法律》2010年第8期。

温某某的犯罪目的能够达成，并非由于被害单位被其欺骗，而是温某某利用技术手段，秘密窃取并使用了沉睡账户内的充值金额，因此不符合诈骗罪的构成要件。

（五）温某某的行为应认定为盗窃罪

盗窃罪是以非法占有为目的，盗窃公私财物数额较大或者多次盗窃、入户盗窃、携带凶器盗窃、扒窃公私财物的行为，它侵犯的客体是公私财物的占有、使用、收益、处分等所有权。当前网络空间与社会空间正在逐步走向交叉融合，传统盗窃罪的发生场域也由“现实空间”转化为“现实空间”与“网络虚拟空间”的交错场域，网络外衣给传统的盗窃行为增加了复杂性与神秘性。但是经深入研究，扯下网络的外衣从犯罪的构成上来看，本案中温某某作为新能源汽车“千牛”App充电会员用户，发现“千牛”App后台数据可以进行抓包、改包、发包的漏洞。通过技术手段绕过会员验证，远程控制具有充值金额但又长久未使用过的沉睡会员账户，低价给他人充电非法获利，其主观上就是想要通过技术手段占有他人沉睡账户中的充值金额。从犯罪目的看，温某某利用“千牛”App后台交易数据漏洞，通过抓包、改包、发包手段而获取非法经济利益。温某某对涉案会员账户的选择也印证了其非法占有目的。温某某发现“千牛”App漏洞之后，“千牛”App会员账户除了绑定手机号之外，会员ID也是按照一定数字顺序排列的，温某某利用自己的会员账户ID数字顺序特点，逐一改变ID数字尝试发现其他会员是否有余额，然后筛选出那些既有充值余额又长时间未使用的“沉睡账户”，用于给相应的充电桩发送指令帮助“客户”充电，从而获取非法收益。从温某某对涉案“沉睡账户”的选择上来看具有秘密窃取的特点，而且对原本沉睡的涉案账户的充值余额具有非常明显的非法占有目的。因此上述通过抓包、改包、发包篡改会员数据参数，秘密窃取“沉睡”涉案账户充值余额的行为应当评价为一个完整的盗窃行为。

温某某实施的盗窃行为只是从现实空间转移到了网络虚拟空间，即传统盗窃披上了网络的外衣，通过办案发现，网络空间中发生的盗窃行为与传统的盗窃相比具有几大显著特点。第一，网络空间盗窃案件中犯罪主体的专业性和技术性更强，网络盗窃人员大都是掌握特殊互联网技能的网民。第二，网络盗窃案件中犯罪行为侵害的对象范围广且多为虚拟化财产，大多数情况下，这类网络表现形式的财产不能直接用于日常生产、生活，但这类虚拟财产可以与金钱进行流通转换，比如高价值游戏道具、Q 币、狗狗币等。第三，网络盗窃案件中犯罪行为超出了时空限制且隐蔽性强。按照确定管辖地的传统做法，只要与犯罪行为或犯罪结果相关的地点都可以视为犯罪地。然而在涉互联网犯罪确定网络犯罪的管辖地时未必完全行得通。[①] 网络互联的特点之下，网络空间就失去了明确的地域划分属性。第四，网络盗窃案件中犯罪行为披着网络化的外衣易与其他犯罪混同。例如，网络盗窃行为所针对的虚拟财产同时具有财产性与数据性，在盗窃罪与非法获取计算机信息系统数据罪之间存在竞合关系。[②]

互联网技术的发展往往比社会法律规则的更新要快，而法律规则的滞后性往往给我们处理司法实践问题带来一定的困惑，就像本案这样，传统的盗窃行为从现实空间转移到了网络空间，使得盗窃行为变得复杂且神秘，这就要求承办人要不断更新知识储备和认知，认清犯罪行为本质，揭开“网络空间中盗窃行为”的神秘面纱，才能对案件准确定罪量刑作出处理。

2022 年 1 月，检察机关以盗窃罪起诉温某某，经开庭审理，法院认为公诉机关指控罪名成立，认定温某某构成盗窃罪，判处有期徒刑 1 年，缓刑 1 年，并处罚金。

---

① 参见孙潇琳:《我国网络犯罪管辖问题研究》,《法学评论》2018 年第 4 期。

② 参见陈兴良:《虚拟财产的刑法属性及其保护路径》,《中国法学》2017 年第 2 期。

涉虚拟货币诈骗行为的认定

谢　珏　王涵寒[*]

摘　要　司法实践中对于骗取虚拟货币的行为是否能认定为诈骗罪关键把握三点：一是涉案的虚拟货币是否具有刑法意义上的财产属性；二是行为人主观上是否具有非法占有为目的；三是行为人客观上是否实施了虚构事实或隐瞒真相的行为。同时，在办案过程中还要注意虚拟货币如何转化为具体的诈骗金额。

关键词　诈骗罪　虚拟货币　非法占有目的

［基本案情］　被害人李某某因所经营的公司资金周转困难，急需将自己用比特币抵押后借得的500万个泰达币兑换为人民币使用。2021年3月16日，李某某向被告人陈某咨询能否帮忙将200万个泰达币兑换为人民币，陈某允诺。两日后，李某某遂将200万个泰达币（以当时牌价折合人民币约1200万元）转入陈某的火币网账户内并要求陈某在一周内兑换出来。同年3月18日至23日，陈某在明知自己没有偿还能力的情况下，仍将其中的150万个泰达币兑换成比特币，以加杠杆的方式购买了大量比特币期货合约，后连续遭巨额亏损。陈某又将其余的50万个泰达币以场外交易的方式兑换为人民币300余万

*　谢珏，上海市长宁区人民检察院第三检察部四级高级检察官；王涵寒，上海市长宁区人民检察院第一检察部三级检察官。

元，用于归还自己部分抵押贷款以及个人债务。与此同时，陈某虚构有买家需要大量买进泰达币的事实，要求李某某继续投入泰达币。陈某还谎称已将李某某先期投入的200万个泰达币全部卖出，但卖出后资金账户被外地警方冻结，故无法向李某某交付现款。为此，陈某伪造了相关的泰达币交易记录、账户余额以及与警方的电话录音等。

一、分歧意见

被告人陈某到案后坚称自己买卖虚拟货币的行为非犯罪行为并否认自己具有非法占有他人财物的主观故意，认为自己不构成诈骗罪。本案争议焦点在于被告人陈某非法占有他人虚拟货币的行为能否构成诈骗罪。

第一种意见认为，陈某不构成诈骗罪，应构成侵占罪。该意见认为我国禁止虚拟货币流通，虚拟货币也不受我国现行法律保护，因此虚拟货币不能成为诈骗罪的犯罪对象。况且陈某在取得泰达币时没有虚构事实和隐瞒真相的行为，其所实施的欺骗行为发生在取得之后，故陈某的行为非诈骗行为而是侵占行为。陈某的犯罪金额也不宜以人民币1200万元认定，最多将陈某实际变现所得的人民币300万元算作犯罪金额。

第二种意见认为，陈某具有非法占有虚拟货币的主观故意，采取了虚构事实、隐瞒真相的行为，应构成诈骗罪。该意见认为虚拟货币在我国不受法律保护的含义是指国家金融监管机构不保护因虚拟货币而产生的民事纠纷，不能因此忽略虚拟货币本身的财产属性。虚拟货币同样可以作为诈骗类犯罪的对象。结合陈某自身的财产状况以及对泰达币的处分方式，能够认定陈某在明知自己没有偿还能力的情况下仍向被害人虚构事实，隐瞒真相，将被害人的虚拟货币投入虚拟货币期货炒作，依法构成诈骗罪。

二、评析意见

笔者认为被告人陈某在明知自己没有偿还能力的前提下仍对被害人虚构事实、隐瞒真相，非法占有被害人财物且数额特别巨大，其行为构成诈骗罪。理由如下：

（一）虚拟货币具有财产属性，可以作为诈骗罪的犯罪对象

首先，虚拟货币本身具有财产属性。判断某一事物是否具有财产属性，主要基于其是否有一定的价值。根据马克思主义经济理论，价值是指凝结在商品中无差别的人类劳动。虚拟货币并非凭空产生，其生成和获得需要通过解密一堆复杂的计算机算法，在庞大的计算量中获得特解，该过程是人类抽象脑力劳动的凝结，具有一定的价值性。同时诸如比特币之类的虚拟货币可被自行交易，不受地域限制在民间流通使用，具有使用价值和交换价值。[①]虚拟货币的持有者通过私钥对虚拟币享有绝对的、排他性的所有权。如比特币持有者将比特币存放在比特币“钱包”（地址）内，每一个地址对应一个私钥，不可删除重置、交易数据很难篡改，获得了地址和私钥就等于控制了比特币。另外，虚拟货币的持有者可以将所持有的虚拟货币转化为现实的财富。比如比特币不仅可在国外众多交易平台最终实现其与法定货币的兑换，只要交易双方认可，亦可用比特币购买虚拟或现实的商品及服务，零售商、公司可自愿将比特币作为一种支付手段。[②]

其次，虽然我国禁止虚拟货币非法交易，但没有否认虚拟货币的财产属性。2013 年 11 月，央行等五部委联合发布《关于防范比特币风险的通知》，明确了虚拟货币不具有与货币等同的法律地位，禁止虚拟货币作为货币在市场上流通使用。2017 年 9 月，央行联合六部委发布了《关于防范代币发行融资风险的公告》，叫停各类代币发行融资，并随后宣布关停国内所有数字货币交易所。2021 年 9 月，央行等十部委联合发布的《关于进一步防范和处置虚拟货币交易炒作风险的通知》又再一次明确了虚拟货币和相关业务活动的本质属性。正确解读上述政策可知：一是否认虚拟货币的法定货币地位系因其没有国家信用背书，并非因为其不具备价值；二是否认虚拟货币与人民币具有同等地位，

---

① 参见谢杰、张建:《“去中心化”数字支付时代经济刑法的选择——基于比特币的法律与经济分析》,《法学》2014 年第 8 期。

② 参见王熠珏:《“区块链 +”时代比特币侵财犯罪研究》,《东方法学》2019 年第 3 期。

但并未否认其具有商品属性；三是禁止金融机构和支付机构开展比特币相关业务，但并未禁止其作为虚拟商品在民间自由交易。总之，我国出于确保人民币法定货币地位以及防范金融风险等目的而对虚拟货币采取相应的金融监管措施，并不意味着虚拟货币的财产属性在我国不受法律保护。

最后，比特币、泰达币等虚拟货币的财产属性为法秩序所认可。《民法典》第127条规定："法律对数据、网络虚拟财产的保护有规定的，依照其规定。"该规定无疑认可了网络虚拟财产的财产属性。对虚拟财产的保护方式不仅限于民法领域，更适用于整个法律体系，这是基于法秩序的统一性得出的必然结论。"所谓法秩序的统一性，是指由宪法、刑法、民法等多个法领域构成的法秩序之间互不矛盾，更为准确地说，在这些个别的法领域之间不应作出相互矛盾、冲突的解释。例如，在某一法领域中被认为是合法的行为，在其他的法领域就不能认定为违法而加以禁止，或者不可能出现与之相反的事态。"[①]换言之，在法秩序统一性下，各部门法对行为的指引总体上应当具有一致性。即便有矛盾，也可通过上位法优于下位法、特别法优于一般法、新法优于旧法等原则予以解决。具体到本案，尽管刑法对于虚拟财产没有明文规定，但刑法与其他部门法的规范指引应保持一致性。既然民法承认虚拟财产的财产属性，刑法当然应将包括比特币在内的虚拟财产列入财产犯罪的对象。再者，《刑法》第92条第4项以"其他财产"为现有刑法规定未能涵盖到的财产类型留下了适用空间，将比特币等虚拟财产纳入"其他财产"之列没有超出刑法对"财产"一词的涵盖范围。根据2013年《最高人民法院、最高人民检察院关于办理盗窃刑事案件适用法律若干问题的解释》第1条第4款的规定，毒品等违禁品可成为盗窃罪的对象。刑法尚且承认违禁品的"财产"地位，更无外乎承认民法所保护的虚拟财产的"财产"地位。

---

① 王骏：《违法性判断必须一元吗？——以刑民实体关系为视角》，《法学家》2013年第5期。

（二）陈某主观上具有非法占有目的，客观上有虚构事实、隐瞒真相的行为，构成诈骗罪

辩护人提出，本案系李某某主动找到陈某并要求陈某在一周内将泰达币兑换成人民币，陈某在收取泰达币时并没有非法占有目的。在虚拟货币的交易过程中，陈某将泰达币兑换成比特币并购买相关比特币期货，是陈某想利用时间差"借鸡生蛋"为自己牟利，并非意在侵吞李某某的财物。后因虚拟货币市场行情变化而造成的损失属于意志以外的客观因素，不能完全归因于陈某。本文认为，陈某主观上是否具有非法占有目的，要结合陈某具体行为来综合评判。

首先，本案的起因系被害人主动要求陈某帮忙将泰达币兑换为人民币，陈某可能事先不具有非法占有目的，但从陈某之后进行虚拟货币交易的过程可以推断，其见有利可图，为谋取个人利益即产生了非法占有目的。正因为陈某产生了非法占有目的，故私自变更交易方式，将被害人的泰达币兑换为比特币，还以加倍杠杆的方式进行"炒币"，企图获取高额回报。本案涉及的200万个泰达币系与美元挂钩且价格较为稳定，案发时可估值约人民币1200万元。而当时比特币的市场价格波动剧烈，投资比特币有较高的风险性和较大的不确定性。经查，陈某在收到李某某的泰达币的当日及次日，即将泰达币兑换成比特币。在之后的一周内，陈某以"日加十倍杠杆"的方式频繁买卖比特币期货合约，直至血本无归。经陈某上述操作后，原本估值约为人民币1200万元的泰达币剩下部分仅能估值约人民币200万元。

其次，陈某对被害人的损失不具备偿还能力。陈某辩称自己有多套房产和商铺，即使比特币期货交易失败也能弥补被害人的经济损失。经调查，陈某的房产均处于抵押状态，其个人及家庭债务也尚未清偿完毕。综合陈某的资产情况，其显然无力补平"炒币"的损失。

最后，陈某有虚构事实、隐瞒真相的行为。陈某在收到李某某转入的200万个泰达币后，未按约定抛售并换回人民币，而是隐瞒了其将上述150万个泰达币用作购买比特币期货合约以及将50万个泰达币兑换成人民币用于归还个人欠款的事实；还虚构自己找到了泰达币买家并伪造交割单、银行转账记录，企图让被害人信以为真。后陈某又编

造银行账户被公安机关冻结等理由，试图蒙骗被害人。

根据上述一系列行为，可以判定陈某主观上具有非法占有目的，并采用虚构事实、隐瞒真相的方法非法占有被害人的财物，依法构成诈骗罪。

（三）陈某的诈骗金额应以本案所涉泰达币全额予以认定

本案开庭时辩护人当庭提出，虚拟货币交易不受刑法保护，故陈某的犯罪金额不宜以200万个泰达币所折算的人民币金额1200万元计算，最多可以根据陈某已变现所得的人民币300万元予以认定。

笔者认为，本案诈骗金额应以上述200万个泰达币所折算的人民币金额予以认定。一是被告人陈某始终未能偿还被害人损失。司法实践中，认定诈骗罪的具体诈骗金额以行为人实际诈骗数额计算，同时将案发前已归还的数额扣除。本案被害人李某某将200万个泰达币转入陈某的账户，直至案发均未归还，故应当将上述泰达币予以全额认定并根据行为当时的人民币兑换比率计算具体诈骗金额。二是陈某私自炒作虚拟货币系出于一种不计后果的赌徒心态而进行的博弈行为，该行为风险理应由陈某本人承担。仅将陈某最终得以变现的人民币300万元认定为诈骗金额，显然是把陈某所应该承担的风险无故转嫁给被害人，有违公平原则。

综上，检察机关指控被告人陈某的行为构成诈骗罪。2022年3月，法院全部采纳检察机关指控，以陈某构成诈骗罪判处其有期徒刑14年，剥夺政治权利3年，并处罚金人民币30万元，连同骗取贷款罪、挪用资金罪等其他罪名决定合并执行有期徒刑19年，剥夺政治权利3年，并处罚金人民币80万元。

"掐卡"侵财行为的类型化定性研究

任留存 *

摘　要　"掐卡"侵财的行为对象是存款债权，侵害的是用卡人对存款债权对应资金的事实占有。在适用法律时，可根据存款债权控制权在实质层面是否发生转移以及发生转移的原因，类型化认定"掐卡"侵财行为。除与上游犯罪事先共谋，应以共同犯罪处罚的情形外，可先根据"掐卡"侵财行为是否造成存款债权控制权实际转移，区分认定为转移占有的犯罪和不转移占有的犯罪；对于转移占有的犯罪，再根据获取存款债权控制权的主要行为方式，分别认定为诈骗罪、盗窃罪等罪名，或者作为单纯的量刑情节；对于不转移占有的犯罪，根据有无非法占有目的，分别认定为侵占罪或退赃退赔情节。

关键词　断卡　掐卡　存款债权　转移占有

"掐卡"顾名思义就是截留、拦截已经出租、出售的银行卡内资金，具体作案手法是行为人先利用自己的身份信息申领银行卡（一般还会办理配套的手机卡、开通手机银行、办理U盾等），之后将上述银行卡出租、出售或直接帮助上游犯罪分子转账，待资金进入银行卡后，再通过挂失、转账等方式，将卡内资金据为己有，也就是俗称的"吃黑"。由于"掐卡"侵财行为复杂多样，实践中存在法律适用分歧。

* 任留存，江苏省南通市人民检察院第四检察部副主任、一级检察官。

一、“掐卡”侵财行为的法律适用分歧

［案例一］ 被告人程某等人明知他人利用信息网络实施犯罪，为牟取非法利益，先后向上游违法犯罪人员出售银行卡“四件套”（银行卡及支付密码、网银U盾、电话卡、身份证复印件）7套。上游人员利用程某提供的银行卡接收资金共计112万余元，其中包含诈骗案件被害人转入资金57.2万余元。与此同时，程某等人事先合谋利用持卡人[①]身份，通过手机绑定售出银行卡的方式，实时关注卡内资金，待有大额资金入账后，即至银行挂失补办新卡并将钱款取现。经查，程某参与非法占有资金42.9万元。法院经审理认为程某为信息网络犯罪提供银行卡的行为构成帮助信息网络犯罪活动罪，挂失银行卡并取现的行为构成盗窃罪，应数罪并罚。[②]

［案例二］ 2021年6月，被告人胡某将自己的银行卡提供给上家用于违法犯罪活动走账。该银行卡入账103万元，其中包含诈骗案件被害人转入资金3万余元。2021年8月，胡某预谋“吃黑”上家犯罪所得资金。胡某与上家联系会合后，将手机、银行卡交给上家操作转账并在旁提供刷脸等协助。其间，胡某借故将手机拿回并以报警相威胁，上家同意将转入微信账户的7.5万元留4万元给胡某。胡某遂将余下的3.5万元转入银行卡，并驾车带上家至银行取现。在上家持卡下车取款时，胡某即驾车逃离现场并将该3.5万元通过手机银行转回至自己控制的微信账户。法院经审理认为涉案的7.5万元不属于他人控制下的财物，胡某“黑吃黑”由上家转入、其本人控制的账户内资金，不符合盗窃罪的构成要件，仅以帮助信息网络犯罪活动罪判决。[③]

［案例三］ 被告人农某在提供银行卡为上游犯罪转移犯罪所得过程中，产生占有银行卡内部分资金的想法，后该银行卡转入诈骗资金3万元。农某取现2万元交给上家，另将9000元转入自己控制的其他账

---

① 本文所称持卡人的概念与《银行卡业务管理办法》中明确的持卡人一致。根据《银行卡业务管理办法》第28条第3款，银行卡及其账户只限经发卡银行批准的持卡人本人使用，不得出租和转借。本文将租购银行卡的实际用卡人统称为用卡人。

② 参见江苏省南通市崇川区人民法院刑事判决书，（2021）苏0602刑初303号。

③ 参见江苏省南通市崇川区人民法院刑事判决书，（2022）苏0602刑初248号。

户。法院经审理认为该“掐卡”行为系掩饰、隐瞒犯罪所得罪的手段，将该9000元作为农某的违法所得予以评价。[①]

上述案例体现了司法实务中常见的“掐卡”侵财行为类型。案例一是单纯供卡后“掐卡”，该类型的犯罪通常表现为行为人在办理银行卡后，直接出售银行卡，不参与后续的犯罪行为。只是在有资金流入后，基于持卡人身份通过挂失补卡等方式占有卡内资金。案例二是在供卡并协助转移资金过程中“掐卡”，该类型的犯罪通常表现为行为人在办理银行卡后，经上家安排到达指定地点，将手机、银行卡提供给上家转账，行为人在转账过程中提供手机验证码、刷脸验证等帮助。其间，行为人会借机索回手机、银行卡，再利用直接转账或取现等方式占有卡内资金。案例三是在供卡并直接转移资金过程中“掐卡”，该类型的犯罪通常表现为行为人在办理银行卡后，仅将银行卡号告知上家，自己则负责具体资金的接收和转账，行为人利用直接操作的便利，占有银行卡内资金。

关于“掐卡”侵财行为的定性，实践中存在构成诈骗罪或盗窃罪的观点，还有观点认为该行为仍可被帮助信息网络犯罪活动罪或掩饰、隐瞒犯罪所得、犯罪所得收益罪所包含，无须单独评价。公平正义不仅要实现，而且要以可感、可视的方式呈现，明确统一的法律适用标准即是最朴素的正义观。基于行为性质决定法律适用的刑法基本理念，有必要从行为对象、行为实质分析论证“掐卡”侵财行为，从类型化角度提出法律适用意见。

二、“掐卡”侵财的行为对象

“掐卡”侵财行为涉及的法律关系相对复杂。其中，持卡人是法律意义上的银行卡所有人和存款债权的享有人；用卡人是事实层面上的银行卡占有人，是实质层面上存款债权的享有人；银行是存款占有人，而被害人基于被骗将钱转入银行卡又享有追索权。上述纷繁复杂的法律关系，给准确界定“掐卡”侵财的行为对象带来困惑。

---

① 参见广西壮族自治区天等县人民法院刑事判决书，(2021)桂1425刑初10号。

（一）“掐卡”侵财的行为对象是存款债权

行为对象一般是指构成要件行为所作用的物、人、组织（机构）、制度等客观存在的现象。① 行为对象对行为性质和罪刑轻重都有影响。根据《储蓄管理条例》第 3 条规定，储蓄是指个人将属于其所有的人民币或者外币存入储蓄机构，储蓄机构开具存折或者存单作为凭证，个人凭存折或者存单可以支取存款本金和利息，储蓄机构依照规定支付存款本金和利息的活动。通说认为，存款资金属于银行所有，个人基于存款合同，对银行享有债权，存款债权在解释论上属于财物的范畴，由存款人享有。② 当介入了出售、出租银行卡环节后，存款资金仍由银行所有，其所有权并未改变，但由于用卡人掌控了银行卡、密码或手机银行，可实际控制银行卡账户内资金，此时存款债权的实际享有人就变成了掌控银行卡账号、密码的用卡人。实践中，“掐卡”侵财行为人大都会如案例一中的程某，实施积极的挂失补卡、取现或转账等行为。但对于实际控制银行卡并直接转账的持卡人，如案例三中的农某，仅仅采取消极、不作为的止付行为，也足以让上游犯罪行为人不能再掌控该资金，进而顺利实现“掐卡”的后果。上述情形仅仅是存款债权实现主体的变化，均未改变存款归银行所有的资金状态，因而“掐卡”侵财的目的虽然是银行所有的存款，但其直接行为对象却是存款所对应的存款债权。

（二）存款债权事实上由用卡人支配控制

“刑法上的占有以事实上的支配控制力为核心，需要按照‘实质重于形式’的原则，穿透民事法律关系的形式外观，对涉案财物的支配控制人进行认定。”③ 从规范层面判断，诈骗等犯罪案件中流入银行卡的资金应属被害人占有，但在犯罪既遂的情况下，却被上游犯罪分子实际占有。有观点认为，对该债权的行使，构成对银行的欺骗或盗窃，

① 参见张明楷：《刑法学》（上），法律出版社 2021 年版，第 210 页。

② 参见钱叶六：《存款占有的归属与财产犯罪的界限》，《中国法学》2019 年第 2 期。

③ 杜邈：《以“先民后刑”思路定性“掐卡”行为》，《检察日报》2022 年 9 月 3 日。

认为在诈骗犯骗取他人汇款后，没有共谋但知道真相的第三者“帮助”诈骗犯从银行柜台或者自动取款机中取出现金，成立诈骗罪或者盗窃罪的正犯，而不是仅成立掩饰、隐瞒犯罪所得罪。[①]然而实践中，赃款（盗窃、诈骗、敲诈勒索的资金）进入持卡人银行账户，持卡人再到银行支取鲜有被评价为诈骗罪或盗窃罪的案例，一般仅以掩饰、隐瞒犯罪所得罪定罪处罚。其原因在于，实践中用卡人通过掌控的账号、密码，实际享有存款债权，进而实现对银行存款的占有和控制。在用卡人取款、转账，尤其是利用手机银行操作时，银行的审查仅仅体现为对账号和密码的核验，不会要求说明存款来源，也不会对存款进行其他合法性审查。换言之，即便认为存款资金系银行所有，用卡人依然可以依靠其所掌握的手机银行或账号、密码实现存款债权，非因特定情势，银行不得随意冻结账户。从这个角度来讲，存款债权在规范层面虽由被害人享有、名义上由持卡人享有，但在事实层面上为用卡人享有和控制。

（三）刑法保护用卡人事实支配控制的存款债权免受非法侵害

租售银行卡案件涉及的转入资金，虽大多为不法钱款，但基于合同的相对性仍存在存款债权。上述存款债权与赃物一样，不属于无主财物，而属于财产性利益，结合《刑法》第92条直接将储蓄列为公民私人所有的财产，可以认为包括存款债权在内的财产性利益属于“财物”，“是全体财产犯的行为对象”[②]。侵害他人实际控制的存款债权的，可能涉嫌盗窃、诈骗、侵占等犯罪。刑法保护所有社会财富免受非法侵害，对于用卡人事实支配控制的存款债权也是如此，只是本权者以及协助本权者收回（扣划）存款债权的行为，不成立犯罪。[③]同时，租售银行卡行为因其低成本、高收益而泛滥，如果对于“掐卡”侵财行为不做规制，势必会引发效仿。从遏制供卡行为的价值引领和对法秩序保护的角度，对“掐卡”侵财行为有刑事处罚的必要。

---

① 参见张明楷:《领取无正当原因汇款的行为性质》,《法学》2020年第11期。

② 李强:《财产犯中财产性利益的界定》,《法学》2017年第12期。

③ 参见张明楷:《领取无正当原因汇款的行为性质》,《法学》2020年第11期。

三、“掐卡”侵财的行为实质

“掐卡”侵财行为人通过行使存款债权实现对存款的占有和控制，因而，“掐卡”侵财案件中，存款债权的控制权在事实层面是否发生转移以及发生转移的原因是准确适用法律的核心。

（一）存款债权控制权的转移

刑法中的财产类犯罪以取得类犯罪为中心，取得类犯罪又可分为转移占有的取得罪和不转移占有的取得罪，前者如盗窃罪、诈骗罪等，后者如侵占罪。而“是否打破旧的财产占有状态进而建立起新的占有”是核心区分要素。[①]如果具体的“掐卡”行为导致存款债权控制权转移，改变了原有存款资金的占有关系，行为人可能涉嫌盗窃罪、诈骗罪等转移占有的犯罪。例如上海市黄浦区人民检察院诉崔勇、仇国宾、张志国盗窃案中，被害人基于对银行卡密码的掌控进而实际享有并控制存款债权，犯罪嫌疑人通过积极实施挂失、补办新卡、转账等行为，实现了对涉案银行卡对应钱款的控制和转移占有，构成盗窃罪。[②]对应到案例二中，胡某在供卡并协助转移资金过程中实施“掐卡”行为，银行卡原在上游人员的控制之下，胡某作为持卡人编造理由索回银行卡并逃匿。胡某的行为打破了原有的占有关系，因而胡某等人的行为涉嫌转移占有的犯罪。如果具体的“掐卡”行为没有打破原有的占有关系，即未发生存款债权控制权的转移，可能涉嫌侵占罪等不转移占有的犯罪或可作为整体行为的量刑情节考量。比如案例三中，农某在供卡并直接转移资金过程中实施“掐卡”行为，手机、银行卡本就在农某控制之下，农某截留其中资金的“掐卡”行为并没有打破或改变原有存款债权的控制，因而农某等人的行为就不涉嫌转移占有的犯罪。当然，是否构成其他犯罪，还需结合有无非法占有目的、非法占有的目的产生的时间和后续的拒不归还行为综合考量。例如，《刑事审判参

---

① 参见钱叶六:《存款占有的归属与财产犯罪的界限》,《中国法学》2019 年第 2 期。

② 参见《上海市黄浦区人民检察院诉崔勇、仇国宾、张志国盗窃案》,《中华人民共和国最高人民法院公报》2011 年第 9 期。

考》第938号案例中，证据证实曹成洋在挂失银行卡时才知晓其中有50万元资金，随后产生了非法占有目的，其犯罪故意产生于控制该存款债权之后，此时转移占有已完成，其拒不归还的行为构成侵占罪。[①]

（二）存款债权控制权转移的原因

对存款债权控制权发生转移的案件，争议焦点多在于盗窃罪和诈骗罪的界分。盗窃是违背被害人意志的转移占有；诈骗是被害人基于错误认识的转移占有。从被害人一方来看，盗窃罪与诈骗罪区分的关键在于被害人是否基于处分财产的认识错误自愿处分财物。[②]其中，就成立诈骗罪而言，处分行为是必要的，处分意识必要说也是值得肯定的。对于处分意识的判断只要可以确定所要处分财物的范围并能排除其他财物即可。[③]对于调包或被害人对财物仍处于占有迟缓状态的，均不能认定被害人对该财物有处分意识。[④]

具体到租售银行卡后的“掐卡”侵财行为，存款债权由用卡人实际支配控制，当用卡人就是“掐卡”行为的实施人时，并不会发生存款债权控制权的转移，更没有对存款债权的处分行为；当用卡人与“掐卡”行为的实施人不一致时，就会介入存款债权控制权的转移，应视原存款债权实际享有人有无处分行为和处分意识，来区分盗窃罪和诈骗罪的适用。比如案例二中，手机、银行卡一直由上家操作，胡某等人借故将手机取回，此时根据社会一般观念，手机、银行卡还在上家的控制、占有之下，胡某等人通过欺骗上家下车取款等行为占有了该银行卡，进而控制了卡内资金，不能认为上家（原存款债权控制权人）

---

① 参见王德录、刘晓辉:《曹成洋侵占案——将银行卡借给他人使用后，通过挂失方式将银行卡内的他人资金取走的行为，如何定性》，载最高人民法院刑事审判第一、二、三、四、五庭编:《刑事审判参考》(总第95集)，法律出版社2013年版，第119—122页。

② 参见张明楷:《诈骗犯罪论》，法律出版社2021年版，第12页。

③ 参见最高人民法院案例指导工作办公室:《〈臧进泉等盗窃、诈骗案〉的理解与参照——利用信息网络进行盗窃与诈骗的区分》,《人民司法》2015年第12期。

④ 参见任素贤、秦现锋:《丁晓君诈骗案——以借用为名取得信任后非法占有其他财物行为的定性》，载最高人民法院刑事审判第一、二、三、四、五庭编:《刑事审判参考》(总第108集)，法律出版社2017年版，第63—68页。

有处分财物的意识。同时，胡某等人虽有事先预谋等欺骗行为，但其取财的关键仍是后续的秘密窃取行为，因而胡某等人的行为涉嫌盗窃罪。

四、类型化认定"掐卡"侵财行为的路径

由于存款债权依赖于掌控银行卡和密码来实现，实践中，可以基于对银行卡的实际控制是否发生转移占有以及发生转移占有的原因来认定"掐卡"侵财行为的性质，确保相同行为得到相同处罚，确保性质更为恶劣的行为处罚更重。

（一）用卡人实际控制银行卡情形时的"掐卡"

涉案银行卡由用卡人控制，持卡人采取积极行为获取银行卡并占有对应资金的行为，涉嫌转移占有的犯罪。此类案件中，用卡人直接控制银行卡并操作转账，持卡人要么不参与，要么仅仅是在旁提供协助，但不论何种情形，存款债权此时都是由用卡人实际支配并控制，持卡人的"掐卡"侵财行为，破坏了原有存款债权的控制权，应根据破坏行为的主要方式，区分认定罪名。例如，甲将自己的手机、银行卡均交给乙操作，用于转移诈骗犯罪所得100万元，为防止甲"吃黑"，乙还安排丙看管甲。在转移资金过程中，甲根据乙的要求提供刷脸验证，已帮助转移50万元。此时，如甲趁机拿走自己的手机、银行卡并将剩余的50万元据为己有，甲宜认定为掩饰、隐瞒犯罪所得罪和盗窃罪；如甲谎称帮助乙去取现，进而拿走自己的手机、银行卡并将剩余的50万元据为己有，甲宜认定为掩饰、隐瞒犯罪所得罪和诈骗罪。对于行为人既存在获取售卡利益或提供掩饰、隐瞒帮助，又存在利用卡主身份非法占有卡内资金两个犯罪目的，向利用信息网络实施犯罪的人员提供银行卡，属于既为信息网络犯罪提供资金流转、支付结算或掩饰、隐瞒等帮助，又"掐卡"侵财，分别构成犯罪的，不是牵连犯，应数罪并罚，只是在计算犯罪数额时可分别考量。

（二）持卡人实际控制银行卡情形时的"掐卡"

涉案银行卡由持卡人控制，持卡人在转移资金的过程中取出或截留

资金的，存款债权控制权并不因“掐卡”侵财行为而发生转移，对此不宜认定为转移占有的犯罪。例如，甲直接操作自己的手机银行帮助乙转移诈骗犯罪所得100万元，在转账过程中甲将50万元直接转给自己，进而据为己有、拒不归还的，不构成需要转移占有的盗窃罪；鉴于据为己有也可起到掩饰、隐瞒的效果，按照想象竞合从一重罪处断的原则，对甲宜以掩饰、隐瞒犯罪所得100万元追究刑事责任。如上述资金系赌资等不能被评价为犯罪所得的财物，因甲不构成掩隐、隐瞒犯罪所得罪，其据为己有、拒不归还财物的行为，宜以侵占罪单独评价。对于涉案银行卡原由用卡人控制，但在使用后又归还持卡人，持卡人在重新获得银行卡控制权的情况下又实施“掐卡”的，比如挂失后再支取相应资金的，因存款债权的控制权并未因“掐卡”而转移，此种情形也不宜认定为转移占有的犯罪，但“掐卡”侵财获利仍属于《刑法》第64条规定的“犯罪分子违法所得的一切财物”，依法应当予以追缴或者责令退赔。

综上，基于主客观相统一原则，对于“掐卡”侵财行为可得出以下类型化法律适用意见：除与上游犯罪存在事先共谋，可以上游犯罪共犯处罚的“掐卡”侵财行为外，对于其他不能认定为上游犯罪共犯的情形，可通过区分“掐卡”侵财行为是否会造成存款债权控制权的转移，分别认定为转移占有的犯罪（如盗窃罪或诈骗罪）和不转移占有的犯罪（如侵占罪）或单纯的量刑情节；对于转移占有的犯罪，根据获取存款债权控制权的主要行为方式，如基于错误认识的处分、秘密窃取或自愿放弃，分别认定为诈骗罪、盗窃罪或者作为单纯的量刑情节；对于不转移占有的犯罪，根据有无非法占有目的，分别认定为侵占罪或退赃退赔情节。

利用平台漏洞恶意注册网络虚拟账号套取优惠券的认定

金　琳*

摘　要　通过批量注册的虚拟网络账号并利用平台漏洞获取优惠券的行为应当认定为诈骗罪，对恶意注册网络虚拟账号获利的行为宜通过非法利用信息网络罪进行规制，当恶意注册账号和利用平台漏洞并存时，需根据侵害后果与犯罪情节之间的关系来确定。对利用平台漏洞的行为，认定盗窃抑或诈骗时需审查行为人有无创设令系统陷入错误认识的事项。

关键词　利用平台漏洞　恶意注册　套取优惠券

一、案例及争议

［**基本案情**］ 2019年1月20日凌晨，A平台出现重大漏洞，用户可以直接领取100元无门槛优惠券。有黑灰产团伙（俗称"羊毛党"）通过一个过期的优惠券漏洞，盗取数千万元平台优惠券，并通过手机话费、Q币等虚拟充值的方式，试图在短时间内迅速转移此类不当所得。这一漏洞被"羊毛党"发现后迅速在网络传播，直至当日上午10点左右，系统才被官方修复，相关优惠券被全部下架。A平台声明表示，该事件中的优惠券系A平台此前与江苏卫视某节目开展合作时生成的优惠券类型，仅供现场嘉宾使用。

*　金琳，浙江省温州市鹿城区人民检察院。

案发后，对其定性有以下几种意见：

第一种意见认为“羊毛党”利用平台漏洞抢优惠券的行为属于民法调整的法律关系范畴。理由是该漏洞并非“羊毛党”恶意为之，而是平台技术原因造成，“羊毛党”通过大量的水军账号哄抢优惠券的行为属于不当得利。

第二种意见认为构成破坏生产经营罪。理由是“羊毛党”的行为破坏了平台利用优惠券促销的正常经营秩序，还使进驻平台的商家利益受损，应认定为破坏生产经营罪。

第三种意见认为构成诈骗罪。理由是“羊毛党”利用恶意注册的技术规避平台对注册用户的正常审核，让平台误以为大量通过违规手段获取或者制造的账号为正常的消费者账户，并赋予优惠券兑换的权利，属于通过隐瞒真相，使被害人陷入错误认识而交付财产，应构成诈骗罪。

第四种意见认为构成盗窃罪。因为平台是机器，而不是人，不能成为被骗的对象。

二、“羊毛党”套取优惠券的行为应当入刑

“羊毛党”利用平台漏洞获取优惠券的行为是否属于刑法规制的范畴？这不仅涉及刑法谦抑性的度，还涉及不当得利和刑事犯罪的界限问题。“羊毛党”的行为乍看是网络平台的漏洞被“羊毛党”捡便宜，但实则不然。

首先，没有平台的正式发布，一般消费者不会刻意关注优惠券申领的事项，更不用说注意其中存在的漏洞。“羊毛党”看似基于平台设置缺陷“捡漏洞”，实则是在掌握优惠券发布、设置规则等技术事项基础上“蓄意为之、刻意为之”。如果“羊毛党”仅通过个别的虚拟账号申领优惠券，尚且不能判断其是要牟取不法利益，但在其利用大批量空壳账号去申领优惠券并将优惠券的券面价值兑现时，其欲将本不属于自身而应属于平台及消费者的利益据为己有的意图就十分明显。而反观民法上的不当得利，不当得利的受益人虽然也分为善意和恶意两种情形，但无论善意或恶意，受益人意图非法占有他人财产的主观故意是不存在的。在给付不当得利的类型中，尽管受益人因民事行为不成立、无效及撤销而产生不当得利，但民事行为法律效力发生变化的原

因并不能归咎于受益人；在非给付不当得利的类型中，受益人虽可能有擅自出卖、消费他人之物的行为，但行为人无权处分的行为并非通过秘密窃取或者其他手段进行，故利用恶意注册账号获取平台优惠券行为与不当得利还是有所区别的。

其次，从危害性上看，利用批量恶意注册的虚拟账号获取优惠券的行为背离了优惠券为“商家与消费者彼此共赢”而设置的初衷，给平台、商家及消费者带来严重损失。平台经济效益总产出在商家和消费者之间分配的不平衡演变成了社会利益被不法分子攫取的问题，而背后更暴露了网络黑产业链迅速繁衍和肆意扰乱社会秩序的乱象。

最后，从追回损失的角度看，一旦“羊毛党”将上述行为扩散至普通消费者，从诚信角度出发，商家和平台只能先为这场损失买单，无权将损失直接转嫁到消费者身上。在“羊毛党”将获利迅速变现并转移的情况下，通过民法上的不当得利让“羊毛党”退出钱款在实践中难有可操作性，唯有通过刑事上的追赃机制，利用刑事强制手段震慑“羊毛党”并找出网络黑产业链的源头，才有可能挽回平台的损失。

综上，利用批量恶意注册的虚拟网络账号获取优惠券的行为应该入刑。

三、利用平台漏洞获取优惠券的性质认定

“羊毛党”的犯罪行为侵犯的客体不仅包括《网络安全法》规定的通讯实名制规则，还包括平台的财产权、正常的网络经营秩序和平台的信誉。因此认定的罪名既要能够概括上述行为最本质的特征，又要考虑行为的社会危害性。对此，本文认为构成诈骗罪。

（一）不能绝对地以“系统不能被骗”认定本案构成盗窃罪

持盗窃观点的认为平台作为机器，是不能够被骗的，因此本案只能定盗窃罪。在较为常见的拾得他人信用卡后在ATM上使用或登录他人手机支付宝账户将钱款据为己有两种情形下，[①]ATM以及支付宝由于

① 参见（2017）苏0281刑初208号彭某某盗窃一案刑事判决书。该案中，被告人彭某某趁被害人张某某借手机玩游戏之机，在知晓密码的情况下用该手机登录被害人张某某的支付宝，先后4次向自己的支付宝转账共计人民币14700元，对此，判决认定被告人构成盗窃罪。

信用卡本身以及支付宝账号原先已经设定的账号和密码没有发生改变，不可能陷入程序无法识别的错误，故确实存在智能系统不能被骗的情况。但平台存在漏洞时，后台无法按照正常的程序设置去识别用户领取优惠券的请求，即便接收到了完全不符合领取条件或应受到领取次数限制的不当指令，后台也予以响应，这就是系统“陷入错误认识”的表现。故以机器不能被骗而认定本案构成盗窃不妥。此外，如果将本案认定为盗窃罪，还存在两个问题：一是对“羊毛党”绕过实名注册规则大批量生成虚拟账户的行为无法评价；二是不能有效区分“羊毛党”的行为与普通用户的行为在获取优惠券方面的区别。因为“羊毛党”和普通用户均是利用网络平台不知情获取优惠券。

（二）系统陷入错误认识应理解为属于“使他人陷入错误认识”

一般而言，此处的他人应为自然人，但是在人工智能日渐发达的今天，电商蓬勃发展。电商运营的特征是网络数据交换、在线事务处理以及网络营销等环节根据预先设定由系统来自动完成，而系统的设定是平台经营者将网络经营事项统筹安排的意志反映，在人工智能日渐代替具体自然人处理涉及互联网相关事务的当下，“他人”应认定为包括根据自然人意愿进行运作的智能系统。

（三）本案存在令系统陷入错误认识并对财产权益作出处分的欺骗行为

首先是行为人有隐瞒真相、虚构事实的行为，主要表现在两个方面：一是违反网络平台实名注册规则，利用大量获取的手机黑卡或者是购买的公民个人信息注册并规避平台的审核，让平台误以为是真实消费者注册的账号，其行为符合诈骗罪隐瞒真相的特点，也是“羊毛党”大批量获取优惠券后牟利的最根本前提；二是恶意生成虚假的申领请求去兑换优惠券，之后又将兑换的虚假优惠券用于抵扣。本案中，用户通过非正常途径生成的二维码提交兑换无门槛 100 元优惠券是一项非正常请求，平台本身没有允诺用户通过上述渠道兑换优惠券，上述行为实质上虚构了优惠券申领事项，相当于诈骗罪中虚构事实的犯罪构成要件，之后行为人将申领的虚假优惠券通过购物或充值话费进行抵扣，属于隐瞒真相使系统对平台财产性利益作出错误处分。其次，上述行为与导致系统做出错误反应有因果关系。理由是:（1）系统漏洞通常指应用软件或操作系统软件在逻辑设计上的缺陷或错误，但系统漏洞的缺陷在被不法分子利用前，其往往是隐性存在的，如果没有外部操作的刺激或诱发，即便存在漏洞，其危害性是可以得到有效控制的。根据 A 平台发布的公告，A 平台从未针对该类型优惠券生成任何二维码，更从未在 App 及小程序中展示过此类优惠券相关信息及二维码，如果没有不法分子故意利用漏洞去提供非正常的二维码，再利用"养猫池"（用手机卡蓄养大量虚拟账号）实现多张手机黑卡同时作业，系统也不可能做出大量无门槛优惠券得以领取兑现的反应。（2）认定"羊毛党"行为与系统做出错误反应之间存在因果关系后，本案实质上属于多因一果的情形，其情况与行为人将本来身患心血管疾病的被害人打伤，被害人被打后诱发心脏病倒地身亡的情况类似。系统固有的缺陷就类似于被害人自身所罹患的疾病，不能因为被害人自身有心脏疾病就否认行为人行为对被害人疾病促进、诱发的作用，也不能因此排除行为人的刑事责任。综上，平台财产权益被侵害关键始于"羊毛党"一系列隐瞒真相虚构事实并有意对平台漏洞进行操控的行为。

（四）优惠券作为虚拟财产能够成为财产犯罪的对象

在认定本案构成侵犯财产犯罪时，也有观点指出优惠券是否能够成为财产犯罪的对象这点值得讨论。由于优惠券能够被删除或重新设置生成，具有虚拟财产经程序设置完毕可以无限产出的特征，其不具有在特定空间或时间下需要被交换获取的稀缺性，故不能成为财产犯罪的对象。优惠券虽然能被删除或重新生成，行为人领取优惠券时可能平台的损失确实尚未产生，但一旦行为人将优惠券的抵扣数额通过话费充值或购买虚拟币兑现时，优惠券就具有了交互过程中的唯一性、稀缺性，因为优惠券优惠价值的冲抵对象变成了特定的具体商品，而且对于具体的使用人而言，其使用优惠券的权限是有限制的。因此不能以优惠券不具有稀缺性进而否认优惠券不能成为财产犯罪的对象。

（五）多重客体被侵犯情形下罪名的选择应做到主客观相一致

“羊毛党”申领优惠券的行为虽然严重破坏了平台正常生产经营秩序，但从“羊毛党”的主观意图看，破坏网络平台的经营秩序仅仅是一种手段，其最终目的是非法牟利。本案中，大量虚假账号确实对网络服务提供者的实名监管、平台和商家返利促销的正常运营造成了严重的破坏，但最根本的是对平台财产权的侵犯。因为消费者使用优惠券意味着商家让渡部分利益将商品以低于预期价格出售给消费者，在优惠券适用没有门槛限制时，如果平台漏洞使得商家无法通过调低优惠券面值或手动下架商品来减轻损失，商家很可能就是亏本出售商品，并且在最后转向平台要求补偿。因此“羊毛党”领取了多少优惠券，平台就可能遭受多少经济效益的损失，这个危害后果是最直观最明显的。如果定破坏生产经营罪则不符合罪名认定时行为人的主观故意与客观行为相一致的原则，故不能认定为破坏生产经营罪。

四、“恶意注册”+“利用平台漏洞”型网络犯罪刑法规制思考

（一）恶意注册账号与利用平台漏洞数个行为并存时的刑法规制路径

经查询中国裁判文书网已判决的案例，发现利用平台漏洞作案大部分与恶意注册账号的行为密不可分。如被告人刘某某、杨某等人非法获取计算机信息系统数据、盗窃案（2016浙07刑终944号），被告人杨某等人之所以能成功利用平台漏洞将他人账户内的大量积分盗走，主要基于刘某某和王某某提供的海量网站账号、密码以及大量无实名登记的手机号。因此利用他人信息批量注册账号是促成上述行为人利用平台漏洞非法获利的重要前提。

目前对恶意注册账号的行为（包括为了恶意注册提供非实名号的上游服务、打码验证以及养号行为）司法解释并没有作出规定。以A平台优惠券案为例，在现行法律以及司法解释没有明确规定的情况下，宜认定构成诈骗罪。但如何看待批量恶意注册账号本身却值得思考。2018年腾讯公司发布的首份定向剖析黑产源头的《互联网账号恶意注

册黑色产业治理报告》就指出，当前对恶意注册和养号行为所认定的罪名有忽略恶意注册和养号及提供给下游行为本身的特点，而只是考虑恶意注册过程中使用到的材料和工具而已。

本文认为，对于恶意注册账户，可考虑《刑法》第287条之一规定的非法利用信息网络罪，并套用该罪名的第1款。理由是恶意注册账户得以实施成功的前提就是依靠非法获取公民个人信息、打码验证、养号等利用信息网络的行为。《刑法》第287条之一是由《刑法》第287条承继而来。《刑法》第287条在阐述犯罪构成要件时就同时涵盖了作为手段利用计算机犯罪与非法占有的目的两种行为。但要明确三个问题：

首先，《刑法》第287条第1款设立适用于实施诈骗、传授犯罪方法、制作或者销售违禁物品等违法犯罪活动，应理解为也包括盗窃等违法犯罪行为。因为《刑法》分则的条文在列举具体要素之后使用“等”“其他”用语时，解释规则应是使其他行为与之前列举的要素具有相当性，包括行为方式、对象、手段强制性、危险性质、法益侵害性质同类，即同类解释规则。[①] 条款中的诈骗可能构成侵财犯罪，传授犯罪方法构成的罪名则属于妨害社会管理秩序罪，销售违禁品可能构成违规制造、销售枪支罪、贩卖毒品罪，这三种违法行为并没有特殊的关联之处，可能触犯的罪名也不属于《刑法》分则的同一章，但它们有一个共同特点，就是都属于违法犯罪行为，因此只要特定违法犯罪行为在强制性、法益侵害的严重性、手段的危险性等方面与诈骗、传授犯罪方法等相当，应当将之视为“等违法犯罪行为”的范畴。第287条第1款规定的刑期为3年以下有期徒刑或者拘役，恶意注册账号行为所指向的盗窃、破坏生产经营、非法获取计算机系统数据的法定最低刑亦为3年以下有期徒刑或者拘役，故从违法犯罪行为的危害后果和量刑幅度来看，能够与诈骗、传授犯罪方法等相当。

其次，应将违法犯罪活动的网站、通讯群组等载体扩展至具有传播功能的类似的其他载体。网络犯罪具有不断变化的特点，如果将载体

---

① 参见张明楷:《刑法分则解释原理》，中国人民大学出版社2011年版，第60页。

局限于网站或者通讯群组，无法将通过其他新型载体实施的犯罪囊括在内。上述批量恶意注册的账号虽然不属于通讯群组，但恶意注册的账号包括用户名、密码等网络平台验证用户身份信息的基本要素，一旦注册成功一定程度上便取得了利用网络进行相关事项操作或获取特定权限的资格，批量的恶意注册账号便是网络平台通行证的集合，其在用途上与网站、通讯群组等载体能达到同样的目的。

最后，以非法利用信息网络罪认定可以绕开恶意注册账号的行为人与下游犯罪行为人难以认定为共同犯罪的难题。专门从事养号、批量打码等黑灰产业的行为人与下游犯罪往往不存在直接联系，要认定构成共同犯罪，需从片面共犯的理论出发，从行为人为犯罪提供实质性帮助来定罪，但片面共犯的理论在刑法学界存有争议。如有学者认为，基于共犯的从属性原理，只有当被帮助者着手实行犯罪，使法益受到具体的、紧迫的危险时，处罚帮助犯才具有实质合理性。[①] 如果认定构成非法利用信息网络罪，根据 2019 年 11 月 1 日《最高人民法院、最高人民检察院关于办理非法利用信息网络、帮助信息网络犯罪活动等刑事案件适用法律若干问题的解释》第 11 条的规定，行为人的交易价格或交易方式明显异常或者频繁采用隐蔽上网、加密通信、销毁数据等措施或者使用虚假身份，逃避监管，可以认定为行为人明知他人利用信息网络实施犯罪，即行为人构成犯罪。如此一来，恶意注册的“羊毛党”可以被单独定罪。

综上，如果网络犯罪案件中的行为人同时有恶意注册账号（或者利用恶意注册的账号）与利用平台漏洞两种情节，可作如下处理：（1）如果恶意注册的情节与利用平台漏洞的情节相当，则按照行为触犯的罪名中较重的罪名处罚；（2）如果导致法益被侵害的后果主要是由恶意注册账号或者利用、使用恶意注册账号的行为来实现的，则以恶意注册账号触犯的罪名来认定；因为非法利用信息网络罪的非法涵盖了诈骗、盗窃行为中的非法目的，利用信息网络又能够将通过网络进行诈骗、

---

① 参见聂立泽、胡洋：《帮助信息网络犯罪活动的规范属性及司法适用》，《上海政法学院学报》2017 年第 1 期。

盗窃的不法手段囊括在内；（3）如果导致法益被侵害的后果主要系利用平台漏洞所致，则以利用平台漏洞所触犯的罪名认定。

（二）利用网络平台漏洞实施网络犯罪的定性总结

在A平台优惠券案件中，行为人利用系统无法识别真实优惠券及兑现条件的漏洞，发布与平台意志相违背的无门槛兑现请求，属于针对网络平台使用虚假命令并使平台做出错误响应，构成诈骗罪。但现实中有时利用平台漏洞又可能定盗窃，如果不细致分析可能无法注意到认定诈骗或认定为盗窃两者间的区别。下面区分两种情形来说明：

假设网络平台的正常响应是基于一系列提前设置好的程序，如果行为人利用漏洞更改或添加新的参数使网络指令发生变化，系统将被更改的指令视为正确的指令；上述情形中，系统因人为原因陷入错误的认识，属于“机器被骗”，在人工智能系自然人意志反映的情况下，应将上述被骗视为自然人被骗。根据《最高人民法院、最高人民检察院关于办理妨害信用卡管理刑事案件具体应用法律若干问题的解释》第5条第2款的规定，《刑法》第196条第1款第3项所称的“冒用他人信用卡”包括“窃取、收买、骗取或者以其他非法方式获取他人信用卡信息资料，并通过互联网、通讯终端使用的”的情形，故司法解释已肯定特定情况下“机器也是能被骗的”，故此种情况应认定构成诈骗罪。

如果系统因漏洞无法对需要处理的某个事项进行识别，行为人利用系统的反应性故障恶意提交具体事项，并诱发系统做出错误判断，这种情况需要根据案件具体情况认定罪名。如果行为人仅仅是提交系统无法识别的事项，没有再继续创设其他的可能让系统陷入错误认识的其他条件，根据漏洞具体评定为盗窃罪、非法获取计算机信息系统数据罪等。如被告人饶某某盗窃案（2017湘1003刑初171号），行为人利用了系统对同一秒内收到的多次出金请求无法识别并进而会倍数出金的缺陷，但多次出金请求本身无正确或错误之分，其本质是系统无法对上述请求作出有效的反应，因此应评定为盗窃罪。如果行为人提交系统识别的事项不仅令系统将A误判为B，而且整个提交的事项都是虚构的，应认定行为人构成诈骗罪。

机器被骗之否定

——围绕“肯德基薅羊毛案”展开

江淑娟*

摘　要　机器不能产生瑕疵意志而被骗，预设的同意理论与机器是自然人意志的延伸这一命题存在冲突。在新型支付方式中，需要明确区分行为究竟是符合了预设的同意还是避开了预设的同意。事实上，只要抓住“机器是由自然人设计的”这一关键，当设计者不存在错误认识时，机器便也不会产生错误认识，机器根本不具有处分财物的自由意志。

关键词　盗骗交织　机器被骗　预设的同意　处分意识

一、问题的提出

［基本案情］　被告徐某为一名在校大学生，自2018年开始，徐某利用肯德基App与微信客户端订餐数据不同步的漏洞，非法获取餐券或者餐品出售给他人牟利，还将犯罪方法传授给他人，造成百胜公司（肯德基）损失20余万元。上海市徐汇区人民法院判决徐某构成诈骗罪与传授犯罪方法罪，判其有期徒刑2年6个月，并处罚金6000元。共犯丁某等4人则以相同案由分别被判处有期徒刑2年至1年3个月，并处罚金4000元至1000元不等。

* 江淑娟，华东政法大学。

本案中，法院将徐某利用漏洞取财这一行为定性为诈骗罪，似乎是选择了机器可以被骗这一立场。判决阐述道，本案并非系统故障，而是被告人利用两边客户端数据的不同步实施了骗取餐券、餐品的行为。按理说，在消费者使用兑换券下单但并未支付款项时，券是处于待定的状态，在消费者进行支付或者取消订单操作之前，消费者是不能对券退款的。但问题就在于，肯德基App与微信的肯德基小程序两边数据不同步，当徐某在App下单但尚未付款时，小程序中的券并未处于使用状态，于是徐某可以在小程序中对券退款，然后返回肯德基App取消订单。这样一来，肯德基App的券包中那张餐券仍然是未使用的，相当于徐某薅得一张餐券。徐某还通过类似操作分文未付取得套餐。法院之所以将本案定性为诈骗罪，是因为尽管在本案中不存在机器故障，但是存在程序设计漏洞，继而认为徐某的行为是“骗”过了程序，才能顺利地取得餐券或者套餐。在案情公开之后，“诈骗罪”这一定性引起不小的争议。审理法院否认了本案中存在机器故障，但仍然认为徐某的行为具有欺骗性，徐某利用程序漏洞制造虚假交易，其行为构成诈骗罪。

“机器能否成为诈骗罪的对象”是刑法学界的经典论题，但至今尚未有定论。学界对此的态度呈两极分化，存在赞同机器可以被骗的立场（以下简称肯定说）以及反对机器可以被骗的立场（以下简称否定说）。随着对人工智能的研讨逐渐深入，肯定说的主张也有所变化，将肯定说的观点概括为“机器可以被骗”在今日已经难言准确。ATM、自动贩卖机、点餐系统等充其量只是弱人工智能，多数观点认为弱人工智能仍不具有独立的自我意识，只是辅助人类活动的工具。基于诈骗罪要求被骗之人具有“处分意识”这一点，弱人工智能难堪此任，因此即便是肯定说内部也不大赞成“机器被骗”这一说法，而是更多地强调“机器是自然人意志的延伸”这一观点。但在本文看来，“机器是自然人意志的延伸”这一见解也难以自圆其说。因此，本文以肯德基薅羊毛案为契机，对肯定说的立场进行梳理评析，继而提出肯定说的不足之处以及否定说之合理性，最终围绕肯德基薅羊毛案对被告人徐某的行为予以定性。

二、肯定说的立场及其评析

肯定说通常认为，机器、程序、系统是由自然人设计的，承载着自然人的意志，是自然人意志的延伸，因此机器可以被骗。

（一）肯定说的立场及其理由

1. 人机交易中机器起到实质作用

ATM、小程序和 App 等都是需要人工操控的设备，但工作原理不完全相同。以是否执行“交付”为标准，ATM 和自动贩卖机都需要交付，而点餐机则只是完成交易，不执行交付。ATM 是银行预先将取款的程序命令输入到机器中，让用户按照机器要求的程序，插入银行卡，再输入密码进行形式上的身份核验。只要输入的密码与银行卡相匹配，机器就可以执行取款操作。对于 ATM 而言，持卡人携带正确的密码而来，那么 ATM 就默认取款人是真实的。而点餐机的出现是人机交易的进一步发展形式，反映了经济发展的效率要求。以肯德基为例，对于客流量巨大的商家而言，实行交易分流、缓解人力资源压力、降低交易成本是必然的选择。面对大量的重复交易，点餐机可以代替员工完成与消费者之间的交易。具体交易流程为：消费者选择餐品，点击付款，支付成功后得到一个取餐码，再根据取餐码去柜台取餐，店员根据取餐码将相应的餐品交付给顾客，自此交易完成。对比 ATM 与点餐机很容易发现，点餐机并不能将餐品交付给顾客，点餐机只是给出一个交易的凭证，让顾客可以凭此取餐。线上的 App 客户端和小程序也是如此。但事实上交易已经完成了，店员根据取餐码交付餐品，实际上也是在完成点餐机的指令（设计者的指令）。只要顾客通过点餐机或者线上客户端完成订餐，一般都能够在线下顺利取到餐品，因此法院才会认为，徐某骗的是线上客户端，而不是线下实际交付餐品的店员。点餐机、线上客户端的功能就是代替自然人完成交易。

2. 人机交易类似于代理

有学者认为，现在的 ATM 等更多的是起到代理交付的作用，面对重复大量的交易，ATM 代替银行完成部分取款及存款的交易。具体而言，机器是代人服务，机器承载着自然人的意志，机器被骗的效果因此可以归于自然人。[①] 类似观点是肯定说中的多数。如有观点剖析道，机器代替自然人与顾客进行交流，认为人机关系中没有处分行为和处分决定是错误的，人机交易的产生是“一方为了反复、大量、快速地进行交流，把自己换成了一部预设步骤和条件的机器（系统）”[②]。因此使用机器与自然人交易，与自然人之间进行沟通没有什么差别，这种交流是有效的。人们在网购时选中某一样商品，此时很可能不经联系卖家就直接拍下付款了，没有人会认为这一操作是无效的，因为卖家已经把交易条件都展示在商品页面中，买家只要满意即可拍下，这也是卖家为了应对重复大量交易而设置的意思表达方式，因此买卖双方之间存在有效的交流。同理，人机交易时只有当机器出现故障，这种交流才不存在或者无效。在肯德基薅羊毛案中，百胜公司的财产损失结果并不是因为系统故障导致的，因此应当承认系统、小程序与徐某之间存在有效的交流。虽然这一交流结果最终违背了百胜公司的意志，但所有财产犯罪的结果都是违反被害人意志的，关键在于行为时是否违反了被害人的意志。为此，肯定说引入了“预设的同意”理论。

3.“预设的同意”理论

“预设的同意”理论认为，在 ATM、点餐机等人机交易中，自然人在机器中预先设置了相应的程序对交易是否有效进行检验，用户只要满足程序的要求和条件通过了检验，就视为自然人“同意”了这一交易。如行为人冒用他人银行卡在 ATM 取款，因银行卡与密码匹配成功，因此机器转移了银行对现金的占有，此时机器体现出的是预设的同意，也是占有转移的同意。然而，该同意因行为人隐瞒自己并非真实债权人的事实而存在瑕疵，是一种错误的同意，相当于行为人使机器产生了错误认识，因此行为人成立诈骗罪。具体来说，在“预设的同意”理论中，“占有转移意志”与“所有权转移意志”是区分开来的，预设的同意指的是“占有转移意志”。如果行为符合“占有转移意志”，便可以认为转移被害人对财物的占有符合预设的同意，这一行

① 参见黎宏:《欺骗机器取财行为的定性分析》,《人民检察》2011 年第 12 期。

② 徐澍:《论“肯德基羊毛”案两判决书背后的盗骗之争》，刑事法判解，https://mp.weixin.qq.com/s/Jx5Y7swIZ41VMj-uDws8Yw，最后访问日期：2024 年 5 月 13 日。

为就没有违背被害人的意志，行为人不构成盗窃罪。排除了盗窃罪的成立之后，需再考虑设计者设计这套程序的真实目的，就会发现行为虽然符合预设的同意，但是其身份瑕疵违背了程序设计者的“所有权转移意志”，行为人构成诈骗罪。[①]因机器设计者设计得不周全才导致财产损失后果，这种风险没有理由让行为人承担。赞同机器可以被骗的观点因此认为，如果机器设计者没有预见到故障，或者虽然预见但其并未将反对意志客观化（如在机器荧幕上显示“操作错误，请停止操作”，并强制关闭操作界面），就不能认为行为人构成盗窃罪，因为行为人的操作能够通过机器程序的检验，符合机器设计者的“预设的同意”。[②]

（二）评析

1. 机器与设计者之间不成立代理

从“机器代理自然人交付、交易”这个命题出发，既然有效交易的后果归于银行，那么错误判断的效果也应当归于银行。笔者认为这一观点值得商榷。在一般的民事代理中，一旦由于代理关系以外的因素导致代理人产生错误认识没有履行好代理义务，代理人可能需要承担一定的法律后果。因为代理人是独立的、自主的。设计者在设计 ATM 时只输入了有效程序，因此银行对有效交易负责没有问题。但设计者不可能设计瑕疵程序，银行也不可能承认瑕疵程序，因此 ATM 的错误判断不能归于银行。质言之，只要承认机器是自然人意志的延伸，机器是由自然人设计的，加上现有的机器还不具有独立的意识，就不可能得出“机器被骗”“机器的处分意识产生瑕疵”等结论。因为自然人不会设置瑕疵程序和指令，机器所显示出的结果要么有效（符合条件）要么无效（不符合条件，如密码错误），不可能在“有效”的交易中存在瑕疵意志。因此不能将机器与设计者、使用者之间的关系视为代理。假如行为人使用他人银行卡在柜台取款，成功骗过了银行柜员，行为

① 参见王骏:《涉机器取财中的被害人同意》,《法学论坛》2017 年第 5 期。

② 参见王骏:《涉机器取财中的被害人同意》,《法学论坛》2017 年第 5 期。

构成信用卡诈骗罪，柜员受骗后果由银行承受。但是就 ATM 而言，如取款程序存在设计者意想不到的漏洞，此时应认为机器运行的结果事实上已经脱离了银行对现金的控制，行为人取款的操作违背了银行最初的对于现金“支配转移”的意愿。①因而有观点认为类似情况中诈骗罪不能成立:“在机器不能按照预定程序运行的情况下，采取非正常手段利用机器取得财产的，则此时仍然不存在机器正常运行以实现预设功能的前提。”②即便认为自然人给机器的指令是一种代理权，那么在这种情况下机器的反应也已经超出代理权限了。虽然肯德基案不属于机器故障，但是无疑也是脱离了系统对常规程序的控制，无法表现出这种预设的“支配转移意愿”了。

2. 设计者没有防范不代表其没有预见

机器没有及时将反对意志客观化，因此判断机器设计者没有预见这一故障或漏洞，这一结论看似合理，但实际上并不符合常理。如许霆案中 ATM 超出银行卡余额支付就属于机器的重大故障，“卡上有余额才能取出现金”连普通民众都知道，机器设计者会预见不到吗？一般而言，越是重大的、明显的故障，设计者越能够预见。其之所以没有防范（也可体现为反对意志没有客观化），很大可能是认为这种故障出现的概率实在太小。如果认为没有“反对”因此没有“预见”，设计者有防范的（有预见）才叫故障，没有防范（反对意志客观化）的就不是故障，这不符合社会现实。假如设计者有所防范，如提示“密码错误”“余额不足”，这还能称为故障吗？在肯德基薅羊毛案中，对处于使用中的兑换券本是无法进行退款操作的，但是由于两边数据不同步，因此对同一张兑换券可以同时进行“兑换”和“退款”操作。这种重大故障并不是来自于 App、小程序本身，而是两边系统数据反馈不及时造成的。百胜公司当时对这种数据不同步没有防范，但也不能否认这是一种系统故障，不能否认徐某的行为不符合百胜公司“预设的同意”。

---

① 参见车浩:《盗窃罪中的被害人同意》,《法学研究》2012 年第 2 期。

② 高国其:《机器诈骗犯罪浅议》,《中国刑事法杂志》2010 年第 4 期。

3. 设计者没有预见不代表符合其事先同意

因机器设计者没有预见（防范），便能当然地得出符合其预设的同意的结论，这是一种悖论。机器、程序按照自然人的意志行事，应当认为机器将设计者的反对意志客观化时，才是符合设计者预设的同意的。无论机器反映出的是“支付成功”还是“密码错误”，都在设计者的“预设”范围之内。在行为人利用程序的漏洞、故障取得财物的场合，行为人其实是避开了那一套预设的同意，而不是恰好符合了预设的同意。因此行为人利用设计者缺乏防范实施对财物、财产性利益的转移占有，不能说经过了设计者预设的同意。利用预设的同意的情形，可参考最高人民检察院发布的第九批指导性案例即检例第 38 号“董亮等四人诈骗案”。本案中，被告人利用规则的漏洞进行自我交易，使被害人网约车公司产生错误认识，给予相应的补贴和垫付车费，其行为正是利用了预设的同意。在被告人实施的自我交易行为中，唯一不符合网约车公司要求的就是乘客一方纯粹是被告人虚构的，但被告人确实注册了乘客端，这与行为人利用好几个手机号注册外卖 App 领取新人大额红包的行为性质近似。网约车平台和外卖平台没有对用户的真实身份进行严格验证，这是其规则中本就存在的漏洞，虽然不符合其设置奖励规则的真实目的，但很显然相关平台本就认为实名认证没有必要，故略过了这一环节。与肯德基薅羊毛案不同的是，被害人百胜公司对于这种数据不同步的情况既不存在同意，也不存在预设，被告人徐某实施的就是违反百胜公司预设的同意转移其对财物的占有的行为。

4. 应当慎用“预设的同意”理论

引入“预设的同意”理论，会违反最初的“机器是自然人意志的延伸”这一命题，预设的同意这一理论本身与肯定说并不相容。当“预设的同意”区分机器的“转移占有意志”与机器背后自然人的“转移所有权意志”时，恰恰说明机器的意志与自然人的意志是不同的，是脱离的。“背后”这一说法代表机器不能被骗，只有自然人能够被骗。肯定说最初认为机器可以被骗，但“从技术层面而言，目前的脑科学研究结论仍处于必须通过神经系统才能实现意识阶段，即以形式化计算为基础的人工智能无法充分地模拟以‘生物算法’为基础的人的意识”[1]。脱离生物神经系统，意识就无法产生。为此肯定说补充道，机器不能被骗，但是机器背后的人可以被骗。笔者认为这是一个伪命题。否定说强调的是只有自然人可以被骗。但是诸如许霆案、肯德基薅羊毛案，行为人意图欺骗的明明是机器，肯定说仍然强调行为人骗的是机器背后的自然人，这是问题所在。肯定说一面强调应当区分机器与自然人（机器不能被骗，但是自然人可以），一面又将自然人的意志依附于机器之上，认为机器承载着自然人的意志。那行为人骗的究竟是机器还是自然人？如果按照肯定说的观点，行为人欺骗的是机器背后的自然人，但是行为当时自然人是不知情的，与行为人“交流”的分明是机器，作出处分行为的也是机器。如果认为行为人当时欺骗的是机器，但是又与“机器不能被骗”这一命题冲突。如果认为行为人欺骗的是承载着自然人预先的意志的机器，问题依然无法解决。因为这一观点实际上认为作出处分决定的是自然人，机器虽然没有意志，但是机器中有自然人的意志，那为何不干脆承认行为人欺骗的就是自然人呢？事实上，银行的工作人员和肯德基的店员都不会承认自己被骗，因为他们的确没有受骗。

换一个角度思考，在人机交易中，自然人的意志是由机器传达的，此时如果机器不能被骗，那么就不能认为自然人被骗，因为自然人的意志已经在机器、程序中体现出来了，如果机器没有产生错误认识，那就说明其中的自然人的意志没有产生错误认识。肯定说的问题还体现在，只承认有效的人机交易中机器、程序的价值，在机器、程序发生错误、故障、漏洞时，便否认机器、程序的价值，认为受骗的是自然人。这种自我矛盾来自肯定说在解释“机器是自然人意志的延伸”时，将机器与自然人等同起来；在论证“为何机器可以被骗”时，又不得不抛开机器，揪出机器背后的自然人，认为虽然机器不能被骗，但是机器背后的自然人可以。肯定说的理论基础呈现割裂的状态，因此欠缺充分的说服力。

---

① 陈俊秀、李立丰:《“机器意识”何以可能——人工智能时代“机器不能被骗”立场之坚守》,《大连理工大学学报（社会科学版）》2020 年第 6 期。

综上，笔者认为，机器的确反映出机器使用者、设计者的意志，但机器并不是设计者意志的延伸，最多是设计者设计时意志的载体。这种载体与代理人不具有可比性，比如在机器发生了“错误认识”的场合，实际上是设计者设计时发生的错误认识；然而一旦代理人发生了错误认识，实际上受骗的就是代理人，只不过根据具体情况后果可以归属于本人承受。

三、否定说的立场及其展开

“法律关系的社会化、属人化特性决定了法律关系的参加者即法律关系的主体必然是人或者人化的组织，而不可能是自然物或者机器等人造物。人对机器直接作用的目的和结果都会涉及机器背后的人和人之间的关系。”[①] 笔者赞同否定说，肯德基薅羊毛案中被告人的行为并不符合诈骗罪的构成要件，属于定性错误。

（一）设计者不存在错误认识

既然认为机器承载着自然人的意志，那么在人机交易出现错误之时，最先检查的应当是最初的设计者的意志。“从结构上看，诈骗行为具有借他人之手（被害人中间行为）以实现自己牟利目的的性质。”[②] 根据诈骗罪的构成要件，行为或使被害人产生错误认识或者维持了被害人的错误认识，行为与被害人的错误之间应当有紧密的因果关系。有学者认为，因果关系判断可能是揭开肯德基薅羊毛案盗骗交织面纱的可行路径。具体而言，假如肯德基自身存在一种自发性、原始性的错误认识，肯德基并未意识到 App 客户端和小程序之间数据不同步这一漏洞，这一漏洞在行为介入前是潜在的，当行为介入之后这一漏洞就外化了。行为的介入是漏洞暴露的契机。[③] 故而行为人利用肯德基这一原有的错误认识，隐瞒事实维持了这一错误认识，行为与肯德基的错

① 高国其:《机器诈骗犯罪浅议》,《中国刑事法杂志》2010 年第 4 期。

② 蔡桂生:《新型支付方式下诈骗与盗窃的界限》,《法学》2018 年第 4 期。

③ 参见李耀:《“程序漏洞”中“认识错误”的内容与边界》，刑事法判解，https://mp.weixin.qq.com/s/MD28NpPKxY5tbAJ3lifVLA，最后访问日期：2024 年 5 月 13 日。

误认识、取财后果之间都有因果关系，行为人应当构成诈骗罪。但事实并非如此。因为“在代码不完善以至于抽象的处分意志无法高度盖然性得在具体同意中被实现的情况下，才能成立认识错误”[①]。只有当设计者在设计时没有尽力排除“错误”，程序设计存有明显漏洞，无法在投入生产、交易时实现对交易安全的盖然性保护时，才能认为设计者存在过错。论者举例的“余额支付程序”中，行为人使用支付宝支付时可以超出余额完成付款的话，便可以认为支付宝就余额检验程序早已存在“错误认识”。行为人维持了这一认识错误完成付款，获得财产性利益，行为人构成诈骗罪。而在肯德基薅羊毛案中，程序出错的概率是非常小的，重复交易的安全基本可以得到保障。不能因为非常偶然的、设计者预想不到的错误认为该程序无法盖然性地实现设计目的，相反，该程序不存在明显漏洞，大多数情况下都能按照预先设置的指令完成交易，因此本案中不存在被害人的错误认识，行为人徐某不成立诈骗罪。

（二）机器缺乏自由意志

从哲学角度而言，客观物映射到大脑中，大脑对此的反映形成了意识，自然人的意识可以根据客观环境随时发生变化，但机器并非如此。符合规则与不符合规则的结果都早已设定好，机器的“意志”无法与顾客实时互动。有学者强调，经过电脑编程后的机器其实具有了相当程度的识别能力，只是不具有能够替代人脑的思维辨别能力。[②]其进一步提出，这种机器超越了普通的机器，但又不如“人”，应当称之为“机器人”。在笔者看来，所谓电脑编程的机器具有的识别能力其实就是事先植入的程序和指令，这种识别能力不是机器自发产生的，不是机器对物质世界的自然反应，因此也不能独立于自然人，更是与人脑的思维辨别能力相去甚远。退一步讲，如果认为机器有意识，那机

---

① 李耀:《“程序漏洞”中“认识错误”的内容与边界》，刑事法判解，https://mp.weixin.qq.com/s/MD28NpPKxY5tbAJ3lifVLA，最后访问日期：2024 年 5 月 13 日。

② 参见刘宪权:《盗窃信用卡并使用行为定性的困境与破解》，《法学评论》2018 年第 6 期。

器产生意识的时点便是设计时，这与机器投入使用相隔很长一段时间，机器根本不具备将客观的物随时映射到程序中作出不同反应的能力。就此来看，机器是没有“自由意志”的，这种自由意志恰恰是作出处分决定的前提。

诈骗罪的成立要求被骗的人拥有对财物的处分权，这其实就是要求被骗的人具备“自由意志”。“自由意志”不仅仅意味着被骗的人能够因行为人虚构事实或者隐瞒真相的行为陷入错误认识，进而处分财物；更意味着被骗的人应当也能够在识破真相的情况下不处分财物。或许有观点认为，在机器被骗的场合事实也是如此，因为只要不符合预先设置的指令机器就不会让行为人顺利完成交易。可是，即便行为人徐某此时对着小程序/App说“不要同意我付款，我已经把兑换券退掉了”，小程序/App也仍然会按照原有的流程给出相应的结果。张明楷教授认为，这是机器与自然人的明显不同之处，机器不存在“知道真相就不处分财物”这一意识。“当甲用拾来的信用卡在ATM上取款时，即使对ATM说‘我用拾来的卡取点钱’，只要密码正确，机器也会吐出现金；反之，当甲用拾来的信用卡在银行柜台取款时，对银行职员说‘我用拾来的卡取点钱’，银行职员就不会让其取款。”[①]笔者认为，这就是机器不具有像自然人一般的自由意志的体现，机器只按照规则行事，其拥有的处分权并不完整。即便是自然人之间的实时交易，自然人都有受骗的可能，更何况机器承载的只是设计时的自然人意志，它没有办法对现实中复杂的情况一一作出反应。自然人的意志是自由的，但是自然人将意志输入到机器中形成规则之后，就难以认为机器具有自由意志。

四、对肯德基薅羊毛案的评析

在肯德基薅羊毛案中，行为人徐某是凭着取餐码去店员处领取餐品的。在取得餐品之前，徐某充其量只是获得了某种财产性利益。少数观点认为，因机器不能被骗，因此徐某不构成诈骗罪，但徐某的行

① 张明楷:《许霆案的刑法学分析》,《中外法学》2009年第1期。

为完全可以用盗窃罪来评价。同为利用系统故障、漏洞实施取财行为，许霆案最终是以盗窃罪论处的。而在日本，判例和通说对于利用计算机骗取财物的（非财产性利益），一般也认定为盗窃罪。虽然日本单独规定了“使用计算机诈骗罪”，这一罪名也包含了大多数利用信用卡诈骗的情况，但是诸如在ATM上冒用他人信用卡取款的，由于是直接骗取现金，因此不构成使用计算机诈骗罪。又因为日本的诈骗罪只承认自然人受骗，因此上述行为也不构成诈骗罪，最终只能以盗窃罪论处。[①]

在肯德基薅羊毛案中，被告人徐某的行为同样存在行为对象究竟是财产性利益（取餐凭证）还是财物（餐品）的问题。如果对徐某的行为分阶段讨论，则在其利用数据不同步的漏洞成功完成线上交易之后，其只是取得了取餐码，并没有实际获得餐品。但取餐码是其取餐的关键凭证，一般拿着取餐码都能够从店员处拿取餐品。更何况，徐某的最终目的也是获得餐品。本案中，被告人徐某利用数据不同步的漏洞完成线上交易，再根据取餐凭证在线下获得餐品，这实际上是两个行为。第一个行为的对象是取餐码，第二个行为的对象是餐品。假如认为获得取餐码就相当于可以获取餐品（类似借条与借款），则取餐码具有经济价值，属于债权凭证，线下取餐只不过是实现债权的行为。意即尽管行为人的最终目的是获取餐品，但是行为的关键在于获取取餐码，取餐码可以兑换餐品，取餐码与餐品的价值相当，获取取餐码这一行为才是本案评价的重点，据此可以认为犯罪行为在线上交易时已经实施完毕。笔者持这一观点。如果以债权凭证（财产性利益）作为本案的行为对象，那么行为是否构成盗窃罪？

（一）第一阶段行为的定性

1. 盗窃罪是转移占有的犯罪

盗窃罪的特征可以总结为以下三点。首先，转移他人占有的财

---

① 参见刘明祥:《用拾得的信用卡在ATM机上取款行为之定性》,《清华法学》2007年第4期。

物；其次，建立起新的占有（单纯排除他人占有可能成立故意毁坏财物罪）；最后，转移财物的占有违背了他人意志（因此同时使他人获利的也成立盗窃罪）。[1]除了侵占罪是变占有为所有之外，取得型财产犯罪多以“转移占有”为要件。以“转移占有”这个概念为中心，不同的转移方式对应不同的罪名。如诈骗罪是以欺骗手段转移占有，盗窃罪是以违背对方意志的方式转移占有。“转移占有”代表被害人失去了对财物的占有，而行为人取得了对财物的占有，“转移占有”的前提是被害人占有着财物。换句话说，行为人窃取的必须是已经存在的东西，才有“转移占有”一说。日本刑法中的盗窃罪，其行为对象只包括财物而不包括财产性利益。在“无钱食宿”的场合，行为人发现自己没带钱意图悄悄逃走，使店家对行为人的债权难以实现的，行为人虽然获得了财产性利益，但是由于盗窃罪的规定不处罚盗窃财产性利益的行为，因此此类案件不能作为盗窃罪处理。[2]张明楷教授对此曾解释道，由于盗窃罪的规范构造为转移对财物的占有，未经被害人同意几乎不可能转移财产性利益。但这一说法早已被实践案例所打破。以偷换二维码案为例。行为人将自己的账户二维码覆盖在商家的二维码之上，顾客付账时也没有多问，直接扫码将钱款转到行为人的账户。对行为人的这一行为认定为“盗窃”还是“诈骗”，在当时引起很大争议。赞同诈骗罪的观点认为，行为人覆盖了商家的二维码是对顾客的欺骗，顾客产生了错误认识。但是此案的特殊之处在于，诈骗对象与被害人不是同一主体，受骗的是顾客，最终遭受财产损失的是商家，即形成了三角诈骗。因为顾客没有过错，商家不可能再要求顾客重新支付钱款，只能向行为人追究责任。赞同盗窃罪的观点则认为，此案不是三角诈骗。原因在于，欺骗手段不过是行为的表象，这一行为本质上是将属于商家对顾客的债权转移为自己所有，是窃取债权的行为。

笔者认为，在偷换二维码案件中，顾客扫码支付表面上处分的是钱款，实际上处分的是对银行的债权。按照正常的交易流程，顾客处分

---

① 参见张明楷：《盗窃罪的新课题》，《政治与法律》2011 年第 8 期。

② 参见黎宏：《论盗窃财产性利益》，《清华法学》2013 年第 6 期。

这一债权之后，商家就拥有这一债权，可以对银行实现这一债权。如果认为行为人实施的是盗窃行为，那么行为人窃取的就是顾客本应转移给商家的、对银行的债权，但是按照这个思路会发现，明明商家才是受害人，但是商家对于被转移占有的债权却没有处分权，因为商家自始至终没有取得过这一债权。因此行为人的行为就不符合转移被害人对财物的占有这一要件，不构成盗窃罪。

2. 本案不属于转移占有

肯德基薅羊毛案中被告人徐某的行为同样不属于“转移占有”。首先，餐品是店员根据订单自愿交付给徐某的，徐某对餐品并不是窃取所得。其次，本案只涉及肯德基和徐某两方主体，故徐某不可能窃取他人债权。而且，如果认为徐某的行为导致肯德基免除了其支付餐品对价的债务，即徐某窃取了财产性利益，这也是说不通的。与“无钱食宿”不同，徐某是先在App上“支付”了订单，肯德基才会提供其餐品的。一般所说的“无钱食宿”，是行为人结账时使用欺骗手段使店家暂时放其离开，从而获取了食、宿这些财产性利益，因此构成诈骗罪。而本案中肯德基只有一个处分行为，那就是根据徐某的订单提供相应的餐品。但这一行为其实在App内已经完成，店员交付餐品的行为不是真正的处分行为，而是根据App订单进行的所谓的常规操作。如果认为徐某是在线上交易时窃取了餐品，就更加不可思议了，因为餐品可能还没有做好，又怎么能被窃取呢？如果认为徐某在线上窃取了财产性利益，可是此时徐某还没有享用餐品，也没有获得财产性利益。实际上，即便认为本案的行为对象是财产性利益，但徐某的行为也不属于“盗窃”财产性利益。因为徐某的行为实际上相当于“虚构交易”，取餐码（财产性利益）是徐某自己创设的，而不是从肯德基处转移过来的。据此，徐某在第一阶段的行为并不构成盗窃罪。综上，徐某利用肯德基App和微信小程序之间数据不同步完成线上交易，获取取餐码这一行为既不构成诈骗罪，也不构成盗窃罪，该行为无罪。

（二）第二阶段行为的定性

被告人徐某拿着取餐码去柜台取餐，这一行为是否属于对肯德基店员的欺骗？从行为对象上来说，被告人徐某在线上完成交易获得了债权凭证，线下取餐只是实现这个凭空创设的债权凭证而已。肯德基店员对顾客的身份不作实质审查，只认取餐码，在这一点上，配合取餐的肯德基店员与ATM所发挥的功能没有什么差别，ATM同样只认正确的密码。笔者认为，被告人徐某在第二阶段的行为不构成诈骗罪，理由如下。

1. 店员并非意思决定的主体

我国有学者认为："盗窃罪侧重的是对所有权和占有本身的保护，其首要保障的是权利人对财物既有支配状态的存续，并通过对权利人支配状态的保护来确保权利人对相应财物进行支配和使用的自由。诈骗罪保护的是权利人在对财物进行处置和利用的动态过程中能够基于正确的信息进行理性决定，并由此维护自己的财产。"[①] 诈骗罪的存在是为了告诉人们交易自由的重要性。被害人财产的减损以及对于财物的处分意识都是成立诈骗罪的必要条件，但能够真正反映出诈骗罪的规范保护目的的是被害人处分财物时的自由意志。笔者在文章前半部分曾提到，因机器、程序、系统不具备自然人一般的自由意志，因此行为人意图欺骗这些客体的不构成诈骗罪。同样的道理，只是配合顾客取餐的肯德基店员也不具备自由意志，因此徐某对肯德基店员隐瞒自己凭空创设了取餐码以及自己并非真正债权人的事实，该行为也不符合诈骗罪的犯罪构成。具体而言，第二阶段的行为对象是线上交易的餐品，但该餐品与线上交易中的取餐码具有经济价值上的等价性，当徐某完成线上交易时，可以认为其事实上就已经获得了餐品，只是还需要在线下进行取餐。不同于ATM不仅能够完成线上交易还能交付现金，在肯德基的点餐系统中，实际的餐品需要店员来交付，但这多出的一个环节并没有使犯罪行为多出一份风险。因为店员只认取餐码，店员配合取餐是因为顾客拿着取餐码这一线上交易的凭证。线下取餐的店员不作实质审查，正是设计点餐系统的意义所在。为了交易效率考虑，只要顾客在点餐系统中完成下单付款，获得了系统给出的取餐

---

① 王钢:《盗窃与诈骗的区分——围绕最高人民法院第27号指导案例的展开》,《政治与法律》2015年第4期。

码的，店员就不对顾客身份进行额外审查。但这同时也决定了在肯德基与顾客的一笔交易中，如果采取的是线上订餐线下取餐的方式，店员的自由意志将被排除，肯德基将实质审查功能赋予线上订餐系统，店员只需配合交付。

既言之，诈骗罪是一种自我损害型犯罪。在肯德基薅羊毛案中，肯德基店员从始至终没有实质性地参与肯德基与被告人徐某之间的交易，因此认为被告人徐某的行为欺骗了店员，也是说不过去的。甚至可以预见，店员知道后会认为，明明是点餐系统出了差错，为何能怪到配合取餐的店员头上？可见，如果被害人没有实质性地作为意思决定主体参与到交易中并处分财物，很难认定行为构成诈骗罪。

2. 取餐行为不符合“隐瞒真相”的犯罪构成

虽然盗窃罪是违背他人意志转移占有，而诈骗罪是利用他人的错误认识和带有瑕疵的意思决定取得对财物的占有，但在具体的案件事实中，行为人所表现出来的可能恰好相反。无论是盗窃罪还是诈骗罪，行为人最终的目的都是取财，虽然根据不同的行为手段最终适用的罪名有所不同，但是对于行为人来说，其并不会在规范意义上意识到这一点。例如，行为人内心是想使被害人陷入错误认识而处分财物的意识，但是其行为表现完全可能符合盗窃罪的构成要件，或者相反。就肯德基薅羊毛案而言，被告人徐某对肯德基的取餐流程事先有具体的了解，在线下取餐时其可能也意识到了店员不会审查取餐码以及徐某本人是否完成了真实有效的交易，因此于徐某而言，取餐时更多的是一种希望对方不要发现的心理，而不是继续思考如何骗过店员的心理。或许有观点认为，即使是消极的不作为、只是希望犯罪行为不被发现也可以用诈骗罪的“隐瞒真相”来评价，被告人徐某在取餐时故意不告知店员自己并非真实债权人的事实，符合诈骗罪“隐瞒真相”的犯罪构成。

但笔者认为这种观点值得商榷。行为人之所以“隐瞒真相”，是因为对方具有审查能力和义务，换句话说，“隐瞒真相”的对象必须是具有处分权和处分意识的主体，否则行为人没必要“隐瞒真相”。在冒用他人信用卡去银行柜台取款的场合，柜员要求行为人输入银行卡密码时，行为人照办并且隐瞒了自己并非真实卡主的事实，行为人构成信用卡诈骗罪，符合“冒用他人信用卡的”这一犯罪构成。银行柜员可以视为银行的代理人，其对银行客户取款、存款具有实质的审查义务，也相应的具有处分权能。银行柜员一旦受骗，代表银行将遭受现金损失，即行为导致被害人财产的减损。而根据前述，肯德基店员不具有自由意志，也不具有处分意识，店员并非本案中作出意思决定的主体。被告人徐某完成第一阶段的交易行为时，肯德基的财产减损基本上已成定局，店员配合取餐的行为对于财产损失的影响其实已经不大了。即便被告人徐某主观上误认为肯德基店员具有处分权，其取餐时是一种“隐瞒真相”的心理，但是在对本案进行规范意义上的评价时，结合肯德基店员并非意思决定主体这一事实，无论徐某是积极作为还是消极不作为，取餐这一行为都不能被评价为符合诈骗罪的犯罪构成。被告人的内心意识与实际中的、规范中的评价结果不一致，这是很常见的事情，因为被告人没有对“处分权”“自由意志”这些诈骗罪犯罪构成的规范认知。但在被害人的场合，意思决定主体缺乏这些规范认知恰好是罪名定性的关键。在偷换二维码案件中，即便顾客没有意识到二维码是错误的，对钱款的正确流向没有认识，但只要顾客明白自己是在支付钱款给交易的对方就足够了。顾客认识到的（处分给商家）和实际上的钱款流向（处分给行为人）不一致，这正是顾客存在的错误认识，行为人构成的是诈骗罪。[①]

3. 诈骗罪的规范保护目的：财产的动态安全

刑法除了保护财产的静态安全（不被打破占有），也保护财产的动态安全（处分财产却没有实现交易目的），前者是盗窃罪、抢劫罪等罪名的规范保护目的，后者则是诈骗罪的规范保护目的。有学者认为，仅当“静态的财产控制关系未被打破的情形中，即在被害人仅就为财产处分的动机存在错误认识的情形中，才有进一步适用诈骗罪从而保护财产动态安全的必要”[②]。徐某在线下取餐时，并未打破肯德基店员对财物（餐品）的静态控制关系，而是出示了取餐码从店员处顺利拿到

① 参见郑洋:《网络支付时代诈骗罪处分意识要素的争议问题》,《新疆社会科学》2021年第3期。

② 袁国何:《诈骗罪中的处分意识：必要性及判别》,《法学研究》2021年第3期。

了餐品。然而这并不代表取餐行为有适用诈骗罪的可能性，因为在配合取餐的肯德基店员与被告人徐某之间并无财产的动态安全。店员虽然交付了餐品，但这一交付行为并不是由于店员是交易主体而作出的。对于肯德基店员来说，其不关心交易目的有没有实现，其只关心取餐的顾客是否拿着正确的取餐码，因为交易习惯就是如此。有时即使店员不在，只要顾客将取餐码放到柜台上，顾客就可以取走餐品。这种现象并非肯德基独有，在大众连锁餐饮品牌中应当说较为普遍。以瑞幸咖啡为例，顾客在手机客户端下单点餐之后也会得到相应的取餐码，顾客去柜台取餐时需要在机器上扫描手机上的取餐码（二维码），然后取走餐品。但部分门店操作不规范的话，也会允许顾客报出取餐号便可以取走餐品，直接省去在柜台扫描手机上的取餐码这一步。门店较为忙碌的时候，只要找到对应的压在餐品下面的取餐码，顾客也可以直接将餐品拿走。快递行业中也存在这种现象，只不过现在菜鸟裹裹平台会要求收件人在取走快递包裹时扫描手机上的身份码，避免误拿他人快递或者窃取快递的事件发生。

故笔者认为，从保护财产的动态安全这一视角切入，也难以认为本案中被告人取餐构成对店员的诈骗罪。因为对于店员来说，其没有要实现的交易目的，要求顾客报出取餐号也是为了防止取错餐品，店员更多地关心取餐码是否与餐品对应，而不可能想到这一取餐凭证竟然是被告人虚构的。因此只要肯定本案中被告人徐某的犯罪行为在第一阶段（线上交易）已经实施完毕，第二阶段去店员处取餐只不过是第一阶段行为的延伸，就不难得出第二阶段徐某的行为不再能被刑法评价的结论。仅就本案中被告人徐某线上交易、线下取餐这两个行为而言，其不符合任何犯罪的构成要件。

专题四

“套路贷”案件法律适用问题

“套路贷”案件法律适用中需注意的几个问题

陈　锋　杨媛媛　常　皓*

摘　要　“套路贷”是对新型侵犯财产类犯罪的一种概括性称谓，此类犯罪活动涉及的具体罪名一般包括诈骗、敲诈勒索等，具体的手段既有暴力行为，也有软暴力行为。在个案法律适用中，首先不能简单将“套路贷”与“恶势力”犯罪等同，进而不加分辨即认定“套路贷”为恶势力犯罪；其次，以犯罪构成要件为着力点审查证据，准确认定“套路贷”中的软暴力行为；最后，牢牢把握“套路贷”违法犯罪以侵犯财产为目的的本质特征，对涉及的相关罪名加以区分，准确定性。

关键词　套路贷　软暴力　恶势力　侵财犯罪

[案例一]　2018年6月至8月，被告人徐某某伙同林某某、冯某某以未实际注册登记的“博泽金融公司”为名，虚构其公司只需抵押车辆手续不需抵押车辆就可以办理个人信用贷款的事实，在未提前向被害人说明“有负债则必须押车”的贷款要求下，先以为车辆安装GPS装置为借口实际控制被害人车辆，后与多名被害人签订一系列借款及车辆手续抵押等配套合同；在被害人缴纳前期费用、签订合同、

* 陈锋，北京市丰台区人民检察院副检察长；杨媛媛，北京市人民检察院第四分院；常皓，北京市丰台区人民检察院。

接受放款后，借口要求被害人提供个人征信报告，进而提出被害人征信情况不符合条件拒不归还被害人车辆；在被害人不同意抵押车辆或要求终止合同的情况下，又以被害人违约为由，要求被害人履行支付违约金、停车费等滥设费用，从中牟取非法利益。公诉机关以被告人徐某某、林某某、冯某某涉嫌敲诈勒索罪提起公诉。

［**案例二**］ 2017年2月至12月，被告人马某等人假借民间借贷之名，诱使被害人杜某某、孟某某签订“借贷”或“抵押”等相关协议，后通过虚增借贷金额、制造虚假给付痕迹、恶意垒高被害人的债务等方式，致使被害人无力偿还债务，进而听从马某等人的唆使，由被害人安排违法过户自己直系亲属房产，并将通过造假手段过户到被害人自己名下的房产抵押给他人，再将房产的抵押金支付给马某等人以此偿还虚高的债务，造成两名被害人巨额财产损失或背负巨额债务；马某等人采用同种手段，诈骗另外被害人巨额财物。检察机关认定马某等人犯罪团伙欲诈骗被害人财物共计900余万元，因意志以外的原因而未能得逞，实际骗得被害人财物共计500余万元；同时，被告人马某为索要被害人财物，要求被害人杜某某、张某某2人在马某租赁的公司内居住，其间虽带其出入歌厅等场所，但随时有人跟随杜、张二人并收其手机或监听其手机通话，其行为变相限制了被害人的人身自由。公诉机关分别以被告人马某涉嫌诈骗罪、非法拘禁罪，以被告人邹某某等同案犯涉嫌诈骗罪提起公诉。

一、恶势力认定标准

一种观点认为，上述案件的犯罪团伙均是以非法占有为目的，假借民间借贷之名，诱使或迫使被害人签订“借贷”协议，通过虚增借贷金额、恶意制造违约等方式形成虚假债权债务，之后借助欺诈、变相胁迫等手段非法占有被害人财物，其行为特征属于“套路贷”犯罪，故应均认定为恶势力犯罪。另一种观点认为，上述两起案件的犯罪团伙尽管行为目的、手段方式较为相近，但是恶势力犯罪与“套路贷”并不等同，认定恶势力犯罪要综合考虑犯罪被告人主观恶性、社会危险性等因素，因此第一起案件不应认定为恶势力犯罪，第二起案例应认定为恶势力犯罪。

笔者认为，案例一中被告人不构成恶势力犯罪，案例二中被告人构成恶势力犯罪。理由如下：

（一）“套路贷”与恶势力犯罪不具有等价性

第一，两者内涵并不相同。“套路贷”是对新型侵犯财产类犯罪的概括性称谓，其本质仍是以非法占有他人财产为目的，只是行为手段“套路化”，更加隐蔽难以查证；恶势力是对尚未形成黑社会性质组织的犯罪团伙的一种称谓，其行为特点是为非作恶，欺压百姓，扰乱经济、社会生活秩序并造成较为恶劣的社会影响。两者确有交叉点，即恶势力实施的违法犯罪活动，主要为强迫交易、故意伤害、非法拘禁、敲诈勒索、故意毁坏财物、聚众斗殴、寻衅滋事①，而“套路贷”犯罪分子在实施犯罪时的手段行为也可能包含了上述罪名，正是因为两者具有交叉点，才会对办案人员产生一定“误解”，错误认为“套路贷”就是恶势力犯罪。

第二，恶势力的认定影响嫌疑人、被告人量刑，但“套路贷”的认定不会造成量刑上的区别。根据“两高两部”发布的《关于办理“套路贷”刑事案件若干问题的意见》，其主要目的在于准确把握“套路贷”犯罪特点，将“套路贷”犯罪与民间借贷引发的纠纷以及因非法讨债引发的案件相区别，而并未对“套路贷”犯罪分子量刑提出具体要求；但《关于办理恶势力刑事案件若干问题的意见》（以下简称《恶势力案件若干意见》）则从总体要求、刑事政策等方面，全面体现对恶势力犯罪从严惩处的精神，故行为人一旦被认定为恶势力犯罪则可能面临更重的处罚。另外，也有学者从犯罪主体、犯罪目的等方面对二者进行了区分，②为我们准确界分“套路贷”犯罪与涉“套路贷”黑恶势力犯罪提供了理论指导。

---

① 参见最高人民法院、最高人民检察院、公安部、司法部于2019年4月发布的《关于办理恶势力刑事案件若干问题的意见》第8条。

② 参见朱和庆、周川、李梦龙：《〈关于办理“套路贷”刑事案件若干问题的意见〉的理解与适用》，《人民法院报》2019年6月20日。

（二）“套路贷”认定构成恶势力犯罪的依据

结合上述两起案件，从被告人行为方式看，均符合“套路贷”的常见犯罪手法和步骤，故认定为“套路贷”犯罪符合指导意见精神。但区别在于，案例一中被告人实施“套路贷”犯罪，其仅仅是通过先实际控制被害人车辆，再以拒不归还车辆为由迫使被害人提起偿还贷款，该行为更加符合单纯为牟取不法经济利益而实施的违法犯罪活动，不具有为非作恶、欺压百姓特征，更未对社会造成较为恶劣的影响；案例二中被告人要求被害人杜某某、张某某2人在指定地点居住，其间虽带被害人出入歌厅等场所，但随时有人跟随并收其手机或监听其手机通话，其行为变相限制了被害人的人身自由，足以使被害人及家属产生恐慌、恐惧进而形成心理强制，符合《恶势力案件若干意见》第4条有关规定，同时，被告人马某等人诱使被害人杜某某、孟某某签订“借贷”或“抵押”等相关协议，后又唆使被害人安排违法过户自己直系亲属房产，并将通过造假手段过户到被害人自己名下的房产抵押给他人，再将房产的抵押金支付给马某等人以此偿还虚高的债务，造成两名被害人巨额财产损失或背负巨额债务，该行为严重侵害了被害人财产安全，严重扰乱了金融市场秩序，行为的恶劣程度及社会危害性不可被低估，符合《恶势力案件若干意见》第10条有关规定，因此应当认定为恶势力。

二、软暴力行为的认定

一种观点认为，上述两起案件犯罪团伙未实施传统的暴力行为，而是存在一定的滋扰、纠缠等行为，但案例一中犯罪团伙行为手段并未使被害人心理完全受到强制，进而感觉到恐惧或恐慌，另外也并未足以影响、限制被害人自由和财产安全，故不符合软暴力的行为特点；案例二中犯罪团伙手段达到了心理强制和限制自由的目的，故符合软暴力行为构成。另一种观点认为，上述两起案例被告人的行为方式存在一定差异，但是其造成的严重后果足以影响、限制被害人人身自由、危及被害人财产安全，影响了被害人正常生活，故均认定为软暴力行为。

笔者认为，软暴力“虽形式上为非暴力犯罪，暴力、威胁的色彩不明显，但实际通过软暴力形式实施，并以组织的势力、影响和犯罪能力为依托，以暴力、威胁的现实可能性为基础，足以使他人产生恐惧、恐慌进而形成心理强制或者足以影响、限制人身自由、危及人身财产安全或者影响正常生产、工作、生活的犯罪”[①]。故与传统的暴力手段相比，软暴力手段更为“柔和”，往往不会对被害人造成生理上或肉体上的伤害，但往往很难留下痕迹物证，导致行为认定难度大。“两高两部”发布的《关于办理实施“软暴力”的刑事案件若干问题的意见》对“软暴力”概念、通常的表现形式等做了更为细致的规定，因此根据上述指导意见分析，两起案件行为人的手段均符合“软暴力”行为特征。（1）行为人实施了侵犯被害人人身和财产权利、扰乱了被害人正常生活的非暴力手段。如在案例一中，被告人林某某等人先以为车辆安装 GPS 装置为借口实际控制被害人车辆，之后当被害人发现上当要求提前解约时，又以先支付违约金再退还车辆或是支付更高违约金为借口，迫使被害人提前支付违约金取回车辆。（2）行为人行为对被害人造成恐惧、恐慌进而形成心理强制，足以影响、限制被害人人身自由和财产安全。如在案例二中，被告人马某等人为索要被害人财物，要求被害人杜某某、张某某 2 人在马某租赁的公司内居住，其间虽带其出入歌厅等场所，但随时有人跟随杜、张二人并收其手机或监听其手机通话，其行为变相限制了被害人的人身自由，对被害人造成了恐惧进而形成心理强制。

三、按照虚增债务金额逼债的行为认定问题

一种观点认为，上述案件犯罪团伙实施“套路贷”过程中，未采用明显的暴力或者威胁手段，其行为特征从整体上表现为以非法占有为目的，通过虚构事实、隐瞒真相骗取被害人财物，因此认定为诈骗罪定罪处罚即可；另一种观点认为，案例一中犯罪团伙实施犯罪行为主

---

① 卢建平:《软暴力犯罪的现象、特征与惩治对策》,《中国刑事法杂志》2018 年第 3 期。

要表现为强行扣押被害人车辆，以此方式变相胁迫被害人提前偿还债务，强行索要被害人财物，故应认定为敲诈勒索罪定罪处罚。

笔者认为，首先应准确把握敲诈勒索罪与诈骗罪的区别。一般而言，诈骗罪是以欺诈为手段，敲诈勒索罪是以恐吓为手段，故可将行为对被害人欺骗性强的倾向认定为诈骗罪，行为的胁迫性重的倾向于敲诈勒索罪；但在“套路贷”犯罪中，被告人实施的犯罪行为往往存在欺诈、胁迫并存索财的情形，此时“行为同时具有欺骗与胁迫性质，被害人既陷入认识错误又产生恐惧心理，进而处分财产的，在诈骗罪与敲诈勒索罪之间形成想象竞合，从一重处罚”①。按照上述理论，当行为存在想象竞合关系时，可从一重罪论处。

结合上述案件，案例一中，被告人林某某等人以“只押手续不押车”的虚假宣传为诱饵，以为车辆安装 GPS 为借口控制被害人车辆，在未提前向被害人说明“有负债则必须押车”的贷款要求下，采用先放款后查询征信的手段，迫使被害人提前支付利息及其他滥设费用，后又以扣车为由迫使被害人提前还款、支付违约金，从而非法获利，符合敲诈勒索罪构成要件。案例二中，马某等人首先采用虚构事实、隐瞒真相的方式，获得被害人信任后，用转账流水，通过层层垒高虚假债务，将被害人绕进“套路贷”的陷阱中，使被害人及其家属的主观上陷入了错误认识，误认为马某等人是其民事借贷关系的债主，即使报警也只能被认定为民事债务纠纷，导致被害人及其家属在错误认识的基础上处分房产或财物以此“偿还”巨额债务。根据《关于办理“套路贷”刑事案件若干问题的意见》第 4 条，实施“套路贷”过程中，未采用明显的暴力或者威胁手段，其行为特征从整体上表现为以非法占有为目的，通过虚构事实、隐瞒真相骗取被害人财物的，一般以诈骗罪定罪处罚，故将马某等人行为认定为诈骗罪符合指导意见精神和相关司法解释。

---

① 张明楷:《刑法学》，法律出版社 2021 年版，第 1335 页。

民间借贷案件中“套路贷”的识别与审查*

江苏省连云港市人民检察院课题组**

摘　要　“套路贷”常以民间借贷面目示人，债权人一般通过“完整”的证据链获得胜诉判决。审查“套路贷”案件，既存在刑、民证据转换的难点，又面临着公、检、法三家配合协作的困难。检察机关在处理此类案件中，不应坐堂问案，应积极调查取证，主动查询关联案件，必须及时调取银行流水信息、走访当事人所在社区，以判断借贷事实是否发生。对于存疑的证据，应综合审查借贷主体、借贷合意、款项交付、利息约定、还款数额等方面，探寻出“表意”（表面的意图）之外的“本意”（实质意图）。

关键词　套路贷　虚假诉讼　民间借贷　刑民交叉

“套路贷”扰乱社会经济秩序，出借人往往通过签订虚假借款协议、制造资金流水等手段，侵占借款人合法财产。在司法实践中，它

---

* 本文系江苏省人民检察院重点课题“‘套路贷’案件中虚假诉讼的审查”（SJ201918）阶段性成果。

** 课题主持人：李翔，江苏省连云港市人民检察院党组副书记、副检察长；课题组成员：肖楠，江苏省连云港市连云区人民检察院党组书记、检察长；黄桂萍，江苏省连云港市人民检察院第五检察部主任；汪世芳，江苏省连云港市人民检察院第五检察部检察官助理。

以民间借贷面目出现，由于出借人能提供完整的证据链，令借款人无从反驳，人民法院难以识破，导致了有违公平正义的裁判结果。而现有研究多聚焦于“套路贷”所涉罪名①、侦防对策②等，对于如何在民事诉讼及检察监督环节准确识别“套路贷”行为，识别后应遵循何种裁判思路，如何与刑事侦查程序流畅衔接，研究较为薄弱，难以为司法实践提供有效指引。本文以涉“套路贷”的民间借贷案件为样本，对上述问题展开实证研究并尝试作答。

一、“套路贷”虚假诉讼案件③的审查难点

在中国裁判文书网中以“套路贷、虚假诉讼”为关键词进行搜索，共搜索出398件民事案件。从时间上看，该类案件均发生在2017年之后；从地域上看，多发生在福建、浙江、江苏等省。鉴于江苏省系“套路贷”案件高发地区，对该地区的样本进行研究具有一定的借鉴意义，本文仅以该省的36件④案件为样本，试分析出该类案件的审查难点。

（一）“套路贷”的典型手段

［案例一］ 以房抵债。2017年8月4日，贾某（本案原告）的女儿将30万元出借给赵某（本案被告）后，随即要求赵某与焦某（贾某的女婿）至盐城市亭湖公证处办理委托公证，赵某委托焦某作为其全权代理人，代为办理案涉房屋及车库的出售转让、交易过户、代为签订买卖合同、代收全额售房款等事宜。2018年9月，赵某（甲方）与

① 参见陶建平:《高利贷行为刑事规制层次论析》,《法学》2018年第5期；沈言、王霏:《对“套路贷”犯罪的认定与处理》,《人民司法（案例）》2018年第20期。

② 参见刘道前、满艺伟:《“套路贷”的法律性质及侦防对策分析》,《犯罪研究》2018年第4期。

③ “套路贷”可能涉嫌刑事犯罪，如诈骗罪、敲诈勒索罪等，但当出借人凭借条向债务人提起民事诉讼，该民事案件所依据的证据系通过胁迫、欺骗等手段取得，使法院作出错误的判决、裁定、调解的行为，该类诉讼系本文所称的“套路贷”虚假诉讼案件。

④ 对江苏省的40件案件进行统计，其中张某某案件有一审和二审的裁判文书，按1件统计；丁某某案件有4件同类型案件，按1件统计；韩某某与陈某某系股权转让纠纷，不在本案统计范围内，因此，样本总数为36件。

贾某（乙方）签订《盐城市存量房自行交易合同》，约定将涉案房产出售给乙方，房屋价款为30万元，当天交付房款，贾某通过手机转账30万元给焦某。焦某作为甲方代理人在该合同上签字，并于当日办理房产过户手续。经查，贾某未对房屋进行现场查看，也未取得房屋钥匙。成交当日，该房屋的市场价远高于30万元，后贾某诉至法院要求赵某交付房屋[①]。

[案例二] 制造银行流水及“平账”。2017年7月20日，张某为了偿还他人借款，向卢某借款5万元，借款期限10天，实际收款3.5万元。借款到期后，卢某多次带人到张某家中留宿，并通过制造银行流水、威逼利诱、虚高利息等手段要求张某出具借款金额为19万元的借条一张。同日，在派出所，卢某联系其妹夫丁某，让丁某从卢某家中衣柜将自有现金19万元带到派出所并出面借给张某。张某收款后向丁某出具一份19万元借条，并将此款支付给卢某，双方债权债务两清。后丁某诉至法院要求张某归还借款19万元并承担诉讼费用[②]。一审诉讼中，张某承认借款事实，法院据此判决张某应支付借款19万元及利息。后因卢某涉嫌诈骗罪被公安机关立案侦查，公安机关遂将线索移送给检察院。检察院经审查后认为该案涉嫌虚假诉讼，向市中院提出抗诉。

[案例三] “校园贷”。2017年3月30日，罗某被中介人员黄某带到王某所在的名为“跨时代公司”办理借款，王某同意出借5万元，但要求扣除1万元服务费，且每周还款3000元，直至还完5万元。当日，罗某被迫签订了借款金额为10万元的一份借款协议及一份房屋租赁合同（租赁房屋为罗某所有的安徽省合肥市蜀山区习友路的房屋）。第二天，王某向罗某的支付宝账户分2笔打款10万元。王某要求罗某从账户中取出65000元给自己，转给黄某7200元。借款后，罗某每周归还借款3000元，共计42000元。王某诉至法院要求归还借款64000元，一审法院判决罗某应归还王某借款59539.06元，并支付律师费

① 参见江苏省盐城市中级人民法院民事裁定书，（2019）苏09民终999号。

② 参见江苏省连云港市海州区人民法院民事判决书，（2017）苏0706民初7361号。

5000元。二审查明案涉借款发生时，罗某系南京中医药大学在校研究生。2018年1月31日，南京市公安局江宁分局对罗某被诈骗案立案侦查。二审法院以罗某提供新的证据，导致一审认定的事实发生变化，该院据此撤销原判，驳回王某的起诉①。

（二）审查难点梳理

上述三个案件中，房屋买卖合同、借贷合同及房屋租赁合同从民商事角度审查，均有相关的法律依据，系合法行为；但从刑事角度分析，出借人均存在非法占有他人财产的主观故意，客观上的合法行为仅是其实现犯罪目的的掩饰和手段②。

序号	案件名称	民商事认定（表象/形式）	依据	刑事认定（内在/实质）	争议程度
1	贾某与赵某房屋买卖合同纠纷	房屋买卖合同	买卖合同及相关司法解释	诈骗罪	较大
2	丁某与张某民间借贷纠纷	民间借贷	民间借贷司法解释	诈骗罪	较大
3	王某与罗某民间借贷纠纷	民间借贷	民间借贷司法解释	诈骗罪/敲诈勒索罪	较小

具体分析如下，案例一中对于房屋买卖合同的效力存在争议，一种观点认为，赵某并无委托焦某作为其代理人的真实意思，贾某作为买方，并没有去实地查看房屋的现状，交易对方为其女婿焦某，成交价格远低于市场价格，本案有涉嫌“套路贷”嫌疑，应全案移送公安机关，驳回原告的起诉。另一种观点认为，赵某委托焦某作为其出售房屋代理人的行为合法有效，该委托行为已经公证，应予以认可，在

① 参见江苏省南京市中级人民法院民事裁定书，（2017）苏01民终10318号。

② 参见吴加明：《违法相对论下刑民实体冲突及其调试》，《政治与法律》2017年第12期。

刑事案件尚未立案前，民事案件尚无充足证据证明该案涉嫌“套路贷”虚假诉讼，一旦将该案件移送给公安机关，如公安机关不收案，法院将面临尴尬的局面。

案例二中，对于刑事侦查阶段的笔录能否作为民事证据使用存在较大争议。一种观点认为，该案在检察机关审查环节，刑事侦查笔录可以作为证据使用，检察机关无须等待卢某诈骗案件的刑事审判结果，可以向市中级法院提出抗诉；另一种观点认为应等待刑事案件的审判结果，如果刑事案件认定卢某的行为构成诈骗罪，检察机关可提出抗诉，反之，检察机关应不支持申请人的监督申请。在现阶段，应中止审查。

案例三在实践中争议不大，在二审阶段公安机关已经刑事立案，多数观点认为应该全案移送公安机关进行侦查，也有观点认为应中止审查。

二、“套路贷”虚假诉讼案件的实践乱象

由于刑法与民法在价值理念、技术特征、思维方式等方面存在的差异，同一客观事实，在刑事司法和民商事诉讼中可能得出完全不同的认定。对于“套路贷”虚假诉讼案件的审查，各地在刑事与民事证据的转化、刑事犯罪移送标准及移送程序等问题上尚未统一。

（一）刑事侦查阶段的证据能否作为民事案件中认定“套路贷”虚假诉讼的证据

刑事证据并未得到生效刑事裁判采纳或未经刑事诉讼质证，是否具备民事诉讼的证据资格？

有法院认为，公安机关启动侦查时，对案件是否以及何时能够进入刑事审判程序并不能准确预见，只要公安机关取得证据的过程无刑讯逼供、诱供或其他违法行为，证据的合法性不存在瑕疵，即便尚未得到刑事裁判的采纳，仍可作为民事证据使用，是否予以采信应根据民事证据的质证情况决定[①]。如案例三中，二审法院改判的依据为“2018

① 参见郑杰:《刑事诉讼证据在民事诉讼中的应用》，搜狐网，https://www.sohu.com/a/290530521_159412，最后访问日期：2019 年 9 月 21 日。

年1月31日，南京市公安局江宁分局对罗某被诈骗案立案侦查”。二审法院并未等待刑事审判的结果，而是对侦查笔录质证后认为案涉借贷事实涉嫌“套路贷”，不属于民事案件审理范围，遂裁定撤销一审判决，驳回王某的起诉。

有法院认为，认定“套路贷”虚假诉讼案件的证据，必须是经过刑事审判程序质证且得到法院认可的证据。公安机关仅仅对该案进行了立案侦查，最后案件的审查结果并不确定。如将民事案件移送给公安机关，一旦刑事案件被撤销，民事案件将面临无从处理的境地。因此，在审理“套路贷”虚假诉讼案件时，如果公安机关对刑事案件已经立案的，民事案件应当中止审理，等待刑事案件的最终裁判结果。如在审理夏某与宋某民间借贷纠纷一案[①]中，法院认为本案涉嫌“套路贷”或虚假诉讼，应移送公安机关处理。本案必须以另一案的审理结果为依据，而另一案尚未审结，遂裁定，本案中止诉讼。

（二）对“套路贷”虚假诉讼案件涉嫌犯罪的移送标准认识不统一

司法实务中对“同一法律事实”和“同一法律关系”判断标准[②]的解读莫衷一是。

［案例四］ 严某于2015年6月1日向石某军出具借条，约定接受借款方式为“请将此款打至石某卫账户”，石某军按约将50万元转账给案外人石某卫。石某军与石某卫为亲兄弟，严某与石某卫有多次民间借贷往来。法院审理后认为，借条充分说明了双方之间存在真实的借贷合意，从款项实际给付情况看，借条出具当日，石某军按约将50万元转账给了案外人石某卫，而严某虽然称转账凭证与本案无关，但未能提供相反的证据予以推翻。据此判决严某给付石某军借款50万元

---

① 因在江苏省内的36件案件中无中止审理的情形，故引用了其他省份的案件。参见山东省威海市环翠区人民法院民事裁定书，（2019）鲁1002民初125号。

② 《最高人民法院关于在审理经济纠纷案件中涉及经济犯罪嫌疑若干问题的规定》对民事案件中涉嫌犯罪的处理方式做了粗略规定，并提出了“同一法律事实”和“同一法律关系”的判断标准。

及利息。[①]

[案例五] 2018年1月30日，徐某与纪某某签订借款合同，借款金额为11万元，同时约定由徐某将此款汇入陈某账户。徐某依据借款合同向法院起诉，纪某某称其未收到借款。法院经审理后认为，名义上该款是纪某某向徐某所借，而实际款项是徐某汇给了陈某，且徐某与陈某又分别为鑫隆公司的副总经理与法定代表人。因此，这笔借款是否已实际交付存疑，本案不能排除“套路贷”的刑事犯罪嫌疑，即本案不能排除徐某、陈某等人恶意串通，将非法利益合法化的嫌疑。[②]

序号	证据	款项交付方式	与债权人关系	举证规则	裁判理由	裁判结果
4	借条	转账给石某卫	亲兄弟	谁主张谁举证	民间借贷合同合法有效	给付借款
5	借款合同	转账给陈某	公司的副总及法定代表人	法院积极调查取证	本案不能排除徐某、陈某等人恶意串通，将非法利益合法化的嫌疑	案件移送公安机关

由上表可知，各地法院对民间借贷案件是否涉嫌“套路贷”的认定标准不一致。有的法院严格按照“谁主张谁举证”的举证规则，要求原、被告双方自行收集并提供证据，法院根据“高度盖然性”标准认定事实作出裁判；而有的法院则积极行使调查取证权，对民事证据背后的“本意”进行调查，认定案件是否有涉嫌“套路贷”刑事犯罪的嫌疑。

（三）审判机关、检察机关与公安机关对刑事线索衔接程序不畅

法院将案件移送后，公安机关囿于对破案率的考核要求，对犯罪事

① 参见江苏省泰州市中级人民法院民事判决书，（2018）苏12民终2897号。

② 参见江苏省南京市中级人民法院民事判决书，（2019）苏01民终952号。

实不明显、犯罪嫌疑人下落不明案件的立案积极性并不高。[①]有的法院和检察院为了防止公安机关不收案，直接将卷宗邮寄到当地公安机关，当地公安机关在收到卷宗后又原封不动地寄回，这种互相推诿的现象直接导致了案件当事人的合法权益没有保障，容易给当事人造成国家机关相对推诿的印象，不利于法治权威的树立。虽然检察机关有立案监督权，但司法实践中却很少行使。以L市为例，至今还没有针对此类案件要求公安机关立案的通知立案书。

三、“套路贷”虚假诉讼案件的审查路径

在审查涉嫌“套路贷”虚假诉讼案件中，对于公安机关已经立案侦查的案件，一般会做移送处理。本文重点针对刑事案件尚未立案的，阐释在民事审查中应遵循的审查思路：

（一）司法机关应积极行使调查权证权，探寻“表意”（表面的意图）之外的“本意”（实质意图）

在审查“套路贷”虚假诉讼案件中，当事人的举证能力远不如司法机关，如果此时严格按照“谁主张谁举证”来分配举证责任，可以说绝大多数“套路贷”案件都会在该举证规则下化身为合法的民间借贷纠纷，有违公平正义的司法理念。检察机关在办理案件中，应当加强调查取证工作，判断借贷事实是否发生：

1. 关联案件查询。加强与法院沟通，利用法院关联案件查询系统（如江苏省法院已建立关联案件查询系统），查询当事人是否系疑似职业放贷人名录人员，如发现一方当事人的民间借贷案件数量较多、已被生效判决认定为职业放贷人、因虚假陈述或虚假诉讼曾被法院制裁处罚等情形的，应重点审查借贷债权的真实性、合法性，特别是发现被告是在校女大学生、年轻女性的，应重点审查是否存在“校园贷”“裸贷”等“套路贷”违法犯罪行为。

① 姚竞燕、徐文进：《信用卡纠纷案件中刑民交叉问题司法应对的实证分析——以上海市黄浦区法院信用卡纠纷案件的处理为视角》，《法律适用》2017年第3期。

2. 依职权调取银行凭证。对通过银行转账交付借贷款项的，应审查银行往来账户、资金流水；对通过多次转账掩盖款项性质，应逐笔查明每笔转账的前手与后手；发现有多笔资金往来的，应主动组织双方逐笔对账。

3. 依职权调取涉“套路贷”相关证据。对涉嫌职业放贷的，应深入当事人住所地，走访收集当事人社会关系、职业及收入等信息。对债务人抗辩曾因受到暴力讨债报警并提供初步证据的，应主动向公安机关了解相关警情处理情况。对债务人提供其他线索且符合法定的依职权调取证据情形的，检察机关应主动依职权调查与借贷事实有关的相关情况。

（二）要掌握所涉犯罪的刑事案件立案标准

“套路贷”与普通的民间借贷行为有本质区别，对于构成犯罪的，应及时移送公安机关。如案例三中涉嫌诈骗罪的刑事案件立案标准为：（1）数额为2000元以上；（2）以虚构事实和隐瞒真相的行为骗取对方财物；（3）主观方面为直接故意，占有他人财物的直接故意。

案例三中全案证据如下：

证据名称	证明目的	法院认证
1. 借条及汇款凭证	证明被告收到10万元汇款	借条真实性予以认可
2. 提款65000元的银行小票	被告证明收款当日提取65000元，已交付原告	对该证据的真实性认可，但对其关联性存疑
3. 转账凭证	当日转账给中介人员黄某7200元	对该证据予以认可
4. 房屋租赁合同	证明本案符合“套路贷”的特征	对该证据予以认可
5. 报警记录	事后报警称被诈骗	对该证据予以认可
6. 被告学生证	被告系大学生	对该证据予以认可
7. 原告营业执照	原告从事小额贷款业务	对该证据予以认可

结合证据4可以看出王某出借给罗某的目的并非帮助罗某渡过暂时困难，也不是为了获取利息受益，其目的是在罗某不能归还贷款时占有罗某的房产，具有非法占有的故意；从证据6和7可以看出，出借的对象不是在熟人之间，王某与罗某根本不认识，本案是以“校园贷”的名目出现，出借对象是不特定的主体；从证据2和3可以看出，在“套路贷”中，王某通过欺诈、胁迫罗某形成虚假债权债务，罗某虽然从账户中取出65000元及每月支付3000元利息，认为是归还借款，但其对于最终所谓的“债务”数额无从知晓，听任王某的索要。至此，王某主观上存在骗取他人合法财物的目的，金额为65000元，且实施了诈骗行为，符合诈骗罪的立案标准，故该案应当移送给公安机关侦查。

当然，随着涉“套路贷”和虚假诉讼专项整治行动的深入开展，法院系统对该类案件的审查把握标准又出现过松的倾向，将一些本不属于“套路贷”的案件移送到公安机关，导致债权人合法权益无法得到救济。

（三）应对案件中以下因素予以考量，以支撑或者驳斥存疑证据

1. 借贷双方能否对涉案借款给予符合日常生活经验的解释。样本36件案件中，法院认定涉嫌“套路贷”的案件为20件，这些案件多数不能作出符合日常生活经验的解释，如有的借款周期短或未约定借款期限，样本中最短借款周期仅有6天；有的债务人不能对“套路贷”行为发生的原因、时间、地点等作出合乎情理的陈述。

如在戴某与陆某的民间借贷案件[①]中，债权人代理人陈述借条的由来时称：“2018年5月22日，被告陆某到苏州R商务信息咨询有限公司来借款，当时公司没有现金，正好当时戴某也在该公司谈业务。该公司的负责人就问谁有钱可以借给被告，戴某就当场借给被告6000元现金，公司打印好收条，被告签字后交付给了戴某，当时双方没有约定借款期限、利息等内容。”法院经审理后认为，债权人代理人对借款

① 参见江苏省常熟市人民法院民事裁定书，（2018）苏0581民初11348号。

经过的陈述，有诸多不符生活常理之处，原告与被告素不相识，原告出借款项给被告既不要求支付利息或预扣利息也不约定归还期限，更何况原告有几十次放贷后起诉的记录，即有职业放贷人的嫌疑，遂驳回了原告的起诉。

2. 重点审查借贷主体、借贷合意、款项交付、借款利息、款项归还等方面，以此判断借贷事实是否存疑。

在借贷主体方面，应着重审查：(1) 债权人是否为职业放贷人；(2) 债权是否系从职业放贷人处受让而来；(3) 债权人是否未起诉借款人而向保证人主张权利；(4) 债权人本人是否有正当理由不到庭应诉，且在检察环节又拒绝接受调查。如常州市金坛区人民法院在审理丁某某与被告严某民间借贷纠纷一案中，发现丁某某与相联关系人傅某某等人在该院有 400 余件审执案件，对于上述人员的职业放贷行为涉嫌“套路贷”与虚假诉讼等涉众型违法犯罪，应裁定驳回起诉。[①] 又如浙江省绍兴市检察院发现，短短一年内以彭某为原告的借贷纠纷案件有 72 起，检察机关调取涉案卷宗后发现，涉案彭某在上虞法院频繁起诉和申请执行存在虚假诉讼或涉嫌“套路贷”的可能，于是向法院提出抗诉，将线索移送给公安机关，取得了较好的监督效果。[②]

在借贷合意方面，如债务人对债权人的诉求完全予以认可或不予以抗辩的，要主动审查双方之间是否存在恶意串通损害第三人合法权益的情形；对债务人否认双方之间存在借贷合意的，要正确处理当事人举证责任的动态转移，只要一方当事人尤其是债务人的抗辩达到动摇法官内心确信的程度，就应由另一方当事人进一步举证证明其主张或抗辩。如债权人依据借据等债权凭证或者仅凭银行转账凭证主张借贷债权的，债务人抗辩双方之间不存在债权债务的，其只需提供证据证明债权人主张的事实处于真伪不明状态或者达到动摇法官内心确信的程度，债权人应进一步提供其他证据证明双方之间的借贷合意，如不能提供，应承担不利的法律后果。

---

① 参见江苏省常州市金坛区人民法院民事裁定书，(2019) 苏 0413 民初 1615 号。

② 参见《浙江绍兴检察开发“智慧民行”系统，民事监督效率效果双提升》，《检察日报》2018 年 9 月 29 日。

在款项交付方面，要注重审查是否为现金交付、指示交付或者委托交付。如为现金交付，应综合考量借款金额大小、出借人支付能力、当地及当事人间的交易习惯及双方亲疏关系等因素，结合当事人陈述和庭审诉辩意见以及其他间接证据，依据民事诉讼高度盖然性的证明标准，综合判断借贷事实是否真实发生。

在借款利息方面，要注重审查：（1）是否存在“砍头息”；（2）不超过年利率的24%的利息是否包含了服务费、咨询费、中介费、管理费、逾期利息、违约金和其他费用，如在利息之外又支付了上述款项，因从利息中予以扣除；（3）是否已经支付了超过年利率24%但未超过36%的款项。如已支付，要分情况处理：如果已给付的款项双方明确约定或者按照交易习惯能够确定是利息的，对超过24%但不超过36%的部分无须抵扣本金，对超过36%部分抵扣本金；如果已给付的款项双方未做明确约定且无法确定究竟为本金抑或利息，超过24%部分抵扣本金。

在款项归还方面，应重点审查：（1）债务人能否举证证明其已还款；（2）双方存在多笔款项往来下，债权人抗辩该还款系偿还其他借款或债务的，应承担举证责任；（3）多次结算的，还应综合考虑结算时间、相应期间的往来款项等因素。

综上，隐藏在民间借贷案件中的“套路贷”行为难以识别，法、检两院应积极行使调查取证权，揭开“套路贷”的面纱，同时与公安机关建立顺畅的衔接机制，维护借贷市场的良性秩序。

“套路贷”犯罪中恶势力与黑社会性质组织的审查认定

曹红虹 *

摘　要　“套路贷”是近年来民间借贷领域出现的新类型有组织性团伙犯罪，具有较为严密的组织化、集团化特点，社会危害性极大。“套路贷”犯罪在主观上以非法占有为目的，在客观上行侵财之实，在办理此类案件时，司法机关对“套路贷”的认定应对借款起意、借款对象选择、风险控制、追讨方式等整个行为综合评价，依照《刑法》有关犯罪的构成要件，确定具体罪名。实践中，经常会出现“套路贷”犯罪与黑恶势力犯罪之间相互交织的情形，要结合《刑法》第294条规定的黑社会性质组织犯罪特征，特别是对社会经济的影响，对一定区域的经济金融是否形成控制或者重大影响来评价。

关键词　套路贷　黑社会性质组织罪　恶势力

“套路贷”是近年来民间借贷领域出现的新类型有组织性团伙犯罪，严重侵害人民群众合法权益，扰乱金融市场秩序，影响社会和谐稳定，社会危害性极大，人民群众反映强烈。

* 曹红虹，最高人民检察院普通犯罪检察厅副厅长、二级高级检察官。

一、新类型“套路贷”犯罪的特点

从办案实践看，自2016年初“套路贷”被司法打击，经过几年的整治，比较显现的“套路贷”行为有所收敛，但是，非法逐利的贪婪导致犯罪分子逃避打击，更加隐蔽、专业，从当前司法实践看，案件出现新特点、新趋势。

（一）由传统线下接触式房贷、车贷发展到新型网上非接触式现金贷

犯罪嫌疑人通过设立App网络现金贷平台，收取高额“砍头息”、签订双倍借条、多平台借款平账、肆意认定违约收取违约金、收到还款不撕借条等方式非法获利，并采用“软暴力”方式进行催讨。被害人和“套路贷”犯罪团伙并不认识，突破线下犯罪对应关系。呈现出来的办案难点是被害人难以一一对应，诈骗直接故意认定困难。

组织形式更加严密、隐蔽，具有专业性、企业化趋势。“套路贷”犯罪并非单个人完成，而是由一整条犯罪利益链、黑色产业链来操作，呈现严密的组织化、集团化特点。犯罪集团上中下产业链组织严密，分工合作，有套路设计者的高智商技术投入、不良法律服务者规避打击的法务配合，有些“套路贷”犯罪团伙以公司为依托，将“套路贷”和“地下执法队”暴力催收相结合，故意切割外包催讨暴力团伙，分工合作，相互配合。集团中各个成员经过专业的训练，掌握了一套完整流程，有的团伙中甚至有熟悉公证、诉讼等业务的法律人士。

（二）假借公司形式进行伪装，手段更加隐蔽

“套路贷”犯罪团伙往往通过成立“小额贷款公司”招揽客户，以签订借款合同的形式借款给被害人，营造一种正常的民间借贷的假象，以合法外衣实施违法犯罪活动，具有更强的隐蔽性和迷惑性。这类“小额贷款公司”一般未经相关部门批准，未进行营业登记，以逃避工商、银保监会等监管部门的监管。

（三）“套路贷”所涉及的套路步骤烦琐，套路模式极易复制传播，造成重复犯罪成本小，非法获利巨大

大多数套路第一阶段是虚假宣传，以低息、手续方便等为诱饵，引诱相关人员借贷。第二阶段是签订合同，通过设置陷阱等手段嵌入不平等条款。第三阶段是制造违约条件，通过失联等方式造成违约，达到垒高债务的目的。第四阶段是违法催债，通过暴力或“软暴力”等方式进行催债，实现其获取非法利益的最终目的。特别是网络“套路贷”，一旦被公安机关查处，部分人员逃匿后改头换面重新设计App，手段相似，类似于传销犯罪的某些传播重复特点。

（四）法律专业人员参与共同犯罪，加大案件查办难度

利用虚假诉讼等手段披上合法外衣，使审判权成为“套路贷”违法犯罪的“工具”，是“套路贷”违法犯罪的具体表现。为此，“套路贷”犯罪嫌疑人不惜一切手段“围猎”执法人员，使此类案件成为腐败的重灾区。

二、基本案情及案例要点

“套路贷”犯罪随着时间的延长、人员的增加、放贷金额的扩大和犯罪手段的多样化，往往会形成一个从单个人犯罪到团伙、集团犯罪再到黑社会性质组织犯罪的演进过程，常见的“套路贷”犯罪涉嫌罪名有诈骗罪、敲诈勒索罪、非法拘禁罪、寻衅滋事罪、虚假诉讼罪等。在众多罪名中，是否能够认定构成黑社会性质组织犯罪是个难点，笔者通过两个案例，谈谈如何在审查办理此类犯罪中，结合案件事实和法律规定准确认定案件性质，准确判断是团伙犯罪、集团犯罪还是有组织的犯罪。

［案例一］ 自2013年起，被告人曾某、曹某开始在H市从事高利放贷业务，并通过诉讼手段索债，其间结识了被告人朱某某、葛某某等人。在放贷过程中，曾某等人逐渐发展到以签订空白合同、制造虚假银行流水、肆意认定违约、恶意垒高借款金额、“软暴力”逼债为主要特征的“套路贷”犯罪活动。为扩大组织势力、增强犯罪活动能力、谋取更高的非法利益，2015年11月，曾某等人与葛某某合作成立H市

途胜网络科技有限公司（以下简称途胜公司），在不断完备“套路贷”犯罪模式的同时，采取公司化管理、明确奖惩、传授犯罪方法等手段开展组织运作，先后分立参股H市玉新网络科技有限公司（以下简称玉新公司）、H市好再网络科技有限公司（以下简称好再公司）、焕英公司等用以犯罪，逐步建立起以被告人曾某为组织者、领导者，以被告人葛某某、朱某某、曹某、刘某某、常某某等人为骨干成员，以被告人胡某某等人为积极参加者的组织稳定、层级结构明确、人数众多、势力庞大的黑社会性质组织，在H市大肆开展“套路贷”犯罪活动。

该犯罪组织在被告人曾某的组织、领导下，勾结某地方法院个别审判人员，通过查封保全他人财物等手段，以贴大字报、泼油漆、堵锁眼、强占被害人房屋等恶劣滋扰手段相配合，造成他人心理恐惧进而形成心理强制，随后通过“谈判”“调解”等方式，非法获取巨额财物。涉案金额达人民币2700余万元，非法所得人民币1722万元。同时，为谋求行业垄断地位，曾某等人采用微信发红包、节日送礼、高息回报“借款”等手段拉拢、腐蚀公职人员；为维系组织生存和发展，曾某等人通过发放工资、奖励分成、过节聚餐等方式进行利益分配，租赁大型办公场地以扩大组织规模。该黑社会性质组织通过实施违法犯罪活动，以敲诈勒索、诈骗、虚假诉讼活动作案87起，致1人自杀未遂、1人精神障碍、6人房屋被强制过户、8人家庭破裂、2人所持公司股权被迫转让，严重破坏了社会秩序和人民群众的正常生活，严重破坏了H市的社会秩序和经济秩序，严重损害了司法公信力，造成了极其恶劣的社会影响。

2019年5月，人民法院依法对曾某等人构成组织、领导、参加黑社会性质组织罪等犯罪进行了公开宣判，法院完全采纳了检察机关的指控，依法判处曾某等人构成组织、领导、参加黑社会性质组织罪。其中曾某构成组织、领导黑社会性质组织罪、诈骗罪、虚假诉讼罪等数罪并罚，决定执行有期徒刑25年，其他人分别判处有期徒刑21年至4年并处罚金。①

① 参见（2019）浙01刑终450号刑事判决书。

［案例二］ 2014年起，被告人景某某开始在D市从事高利放贷业务，并通过诉讼手段索债。2015年结识了被告人文某、姜某（律师）、于某某等人。在放贷过程中，景某某等人逐渐发展到以签订空白合同、制造虚假银行流水、法院确认债权、肆意认定违约、恶意叠高借款金额、“软暴力”逼债为主要特征的“套路贷”犯罪活动。为扩大影响力，增强犯罪活动的能力，谋取更高的非法利益，景某某与文某先后吸纳崔某、文某的女朋友杜某洋，“社会人”张某博、宋某贵等人参与“套路”他人、催款讨债。其中文某按照景某某指示负责实施具体“套路贷”犯罪活动，指挥崔某、张某博、宋某贵、杜某洋等人暴力讨债、虚假诉讼；于某某利用自己在虚假诉讼中与法官建立的关系，帮助景某某在法院虚假诉讼环节沟通协调，快速立案调解，查封房产，冻结工资卡，使非法利益得到“合法”保障，景某某以案为标准给付于某某一定数额的费用。景某某的朋友姜某负责提供部分放贷资金，以及提供法律咨询规避法律风险。景某某通过给文某等成员办保险、提供吃住费用、介绍放贷客户从而给成员钱财等方式进行利益分配，景某某还租赁写字楼扩大公司规模。

景某某等人从2015年至2017年在D市多次作案，采用诈骗、滋扰、跟随、寻衅滋事、敲诈勒索、非法拘禁、虚假诉讼等手段非法占有他人财产，共实施诈骗、敲诈勒索、寻衅滋事、虚假诉讼等27起犯罪，非法占有他人车辆4台，给被害人造成损失达310余万元。该犯罪团伙在被告人景某某的组织、领导下，勾结法院审判人员，以查封保全他人财物为主要手段，同时以随意居住他人家中、强制过户他人房屋、去单位闹事等滋扰手段相配合，造成他人心理恐惧进而形成心理强制，随后通过法院调解等方式，非法获取巨额财物。该恶势力组织通过实施违法犯罪活动，破坏了D地区的社会秩序和经济秩序，危害了人民群众生命财产安全，损害了司法公信力，造成了较为恶劣的社会影响。

2019年1月5日，D市东城区人民检察院以景某某等人属恶势力集团，构成诈骗罪、敲诈勒索罪、寻衅滋事罪、虚假诉讼罪提起公诉。2019年5月29日东城区人民法院公开宣判，完全采纳了检察机关的指控意见，依法判处景某某构成诈骗罪、敲诈勒索罪、寻衅滋事罪，数罪并罚，判处景某某等人有期徒刑以及相应罚金。[①]

本文两案例有别于以传统“打、砸、抢”等典型暴力为主要手段的黑恶犯罪。经济社会在快速发展，不能用既往的经验法则来简单判断黑恶犯罪，其表现形式不仅仅局限于传统“打打杀杀”式的硬暴力，代之以公司化的假象出现，以合法形式掩盖非法目的，利用借款人借款心切，法律意识淡薄，欺骗贷款人签署表面合法合同。在诉讼活动中勾结个别无良法官，利用司法权力配合，有的不需要传统的硬暴力，仅使用滋扰、纠缠等“软暴力”就能达到恐吓当事人、实现非法债权的目的。但无论其对外面貌如何，究其实质，则始终是以合法的形式掩盖非法目的的犯罪行为，是以暴力或“软暴力”攫取不法利益的犯罪行为，是严重危害人身权益、侵害人民群众巨额财产、危害社会的犯罪行为。两案例均是在短时间内多次、反复实施同一种类的犯罪，具有“套路”特点，实现犯罪利益最大化。但在认定上，检察机关结合案件事实和法律规定准确认定案例一中曾某、曹某涉嫌黑社会性质组织犯罪及其他诈骗、敲诈勒索等犯罪；案例二中景某某等人系恶势力犯罪集团，并构成诈骗罪、敲诈勒索罪、虚假诉讼罪等犯罪。

三、“套路贷”犯罪如何准确定性的思考

上述两个案例犯罪手段比较一致，实现非法利益的方式也相似，但在罪名的认定上案例一构成黑社会性质组织犯罪，案例二则不构成。《刑法》第294条及相应司法解释规定，只有具备组织特征、经济特征、行为特征、危害性特征时才能认定为黑社会性质组织犯罪，四个特征要结合来审查，同时具备。其中，危害性特征是认定黑社会性质组织的最重要最本质的特征。笔者结合两个案件事实就“套路贷”犯罪如何认定组织、领导参加黑社会性质组织罪作出剖析，以供实践参考。

（一）关于组织特征

黑社会性质组织犯罪必须形成较稳定的犯罪组织，人数较多，有明

① 参见（2019）黑06刑终228号刑事判决书。

确的组织者、领导者，骨干成员基本固定。案例一中，犯罪组织形成以曾某为首的、较稳定的黑社会性质组织结构。各被告人及多名证人的证言在细节上相互印证，能够证明曾某凭借个别司法人员的保护在所谓的"空放"行业中树立地位，通过笼络乡邻、招纳"小弟"、聘用员工、纠集同道等途径，历经恶势力发展坐大为黑社会性质组织的过程。虽然在本案中，曾某为首的犯罪组织是基于公司、企业等合法形式下的组织机构而形成的，有别于传统的明显带有黑恶性质的帮派组织，但是并不能掩盖其以单位名义实施的黑社会性质组织犯罪的本质。

1. 组织稳定。组织的稳定性，最为重要的衡量标准就是黑社会性质组织形成、发展时间长和组织层级固定化。根据各被告人的供述，2013 年起，曾某、曹某就开始在 H 市从事高利放贷事务，并采用诉讼保全手段索债。2014 年 3 月，成立喜康公司，开始以公司形式运作，并发展了朱某某、刘某某等多名成员，"套路贷"的犯罪模式逐渐形成。2015 年 11 月，曾某等人为了扩大组织势力、谋取更高的非法利益，与葛某某所谓"强强联手"，成立途胜公司，"套路贷"的犯罪模式进一步固化，并通过模式输出、资源共享等形式，衍生出玉新、源润、好再、焕英等多家公司用以犯罪，并有旭宇、隆钉、瀚澜、藏金阁等多家公司借助其从事"套路贷"犯罪。虽然人员有所变动，但是其违法犯罪模式基本固定，该组织对社会秩序的破坏力持续存在并不断扩大。从其时间的跨度以及演变过程可以看出，该组织并不是松散的临时聚合体，而是在较长时间内经过合并分立、以"大"吃"小"，最终在一定地域和行业内形成具有较大影响力的稳定的犯罪组织。

2. 具有明确的组织者、领导者。组织领导者的认定应结合其在黑社会性质组织的发起、创建或在整个组织的运行、活动等各环节中的地位加以判断。综合在案证据，曾某系该犯罪组织的组织者及领导者。途胜公司内部的人以及外面的同行都尊称曾某为"二哥"，是创立人及股东之一。在途胜公司中，组织成员公认曾某是行业里的"传说"，手下给其他公司做贷后或者其他决定不了的事情都去请示曾某；审批权独揽、业务的标准系曾某制定，葛某某具体负责实施。从其对组织的犯罪活动所起的作用上看，曾某、朱某某、葛某某等人在公司的地位貌似基本相当，分别负责不同的事项，但曾某实际掌握了整个业务的核心，即“司法资源”。以曾某为首的犯罪组织之所以不断发展，就是因为个别法官作为其“保护伞”，在保障资金安全、谋取非法利益上为其大开方便之门。而曾某对这一核心资源的掌控又是具有垄断性质的，这不仅体现在同行之间，也体现在组织内部，曾某与涉案法官的接触是相对保密的，不允许其他人接触，葛某某供述只有曾某才能跟涉案法官说得上话，自己单干不行，还是要回头找曾某，利用其司法渠道。正是对“司法资源”的高度垄断，确立了曾某在组织里的地位，也奠定了以曾某为首的途胜等公司在行业里的影响力和控制力。

3. 骨干成员基本固定，并有较为明确的层级和职责分工。案例一中，葛某某、朱某某作为途胜公司的股东，积极参与“套路贷”的犯罪活动，其中葛某某负责公司的日常事务管理和拓展业务，朱某某则利用曾某所掌握的“司法资源”以参股、分立等方式开拓市场。曹某、刘某某主要负责保全、诉讼事宜；常某某主要负责资金筹集和流转；朱某某主要负责拉拢、腐蚀司法人员、调查房产及催讨债务，上述骨干人员均直接听命于曾某，与曾某的联系紧密，由其召集和指挥，在组织犯罪中起重要作用，并且人员相对固定，其他人员则在上述人员的安排或联络下实施违法犯罪活动。从整体上看，该组织具有较为明确的层级和职责分工。

4. 犯罪组织具备规模性，有一定的组织纪律和活动规约。对于组织纪律和活动规约，本案有别于“听大哥的话”这种传统意义上理解的“帮规”，主要是组织成员日常遵循的组织纪律或者活动规约，具体表现在两个方面。一方面，组织纪律以单位规章制度体现，多名被告人确认：在公司内有规章制度、奖惩措施、考勤培训制度等；在利益分配上，明确股东按照所占的股份进行分红，公司员工有基本工资，并从客户的利息中提取 10% 的提成，业务经理从本组组员的提成中抽成 30% 等。另一方面，活动规约以单位业务流程体现，多名被告人确认：业务经理会给新入职的人培训如何查房价、计算客户可贷金额、合同签多少、客户实际到手多少；是否给客户放贷要向上一级请示；规定客户向其他公司借款即认定为违约等。葛某某的笔记本中也记载着其开会告知大家应如何和客户签合同以及进行业务培训的内容。玉新、好再等公司的操作模式均是按照途胜公司的模式进行。众多证据在细节上能够相互印证，依法应予认定该犯罪组织具有一定的组织纪律和活动规约。

相较于案例一，案例二中景某某恶势力集团在组织特征上尚未达到组织者、领导者明确、骨干成员基本固定。案件事实表明，各犯罪嫌疑人之间的组织领导关系缺乏必要证据证实，整个犯罪确实是以景某某为核心开展的，但是除文某听命于景某某外，景某某与于某某属朋友关系，景某某、文某借助于在法院系统的人脉关系共同实施6起虚假诉讼犯罪，每次均向于某某支付一定费用作为回报，全案更符合三人以上为实施犯罪组成的较为固定的犯罪组织的犯罪集团特征。姜某为景某某提供放贷资金、法律咨询、保管借贷合同等帮助并得到相应回报，不具有领导关系，且仅参与一起诈骗犯罪，无法认定为骨干成员。张某博、崔某受景某某、文某指使对被害人跟随、看管迫使还钱。但两人只参与一起犯罪，且系临时纠集，对犯罪的组织性和违法性没有认识，也未从“套路贷”犯罪中获得好处，无法认定为黑社会性质组织的参加者。杜某洋、宋某贵与景某某联系并不紧密，也没有接受景某某指挥管理的意思，无法认定杜某洋、宋某贵为黑社会性质组织的参加者。因此景某某实施犯罪的组织不紧密，组织者、领导者、参加者的黑社会性质组织的层级架构并未形成。

（二）关于经济特征

即有组织地通过违法犯罪活动或者其他手段获取经济利益，具有一定的经济实力，以支持该组织的活动。案例一所体现的经济特征有三个方面：

一是“套路贷”犯罪所得数额巨大，有较强的经济实力。该犯罪组织及其成员以司法人员为“保护伞”，以查封保全他人财物实现非法债权为手段，有组织地实施敲诈勒索、诈骗、虚假诉讼等一系列“套路贷”犯罪活动。犯罪所得包括，攫取被害人巨额财物，多名“金主”（提供借贷资金的资方）为组织提供犯罪资金，利用其“司法资源”帮助其他借贷公司进行保全查封、诉讼讨债，并收取费用。2017年3月至2018年1月途胜公司收取客户利息就达895余万元。已查实的犯罪事实中，涉案金额达人民币2700余万元，非法所得人民币1722万元。

为谋取非法高息，被告人吴某某分别投入途胜公司150万元、好再公司300万元放贷。被告人楼某投入途胜公司90万元放贷。另外还有法官杨某某曾经“投资”40万元，刘某某曾经“投资”20万元，法官吴某某的姐姐吴某女曾经“投资”25万元。旭宇公司徐某某供述曾某帮助起诉收费2万元；大牛公司牛某称曾某帮助起诉要收本金10%的好处费；隆鼎公司景某某供述曾某帮忙起诉一般一个案子要1万多元。

二是强大的经济实力用以支持该组织的活动。组织违法犯罪活动，支付“金主”的利息，支持公司“套路贷”期间的日常开支，租赁更大的办公场地扩大组织规模。维护组织成员的稳定发展，主要是为豢养组织成员、维护组织稳定、壮大组织势力，向组织成员提供工资、奖励、福利、生活费用。

三是利用强大经济实力为组织寻求“保护伞”。为谋求行业垄断地位，曾某等人采用发红包、节日送礼、“借款”及高息回报、报销来H市吃住等手段拉拢、腐蚀公职人员。其中，法官杨某某、吴某某、陈某某、法院书记员高某等非法收受财物。另外，法官到H市查封财产，要全程接待、包吃包住、赠送礼品等。招待法官费用等合计50余万元。

案例二景某某犯罪集团缺乏将犯罪所得用于维系组织生存和发展的经济特征。景某某所获得的经济利益都被其个人实际控制并隐匿，景某某组织实施诈骗犯罪15起，涉案数额260余万元；敲诈勒索犯罪4起，涉案数额60万元，给被害人造成财物损失人民币310万余元。景某某为文某办理了社保、医保，并定期支付费用，给文某配置手机及专用车辆，不定期给予其钱款，主要是雇佣关系。景某某支付于某某费用，用于联系沟通法官，快速办理债权调解、虚假诉讼，按案件数支付好处费，主要系支付人情对价方式，组织的共同故意较小。因姜某系律师，为其提供法律咨询，规避法律风险，提供放贷资金，景某某不定期给付钱款和礼品，提供车辆供姜某使用也主要是支付对价。综上，景某某从所获得的经济利益中拿出少量财物提供给文某、于某某、姜某等人系出于维系感情或获益回报，文某、于某某、姜某等人只知道对方但并不熟悉，所有关系的建立均是各个被告人点对点的联系。同时查明，公安机关移送认定的一般参加者崔某、文某的女朋友杜某洋均未从中获利，因此景某某的集团获取经济利益用于维系组织生存和发展、豢养组织成员的特征不明显。

（三）关于行为特征

根据法律规定，暴力或以暴力相威胁是黑社会性质组织实施违法犯罪活动的基本手段，但是近年来，黑社会性质组织规避法律的意识和逃避打击的能力明显增强，与早期黑恶势力团伙“打打杀杀”直接造成人民群众心理恐惧不同，当前的犯罪组织在积累了一定经济基础和反打击经验之后，手段更具隐蔽性，往往不采取明显的违法犯罪手段来实现其非法目的，行为手段呈现多样性，“软暴力”等多种新型犯罪手段出现。上述两个案例在行为特征方面体现出比较一致的特点。

案例一中曾某的黑社会性质组织的行为特征体现在：一是有组织地多次进行违法犯罪活动，为非作恶，欺压、残害群众。以曾某为首的犯罪组织及其成员利用组织势力和影响，有组织地实施敲诈勒索、诈骗、虚假诉讼等违法犯罪活动。主要包括组织、领导者曾某多次通过微信安排查封房产、上门滋扰、堵锁眼等，由组织成员以组织的名义实施，并得到曾某认可或者默许。途胜公司业务员以公司名义开展一系列“套路贷”业务，谈合同、签合同，风控部调查、放款、制造银行流水和取现，向法院起诉并进行财产保全查封，若被害人未如期还款，业务员进行催收或通过诉讼要求被害人偿还虚高金额。上述工作流程均是由曾某等人在经营途胜公司的过程中逐渐形成并固化，体现了组织、领导者的意志，并安排具体人员以途胜公司的名义实施，应当认定为组织行为。组织成员为谋取经济利益，按照该组织的纪律规约、组织惯例实施的违法犯罪活动，主要是玉新、好再、焕英等公司按照曾某确立的“套路贷”模式进行的违法犯罪活动。

二是行为方式虽非直接的暴力，但具有极强的威慑性，足以对被害人形成强烈的心理强制。长期滋扰他人生产、生活，形成“软暴力”威胁恐吓。有的霸占房产，安排人员直接住进被害人的家中；有的上门恐吓，骚扰、干扰被害人生活；有的以泼油漆、写大字报、撬锁、堵锁眼等方式破坏他人生活设施和环境。上述讨债手段看似没有对被害人的人身造成直接伤害，但是这些“软暴力”手段将欠债者及其家人吓得外出躲债或者卖房还债，甚至出现过欠债人不堪其扰试图自杀“一了百了”的极端情况。以曾某为首的犯罪组织通过非正常的诉讼程序寻求不正当利益，其在拉拢和腐蚀涉案法官之后，客观上已经掌握了司法运作的路径，在签订合同当日就能让其他省的异地法院立案；在立案当日就能让法官查封远在H市的被害人房产；几万元的债务可以查封被害人一套乃至几套房产；甚至手中还攥有法院的封条和法律文书。该一系列行为，让被害人认为曾某等人手眼通天，有法官的支持，从而形成巨大的心理压力。被害人担心房产被法院拍卖而不得已接受“调解”“谈判”，答应曾某等人提出的要求。这种以司法权力为后盾的所谓的“调解”“谈判”，本质上是对被害人形成心理强制，进而影响其生产、工作和生活，虽不如外在硬暴力那么直接和明显，但实际给被害人造成的心理恐惧是非常巨大的，给社会造成的危害也更加严重。

三是以暴力威胁的现实转化可能性作为保障或补充。虽然以曾某为首的犯罪组织为了规避法律制裁，多数采用“软暴力”的方式，但是其行为始终以暴力威胁的现实可能性为基础。张某、徐某等被害人均陈述，该组织成员曾威胁“弄死你”。证人杨某某陈述，其儿子被3人带到一农居房内并威胁，如果借款的事情被其父母知道了，就杀他们全家，并让他在H市消失。这些行为都构成暴力威胁，足以让人产生心理恐惧从而形成心理强制，即“软”的背后有“硬”的支撑，“软”随时可以转化为“硬”。因此，以曾某为首的犯罪组织所采取的上述违法犯罪行为属于组织、领导、参加黑社会性质组织罪所规制的手段。

相较而言，案例二中景某某等人也主要采取了“软暴力”的行为方式，只是其危害程度没有案例一强或者广泛。景某某等人在实施“套路贷”犯罪中，以非暴力性的违法犯罪活动为主，以暴力、威胁等手段实施犯罪的特征并不明显，该团伙在实施滋扰、跟随、看管借款人李某雨的寻衅滋事行为中，借款人报警，团伙成员被公安机关行政拘留，故该组织的“软暴力”行为未达到“以组织的势力、影响和犯罪能力为依托，以暴力、威胁的现实可能性为基础，足以使他人产生恐惧、恐慌进而形成心理强制或者足以影响、限制人身自由、危及人身财产安全或者影响正常生产、工作、生活的手段”的程度，行为特征不明显。

（四）关于危害性特征

黑社会性质组织的危害性特征中有“称霸一方”的表现要求，这实际上不仅勾勒出黑社会性质组织形成的不法状态，同时也反映了黑社会性质组织的总体违法犯罪意图，通过实施违法犯罪活动，称霸一方，在一定区域或者行业内，形成非法控制或者重大影响，严重破坏经济、社会生活秩序。控制性特征也称危害性特征，是构成“领导、参加黑社会性质罪”最重要特征，也是黑社会性质组织犯罪有别于其他组织性犯罪的重要特征。没有形成行业控制、区域控制或者区域重大影响的犯罪不能评价为黑社会性质组织犯罪。

在案例一中，其危害性特征体现在：一是以曾某为首的犯罪组织与个别司法人员相互勾结，在“套路贷”犯罪过程中相互“配合”，沆瀣一气，利用司法权向被害人施压，致使被害人合法权利遭受违法犯罪活动侵害后，不敢通过正当途径举报、控告，严重损害司法公信力。杨某某、吴某某等国家司法工作人员，滥用司法权力，在受立案、司法调解、强制执行等各环节为曾某等人提供便利，以肆意查封他人房产为主要手段，使他人产生恐惧、形成心理强制，以此来“配合”该组织勒索他人巨额财物。

二是以曾某为首的犯罪组织规模扩张迅速、作案手段被争相效仿，多家公司主动依附，在一定区域和行业内形成了非法控制和重大影响。以曾某为首的黑社会性质组织所采用的与个别法官勾结的模式，不仅增强了维护组织非法利益的能力，还吸引多家公司主动贴附，委托其从事“贷后”业务，即利用其所能“掌控”的公权力实现其他公司的非法债权。“慕名”而来的同行企业是基于曾某集团从事违法活动所形成的影响力而进行的依附，这与通过暴力实现控制具有相同的效果。对于有竞争关系的同行，该组织通过掌握的“司法资源”占据对被害人财产优先受偿地位，利用司法权力侵吞被害人的财产，让竞争公司无法回款，进而左右了一些同行公司的存亡。这就营造出一种同行公司只有选择与其合作或者远离曾某犯罪组织，根本不敢与其竞争的氛围，最终形成垄断。

三是以曾某为首的犯罪组织通过实施“套路贷”违法犯罪活动，严重干扰、破坏多名群众、多家企业的正常生产、经营、生活，造成被害人巨额财产损失，严重破坏当地的经济、社会生活秩序。现查明，该组织通过实施敲诈勒索、诈骗、虚假诉讼活动作案 87 起，致 1 人自杀未遂、1 人精神障碍、6 人房屋被强制过户、8 人家庭破裂、2 人所持公司股权被转让，严重破坏了社会秩序和人民群众的正常生活。此控制性特征尽管已经不完全等同于传统黑社会性质组织“打打杀杀”后形成的区域排他性垄断，但是其危害程度和对社会管理秩序的破坏是一样的，甚至更甚。

案例二中景某某等人实施的犯罪缺乏形成非法控制或造成重大影响的危害性特征，无法证实景某某在小额民间借贷行业形成了垄断地位，造成较大规模的社会影响力，因此控制性危害特征难以达到。

（五）小结

随着经济社会的发展，黑社会性质组织犯罪的四个特征内涵也有所发展，在办案实践中最值得关注的两个特征：一是行为特征；二是危害性特征。

根据 2018 年《最高人民法院、最高人民检察院、公安部、司法部关于办理黑恶势力犯罪案件若干问题的指导意见》，黑社会性质组织实施的违法犯罪活动包括非暴力性的违法犯罪活动，但暴力或以暴力相威胁始终是黑社会性质组织实施违法犯罪活动的基本手段，并随时可能付诸实施。暴力性特征是认定“黑”罪的重要的行为特征，黑恶犯罪组织在司法机关的严厉打击之下，也有意识地规避打击，尽量减少暴力犯罪，但其本质是通过其他行为手段达到心理强制，形成非法控制，而且非法利益的实现一直可以以暴力威胁的现实转化可能性作为保障或补充，即“软”的背后有“硬”的支撑，“软”也随时可以转化为“硬”，如果“软暴力”能够获得非法利益就不需要动用硬手段。这是当前黑社会性质组织在发展过程中的一些变化。

在危害性特征方面，案例一体现出来主要是小额贷款公司行业的重大影响。H 市是一线城市，经济体量巨大，互联网金融活跃，要认定形成传统意义上的非法行业控制很难，司法机关应透过现象看本质，其行业的控制性特征和重大影响体现在：一是其他小额贷款公司的主动依附和攀附；二是组织内部成员以及同行对曾某的认同，公认曾某是行业里的"传说"，说明该公司影响力极大。因此，从这两方面看，曾某公司的危害性特征已经足以评价为黑社会性质组织特征之一的危害性特征。

需要说明的是，黑社会性质组织犯罪要具备的四个特征从来都不能割裂认定，要对四个特征整体看待。在司法实践中，应当结合案件证据证实的案件事实紧扣黑社会性质组织的四个特征具体内容来分析认定案件性质。有的案件个别特征非常明显，但是每一个特征都不能缺少，要整体看待。

案例二是一起公安机关与检察机关在案件定性上认识有分歧的案件，景某某等人尚处在由恶势力团伙、恶势力犯罪集团渐进生成、形成过程中，性质转变的节点并不明显。恶势力是对多人多起犯罪形态的一种概括表述，其行为性质需结合具体个案审查认定，而黑社会性质组织犯罪是《刑法》明确规定的犯罪，只有同时具备四个特征时才能认定为黑社会性质组织犯罪。笔者在工作中发现，个别地方在办理黑社会性质组织犯罪中，对于四个特征不明显的涉恶犯罪往黑社会性质组织犯罪方面靠，个别地方办案人员称是为了打早打小。实际上，黑社会性质组织形成过程也是由恶势力、恶势力犯罪集团、有组织的黑社会性质犯罪一步步发展的，"早"或者"小"的情况应当用恶势力或者恶势力犯罪集团进行评价。其中，组织特征要求成员之间形成组织管理关系，组织成员达到人数较多的程度，形成一定的规模，如果仅仅是几个人交叉结伙在一起实施了多起违法犯罪，或者仅仅是临时受纠集参与其中，并没有形成管理指挥的关系，则组织特征不宜认定；经济特征要求组织者将组织获得利益用于维系组织的生存和发展，如果组织头目与他人之间形成对价交易关系，则不能认定为豢养组织成员；行为特征要求该组织以暴力性犯罪为基础，在组织发展到一定程度后，暴力性特征变弱，"软暴力"特征明显，但"软暴力"仍然是以暴力性犯罪为基础的，如果组织的整个犯罪过程中，暴力性犯罪缺失或者占极少的一部分，"软暴力"特征十分突出，则认定行为特征需要更加慎重；危害性特征的认定，一定要达到在一定区域或者行业内产生非法控制或者形成重大影响的程度，这是认定黑社会性质组织的本质特征，如果没有达到非法控制或者重大影响的程度，则不宜认定形成黑社会性质组织。

涉房“套路贷”案件的司法认定

田向红　庞一然 *

摘　要　以房产为犯罪对象的“套路贷”犯罪行为，因房产价值高且适用登记过户的特点，并涉及公证、诉讼等行为，其“套路贷”环节和形式往往更加复杂和隐蔽。为揭示该类案件的“套路贷”本质，应当把握好刑民交叉的关系，审查被害人签订一系列法律文书和办理公证手续时，被告人是否违背诚实信用原则导致被害人基于错误的意思表示签署了相关法律文书，完成刑事违法性的实质判断。“套路贷”案件犯罪环节的复杂性亦产生了较为突出的罪数认定问题，在审查时应当结合房产过户、处置变现的过程，以及不同行为所具有的暴力、威胁性质和所侵害的法益，正确认识数罪之间的关系。在新形势下认定“套路贷”犯罪组织构成黑社会性质组织时，应当正确理解法律和司法解释的实质，对黑社会性质组织的四个法定要件作出符合立法目的的解释。

关键词　套路贷　房产　黑社会性质组织　诈骗罪

［基本案情］　被告人林某某自2013年9月至2018年案发，以实际控制的A公司、B公司，通过招募股东、吸收业务员的方式，勾结

* 田向红，北京市人民检察院第四分院党组书记、检察长，北京市检察业务专家；庞一然，北京市人民检察院第三分院第七检察部副主任。

警察、公证员、律师、暴力清房团伙等人员，以老年弱势群体为主要目标实施系列“套路贷”犯罪活动，逐步形成了以林某某为核心，增某、胡某等9人为骨干，林某强、杨某某等9人为成员的黑社会性质组织。该组织以房产抵押借贷为名，诱骗被害人签订空白合同、委托公证书等文书，在被害人违约时或恶意制造违约，利用委托公证书将被害人房产擅自过户，指使暴力清房人员或纠集其他恶势力犯罪集团采取破拆门锁、抬拉拖拽、威胁辱骂等暴力或“软暴力”手段将被害人或租户驱离，并通过虚假诉讼等手段将房产处置变现获取巨额经济利益，先后实施了诈骗、寻衅滋事、敲诈勒索、虚假诉讼等系列违法犯罪活动，为非作恶、欺压残害百姓，涉及北京市朝阳区、海淀区等11个区、72名被害人、74套房产，涉案房产总价值人民币3.5亿余元，造成被害人经济损失人民币1.8亿余元。

该案“套路贷”犯罪流程可以概括为六个步骤：第一步，与被害人商定办理房屋抵押贷款，并实地看房、到房产中介公司查询房产价格信息，根据借款金额和房价判断房产是否具有诈骗价值；第二步，向被害人匹配由其所指定的资金出借人，签订借款抵押协议和全权售房委托书并办理公证、抵押手续，在办理借款合同公证的同时，欺骗、诱使或迫使被害人一并签订出售房屋全权委托书、大量空白借条、收条、房屋买卖合同等明显不利于被害人的法律文书；第三步，被害人违约，既包括被害人自身无力偿还借款本息，也包括被告人利用合同规定贷款期限明显少于与被害人实际约定借款期限，或者故意躲避被害人还款请求等方式恶意制造违约的情形；第四步，过户被害人房产，被告人代位偿还出借人资金后，在未告知被害人的情况下，利用已公证的全权委托书，将被害人房屋低价出售给自己所控制的公司或个人，有的甚至以办理房屋抵押借款为名，欺骗高龄被害人签订房屋买卖合同，直接过户房产；第五步，持骗取的房本，要求被害人迁离住宅，并采取撬开房门、更换门锁等手段非法侵入被害人住宅，或以恐吓、威胁、推搡等方式将被害人强行驱赶，从而实际占有房产；第六步，通过出售、虚假诉讼等方式将房产处置变现获取巨额利润。被告人将房屋过户后，多名被害人向法院提起确认合同无效的民事诉讼，法院的判决既有认定房屋过户无效，被害人在案发前取回了房屋所有权的情况，也有判决被害人败诉，认可被告人过户房产行为效力的情形。在民事诉讼过程中，林某某犯罪组织通过作为组织成员之一的律师李某某代为应诉，以被害人签署的一系列法律文书抗辩被害人的正当诉讼请求，阻碍被害人维权。

一、案件的主要特点

（一）以公司形式实施“套路贷”犯罪

被告人先后成立了两家公司，各被告人在公司中具有老板、股东、各部门负责人、经理等不同身份，对内按照公司形式，股东以股权出资比例参与分红，经理、负责人按照部门业务量提成。公司有明确的职级设置和岗位分工，人员层次较为明晰，有一套完整的管理规范；对外以公司名义开展业务活动，各被告人均是以公司名义与被害人接触，公司对外宣称开展匹配出借人、向借款人放贷、为出借人提供理财服务、支付出借人利息等正常的业务活动。因此被告人以公司形式为载体，进行组织、活动的外观与通常公司的经营管理活动没有明显区别。

（二）以房产为对象实施“套路贷”犯罪

房产作为不动产，具有价格较高的特点，其所有权转移以登记为原则。对象属性的不同，决定了房产诈骗的过程更为隐蔽复杂，需要签署一系列的抵押借贷协议、办理委托公证、抵押解押等手续。本案被告人并未垒高或虚增债务数额形成非法债权，借由债权的清偿非法占有被害人财产；相反，被告人并不作为债权人一方，其表面上只是起中介、担保的作用，利用被害人签署的委托书，制造出过户被害人房产的“合法”根据。房产作为家庭的承载，关系到群众的重大切身利益，被害人一旦失去房产，就面临着流离失所、无家可归的境地，其财产、人身权益均受到重大侵害，严重影响到社会和谐稳定，反映出以房产为对象的“套路贷”犯罪具有严重的社会危害性。

（三）通过合法形式掩盖非法的犯罪目的

绝大部分被害人在被告人的安排下签署了借款抵押合同、授权委托书，并办理了公证。被害人在公证人员的见证下，亲自在相关法律文书上签字，并由公证机构出具公证书进一步证明被害人的真实意愿及文书的真实性。于是，在被害人无力偿还本金或因被告人恶意而违约时，被告人擅自处置被害人房产就显得“于法可依”，形式上造成了被告人有权依据委托书合法处置被害人房产以偿还贷款本金的表象，因此，本案通过形式合法的借贷关系的表象，以达到非法占有被害人房产的真实目的，是典型的“套路贷”案件。

（四）罪数认定问题较为突出

根据《最高人民法院、最高人民检察院、公安部、司法部关于办理“套路贷”刑事案件若干问题的意见》（以下简称《“套路贷”意见》）第4条规定，行为的暴力性或威胁性是“套路贷”案件区别于普通诈骗取财的显著特点，揭示“套路贷”可能包含其他犯罪行为，提出了“套路贷”案件中普遍存在的罪数问题，但是对于适用一罪还是数罪，仅作了原则性的表述，未作硬性规定。本案中，房屋过户至被告人所有可以作为一个重要节点，标志着诈骗行为的既遂，在此之前的行为均可以由诈骗罪来涵摄，在此之后又出现虚假诉讼、暴力清房以及再次处置房产等行为，这些诈骗既遂后的行为，有的暴力性或威胁性极为明显，而有的则不具有这样的特点，那么相关行为与已经完成的诈骗行为应当认定为一罪还是数罪的问题，就显得尤为突出。

二、司法认定难点分析

（一）区分正常民间借贷和“套路贷”诈骗，准确认定非法占有目的

根据《“套路贷”意见》第2条规定，“套路贷”与正常民间借贷在主观目的和客观行为方面具有显著区别，主观上是否具有非法占有目的，同时客观上是否实施了违反诚实信用原则的行为，是判断和识别“套路贷”的主要标准。具体到个案中，就是要坚持从客观到主观，通过揭示客观行为违反诚实信用原则的程度，印证被告人主观上具有非法占有目的，做到主客观相一致，从而透过案件事实的交易表

象、把握案件中不法行为的本质。具体到本案中来，应当注意以下两个方面：

一是实质审查认定被害人的真实意思表示。意思表示真实是民事法律行为有效的要件之一，虽然表面上被害人本人在公证处签署了借款抵押合同、授权委托书并办理了公证，但是这些形式上真实的法律文书是否代表了被害人的真实意思表示则属另外一个问题，因此应当结合被害人陈述，特别是多数被害人陈述相互印证一致的内容，以及被告人的供述，审查被害人签署相关法律文书的具体过程。本案中，众多被害人的陈述相互印证，证明被告人与被害人商定办理不固定期限房产抵押贷款业务，但在带领被害人签署借款抵押合同时，未告知被害人合同约定的借款期限仅为1个月，未告知被害人办理全权售房委托公证书将导致其房产面临被转让的重大风险，更未告知被害人其房产被处置用于偿还本金后的余值将不再返还给其本人；并且，被告人在上述过程中存在遮挡法律文书、不让被害人仔细阅读、催促被害人直接签字等行为，甚至在多名被害人签字的文书中夹带了大量空白收条、欠条及空白房屋买卖合同；在合同履行过程中，被告人在被害人不知情并继续偿还利息的情况下即擅自过户了被害人的房产至被告人控制的个人或公司名下。在案扣押的空白文书、房屋买卖合同等客观证据亦能印证上述事实，从而证明被害人是在受到蒙骗的情况下作出了错误的意思表示。因此被害人签署的、被告人借以处置被害人房产的法律文书，违背了被害人的真实意思表示，不具有法律效力。

二是注重整体上把握本案“套路贷”行为的特点，判断被告人的非法占有目的。本案被告人究竟是正常经营过程中为了保障其本金而处置被害人房产，还是本质上属于意欲非法占有被害人房产的不法行为，对此必须综合全案事实，在深刻把握本案“套路贷”行为特点的基础上作出判断。本案中的债权债务并非虚假债权债务。被告人通过一系列法律文书所设计的“套路”试图达成这样一种效果：被告人利用全权委托公证书，以被害人的受托人身份，将被害人房产以接近于借款本息金额的价格出售给了被告人控制的个人或公司，从而制造了被告人代被害人向出借人还款并将房产合法处置的表象；由于人为压低了房屋的买卖价格，没有产生超出贷款本息的余值用于返还被害人，于是被告人控制的个人或公司作为买方顺理成章地取得了房产的所有权，那么接下来房产再次出售、处置变现获得利润就理所当然地归被告人控制的个人或公司所享有。在上述一系列行为中，关键的一环是被告人利用受托人身份过户被害人房产至其实际控制的个人或公司名下时，明显违背了被害人只是借款、并无出售房屋之意愿的真实意思，且该转让不是公允的房屋买卖，而是被告人自导自演的一个虚假交易。从安排被害人违背真实意思表示签署借款抵押合同、委托书并办理公证书等一系列法律文书，至被告人以受托人身份通过虚假交易将房产过户由其本人控制，被告人的设计环环相扣，以达到最终在形式上合法占有被害人房产的目的。以合法形式掩盖非法目的，正是“套路贷”的特点所在。事实上，在案证据显示被告人在取得被害人房产所有权后，进一步通过出售、抵押或虚假诉讼等方式将房产处置变现，并将房产变现所得用于提成和股东分红。因此，综合全案事实，通过对被告人行为模式的深入剖析，从整体上认识其行为的套路性、欺骗性，并结合被告人占有处分被害人财产的事实，方能准确认定其非法占有目的。

（二）正确评判民事裁判结果对“套路贷”是否构成犯罪的影响

本案中部分被害人提起了民事诉讼，请求法院确认被告过户其房产的合同无效，但法院判决认定被告过户房产有效，使得被告人的诈骗行为更加具有合法性的外衣。对此，应如何理解法院判决的效力？

首先，民事判决认定的事实并非“套路贷”案件的真实事实。民事诉讼程序实行“谁主张谁举证”的原则，被害人作为一个个体，调取证据能力有限，且在被告人精心安排的“套路”中，很难获取对自己有利的证据。由于被害人在抵押借款合同、委托公证书等法律文书中均签字确认，有银行转账证实已经进行了借贷，被害人确有违约行为，虽然被害人抗辩称签署委托公证文书并非自己的真实意愿表示，违约并非自身原因造成等，但由于无法提供有效的证据，仅凭口头辩解难以获得法院的认可，因此需承担举证不能的败诉后果。所以，案件的真实事实只有通过公安机关的侦查和调查取证，方能展现被告人整体的犯罪套路，进而揭露“套路贷”诈骗房产的本质。在民事优势证据证明的事实与刑事证据证明的事实不一致时，应当以刑事审判确认的事实为评判标准。

其次，本案中，民事裁判仅是对“套路贷”诸多环节中一个环节的认定，并不能否定对“套路贷”整体犯罪事实的认定。如前所述，被告人通过设置多个“套路贷”环节，最终获取被害人房屋的余值。民事判决书认定的事实仅为过户被害人房屋有效，并未认定被告人可以不返还出售房屋后扣除借款本息的余值，如果被告人不具有诈骗的故意，仅仅为了获取正常民间借贷的借款利息，那么被告人在处置房屋后，应当返还房屋的余值，因被告人诈骗所指向的就是房屋的余值，且所得财产立即以公司股东分红和业务员提成的方式进行了分配，被告人既没有归还的意愿，也没有归还的实际可能。所以，即使民事判决有效，亦不影响对刑事被告人行为性质的认定。

（三）准确认定罪数形态

本案是以“套路贷”方法诈骗被害人房产的一系列犯罪行为，在判断多个犯罪行为之间的罪数关系时，应当注意从诈骗罪既遂的标准以及其他犯罪行为在手段和所侵害法益的独立性两个方面加以分析。

首先，关于认定诈骗罪既遂的标准，诈骗行为应于房产由被害人过户至被告人控制时既遂，虽然被告人最终获得的是房产处置变现后的余值，但就诈骗罪的成立而言，当房产的所有权过户至被告人控制时，诈骗罪犯罪构成意义上的非法占有他人财产的危害结果已经实现。虽然此时房产的实际使用人仍然是被害人，但根据物权公示公信原则，作为房产所有权人的被告人在法律上即取得了随时依据房屋所有权排除被害人对房产占有使用的权利。

其次，考察诈骗罪既遂后行为的性质，可以发现，被告人在取得被害人房产所有权后，实施的涉嫌其他犯罪的后续行为主要包括：一是通过砸门撬锁、拖拉抬拽以及在屋内留滞等暴力或“软暴力”方式将被害人驱逐出房屋；二是串通第三人虚构民事纠纷提起诉讼，通过法院对房产进行司法拍卖，将房产变现；三是持房产证以暴力清房或出售房产为要挟，向被害人强行索取远高于被害人借款金额的钱财。上述三种行为分别符合寻衅滋事罪、虚假诉讼罪、敲诈勒索罪的犯罪构成。对于寻衅滋事、虚假诉讼、敲诈勒索行为，不仅其行为手段方面具有明显的不法性，表现在手段具有暴力、威胁的性质，或者直接欺骗国家司法机关以实现其犯罪目的，而且在行为侵害的法益方面亦显著超出了诈骗罪所能涵摄的范围，寻衅滋事行为侵犯了公民对其住宅安宁享有的合法权益，敲诈勒索行为侵犯了被害人的意思自由，虚假诉讼行为侵害了正常的司法秩序。因此，虽然寻衅滋事、敲诈勒索、虚假诉讼行为是围绕被害人的房产而展开，但是已无法用诈骗罪予以评价，应当单独评价为相应的独立的犯罪。此外，在本案中上述三种犯罪行为与诈骗被害人房产所有权的行为，并不存在一般意义上的或者类型化的原因与结果或者手段与目的方面的牵连关系[①]，所以本案应当以诈骗罪、寻衅滋事罪、虚假诉讼罪、敲诈勒索罪数罪并罚。

（四）准确认定黑社会性质组织

被告人采取了公司化运作方式，使本案黑社会性质组织的认定成为庭审中争议的焦点。被告人及辩护人提出了被告人是正常经营公司，不是黑社会性质组织，其组织不稳定、行为不具备暴力性、公司系正常运营且存在亏损、不具备控制性特征等辩护意见。对此，应当围绕黑社会性质组织的四个法定要件，结合案件事实进行论证。首先，在组织特征方面应当明确，公司化的运作形式与黑社会性质组织特征成立与否没有必然联系，《刑法》对黑社会性质组织的组织特征提出了明确的标准，本案犯罪组织骨干成员主要由公司股东组成，人员基本固定，内部分工明确，具备组织特征。其次，在经济特征方面，评价经济特征不能仅关注公司账面结果，在账外的违法所得以及将违法所得用于发放提成、工资等来维系组织运转的行为均可以评价为经济特征。再次，在行为特征方面，该组织实施“套路贷”犯罪活动过程中，有组织地采取撬锁、拖拽等暴力或“软暴力”行为，将被害人及其家人驱离房屋，有的被告人还以非法取得的房本为要挟，要求被害人搬离或索要高额钱款，被告人行为的“软暴力”特征同样符合黑社会性质

---

① 参见周光权：《刑法总论》，中国人民大学出版社2016年版，第385页。

组织的行为特征。最后，关于危害性特征，《刑法》要求在一定区域或者行业内，形成非法控制或者重大影响，本案“套路贷”犯罪组织通过有组织地实施多起“套路贷”犯罪活动，符合《最高人民法院、最高人民检察院、公安部、司法部关于办理黑恶势力犯罪案件若干问题的指导意见》第 11 条第 4 项规定的干扰、破坏他人正常生产、经营、生活，并在相关区域或者行业内造成严重影响的情形，因此可以认定本案“套路贷”犯罪组织在北京市范围内以及对小额借贷金融领域造成了重大影响，符合黑社会性质组织危害性特征。

三、办理涉房“套路贷”案件应当把握的原则

“套路贷”案件是伴随经济社会快速发展而出现的司法实务领域的一类新案件，通常以一系列民事行为的集合体为表现形式，呈现出合法民事交易的外观，如何在纷繁复杂的市场经济活动中准确地甄别出“套路贷”犯罪行为，始终是办好“套路贷”案件，实现精准打击效果的核心和关键。这也是在各具体罪名的既有犯罪构成理论基础上，司法实务中仍然提出“套路贷”概念的意义所在。另外，“套路贷”案件本身在犯罪对象、行为手段等方面具有多样性的特点，以房产为犯罪对象的“套路贷”，因房产的不动产属性所带来的交易的复杂性，使涉房“套路贷”犯罪行为变得更加隐蔽和复杂，这些都对办理涉房“套路贷”案件提出了更高的要求。司法者在审查该类案件时，应当着重把握好以下三个原则。

（一）把握好形式与实质的关系，坚持刑法实质判断原则

在对任何案件事实作出刑法评价时，应当深入考察行为实质违法性和社会危害性，这是《刑法》将某一行为规定为犯罪予以刑事制裁的正当性根据。“套路贷”本身不是一个独立的罪名，而是司法实践中对假借民间借贷之名非法占有他人财产的相关违法犯罪活动的概括性称谓，“套路贷”概念的提出，提示司法工作人员在面对一系列相关行为时，要能够透过现象看本质，把握住行为实质的违法性。在“套路贷”犯罪中，犯罪嫌疑人通常以订立合同、进行公证等形式，使其犯罪行为“合法化”，这些合同均有被害人的签字，往往会误导司法者，使其

认为合同真实有效。办案人员应当透过表象看本质，重点审查是否为被害人真实意思表示，双方权利义务是否对等，以及交易是否具有一般意义上的合理性等，从而判断合同的有效性。

（二）把握好刑民交叉的关系，坚持刑法独立判断原则

"套路贷"的民事交易外观导致其不可避免地面临着突出的刑民交叉问题，具体表现为刑民评判的标准和民事裁判对刑事案件认定的影响两个方面。

一是刑民评判的标准，即刑法的评价是否要以行为在民法上是否被禁止为前提。应当明确的是，刑法与民法是相互独立的两个部门法，二者具有不同的独立的法秩序基础，刑法以保护法益为目标，惩罚具有相当社会危害性的不法行为。法益的内涵十分宽泛，并不局限于民法的规范性判断。民法奉行意思自治原则，法无禁止即自由，是否形式上符合民法规范或者为民法规范所禁止，并不能影响刑法基于法益保护原则对行为进行实质违法性的独立判断。[①]"套路贷"的本质特点正是通过形式上符合或不违反民法规范的行为创设被告人取得被害人财产的法律上的原因，进而排除被告人的非法占有目的，此时刑法的功能即在于根据案件事实的主客观方面依据犯罪构成进行独立的评价，案件事实所反映的违背诚实信用基本原则的诸多情节便构成了刑法对"套路贷"进行否定性评价的基础。

二是关于民事裁判对刑事认定的影响，即在案涉及的大量民事判决，甚至是被告人胜诉的判决是否可以作为证明被告人行为系民事合同行为的证据，应当明确的是民事审判采用的是优势证据规则，法官依据优势证据认定法律事实；而刑事案件的审判，追求的是案件实质真实，而非仅依据优势证据加以判断。所以，民事判决认定的事实在与刑事案件查清的事实相悖时，应当以刑事案件认定的事实为主；同时，民事判决所认定的事实只是"套路贷"全部案件事实中的一个环

---

① 参见王骏:《违法性判断必须一元吗？——以刑民实体关系为视角》,《法学家》2013年第5期。

节，且非关键性事实，应当分清重点，排除干扰，正确看待民事案件裁判对刑事认定的影响。

（三）注重理解法律及司法解释的立法本意，正确适用罪刑法定原则认定黑社会性质组织犯罪

随着经济社会的发展，犯罪的特点也在不断发生变化，如何正确理解法律及司法解释的立法本意进而正确适用法律的问题摆在司法者面前。特别是“套路贷”犯罪组织通常采取的公司化运作方式对认定黑社会性质组织的组织特征的影响，其行为明显的“软暴力”特征对认定黑社会性质组织的行为特征的影响，以及在我国当前社会治安总体呈现良好态势下对黑社会性质组织的危害性特征的理解，均不同程度地对依法认定黑社会性质组织构成一定影响。法律必须通过解释才能适应不断发展的社会经济需要，历史解释、目的解释是刑法解释方法论中的重要组成部分，[①]因此，不应当僵化地理解黑社会性质组织的法定特征，将其固化为旧社会帮会组织的样态，而应当着重把握法律和司法解释的立法本意，对黑社会性质组织的法定要件作出符合立法目的并且不超出立法文义范围的解释，对于危害性要件，应当重点审查“套路贷”犯罪组织在一定地域和所从事的特定领域范围内造成的严重社会危害后果，以及对正常社会经济生活秩序造成的重大影响。

① 参见梁根林:《罪刑法定视域中的刑法适用解释》,《中国法学》2004 年第 3 期。

校园“套路贷”案件的司法认定

刘　辉*

摘　要　“校园贷”是“套路贷”犯罪表现形式之一，因其主要针对在校学生实施，因此具有相对独特的心理危害特征和结果危害特征。犯罪分子为了更有效率地实施“校园贷”犯罪活动，逐步向组织管理公司化、作案工具网络化、犯罪手段系统化、行为模式隐蔽化发展。把握这些特征是准确认定“校园贷”犯罪、黑社会性质组织犯罪的必要前置条件。

关键词　校园贷　犯罪特征　黑社会性质组织犯罪　社会综合治理

［**基本案情**］ 2016年10月，被告人胡某某为谋取经济利益，伙同他人利用网络平台开始经营“校园贷”业务。2017年10月，胡某某为进一步扩大经营，与被告人鲍某某、吴某某共同成立了杭州众愉咨询管理有限公司，投资开发“凭证云”App软件为实施“套路贷”积累客户资源，在杭州市萧山区祥腾财富中心租赁办公室，开始开展主要针对在校大学生等年轻人的“套路贷”犯罪活动。胡某某负责全面管理，鲍某某负责“校园贷”的客源审核放贷业务，吴某某负责催讨。

2017年6—7月，被告人魏某某、施某某等人为谋取经济利益，先后至胡某某处学习“校园贷”犯罪方法，随后分别出资设立“壹号钱

* 刘辉，浙江省杭州市萧山区人民检察院第四检察部主任。

庄”等专门工作室，全面开展“校园贷”放贷业务。

在该犯罪组织形成的过程中，胡某某为了分享客户资源、建立放贷与审核规则、控制放贷风险，创建了“桐庐帮”微信群，打造组织重要成员间稳定的联系网络。鲍某某、吴某某等40余名涉案人员被先后拉入该群从事“套路贷”活动。胡某某通过“桐庐帮”微信群发布信息，设置组织内行动原则；明确放贷风险控制规则；要求组织成员不得使用组织封杀的中介人员；强令违反组织规则者退出组织；要求各组织成员禁止向外泄露该组织情况。胡某某通过在“桐庐帮”校园贷组织内不断发布信息，督促组织成员遵守其制定的规则，有组织地实施一系列违法犯罪活动，逐步形成了一套在组织成员之间普遍认同的组织规约，树立了其本人在“桐庐帮”中的组织者地位。

至此，该犯罪组织已形成以同学同乡为基础的，以公司化层级管理的，公司与“钱庄”、工作室相联合的组织架构，形成以被告人胡某某为组织、领导者，以被告人鲍某某、吴某某等人为骨干成员，以被告人许某某等人为积极参加者，以被告人何某等人为一般参加者的，人数众多、组织者明确、骨干成员固定、联系紧密、结构稳定的黑社会性质组织。

2017年5月至2018年1月，该犯罪组织在胡某某的组织、领导下，经组织内成员相互配合，假借民间借贷之名向在校大学生放贷，诱骗学生签订虚高的借款协议，制造资金走账流水的虚假给付事实，故意造成被害人违约事项，在组织成员之间相互推送借款人以不断恶意垒高借款金额，进而由组织领导者或骨干成员决定创造“爆单”事由，着手对学生及其家属进行暴力或“软暴力”式催讨，采取以非法控制学生人身自由的方式向学生父母勒索财物；以发布暴力、血腥视频的方式对学生进行心理恐吓；以摆放花圈、喷洒油漆等方式对学生家庭进行骚扰；以捏造恶意内容对学生及其亲友、同学、老师进行“电话轰炸”“短信轰炸”的方式诋毁学生声誉；以虚假诉讼的方式利用民事司法权进行催讨，从而全面破坏学生的家庭、学校、朋友圈生活环境，直接侵害学生的人身安全，严重威胁学生心理健康。2017年11月3日，被害学生袁某某向犯罪组织借款，后因不堪催讨割腕自杀，被救助后休学；12月中旬，被害学生章某某割腕自杀，被救助后休学；

12月28日，被害学生蒋某某跳楼，造成轻伤一级的损害后果；12月31日，被害学生倪某跳楼自杀，经抢救无效后死亡；2018年1月23日，被害学生陈某某割腕自杀，被救助后退学。

以胡某某为首的黑社会性质组织在短时间内向47名被害人及其家庭有组织地实施敲诈勒索、诈骗、非法拘禁犯罪48起，涉案犯罪金额共计人民币291万余元，导致1名在校大学生自杀死亡、18名学生受影响退学、休学，对杭州高教园区大学生的正常学习生活造成恶劣影响。犯罪组织所攫取的巨额不法财产被成员用于买房买车、聚众豪赌、旅游聚会等挥霍消费，部分用于发放组织成员工资以支持组织持续运转，更多的用于再行投入“校园贷”犯罪活动以进一步犯罪敛财。

杭州市萧山区人民检察院以组织、领导、参加黑社会性质组织罪、敲诈勒索罪、诈骗罪、非法拘禁罪将本案提起公诉。经审理后，法院以被告人胡某某犯组织、领导黑社会性质组织罪、敲诈勒索罪、非法拘禁罪、诈骗罪判处有期徒刑25年，剥夺政治权利5年，并处没收个人全部财产，罚金120万元；对被告人鲍某某、吴某某等人按照各自所犯罪行，分别判处20年至1年10个月有期徒刑。本案经杭州市中级人民法院终审裁定判决已生效。[①]

一、校园“套路贷”案件的主要特征

“校园贷”是“套路贷”犯罪形式之一，本质上与“套路贷”犯罪相同，但因其针对在校学生实施这一特点，具有相对独特的危害性，主要危害特征如下：

（一）心理层面“诛心化”

“诛心论”已然被犯罪分子熟练运用于“校园贷”犯罪之中。犯罪分子首先利用学生群体社会经验不足、借贷消费欲望强烈、抵御风险能力欠缺等心理特征，以网络借贷为名轻易便能诱使大量学生陷入“套路贷”陷阱；随后，犯罪分子开始设置重重“套路”，制造虚假资

---

① 参见（2018）浙0109刑初1538号刑事判决书、（2019）浙01刑终410号刑事裁定书。

金流水，诱骗学生签订虚高借条，故意制造违约事项，以“帮助”学生借新款还旧债为名在组织成员之间相互推送学生借款，以不断垒高债务；当犯罪组织的领导者决定“爆单”对学生进行催收后，学生会发现之前宽松的借款环境发生了逆转，没有人再向其放款，而多次借款累积的借条包括已还款未及时收回的借条早已累积成让学生难以接受的巨额数字，此时的犯罪分子无论从“道义”上还是手握的“证据”上都凌驾于被害人之上，毕竟从世俗角度来看“欠债还钱”是天经地义之事，即便此时学生求助于家庭、学校，也都难以获得充分的理解，学生无法获得家庭、社会的支持进而摆脱犯罪分子布置的层层“套路”。犯罪分子正是利用这种给学生贴上“欠债不还”污名化标签的方式，肆无忌惮地公然开展催讨。心理危害特征的另一方面，就是青少年应激反应强烈，在被催讨高额债款过程中往往受制于犯罪分子的“套路”“话术”，采用激烈的对抗方式多为“向内”，如自残、自杀等方式应对，而非针对犯罪行为者，造成的危害后果更加严重，而躲在背后的犯罪分子则以自残、自杀是学生自己造成的为由，没有相应的负罪感，同样的犯罪模式被变本加厉地反复实施。

（二）侵害对象特定化

学生是没有独立经济能力的，犯罪分子深知这一点，其仍然选择学生作为犯罪对象，真实的目标是学生背后的家庭。犯罪分子抓住当下社会结构的痛点，即学生（多系独生子女）是每一个家庭的核心，是父母的希望这一社会特征，以学生为筹码挟制整个家庭，向学生所在的家庭压榨财物。一般情况下，父母为避免孩子陷于被追索债务的困境，即便是向他人负债也会满足犯罪分子的要求。对于部分拒绝还款的家庭，犯罪分子采取暴力上门催讨、摆放花圈、喷洒油漆、扬声器播报等方式对家庭进行骚扰，直接冲击家庭这一社会基础结构，严重损害家庭成员之间的和睦关系、信任程度。犯罪分子在催讨过程中，为了孤立学生，向学生同学、老师进行“电话轰炸”，进而又将被侵害群体扩大到校园。

（三）犯罪组织公司化

如上所述，因“校园贷”涉及对学生户籍审定、家庭走访、资产评估、风险管控等一系列前期行为，促使犯罪组织逐步升级为公司化运行，进行市场化运作，主要运行模式如下图所示：

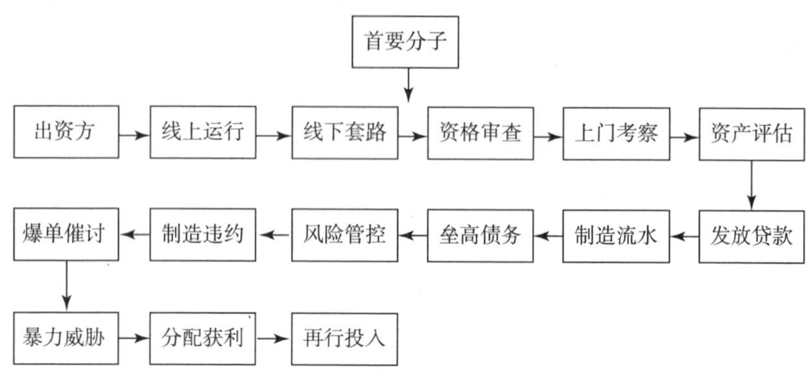

基于上述犯罪模型，犯罪组织形成如下运作模式：一是纵向运行公司化。组织者胡某某为扩大经营与骨干成员鲍某某、吴某某共同设立公司，租赁核心区域的写字楼对外经营，分别由骨干成员担任放贷审核部部长、催收部部长进行运作。二是横向联合垄断化。胡某某先后联合骨干成员董某等人经营的“壹号钱庄”、魏某某等人经营的“某工作室”，逐步垄断高教园区一带“校园贷”业务，相互协作垒高学生债务，共同催讨营造声势，对被害学生及其家庭施压，以期实现犯罪组织利益最大化。三是权力寻租常态化。犯罪组织以公司为依托积极寻求公权力的帮助和保护，已查证有公安人员为犯罪组织成员提供被催讨人员身份信息、行踪轨迹，配合犯罪组织进行催讨，有民事法官采纳犯罪组织提供的虚假证据判决学生方败诉，有证据证实司法人员与犯罪组织成员共同出入娱乐、餐饮场所。

（四）犯罪工具网络化

犯罪分子以市场化运作的方式抢占用户市场、抢占客户手机端，胡某某设立众愉公司后，以公司为依托，斥资 10 万元委托开发“凭证云”App 软件，通过审核后面向全国客户发布推广，将该软件用于开展

“校园贷”犯罪活动，以期实现线上、线下双营利，更通过线上积累所谓的“客户资源”以发展成为线下“校园贷”的借款人。“凭证云”App后台数据完全由犯罪组织控制，借款人个人信息、家庭组成、资产状况全部被犯罪组织掌控并用于违法犯罪使用。借贷软件面向全国发布，辐射范围已涉浙江、上海、江苏、山东、河南等多省、市，潜在被害受众广，司法查处难度大。

（五）催收手段系统化

犯罪组织已形成系统化的暴力、“软暴力”催收模式。系统化表现在：一是组织内部分工明确，组织内设催收部，催收负责人下设催收员，从社会雇佣形象凶悍、带有文身标识等人员专职进行暴力催讨；二是横向联合扩大声势，联合其他工作室进行连环不间断催讨，一个公司在突破学生及其家庭心理防线后，迅速将信息通知其他成员组织，以最大化压榨学生家庭；三是目标明确、手段恶劣，如本案中，采取非法控制学生人身自由，发布暴力、血腥视频，摆放花圈、喷洒油漆，“电话轰炸”“短信轰炸”，虚假诉讼等方式进行催讨，从而全面破坏学生的家庭、学校、朋友圈生活环境，彻底孤立学生，摧垮学生思想，学生自残、自杀多在此阶段发生。

（六）危害结果恶性化

以胡某某黑社会性质组织案件为例，该组织在短时间内向47名被害人及其家庭有组织地实施敲诈勒索、诈骗、非法拘禁犯罪48起，涉案犯罪金额达数百万元，暴力催讨行为导致5名被害人选择自杀，比例超过10%，其中1名在校大学生跳楼死亡、1名学生跳楼导致轻伤一级、3名割腕被害人被及时救助，18名学生受影响退学、休学。经调查了解，选择自杀的学生当中涉案金额并不是唯一决定因素，还包括如下成因：一是屈辱感，部分学生借款“校园贷”1个月时间内便被累积到5倍的还款金额，在申辩过程中犯罪分子手中握有的“证据”又让学生无从辩解，部分家长、学校在犯罪分子的“证据”面前认为学生是错上加错，这种来自家庭、学校的负面评价无形中加重了学生的屈辱感；二是污名化标签，犯罪分子通过给学生贴“欠债不还”“老赖”

等标签的方式让学生深陷道德泥潭，使学生无法获得来自外界的心理支持；三是社会关系崩塌，犯罪分子通过“呼死你”等软件对学生本人、父母、亲友、同学、老师进行全方位的“短信轰炸”“电话轰炸”，通过大喇叭、摆花圈、喷油漆的方式对学生现实生活环境进行恶性滋扰，让学生社会关系彻底崩塌，部分自杀后被救助的学生表示“经历过这些事之后，生活已经没有意义”，部分学生在经历过“校园贷”后已经无法正常生活，家庭关系紧张脆弱，部分学生已无法在原学校环境中继续完成学业，不得不选择退学、休学。这些案例也一再印证了“软暴力”“诛心论”在心理层面的巨大危害。

（七）犯罪行为隐蔽化

犯罪分子用以隐蔽“套路贷”犯罪活动的常用方法就是对外展现出“民间借贷”的假象，诱导司法机关作出系民事纠纷的错误判断。在部分被害人报案后，受案公安机关在未深入调查的情况下常常也会陷于犯罪分子的“套路”，作出系民事纠纷的判断，更有公安机关针对已死亡学生的案件作出“排除刑事案件”的书面答复意见，通知家属对死亡学生尸体进行火化；相当一部分民事法官，简单依照民事案件优势证据原则作出错误民事裁判，判决被害学生支付犯罪分子捏造出的金额。未能通过司法途径及时查处犯罪分子，更助长犯罪分子嚣张气焰，被害人及其家庭在求助司法无门的情况下，也只得满足犯罪分子要求，由此产生的传导效应，吸引更多牟利者参与其中，包括庞大的资金中介团体，犯罪组织甚至还转化了部分被害学生成为组织成员，变成组织帮凶。黑社会性质组织的核心危害特征——控制力也由此得以充分暴露。犯罪行为隐蔽，被害人分散，犯罪组织有分有合，这都给司法查处及性质的准确认定带来极大的难度。

二、司法认定难点分析

随着司法解释、指导意见、典型案例的不断发布，对“套路贷”犯罪法律层面认识已趋于一致，但在“套路贷”衍生成为黑社会性质组织犯罪中仍然存在较多问题值得深入探讨。

（一）“校园贷”模式黑社会性质组织的“组织特征”认定问题

以胡某某黑社会性质组织为例，在侦查初期，公安机关以敲诈勒索、诈骗两罪对胡某某等人提请批准逮捕，检察机关及时派员提前介入，经审查梳理，认为以胡某某为首的犯罪集团组织紧密、分工明确、危害严重，已初步具备黑社会性质组织特征，随后引导公安机关紧密围绕黑社会性质组织的“四个特征”对本案进行后续侦查取证。经审查，本案在组织特征的人员关系层面仍存在证据薄弱或证据链断裂情况，主要体现在涉案的三个犯罪组织——众愉公司、“壹号钱庄”、“某工作室”是各自独立的犯罪组织还是一个相互协作的犯罪整体，据此建议公安机关继续查明以胡某某为首的“桐庐帮”成立、发展、壮大、联合的完整过程。

补强后的证据证实：以胡某某为首的犯罪集团已经具备黑社会性质组织的“组织特征”。检察机关运用证据从“三纵一横”的两个维度证明了本案组织构架。

“三纵”是指涉案三个公司与工作室，内部层级清晰、分工明确，管理者、出资者、放贷者、催讨者相互分工配合进行“校园贷”犯罪活动。

“一横”是指上述三个公司、工作室紧密联合，共同实施有组织的犯罪活动，这也是本案组织特征的核心点所在。具体表现为：一是个人关系紧密，上述公司、工作室的核心管理者均系同学、同乡，组织建立正是以此为基础；二是犯罪方法传播同源，基于同学、同乡的紧密关系，几家工作室的负责人均系向入行早、影响大、获利多的胡某某学习“校园贷”犯罪模式，胡某某首要分子的地位由此初步显现；三是组织规约已建立，以“桐庐帮”微信群为标志，该微信群建立目的就是为了有组织地实施“校园贷”犯罪活动，胡某某作为该群的组建者，在群内发布组织宗旨、放贷规则、风险管控、奖惩办法，进一步确立了其在组织中的主导者地位；四是共同实施了有组织的犯罪行为，按照上述“桐庐帮”的组织规约，三家公司、工作室之间有组织地策划实施了多次“校园贷”犯罪，共同垒高当事人欠款金额，共同暴力催讨，涉及敲诈勒索、诈骗数额特别巨大；五是犯罪平台的建立，胡某某以众愉公司为依托，斥资开发了“凭证云”App借贷软件，用于三家公司共同使用，通过网络积累潜在的被害人，犯罪平台已然形成；六是该组织共同实施了针对自杀死亡学生的放贷，事后有组织地销毁、掩饰犯罪证据，迁移办公地点，相互配合程度高，对抗司法意识强；七是该组织已具备组织吸纳力，以减免利息、债务为诱饵，吸纳两名曾经被“校园贷”侵害的学生加入组织，成为新的帮凶，转而加害其他学生。由此，检察机关经由证据证明了三家公司与工作室之间内在的紧密关联，黑社会性质组织构架由此得以查明。

（二）犯罪行为与危害结果之间因果关系认定问题

本案有2名人员自杀死亡，能否认定自杀死亡的原因是犯罪行为导致，是本案的另一大核心问题。经补充侦查后，本案认定一名学生的死亡与犯罪行为之间具有刑法意义上的因果关系。一是补充了关键书证，证实在学生自杀死亡前本案犯罪分子曾多次向其催讨债务；二是查明了学生自杀前后其父母、亲友、老师、同学均接到大量的催讨电话、威胁短信，其女友证实被害人死亡前所留遗言是因被“校园贷”追讨所迫；三是反向排除了其他可能，基于严谨审慎考虑，反向排除了死亡学生案发前有感情纠纷、家庭矛盾以及其他异常状况，据此，危害结果与犯罪嫌疑人行为之间的证据关联性得以建立。

（三）“校园贷”犯罪行为查处难度大问题的解决路径

“校园贷”犯罪行为隐蔽、辐射面广、查处难度大，解决这些问题可以从以下几个方面入手：

一是从宏观构架。构建检察机关审查刑事案件的大视野、大格局，审查初期即从组织体系、网络构架着手，首先锁定组织核心人员，消除信息不对称问题，本案中，还将其他区域作为一般案件管辖的涉黑人员成功追诉，其中部分被追诉人员被判处10年以上有期徒刑。二是从细节着手。对于涉黑案件以突破常规方法制定审查预案，针对黑社会性质组织紧密程度高、对抗司法意识强的问题，充分把握宽严相济刑事政策，发挥检察机关量刑建议权的优势，说服组织内薄弱成员扭转对抗态度，从犯罪组织内部瓦解其攻防体系。三是重视客观证据。

从电子证据着手，恢复犯罪分子手机内保存信息，再现黑社会性质组织微信群通信记录，精炼出其中能够证实组织宗旨、组织规约、组织结构、参加人员、作案手段、获利金额等相关内容，作为定案的重要证据。四是发挥监督职能，监督司法人员不当履职行为，打破涉黑保护伞，确保查清案件事实。

三、推进社会综合治理的必要性和紧迫性

“校园贷”犯罪大量出现折射出当前社会治理仍存在问题，司法机关在依法打击“校园贷”犯罪的同时，有必要从犯罪发生“多元化”的角度反思导致犯罪存在的社会成因，针对这些社会成因进行有效治理。

首先是公司运行监管问题，黑社会性质组织当下更多是披着公司化的外衣以掩饰其违法犯罪活动，如果加强监管，能够及时发现其从事的行业与注册审批完全不符，纳税申报情况与实际经营无法对应，加强行政监管能够提前发现并有效遏制公司被不法利用；其次是网络涉金融借贷软件缺乏运营管控问题，网络借贷软件一经为犯罪分子所利用，随之带来波及范围广、被害人员多、查处难度大等一系列问题，对该类软件对应的实质项目、发布范围、运营条件等应当设置必要的审核，对不符合条件的要设置强制取缔关停措施；再次是校园管理、教育理念要再反思，“校园贷”类案绝大多数都发生在校园当中，被害学生生活在校园，犯罪分子催讨发生在校园，甚至部分学生直接参与网络放贷、发展同学参与网络借贷，部分校园管理者在案件已经出现端倪的情况下不当处置，未及时求助司法，反而对学生二次施压，间接造成犯罪分子全方位孤立学生的预谋得逞的效果，故教育部门有必要建立一套行之有效的前置预防机制，最大限度预防犯罪行为进入校园，也有必要建立应对侵害的心理疏导机制，在侵害发生的情况下能够及时给予学生以心理支持和疏导，避免惨剧发生。

车辆担保贷款中“套路贷”的认定

詹文成*

摘　要　车辆担保贷款中存在一定的“套路”，不当然是“套路贷”犯罪。“套路”的使用是为了创造交易机会，达成车辆担保贷款合意，并通过交易行为获利，不宜评价为“套路贷”；“套路”的使用是在车辆担保贷款合同的签订、履行过程中故意制造违约，单方设立债务，勒索、劫取他人财物，“套路”实质是一个实施非法占有他人财物犯罪的手段，应评价为“套路贷”犯罪。认定“套路贷”犯罪，还需根据非法获取财物具体行为的不同，按刑法犯罪构成要件以具体罪名论处。黑恶势力因其攫取经济利益的动机，易实施“套路贷”犯罪，故符合黑恶势力认定特征的违法犯罪组织，应依法认定为黑恶势力。

关键词　车辆担保贷款　套路贷　罪名适用　黑恶势力

近年来，民间通过借贷方式实现资本增值的金融行为越来越常见，民间借贷、高利放贷、“套路贷”、黑恶势力“套路贷”组织，表面上相同的借贷行为，法律上的评价却有天壤之别。保护好合法的民间借贷，准确打击民间借贷领域违法犯罪活动，需要以《刑法》规定的各犯罪构成要件为标准，识别借贷关系中的“套路”行为。笔者通过黄

*　詹文成，江西省人民检察院第一检察部检察官助理，江西省检察业务专家。

某等人诈骗、敲诈勒索案为例，对车辆担保贷款领域中的套路模式予以分析，为识别与打击此类犯罪提供参考。

[基本案情] 被告人黄某自2016年以来单独或伙同他人经营“不押车、装GPS车贷”业务，借款人只需在担保车辆上安装GPS、提供车辆备用钥匙，不需要实际交付车辆就可以获取贷款。此种贷款业务放款门槛低，市场需求大，且通过贷款之名设置各种取财套路。为了攫取更高额利润，抢占车贷市场，黄某在未注册、无金融放贷资质的情况下，与他人合伙开设金融车贷公司。

黄某的公司通过“欺骗性放贷—制造违约—违法拖车—索取赎金—卖车”的模式来完成公司利润的攫取。

第一步是欺骗性放贷。公司表面上通过微信朋友圈宣传、散发小广告等方式，冒充为万达集团下属公司，营造出“不押车、有车就能贷、手续简单、放款速度快、还款利息低”的假象，吸引借贷人员前来借贷。实际借贷时，却巧立名目，以扣除还款保证金、综合管理费、GPS安装费等费用为由欺骗被害人，被害人实际到手的金额只有贷款金额的80%左右。发放贷款后，公司在担保车辆上安装GPS，获取备用钥匙，借口为双方解决争议提供保障，实际上将GPS和备用钥匙作为公司肆意控制车辆的犯罪工具。此外，公司还故意模糊合同约定，在签订车贷合同时，或者催促尽快签订格式合同，让被害人无暇了解合同细节；或者谎称合同上的违约责任是形式上的，不会实际执行，让被害人放松警惕。同时，公司故意不将合同交给被害人留存，使被害人记不清合同约定的详细内容，发生争议时，无法主张权利。

第二步是故意制造违约。公司以各种形式故意制造履约障碍。例如，被害人张某某在合同履行前期会定期收到公司的短信提醒其还款，当其形成习惯后，公司突然不再提醒还款时间，让其遗忘还款构成违约；被害人王某某晚于约定时间几分钟还款，就被公司以逾期还款为由，将其认定为违约；公司通过虚构GPS异常，以被害人乐某对GPS动了手脚等理由，认定其违约；被害人邱某某在借款之前已将车辆担保给他人用于贷款，公司以邱某某构成恶意重复担保为由，认定其违约；因业务员提供的还款账户信息有误，公司却仍以被害人官某某等人没有按期还款至公司指定账户，属于逾期为由，认定其违约。

第三步是违法拖车。公司自行肆意认定被害人违约的同时，指派拖车队人员，根据车辆安装的GPS定位，携带公司提供的屏蔽器、液压钳、电棍、备用钥匙、车贷合同等，在未告知客户的情况下，用备用钥匙将担保车辆开走；若遇到车上有人时，便采取强行拉拽、殴打、使用电棍电击等暴力方式将车上人员驱离，然后开走车辆；拖回车辆统一停放在黄某指定的地点。

第四步是索取赎金。黄某指挥相关成员与客户谈判，要求其向公司交纳本金（贷款金额）、50%的违约金及2万—10万元不等赎金（以拖车费、停车费等名义出现），否则就将担保车辆当“黑车”卖掉，迫使客户让步，屈服于谈判要求。

第五步是卖车获利。客户不能满足上述要求的，黄某便将扣押的车辆通过二手车市场卖掉，从而攫取巨额非法利益。

黄某等人陆续在F市等八地成立金融车贷公司，组建4个拖车团队，雇佣社会闲杂人员及有前科劣迹人员专门负责各分公司的拖车、扣车事务。至2017年11月，该组织涉案车辆350余台，放贷资金1300余万元，扣押车辆293台，被车主赎回94台，赎金719余万元，另有16台车辆被卖掉或下落不明。

法院经审理认为，被告人黄某网罗多人以借贷为名，诱使被害人签订虚高车贷借款合同、车辆质（抵）押合同等，为达到控制和非法占有的目的，有组织地先后实施了装GPS、家访、放款、拖车、敲诈等一系列行为，形成了较为稳定的犯罪组织。黄某等人通过恶意制造违约、肆意认定违约等方法，向被害人索要高额的违约金、赎车费，并通过有组织地实施诈骗、敲诈勒索、抢劫等违法犯罪活动进行大肆敛财，用于组织发展壮大，非法获利200万余元，严重破坏了当地经济、社会生活秩序。被告人黄某经法院二审审理，数罪并罚判处有期徒刑22年；其余被告人分别被判处16年至1年4个月有期徒刑。[①]

① 参见（2019）赣10刑终284号刑事判决书。

一、套路：名为车辆担保实为攫取财产

（一）合同签订中的“套路”

黄某的公司对外宣传“不押车、有车就能贷、手续简单、放款速度快、还款利息低”，以此为诱饵吸引被害人借款，但在签订借贷合时，却将高额的利息包装成“还款保证金”“GPS 安装费”“综合管理费”等虚假费用，在被害人并不明晰借款的成本，也不知晓各种虚假费用的支付与返还条件，甚至被剥夺仔细查阅和留存合同文本权利的情况下，诱使被害人基于错误认识、签订金额虚高的合同，造成被害人实际到手金额只有贷款金额的 80% 左右。

高利放贷中也会存在类似的“砍头息”行为，“砍头息”中放贷方预先扣除的资金是借贷双方认可的利息，双方对此认识一致，放贷方没有欺骗行为，借款方也没有陷入错误认识。“套路”中放贷方预先扣除的资金并不是双方约定的利息，不是“砍头息”，而是形形色色的手续费和保证金，双方对扣除资金的使用用途、返还的条件并未明确约定。放贷方利用借款方需要资金的压力，利用“行规”“低息”等概念让借款方陷入错误认识签订虚高的借贷合同并被迫履行，具有非法占有他人财物的目的，构成诈骗罪。

（二）合同履行中的“套路”

黄某等人开展“不押车装 GPS 车贷”业务，具有非法占有他人财物的目的，本质上不属于正常民间借贷关系，而是属于“套路贷”违法犯罪行为。正常的民间借贷关系中，借贷双方对于实际借得的本金和利息具有清醒的认识；同时，出借人主要是通过借贷关系获取利息牟利，是希望借贷关系持续进行的。本案中，贷款利息并不是黄某等人主要谋取的利益，高达贷款金额 2 倍到 6 倍的“违约金”及“拖车费”等赎金才是黄某等人真正意图想要非法占有的财物。比如，被害人王某某因资金周转需要，以其汽车担保从黄某等人的公司实际获取贷款 8016 元，公司以逾期支付利息为由，将车偷偷拖走，索要赎金，王某某被迫支付 4.8 万元赎回汽车。被害人在签订借贷合同时，并不准确知悉合同中“违约条款”和“拖车费”的含义，更不了解黄某等人

积极追求违约金和拖车费等赎金目的，有的被害人甚至在不知情的情况下签订了空白合同。因此，本案是以借贷为名，以设置圈套获取高额“违约金”“拖车费”等为实的“套路贷”犯罪。

为了迫使被害人接受和支付高额“违约金”及“拖车费”等赎金，黄某等人实施了软硬兼施的“索债”行为，属于敲诈勒索或抢劫。有的案件中，各被告人使用事先获取的车辆备用钥匙，擅自将担保的车辆开走，而后又以把车辆当作“黑车”卖出相威胁，索要“违约金”及“拖车费”等赎金，迫使被害人付钱赎车，构成敲诈勒索罪。如被害人罗某某以其路虎汽车担保获取 15.43 万元后，公司以检查车辆 GPS 设施为由骗取车辆，随后肆意认定被害人逾期违约，以将其控制的车辆卖出相威胁，索要 33.7 万元赎金。在被害人未及时支付赎金时，公司将车辆当作黑车卖掉。有的案件中，各被告人在拖车时，面对被害人的反抗，使用电棍、铁棍等暴力相威胁，排除被害人反抗，强行将车辆开走，而后进一步索要“违约金”及“拖车费”等赎金，构成抢劫罪。比如，被害人邓某以其汽车担保实际获取贷款 4230 元，随后公司以逾期支付利息为由，使用电棍将邓某击倒后，将车抢走，索要赎金，邓某被迫支付 3 万元赎回车子。

二、难点：刑民交织中犯罪的认定

（一）准确区分“套路贷”与民间借贷

“套路贷”与民间借贷在客观表现上具有一定相似性，但是民间借贷是基于意思自治的平等主体之间的民事法律关系，而“套路贷”是以借贷为表象，以非法占有他人财物为目的的违法犯罪行为。

套路的有无，并不是两者区分的标准。民间借贷也可能存在一定的套路与欺骗，比如夸大的宣传、隐瞒出借人与实际出资人之间存在的隐名代理关系，先还利息后还本金，甚至约定所有权保留等。但是这些套路与欺骗有两个显著的特点：一是设置套路的目的是促成民商事交易关系的成立与履行，并通过真实的交易行为获取利润，而不是通过套路直接获取他人财物；二是双方的合同权利义务明晰，借款人是在充分知情的基础上，自愿接受合同约定的义务。因此，经济活动中，有套路的借贷关系不能直接等同于“套路贷”。

“套路贷”犯罪中，被告人故意制造各种违约，单方确定赎金的标准等套路，并不是为了促使真实的借贷交易完成，并因此获利。虽然被告人与被害人之间表面上具有民间借贷的法律关系及相关证据，但是揭开民事借贷的面纱，此借贷关系或者是恶意垒高的虚假债权，或者是单方故意制造的违约，并不是双方自愿约定的债权债务关系或者因约定不明产生的争议。表面上存在的借贷法律关系，不能掩盖通过欺骗、勒索、虚假诉讼等手段直接获取他人财物的本质。

（二）根据犯罪构成认定“套路贷”案件罪名

虽然“两高两部”于2019年4月9日联合制定印发的《关于办理“套路贷”刑事案件若干问题的意见》从主观的非法占有目的、客观的行为特征等方面对“套路贷”作出了规定，但是“套路贷”不是一个刑法罪名，而是相关违法犯罪活动的概括性称谓。在实施“套路贷”犯罪过程中，被告人采用的具体犯罪手段具有多样性、变化性。能骗则骗，骗不到则或者实施虚假诉讼，或者敲诈勒索，或者直接劫取财物，或者拘禁、绑架他人。在办理“套路贷”案件中，应当根据对每一个被害人所实施的具体犯罪手段，依法准确认定罪名。

当前“套路贷”犯罪组织性更加严密、犯罪分工更加细化，多以“公司化”对外实施犯罪。对于一些履行公司工作安排和工作职责的行为，单纯从表面上看不应受刑法非难，但他们在实施犯罪过程中，彼此之间分工明确，有的负责虚假宣传，有的负责安装GPS装置，有的负责违法拖车，有的参与索要赎金，有的负责在二手车市场卖车，有的负责财务管理，彼此配合、形成犯意联络，共同实现“套路贷”犯罪，构成相关犯罪的共犯。

（三）准确把握“套路贷”犯罪组织向黑恶势力的演变

“套路贷”犯罪组织并不必然是黑恶势力，但“套路贷”犯罪组织易与黑恶势力交织。对“套路贷”犯罪组织豢养黑恶势力、雇佣人员，频繁、公开实施暴力“索债”等犯罪行为，为非作恶、欺压百姓，对当地经济金融秩序、社会管理秩序造成严重破坏，符合黑恶势力认定标准的，应当认定为黑恶势力犯罪。

“套路贷”所涉罪名辨析

唐晓军 *

摘　要　“套路贷”作为类型化违法犯罪统称，披着民间借贷的外衣，通过精心设计的“套路”诱骗他人陷入借贷怪圈，采用暴力、“软暴力”、诉讼等手段催讨借款，严重侵害人民群众合法权益。办理“套路贷”案件时重点审查主观目的、行为手段、履行方式，通过有无非法占有目的，是否虚高借款、虚增流水、恶意违约等方面严格区分“套路贷”和民间借贷高利贷，对仅获取高额利息的行为认定为民间借贷高利贷。通过判断主行为是要挟还是欺骗作为区分敲诈勒索罪与诈骗罪的关键，因被恶害胁迫交付财物的认定为敲诈勒索罪，因欺骗而交付财物的认定为诈骗罪。

关键词　套路贷　高利贷　敲诈勒索　诈骗

近年来，伴随着民间借贷和新型金融工具的快速发展，在全国各地陆续出现了“套路贷”违法犯罪。虽然2019年4月“两高两部”出台了《关于办理“套路贷”刑事案件若干问题的意见》，但实践中仍面临一些难题。本文结合具体案例分析“套路贷”案件办理过程中遇到的难点和热点，进一步拓展办理“套路贷”案件思路和方法，以期为基层司法人员提供一些借鉴。

* 唐晓军，江苏省苏州市吴江区人民检察院第四检察部主任、检察委员会委员，一级检察官。

一、涉“套路贷”犯罪认定争议

［案例一］2017年3月至2018年5月，宋某、方某、陆某某等人设立“天诚金融有限公司”从事车辆抵押贷款活动，后形成以宋某、方某、陆某某为首要分子的恶势力犯罪集团，从事敲诈勒索、诈骗等犯罪活动。该恶势力犯罪集团，采用业务员介绍的手段引诱被害人以车辆进行抵押借款，与被害人签订以违约金、利息等名义虚增借款数额的借款合同。设置严苛的违约条款，给被害人的车辆安装GPS并以“家访”名义确认被害人家庭住址，按照虚增借款金额放款，制造银行流水。又以违约金、保证金、平台管理费、首月月供等名义将部分钱款索回，致使被害人实际到手的借款金额比借款合同金额低20%至60%不等。后在被害人正常履约的过程中，以GPS离线、离开居住城市未报备、短时间逾期还款等理由肆意认定被害人违约，并强行或者秘密将被害人的车辆拖走扣留，再以不返还车辆为要挟，以长期跟随、电棍恐吓、泼油漆等“软暴力”手段相威胁，实施敲诈勒索。该恶势力集团先后实施敲诈勒索作案30余起，非法获利人民币96万余元，因被害人报警等原因未遂13万余元。法院判决认为宋某、方某、陆某某等人以非法占有为目的，采用威胁、要挟的方法，强行索取他人财物，数额特别巨大，均构成敲诈勒索罪。

［案例二］2013年4月，陈某某因无力归还他人欠款，经他人介绍至赵某某（另案处理）处借款人民币40万元用于平账。赵某某指使任某某、何某某与陈某某签订虚高借条，制造人民币80万元的虚假走账流水和具有强制执行效力的债权文书公证，在借款期限届满前即持借条向陈某某催讨，后从陈某某处取得人民币45万元。法院判决认为任某某、何某某与他人结伙，以非法占有为目的，采用虚构事实、隐瞒真相的方法骗取他人钱款，数额巨大，其行为均构成诈骗罪。

［案例三］2017年6月至2018年3月，张某某、李某甲、金某甲、朱某甲伙同孙某某、朱某乙等人（均另案处理）经预谋后，共同出资设立“诚信车贷公司”“捷信金融公司”，后组织金某乙、金某丙、李某乙等人组建恶势力犯罪集团，采用发放小广告、他人介绍等手段引诱被害人以车辆进行抵押借款，并诱导被害人签订以违约金等名义

虚增借款数额的借款合同，并设置苛刻的违约条件，在被害人的车上安装多个GPS并以家访名义确认被害人的家庭住址，后在被害人偿还借款本息的过程中，强行或秘密将被害人车辆拖走扣留，再以安装在被害人车辆上的GPS离线、未如约还款等为由，单方面恶意宣告被害人违约，以不给钱就卖车等作为要挟，先后作案40余起，敲诈勒索170万余元，其中31万余元未得逞。法院判决认为张某某、李某甲等人以非法占有为目的，采用要挟的方法，强行索取他人财物，数额特别巨大，其行为均构成敲诈勒索罪。

［**案例四**］ 2017年9月至12月，宋某某、王某等三人，故意采用签订虚高借款合同、恶意垒高借款金额、制造虚假银行流水等方式对徐某某实施诈骗，共计诈骗数额为人民币38万余元，详述如下：

2017年9月7日，宋某某、王某等三人与徐某某谈妥向徐某某放贷，让徐某某书写20万元借条后以资金走账的方式转账20万元给徐某某，由徐某某取现后将其中8.5万元交还，徐某某实际得款11.5万元。同年10月18日、10月20日、10月21日、10月23日，宋某某、王某等三人再次与徐某某谈妥后放贷54万元给徐某某，带徐某某至各小贷公司、工商银行等处归还欠款、房屋抵押贷款，10月24日，又以资金走账的方式“空放”30万元给徐某某，并让徐写下借条，由徐某某全部取现后当场交还。而后宋某某、王某等三人于同年12月21日以“平账”的名义诱骗徐某某将其名下价值为1041431元房产过户给他人。法院判决认为宋某某、王某等三人共同以非法占有为目的，采用虚构事实、隐瞒真相的方法，骗取公民私人财物，数额巨大，其行为均已构成诈骗罪。

［**案例五**］ 2015年至2016年6月，朱某某纠集李某某、程某某等七人，形成较为固定的团伙，以个人名义对外从事资金借贷业务。朱某某团伙以民间借贷为诱饵，实际以违约金、保证金、行业运作惯例等名义诱骗被害人出具虚高借款金额的借条并带被害人至银行转账，制造被害人已取得全部虚高借款的假象，再以各种借口单方面认定被害人违约，采取与被害人签订空白房屋租赁合同，网签被害人房产限制其交易，使用言语或身体威胁恐吓、上门骚扰，与其他犯罪团伙之间虚假平账进一步虚增借款金额，向法院提起虚假民事诉讼等方式诱

骗、逼迫被害人按虚高金额的借条还款。至案发，朱某某团伙诈骗李某某、陈某某等人共计370.035万元，未遂80.17万元。法院判决认为，朱某某、李某某、程某某等七人共同诈骗他人钱款，其行为均已触犯刑律，应当以诈骗罪追究其刑事责任。

从上述五个案例来看，司法实践中，“套路贷”违法犯罪披着“民间借贷”外衣，具有刑民边界模糊的特点，同时由于隐蔽性、欺骗性强，在案件定性上存在理解和适用的争议，主要集中在以下两方面：一是关于“套路贷”与民间借贷高利贷。“套路贷”与高利贷都是“贷”，均存在借贷关系，案例一、案例三均为车辆抵押借款，案例二、案例四和案例五则为资金借贷关系。二是关于“套路贷”案件罪名适用。案例一、案例三把在办理车辆抵押借款过程中实施扣押车辆、以卖车相威胁索要借款、违约金定性为敲诈勒索罪，案例二和案例四、案例五则将借款后虚高借条、虚假平账以及虚假诉讼等一系列行为定性为诈骗罪，其中案例五中也包括采用言语或身体威胁。因此，在办理“套路贷”案件中，应当正确把握“套路贷”犯罪的具体特征和认定方法，遵守罪刑法定原则，正确区分刑事犯罪和民事纠纷，准确区分此罪与彼罪。

二、准确区分“套路贷”与民间借贷高利贷

（一）“套路贷”与民间借贷高利贷之相同

1.“套路贷”与民间借贷高利贷形式上均为借贷关系。民间借贷是基于平等地位的借贷双方，通过订立书面或口头借贷协议约定有偿或无偿借款形成特定的债权债务关系。长期以来，民间借贷由于手续简便、灵活机动成为融资的重要渠道，因为回报率高，民间借贷中收取远高于银行利率的高利贷更是异常火爆。“套路贷”起源于民间借贷，表现为行为人采用“车抵贷”“消费贷”“校园贷”等多种经营形式与被害人签订借款合同，约定利息和违约金，行为人出借款项，被害人支付利息、违约金和归还本金。此外，二者在诸如“砍头息”、计算复利等方面也有相同之处。

2.“套路贷”和民间借贷高利贷均为法律所限制或打击。民间借贷

高利贷由于高收益、隐蔽性、缺乏担保容易发生交易纠纷，导致资金链断裂，进而成为“黑天鹅”“灰犀牛”，产生重大金融风险，危害金融秩序，严重影响社会稳定。因此国家从民法、刑法层面对高利贷进行了规制。

首先是限定了受保护的利率上限。2015 年 9 月 1 日起实施的《最高人民法院关于审理民间借贷案件适用法律若干问题的规定》第 26 条明确了民间借贷受国家强制力保护的利率标准上限为年利率 24%，同时规定，借贷双方约定的利率超过年利率 36%，超过部分的利息约定无效。2020 年 8 月 18 日又对上述条文进行修改，将民间借贷利率司法保护上限限定为合同成立时一年期贷款市场报价利率四倍。可见，国家对高利贷是严格限制的。

其次是规定了高利转贷罪和非法经营罪。《刑法》第 175 条规定以转贷牟利为目的，套取金融机构信贷资金高利转贷他人，违法所得数额较大的构成高利转贷罪。2019 年 10 月 21 日起实施的《最高人民法院、最高人民检察院、公安部、司法部关于办理非法放贷刑事案件若干问题的意见》明确规定“违反国家规定，未经监管部门批准，或者超越经营范围，以营利为目的，经常性地向社会不特定对象发放贷款，扰乱金融市场秩序，情节严重的构成非法经营犯罪”。可见国家对高利贷不仅予以限制，对于经常性向不特定对象放贷的高利贷还要运用刑罚工具予以打击。

“套路贷”的本质是具有非法占有目的的违法犯罪行为，是假借民间借贷非法占有他人财物的类型化犯罪统称。行为人通过精心设计的“套路”，请急于贷款的借款人入瓮，一旦“上钩入套”，就会采用各种方式威逼利诱或软硬兼施获取借款人财物，目的是非法占有他人财产。为严厉打击“套路贷”违法犯罪，“两高两部”出台《关于办理“套路贷”刑事案件若干问题的意见 》，从“套路贷”概念、定罪、常见犯罪手法、共犯认定、数额认定、财产处置等方面作了规定，为依法打击、从严惩处提供了保障。

3.“套路贷”和民间借贷高利贷行为往往与违法犯罪活动密切相关。民间借贷高利贷因利益巨大，又因各种原因游走于资金监管盲区，易滋生其他犯罪。例如因向社会公众吸收资金涉嫌非法吸收公众存款罪，因索要债务涉嫌非法拘禁罪、故意伤害罪，因在赌博场所放贷涉嫌开设赌场罪、赌博罪共同犯罪。“套路贷”则是一系列违法犯罪行为的总称，包括设定圈套涉嫌诈骗罪，索要债务涉嫌寻衅滋事罪、敲诈勒索罪、抢劫罪、非法拘禁罪等。

（二）“套路贷”与民间借贷高利贷之区别

“套路贷”与民间借贷高利贷因具有相似之处，导致实践中易混淆，不能精准打击、准确处理。经过剖析具体案例，我们发现二者具有以下本质区别。

一是借贷目的不同。“套路贷”以非法占有被害人财物为目的，行为人假借放贷，诱使被害人签订虚高合同，制造虚假流水等形成虚假债权债务，以 GPS 掉线、逾期还款等肆意认定被害人违约，最终目的是通过恶意制造或肆意认定违约获得被害人的高额违约金、虚增借贷金额、拖车费等财产。例如宋某、方某等人设立“天诚金融有限公司”以上述方式实施“车抵贷”套路犯罪，共敲诈勒索 30 余起，非法获利人民币 96 万余元，未遂 14 万余元。[①] 高利贷则以合法占有利息为目的，通过出借资金获取借款方高于银行利率的利息，在没有经常性向社会不特定对象发放贷款情况下，不构成犯罪。

二是考察内容不同。“套路贷”目的是非法占有被害人财物，借款前通过“家访”考察的是被害人有无固定工作、固定住址，有无房产、车辆等资产，为日后找到被害人要挟、扣押车辆，最终索要财物做准备。高利贷为了保证收取高利息，考察的是借款人经营状况、履约能力、还款能力，为收取高额利息做准备。

三是双方预期不同。“套路贷”行为人通过行业规矩等方式预设“陷阱”，引诱借款人签订虚高借款合同，借款人在签合同时受到蒙蔽，认为自己不会违约，缺乏偿还高额违约金或虚高借款的预期。例如任某某、何某某等人与他人结伙，与被害人陈某某签订虚高借条，制造人民币 80 万元的虚假走账流水，在借款期限届满前即持借条向陈某某

① 参见（2019）苏 0509 刑初 586 号刑事判决书。

催讨，后得款人民币 45 万元。[①] 高利贷中出借人与借款人之间已约定好利息及归还期限，借款人对本金之外的高利部分需要偿还在签订合同时就有明确认知。

四是合同内容不同。“套路贷”行为人为了非法占有被害人财物，往往在签订合同时以行业规矩为由欺骗被害人将高额违约金计入本金，使得合同借贷总金额远高于被害人实际借得款项。例如张某某案件中，被害人王某某等 21 人计入合同本金中的高额违约金占借款总额的 60% 以上，有的甚至超过本金一倍以上。[②] 高利贷除了扣除部分本金作为利息外，通常不会约定高额违约金。

五是支付方式不同。“套路贷”为了虚增流水，为虚假诉讼保留证据，进而实现获取巨额违约金目的，通常采用现金交付，拍照、摄像固定证据后拿回部分现金方式制造虚假给付事实。在被告人宋某某等人诈骗案中，宋某某等人以资金走账方式故意制造虚假支付被害人徐某某 38.5 万元，后以“平账”名义诱骗过户房产对被害人徐某某实施诈骗，共计诈骗人民币 386431 元。[③] 高利贷正好相反，为了保证拿到高息多以实际支付借款作为本金数额。

六是履约方式不同。“套路贷”为尽快获取被害人财物，在被害人上套后，往往在收取数期利息后就以被害人逾期未付利息，或以抵押车辆无信号、还款超期等为由恶意制造违约或肆意认定借款人违约，终止合同。高利贷则为了持续获取高额稳定利息，往往是在合同期限内按约收取利息，非因特殊原因不会单方终止合同。

通过上述分析，可以看出“套路贷”虽然在形式上与民间借贷高利贷行为较为相似，但因为具有非法占有目的，从发出合同要约、承诺、签订合同直至合同履行等方面，都与民间借贷高利贷存在诸多区别。

---

① 参见（2019）沪 0109 刑初 918 号刑事判决书。

② 参见（2018）苏 0509 刑初 1554 号刑事判决书。

③ 参见（2019）苏 0505 刑初 246 号刑事判决书。

三、准确认定“套路贷”中敲诈勒索罪与诈骗罪

（一）敲诈勒索罪与诈骗罪认定问题之提出

在“套路贷”违法犯罪中包含有多种犯罪，主要有诈骗、敲诈勒索、寻衅滋事、非法拘禁、抢劫、故意伤害等。其中诈骗罪与敲诈勒索罪因为同属于侵财犯罪、交付型犯罪，在定性时易产生分歧。虽然《最高人民法院、最高人民检察院、公安部、司法部关于办理“套路贷”刑事案件若干问题的意见》对构成诈骗罪和敲诈勒索罪做了规定，但实践中敲骗交织情形比较复杂，需要予以厘清。

1. 敲诈勒索罪与诈骗罪之相同。首先，敲诈勒索罪与诈骗罪均具有非法占有目的。目的作为主观超过要素是指犯罪人主观上通过犯罪行为所希望达到的结果，即是以观念形态预先存在于犯罪人大脑中犯罪行为所预期达到的结果。[①] 虽然《刑法》没有明文规定非法占有是敲诈勒索罪和诈骗罪的目的，但两罪作为侵财型犯罪，无疑具有非法占有目的。非法占有目的是指排除权利人，将他人的财物作为自己的所有物进行支配，并遵从财物的用途进行利用、处分的意思。[②] 敲诈勒索罪与诈骗罪作为取得型犯罪，均具有排除他人所有为自己所有并予以支配、处分的意思。

其次，敲诈勒索与诈骗罪均属于支付性犯罪。通常认为诈骗罪的基本构造一般表现为：行为人实施欺诈行为→被害人产生错误认识→被害人基于错误认识处分财物→行为人取得财物→被害人受到财产损害。而敲诈勒索罪的基本构造一般表现为：行为人实施要挟、胁迫行为→被害人产生恐惧心理→被害人被迫处分财物→行为人取得财物→被害人受到财产损害。从上述构造可以看出，诈骗罪和敲诈勒索罪均是被害人因为意志自由受阻，产生瑕疵处分，最终交付财物给行为人，自身财产受损。

---

① 参见张明楷:《刑法学》，法律出版社 2016 年版，第 299 页。

② 参见张明楷:《论财产罪的非法占有目的》,《法商研究》2005 年第 5 期。

2. 敲诈勒索罪与诈骗罪之区别。虽然敲诈勒索罪与诈骗罪存在上述相同点，但两罪还是有明显差异。

首先，敲诈勒索罪侵犯的是复合法益，既因为占有了他人财物侵犯了财产权，同时又因为采取威胁、恐吓等手段侵犯了人身权。诈骗罪仅侵犯了财产权，是单一法益。

其次，敲诈勒索罪和诈骗罪实现非法占有的手段不一样。诈骗罪是采取虚构事实、隐瞒真相方式欺骗了被害人，被害人意志并未丧失自由，交付财物原因是意志被蒙蔽，错误处分了财物。敲诈勒索罪中被害人意志因为被胁迫、要挟失去了自由，被迫处分财物。

（二）准确认定敲诈勒索罪与诈骗罪之路径

敲诈勒索罪与诈骗罪既有相同点也有不同点，实践中通常是以采用欺骗手段还是要挟手段加以区分，但是对于敲骗交织复合型犯罪处理仍较为棘手。我们经常遇到的三种敲骗交织型犯罪：一是碰瓷型犯罪，行为人采用碰瓷手段伪造交通事故，利用被害人酒驾，发生事故后担心被刑事或行政处罚，索取财物。二是冒充警察抓赌抓嫖，行为人冒充人民警察抓获参与赌博、嫖娼的被害人，利用被害人不敢声张担心被处罚的心理，索要财物。三是谎称被害人亲属被绑架，利用被害人救人心切的心理，向被害人索要赎金。上述三种情形中既有假冒身份、伪造事故、虚构绑架事实等行为，又有对被害人采取要挟、以恶害相通告之行为，统称为复合型敲骗交织犯罪。

学者给出的解决思路是行为人仅实施欺骗行为，被害人陷入认识错误并产生恐惧心理而处分财产的，应认定为诈骗罪；行为人仅实施胁迫行为，被害人虽陷入一定认识错误，但完全或主要基于恐惧心理处分财物的，应认定为敲诈勒索罪；行为同时具有欺骗与胁迫性质，被害人因陷入认识错误并基于认识错误处分财产，而没有产生恐惧心理的，应认定为诈骗罪；行为同时具有欺骗与胁迫性质，对方仅产生恐惧心理并基于恐惧心理处分财产，而没有陷入认识错误的，应认定为敲诈勒索罪；行为同时具有欺骗与胁迫性质，被害人既陷入认识错误又产生恐惧心理，进而处分财产的，在诈骗罪与敲诈勒索罪之间属于想象竞合，从一重罪处分。①

相似的观点认为行为人依靠虚假事实来实现威胁的场合，除了成立敲诈勒索罪之外，还成立诈骗罪，两罪成立想象竞合犯。这样既在一般社会语境中能够被民众接受，同时在刑事政策中可以堵住很多惩罚漏洞，不致发生既不构成诈骗罪也不构成敲诈勒索罪的情形。②

鉴于“套路贷”是假借民间借贷占有他人财物的类型化犯罪，整体是诈骗行为，但诈骗过程中随着犯罪的发生、发展，行为人预设了多种情况，被害人会基于受骗交付财物，也会因财物被扣押，或受到滋扰、威胁而交付财物。行为人还会根据已形成的债权债务关系，采用暴力直接劫取财物，或者实施限制人身自由手段非法拘禁索要债务，或者通过虚假诉讼欺骗司法机关采用判决形式获得财物。总之，“套路贷”案件情况较为复杂，存在一罪或数罪，犯意转化或另起犯意，既遂与未遂等多种情况，需要具体分析，结合案情作出合理判断。

在“套路贷”同时存在设置“套路”的诈骗行为和一定威胁行为时，借鉴上述观点我们认为，一般以主行为的性质定罪，如整体属诈骗行为的，即使存在少量采用暴力或“软暴力”讨债的，因暴力行为依附于诈骗行为，是为诈骗服务，应认定为诈骗罪。例如朱某等人犯罪组织以民间借贷为诱饵，以违约金、保证金、行业惯例等名义诱骗被害人出具虚高借款金额的借条并带被害人至银行转账，制造被害人已取得全部虚高借款的假象，再以各种借口单方面认定被害人违约，采取与被害人签订空白房屋租赁合同，网签被害人房产限制其交易，使用言语或身体威胁、上门骚扰等方式讨债，与其他犯罪团伙之间虚假平账进一步虚增借款金额，向法院提起虚假民事诉讼等方式诱骗、逼迫被害人按虚高金额的借条还款。③本案中，朱某等人使用的主要手段是诈骗行为，其中的言语、身体威胁作为讨债时施压方式，其目的是实现虚假债权。

---

① 参见林幹人:《刑法各论》，东京大学出版会 2008 年版，第 265 页。转引自张明楷:《刑法学》，法律出版社 2016 年版，第 1019 页。

② 参见陈兴良主编:《刑法各论精释》，人民法院出版社 2015 年版，第 512 页。

③ 参见（2017）沪 0101 刑初 919 号刑事判决书。

虽然有“套路”，但获取财物主要依赖暴力或“软暴力”胁迫的，被害人没有基于错误认识而交付财物，可认定敲诈勒索或抢劫等犯罪。若无法确定主行为是诈骗还是敲诈勒索，我们建议以想象竞合从一重罪处理，这样降低了认定难度，易于实践操作。如前述张某某一案中40余名被害人的陈述均证实自己处分财产遭受重大经济损失，本质上就是因为车辆被扣，加之被告人采用多人造势等方式逼迫还款，如不满足被告人提出的要求，将变卖车辆，被害人面临遭受更大的经济损失。[①]此时被害人迫不得已只能按照被告人提出的数额处分财物，从而取回被被告人不法占有的车辆。被告人虚构如GPS没有信号等被害人违约的情形，实际上仅为索取被害人钱财的借口。因此，被害人并非基于被告人的“套路”行为而处分财产，而主要是权衡利害之后，被迫交付财物，该案主行为构成敲诈勒索罪，以该罪处理较为妥当。

法律的生命不是逻辑而是经验。随着法律不断完善，司法解释不断出台，“套路贷”等复合型犯罪也会不断出现新的变种和异化，犯罪样态在不断发生发展中，这就要求司法工作人员从情理法角度结合实践深入思考、综合考量，准确认定罪与非罪、此罪与彼罪，做到罪责刑相适应、罚当其罪，从而让每一个司法案件体现公平正义。

① 参见（2018）苏0509刑初1554号刑事判决书。

为“套路贷”犯罪提供贷款的行为定性

刘东杰　钱　卿*

摘　要　银行工作人员为“套路贷”犯罪提供贷款行为并获益，认定犯罪要把握两点：一是若银行工作人员审批发放贷款开始于诈骗罪正犯的行为之前，并没有介入诈骗罪的实行行为，其行为是中立业务行为，不能被评价为诈骗罪帮助犯；二是若银行工作人员利用职务便利，收受他人主动给予的财物，为他人谋取利益，应认定为非国家机关工作人员受贿罪。

关键词　中立业务行为　诈骗罪　共同犯罪　帮助犯

［基本案情］　2018年1月至2月，邹某（另案处理）经他人介绍认识被告人朱某。双方约定，邹某实际经营的盛蝉公司介绍客户至朱某工作的银行办理小额信用贷款。事后，邹某组织其他中介人员，以“盛蝉公司帮忙办理小额信用贷款，利息低，收取一些费用”为借口诱骗被害人申请办理小额信用贷款，将被害人带至被告人朱某处办理审批手续，并扣下被害人接收贷款所需的银行卡等。每名被害人贷款放贷后，邹某等人通过银行取现或者网上银行操作等，向每名被害人扣除数千元至上万元不等款项，在被害人提出质疑时，则以各种理由搪塞让被害人接受既成事实。经查证，朱某参与实施诈骗30起，既

*　刘东杰，浙江省宁波市人民检察院法律政策研究室检察官助理；钱卿，浙江海宝律师事务所副主任。

遂60.05万元。其间，邹某给予被告人朱某物质性利益8.6万元作为好处费。

一、分歧意见

第一种意见认为，朱某构成诈骗罪的共同犯罪，系诈骗罪的正犯。《浙江省高级人民法院、浙江省人民检察院、浙江省公安厅关于办理"套路贷"相关刑事案件若干问题的纪要》第8条规定，明知他人实施"套路贷"，帮助制定相关格式文本、传授如何制造虚假债务证据的方法或者提供其他帮助的，符合共同犯罪相关规定的，以诈骗罪共犯论处。朱某为"套路贷"犯罪提供贷款、资金等便利条件的行为与帮助制定格式文本等情节相当，属于提供其他帮助，应当构成诈骗罪的共同犯罪，系共同正犯。

第二种意见认为，朱某构成诈骗罪的共同犯罪，系诈骗罪的帮助犯。《最高人民法院、最高人民检察院、公安部、司法部关于办理"套路贷"刑事案件若干问题的意见》(以下简称《意见》)第5条规定，明知他人实施"套路贷"犯罪，具有以下情形之一的，以相关犯罪的共犯论处，其中包括提供资金、场所、银行卡、账号、交通工具等帮助的；第7条规定，有证据证明是犯罪嫌疑人、被告人为实施"套路贷"而交付给被害人的本金，赔偿被害人损失后如有剩余，应依法予以没收。实际上，《意见》将"套路贷"犯罪的本金认定为犯罪工具。那么，为"套路贷"犯罪提供资金、贷款的行为就是为"套路贷"犯罪提供犯罪工具的行为。朱某提供资金、贷款的行为客观上对正犯提供帮助，使其更容易完成"套路贷"犯罪行为。所以，朱某的行为应当评价为诈骗罪的帮助犯。

第三种意见认为，朱某不构成诈骗罪的共同犯罪，其收受钱款行为应认定为非国家工作人员受贿罪。朱某的行为是其正常的业务行为，具有中立性。如果刑法处罚日常的业务行为，社会生产、生活将无法正常开展。朱某并没有介入诈骗罪的实行行为，不能按诈骗罪进行评价。但是朱某在办理业务的过程中收受他人钱款，为他人谋取利益，对银行的管理秩序的法益造成了侵害，应当按非国家机关工作人员受贿罪进行评价。

二、评析意见

笔者同意第三种意见。

（一）朱某行为不构成诈骗罪的共同正犯

诈骗罪的共同犯罪应当由《刑法》总则进行评价。《刑法》总则第二章第三节规定了共同犯罪。《刑法》第25条第1款规定，共同犯罪是指二人以上故意犯罪；第27条第1款规定，在共同犯罪中起次要辅助作用的，是从犯。一般而言，正犯就是独立完成《刑法》分则构成要件的行为人。共同正犯的判断标准是共同引起构成要件该当事实。[①]共同正犯在主观上存在共同的犯罪意思，客观上分担了实行行为，对共同的犯罪行为承担责任。帮助犯指的就是《刑法》第27条第1款规定的从犯，实行了帮助正犯的行为，使正犯者的实行行为更为容易。但是实践中两者区分非常困难。罗克辛认为，可以采用犯罪事实支配理论区分正犯和帮助犯，正犯是具体犯罪的核心角色，共犯是配角。[②]本案中朱某为诈骗犯罪提供贷款、资金的行为不能说对诈骗事实起到支配控制作用，其并没有参与骗的过程，将其作为犯罪的主角即正犯考虑并不合适。且现有证据无法证明朱某存在以非法占有为目的、介入诈骗罪的实行阶段并作出了巨大的贡献。其仅参与诈骗犯罪预备的行为不能成立共同正犯。那么，朱某是否构成诈骗罪的帮助犯，需要另行考虑中立的业务行为能否成立帮助犯。

（二）朱某行为没有制造不被允许的危险，不是刑法意义上的帮助行为，不成立诈骗罪的帮助犯

某些行为是日常生活中必不可少的行为，可以反复被实施，属于中立业务行为。本案中，分析朱某为客户办理银行贷款、提供资金的行为是中立帮助行为的前提是邹某为诈骗罪的正犯。为诈骗犯罪提供

---

① 参见［日］山口厚：《刑法总论》，付立庆译，中国人民大学出版社2018年版，第335页。

② 参见张明楷：《外国刑法纲要》，清华大学出版社2007年版，第303页。

了资金，能否成立帮助犯，实践中存在争议。黎宏认为，对涉及重要生活利益、一旦实施危害极大、被管控严格的职务业务活动过程当中所发生的诈骗帮助行为，通常要作为帮助犯处理。[①]大谷实认为，对于在社会生活上反复继续实施的工作，只要按照该工作的准则实施的话，就能类型性地判定其正当性。[②]大谷实的观点最后被日本刑法所采用。《日本刑法典》第35条规定，基于法令行为或者正当业务的行为，不罚。罗克辛认为，把帮助理解为一个对符合行为构成的结果所做的在因果性上、在法上不容许的风险提高。[③]笔者同意罗克辛的观点。对于中立的业务行为，不能一概而论，直接认定属于帮助犯或者不构成犯罪的观点都是不科学、不客观的。实践中应当根据不同情形区别对待。首先应当判断帮助行为与诈骗罪之间的因果关系，其次应当分析行为是否提高了风险、是否直接攻击了法益。如果存在因果关系且造成了法益侵害，则认定为帮助犯，如果不符合两个条件，则不能认定为帮助犯。

关于因果关系，实践中主要有条件说、相当因果关系说和客观归责说。笔者认为，应当采纳客观归责说，因为其能精准分析因果关系并且鉴别相关的法益侵害。条件说认为，在行为与结果之间，只要存在没有前者就没有后者这样的关系，就认为存在因果关系。按照条件说，如果没有朱某提供贷款、资金给套路贷犯罪人，就不会有之后的诈骗罪发生，所以具有因果关系。但是条件说无法判断帮助行为是否介入实行行为，导致责任范围扩大，对于被告人过于苛刻，不能予以采纳。相当因果关系说是条件说的升级版，对条件进行了限定。相当指的是一行为产生一结果在日常生活中是一般的、并非异常的。判断标准是以行为当时一般人认识为基准。但是相当因果关系的概念过于模糊，相当的概念过于随意，无法判断朱某的行为是否具有相当性，

---

① 参见黎宏:《刑法学总论》，法律出版社2016年版，第294页。

② 参见［日］大谷实:《刑法总论》，黎宏译，中国人民大学出版社2008年版，第232页。

③ 参见［德］克劳斯·罗克辛:《德国刑法学总论（第2卷）》，王世洲等译，法律出版社2013年版，第145页。

也不能予以采纳。客观归责说认为，只有当行为危害了被保护的行为客体，且符合构成要件的结果被实现，才能进行归责。[①] 根据客观归责说，朱某的行为开始于诈骗罪正犯的行为之前，并没有介入诈骗罪的实行行为，为他人办理银行贷款无论如何也不能解释为促进诈骗罪的发生，故其没有制造并提高刑法所不容许的风险。作为一个银行业务经理，朱某只需要按银行的操作流程办理业务即可，不能要求中立业务行为人承担过重的审查犯罪的义务。因此其行为缺乏与诈骗罪的关系，并没有直接攻击并侵害诈骗罪保护的法益即他人财产权，也没有为他人犯罪提供物质或者心理支持。所以按照客观归责说，朱某不成立诈骗罪的帮助犯。

在分析因果关系时，应当一并考虑主观的构成要件。皋陶曰:“宥过无大，刑故无小。”意思是宽宥过失不论罪多大，处罚故意犯罪不问罪多小。在定罪时，中国古代的司法官员就考虑个人的主观要件，区别对待故意犯罪和过失犯罪。上述传统文化中宝贵的司法经验，可以为当下刑事司法活动提供借鉴。因此单纯考虑行为人的客观行为并没有意义。行为人的行为是有目的的意识活动。考虑行为人主观构成要件特别是主观故意可以准确判断其行为的实质。罗克辛认为，谁有意地向行为人提供决定性的犯罪工具，并因此意识到通过使用该工具，实施骗取他人财物之犯罪行为的风险增高了，就可以成立诈骗罪帮助犯。[②]《意见》第 5 条规定，“明知他人实施‘套路贷’犯罪”，应当结合行为人的认知能力、既往经历、行为次数和手段、与同案人、被害人的关系、获利情况、是否曾因“套路贷”受过处罚、是否故意规避查处等主客观因素综合分析认定。学界和实务界均认为需要审查是否明知他人犯罪并提供帮助这一情形。那么，银行业务经理不知道自己提供的贷款会被诈骗犯罪加以利用，仅认为审批贷款、发放贷款的行为可能被用于诈骗犯罪，能否认为具有帮助的主观故意？笔者认为在这种情况下不能认定。根据信赖原则，在日常生活中每个人都有理由

① 参见周光权:《刑法总论》，中国人民大学出版社 2016 年版，第 131 页。

② 参见［德］克劳斯·罗克辛:《德国最高法院判例·刑法总则》，何庆仁、蔡桂生译，中国人民大学出版社 2012 年版，第 228 页。

相信他人不会故意实施犯罪。即便行为人预见他人有可能实施不正当的行为，也没有回避的义务。朱某仅怀疑自己行为可能会被诈骗罪正犯所利用，其不可能知道诈骗罪的正犯将来要实施诈骗行为，有可能发生的诈骗行为根本就不依赖于朱某的帮助。所以，应当否定朱某帮助诈骗的主观故意。德国有个案例，讲的是银行职员为他人办理转账业务构成逃税罪的共犯。[①] 这个案例与本案有所不同，在该案例中，银行职员是明知顾客具有逃税目的而帮助汇款的，银行职员已经突破了中立的业务行为，直接介入了逃税罪，所以构成帮助犯。在主观认定上，可以认为银行职员具有帮助逃税的故意。所以，不能直接参考该案认为凡是银行工作人员有帮助行为就构成帮助犯。如上文所述，是否构成帮助犯需要严格把握帮助人的主观要件。

（三）朱某收受诈骗罪行为人钱款的行为应当评价为非国家机关工作人员受贿罪

朱某利用职务便利，收受他人主动给予的财物，为他人谋取利益，收受 8.6 万元好处费，其行为符合非国家机关工作人员受贿罪的构成要件。但是，定罪时必须厘清两个问题。第一个问题是，朱某是否属于在法律和政策允许范围内以自己的劳动获取合理报酬。笔者认为不是。朱某作为银行工作人员，为客户办理贷款、提供资金业务是其本职工作，银行已经支付其劳动报酬，其不应当接受他人给付的报酬。另外朱某在接受财物的同时，也接受了职务上的请托，并利用职务之便为提供方谋取利益，尽管可能是合法的利益（比如审批、放款比平常快一点），但是不影响朱某受贿的成立。第二个问题是，邹某是否构成对非国家机关工作人员行贿罪。笔者认为不能构成。非国家机关工作人员受贿罪与对非国家机关工作人员行贿罪是对合犯，但是并不是必须同时成立。对非国家机关工作人员行贿罪其中一个构成要件是行为人主观上具有谋取不正当利益的目的，本案不能因为行为人之后实施了

---

① 参见［德］克劳斯·罗克辛：《德国刑法学总论（第 2 卷）》，王世洲等译，法律出版社 2013 年版，第 164 页。

诈骗行为就将其认定为具有谋取不正当利益的目的。在该罪名中，谋取不正当利益指的是谋取违反法律规定的利益或者要求相对方违反法律规定提供帮助，比如自身具有骗取贷款的目的要求银行经理为其办理贷款，或者要求银行经理为完全不具备贷款资格的人审批贷款、发放贷款。邹某的行为与上述行为不符，是在为他人办理完毕贷款之后实施诈骗行为，诈骗的着手开始于被害人获得银行贷款之时。可以说，邹某贿赂的目的是办理贷款，并不是为了诈骗。因此，邹某没有谋取不正当利益的目的，不构成对非国家机关工作人员行贿罪。

“套路贷”案件定性评析

陈 斌*

摘 要 “套路贷”案件中，犯罪嫌疑人经常以非法占有为目的，通过隐瞒真相、虚增借贷金额和恶意制造违约等手段，诱使或迫使被害人签订不利合同，随后通过威胁、暴力等方式非法占有被害人财物。案件的核心在于三方面：非法占有目的、虚假债权债务以及多样化的讨债手段。在具体案件中，多数学者持有三种不同意见，即单独认定为诈骗罪、单独认定为敲诈勒索罪或者二者数罪并罚。笔者认为，应分别以敲诈勒索罪和诈骗罪对犯罪嫌疑人定性，并数罪并罚，这种综合认定方法能够更全面地反映“套路贷”案件的本质和危害。

关键词 套路贷 敲诈勒索 诈骗

［**基本案情**］ 2017年9月25日，犯罪嫌疑人毛某、郭某、王某、王某某、应某在某投资公司以隐瞒真相的方式欺骗前来借款人民币2万元的被害人黄某，使黄某在不知道借款合同具体内容及法律后果的情况下，签订车辆质押借款合同等明显不利于其的书面材料。在扣除“GPS安装费”“中介费”“家访费”等费用后，黄某实际收到借款本金人民币17350元。2017年11月的一天，犯罪嫌疑人单方面认定黄某违约，私自将黄某的大众轿车开走，并以卖车相威胁要求黄某支付“拖

* 陈斌，浙江省温岭市人民检察院。

车费”“违约金”等费用，黄某支付人民币21500元后赎回车子。

2017年12月4日，犯罪嫌疑人毛某、郭某、王某、王某某、应某在某投资公司以隐瞒真相的方式欺骗前来借款人民币5万元的被害人戚某，使戚某在不知道借款合同具体内容及法律后果的情况下，签订车辆质押借款合同等明显不利于其的书面材料。在扣除“GPS安装费”“中介费”“家访费”等费用后，戚某实际收到借款本金人民币4万元。2017年12月31日，犯罪嫌疑人单方面认定戚某违约，私自将戚某的宝马轿车开走，并要求戚某支付“拖车费”“违约金”等费用。在与戚某协商过程中，毛某、郭某、王某、王某某、应某又单方面认定戚某欠款逾期，将其宝马轿车变卖，所得资金人民币13万元被5人平分。经估价，宝马轿车价格为人民币27万元。

被害人屠某借款5万元，实际收到4.6万元，后犯罪嫌疑人单方面认定屠某违约，私自将屠某的丰田轿车开走，并以卖车相威胁要求屠某支付“拖车费”“违约金”等费用，屠某支付人民币6万元，另出具了1张5000元的借条后赎回车子。

一、分歧意见

该案在办理过程中存在三种意见：

第一种意见认为犯罪嫌疑人构成诈骗罪一罪。此种观点认为，“套路贷”就是诈骗，至于后期催债索债过程中侵犯了其他法益，只是如何处断或者是如何整体评价问题，若无诈骗之基础，后期行为纵使涉及犯罪，也不应属于“套路贷”范畴。

第二种意见认为犯罪嫌疑人构成敲诈勒索罪一罪。犯罪嫌疑人虽最初欲采用诈骗的方式实施犯罪，但在对被害人实施犯罪时，后续采用了威胁的方式，强行索要财物，已超出了诈骗罪的范畴，应认定其行为构成敲诈勒索罪。

第三种意见认为犯罪嫌疑人分别构成敲诈勒索罪和诈骗罪，应数罪并罚。

二、评析意见

笔者同意第三种观点。

（一）“套路贷”犯罪案件的概念

《最高人民法院、最高人民检察院、公安部、司法部关于办理黑恶势力犯罪案件若干问题的指导意见》（以下简称《指导意见》）第20条虽然没有明确使用“套路贷”这一称谓，但对“套路贷”犯罪的认定和处理作出了初步规定。2019年《最高人民法院、最高人民检察院、公安部、司法部关于办理“套路贷”刑事案件若干问题的意见》（以下简称《意见》）将“套路贷”定义为：是对以非法占有为目的，假借民间借贷之名，诱使或迫使被害人签订“借贷”或变相“借贷”“抵押”“担保”等相关协议，通过虚增借贷金额、恶意制造违约、肆意认定违约、毁匿还款证据等方式形成虚假债权债务，并借助诉讼、仲裁、公证或者采用暴力、威胁以及其他手段非法占有被害人财物的相关违法犯罪活动的概括性称谓。

朱和庆、周川、李梦龙所著的《〈关于办理“套路贷”刑事案件若干问题的意见〉的理解与适用》认为，“套路贷”既不是一个法律概念也不是一个政策概念，而是在办案实践中对假借民间借贷之名非法占有他人财物的类型化违法犯罪的概括性称谓，并明确“套路贷”的概念主要包括以下三个方面：一是行为目的非法性，即犯罪分子是以非法占有被害人财物为目的实施“套路贷”；二是债权债务虚假性，即犯罪分子假借民间借贷之名，通过使用“套路”，诱使或迫使被害人签订“借贷”或变相“借贷”“抵押”“担保”等相关协议，进而通过虚增借贷金额、恶意制造违约、肆意认定违约等方式形成虚假债权债务；三是“讨债”手段多样性，即在被害人未按照要求交付财物时，“套路贷”犯罪分子会借助诉讼、仲裁、公证或者采用暴力、威胁以及其他手段向被害人强行“讨债”，以此实现对被害人财物的非法占有。从《指导意见》《意见》及其解读可以明确，认定“套路贷”的三个关键点是：非法占有目的、虚假债权债务、实现非法占有目的方式多样。从现有掌握的“套路贷”案件看，犯罪分子主观上具有非法占有被害人财产的目的是一致的，不同之处在于设置虚假债权债务时会使用不同的“套路”，在被害人未按照要求交付财物时，“套路贷”犯罪分子会通过不同手段向被害人强行“讨债”，以此实现对被害人财物的非法占有。但只要同时符合非法占有目的、虚假债权债务、实现非法占有目的方式多样这三个关键点的，均可认定为“套路贷”。

司法实务中一种观点认为，“套路贷”案件通常伴有非法讨债的情形，但不是“套路贷”的构成要素。“套路”多少不影响“套路贷”的认定。也就是说，这种观点已将“套路贷”的构成要素从三个关键点减少为两个关键点，将在被害人未按照要求交付财物时，“套路贷”犯罪分子通过不同手段向被害人强行“讨债”，以此实现对被害人财物的非法占有这一关键点排除在“套路贷”的构成要素之外。此外，还有一种观点认为，在“套路贷”案件中只要有“套路”，就可认定非法占有目的。张明楷教授认为，“一般来说，行为人没有占有他人财产的合法根据，或者说没有使他人转移财产给行为人或第三者的合法根据，却具有占有他人财产的目的的，就属于非法占有目的。这里的合法依据，通常是指具有相关财产法的根据（但也要考虑到刑法的特别规定）。例如，如果行为人没有转移财产的民法根据或者民法上的权利，就可以认定行为人占有目的的非法性”[①]。非法占有目的与“套路”不能直接画等号。例如，通过“套路”，形成了虚假债权债务，且索要虚假债权债务的，可以认为没有占有他人财产的合法根据却具有占有他人财产的目的。但如果形成了虚假债权债务却不去索要的，难以认定犯罪嫌疑人具有非法占有目的。再例如，签订借款合同时，在贷款金额之外约定“手续费”“安装费”“中介费”等不符合民间借贷习惯或行业规则的费用，但该费用加上约定的借款利息总和，总数未超过以年利率36%计算的数额，看似有“套路”，但也难以认定犯罪嫌疑人具有非法占有目的。

由于这样一些认识，容易将“套路贷”这种在办案实践中对假借民间借贷之名非法占有他人财物的类型化违法犯罪简单化，从而得出“套路”=非法占有目的=诈骗罪的结论，只要找到一种以上“套路”，就可以定诈骗罪。但事实并非如此。首先，“套路”与非法占有目的不能直接画等号，虽然一定程度上可以从“套路”推定犯罪嫌疑人具有

---

① 张明楷：《刑法学》，法律出版社2016年版，第959页。

非法占有的主观故意，但认定非法占有目的应当结合全案证据综合把握，对于确有证据证明犯罪嫌疑人不具有非法占有目的的，应当不予认定。其次，认定了非法占有目的，还要看是以哪一种非法手段实现虚假债权债务，非法占有被害人财物，结合手段才能确定罪名。

（二）“套路贷”案件构罪要件分析

办理“套路贷”犯罪案件要从“套路贷”概念入手。正如上文引用的《意见》对“套路贷”概念的阐述，其认为概念主要包括三个方面：一是行为目的非法性；二是债权债务虚假性；三是“讨债”手段多样性。此三方面应当全面把握，而不能将其简单化。这三方面的关系，本文认为，债权债务虚假性是基础，行为目的非法性是本质，罪名确定看“讨债”手段。

1. 债权债务虚假性是基础。任何“套路贷”案件，均存在虚假债权债务。例如，签订借贷合同时虚增贷款金额；借贷合同上的出借人和实际出借人不一致；出借人交付贷款本金时收取“砍头息”且不将“砍头息”部分从出借本金中扣除；出借人要求借款人向第三方支付本息但不将该部分本息计入已付本息；恶意制造违约、肆意认定违约等。这些均可称之为“套路贷”中的“套路”。这些“套路”的存在，已从一定程度上推断出借人存在非法占有的故意。如无非法占有的故意，何须处心积虑地设置这些“套路”呢？概言之，这些“套路”的存在是“套路贷”区别于民间借贷的显著特征。

2. 行为目的非法性是本质。犯罪嫌疑人处心积虑通过设置“套路”设定虚假债权债务后，是否存在非法占有的故意还要看他以何种手段来实现虚假债权，对已采取的“套路”是否加以掩饰、隐瞒等，综合判断其是否具有非法占有被害人财物之目的。正如司法实务中对诈骗罪、合同诈骗罪非法占有目的的认定一样，采取的是综合认定的方法，而非只要有“套路”就可认定非法占有目的。另外，从非法占有目的看，“套路贷”案件一般属于侵财类犯罪。

3. 罪名确定看“讨债”手段。如上文所述，行为人总是要通过一定的手段将虚假债权“变现”以达到非法占有被害人财物之目的。这些手段，包括暴力、威胁的手段；“软暴力”手段；虚构事实、隐瞒真相的手段；诉讼、仲裁、公证等手段。分析罪名时，看这些手段与哪类犯罪的客观方面相符，就确定应属于哪类犯罪。如前所述，犯罪嫌疑人设置虚假债权债务时使用了很多“套路”，但实质上这些讨债手段也是“套路”，犯罪嫌疑人往往谋划周全，有一套完整的计划，会综合运用各种“套路”，一环套一环，最终达到非法占有被害人财物的目的。

（三）本案应当对犯罪嫌疑人分别以敲诈勒索罪和诈骗罪定性，数罪并罚

1. 本案犯罪嫌疑人设置了虚假债权债务。犯罪嫌疑人所开的投资公司办理车贷时，除了看征信、身份证、行驶证、机动车登记证以外，还要收取GPS安装费、中介费、家访费等额外费用，扣除上述费用后客户实际到手的贷款金额远低于合同签订的贷款金额，但仍需要按照合同上的贷款本金还款。此外还约定受害人违约要支付高额违约金（借款本金30%）、上门催收费等甚至直接处置被害人车辆。这些也反映出犯罪嫌疑人以各种名目积极获取被害人财物的主观目的。

2. 本案犯罪嫌疑人具有非法占有目的。应综合全案证据来认定犯罪嫌疑人是否具有非法占有目的。从本案来看，犯罪嫌疑人综合运用了各种“套路”：

一是犯罪嫌疑人事前签订合同时隐瞒合同不利条款。三名被害人一致陈述称，毛某让他们签订合同的过程很快，他们没有时间看清合同内容并且毛某等人没有主动告知合同内容，其在毛某等人指定的地方签字之后合同就被收走，也没有给他们一份合同留存，因此他们都不清楚合同内容。犯罪嫌疑人供述，为了赚取更多的钱，对被害人违约是积极追求的，只有认定被害人违约，才能以违约为名进行扣车，要求被害人交纳所谓的违约金和拖车费，在被害人不愿意或者无力交纳本金、违约金、拖车费等情况下，再依据合同处置被害人的车辆。在这种认识支配下，犯罪嫌疑人等人首先向被害人提供了借款合同和承诺书等文件，其中有大量不利于被害人的条款，如承诺书的内容对认定违约非常容易（手机不通、车辆离开本市未经公司许可、市区道路行驶时速超过50公里每小时、备用钥匙不可用等均视为违约），违约

便不退还保证金并承担违约金或将车辆以一定价格交犯罪嫌疑人处理等。依据《合同法》第 39 条（现《民法典》第 496 条）规定，对于本案合同中的不利条款，犯罪嫌疑人一方有告知的义务，但犯罪嫌疑人却没有履行该告知义务，且故意诱导被害人不仔细看，主观上具有隐瞒合同不利条款的故意。

二是事中恶意认定被害人违约。在犯罪嫌疑人有预谋地让被害人签订含有不利条款的各种合同后，想方设法认定被害人违约：被害人黄某提出宽限几天还款时，犯罪嫌疑人一方面同意宽限，另一方面又在第二天马上将被害人黄某的车子开走，认定黄某超过还款日未还款就是违约。被害人戚某陪同他人到方林二手车市场购买车辆时，虽然被害人有叫人估价的行为，但也没有足够的证据证实其构成违约，犯罪嫌疑人就以被害人出售车辆为由进行单方认定扣押车辆。被害人屠某只是将车停放很长时间没有移动，犯罪嫌疑人就在无依据的情况下认定其构成违约。这些认定不是建立在合理怀疑的基础上，与正常的为维护自己合法利益出于谨慎的认定不相符合。

有观点称，犯罪嫌疑人认定违约进而扣车、卖车属于自助行为。自助行为是指权利人为保护自己的权利，在情势紧迫而又不能及时请求国家机关予以救助的情况下，对他人的财产或自由施加扣押、拘束或其他相应措施，而为法律或社会公德所认可的行为。构成自助行为须具备：第一，须为保护自己的合法权利；第二，须情况紧迫而来不及请求有关国家机关的援助；第三，自助方法须为保障请求权所必需；第四，须为法律或社会公德所许可；第五，不得超过必要限度。本案中，犯罪嫌疑人的法益尚未受到现实侵害，其借款根本不需要运用自助行为来维护，其完全可以通过法律程序来维护自己的合法权益。而且，合同中受害人违约就将车辆委托犯罪嫌疑人出售，出售价格系设定的虚假债权且超出部分归犯罪嫌疑人所有的约定，实质上是认定违约后就将质押车辆的所有权转移给犯罪嫌疑人，违反了当时《物权法》第 211 条（现《民法典》第 428 条）、《担保法》第 66 条、《最高人民法院关于适用〈中华人民共和国担保法〉若干问题的解释》第 57 条、第 96 条的规定，是无效的。

三是事后索取高额违约金等费用甚至直接处置被害人车辆。通过恶意认定违约，又形成了新的虚假债权债务：高额违约金（逾期还款按借款本金30%支付）、上门催收费（借款5万元上门催收费6000元）、拖车费等。被害人在车辆被犯罪嫌疑人扣留后上门协商，犯罪嫌疑人不告知其具体违反了合同哪条，就直接要求其付清借款及违约金和拖车费（犯罪嫌疑人承认只是用备用钥匙将车开回来，却要按“行规”向被害人索取高额拖车费），并告诉被害人如果超过一定时间不还钱，他们就根据协议变卖扣押的车子。被害人戚某因为犯罪嫌疑人提出的金额大，不符合常理，与犯罪嫌疑人进行协商，在协商过程中犯罪嫌疑人又以合同有约定为由，将车辆出卖，出卖所得13万元自己瓜分，没有将超出部分还给被害人。事后种种行为，也反映出对占有被害人的违约金、拖车费甚至是卖车所得是积极追求的。

综合以上分析，可以认定犯罪嫌疑人具有非法占有他人财物的主观目的。

3.从“讨债”手段分析本案犯罪嫌疑人分别构成敲诈勒索罪、诈骗罪。案例中第一、三部分事实中，犯罪嫌疑人以卖车相威胁，使被害人产生恐惧心理，被迫处分自己的财产，从而将虚假债权“变现”以达到非法占有被害人财物之目的，故应定敲诈勒索罪。

案例中第二部分事实中，被害人戚某“自愿”交付车辆的钥匙是基于被害人与犯罪嫌疑人的协议，而犯罪嫌疑人隐瞒非法占有被害人财物的真实意图，利用被害人的信任签订协议收取车辆钥匙，却虚构被害人违约的事实，肆意认定被害人违约，直接将被害人的车辆当作黑车卖掉，使被害人遭受重大财产损失。被害人因为签订合同受到蒙蔽，没有仔细看合同条文，无法确定自己是否违约以及违约后果，基于对犯罪嫌疑人的信任错误同意犯罪嫌疑人占有车辆，从而处分了车辆的占有权，属于受蒙蔽而自愿处分财产。该节事实符合诈骗罪的基本构造，即行为人实施欺骗行为—被害人陷入错误认识处分财产—行为人取得财产—被害人遭受财产损失，应以诈骗罪定性。

运营App强制发放高利贷款并暴力催收行为的定性*

网络犯罪治理检察路径研究课题组**

摘　要　运营App强制发放高利贷款并暴力催收的行为属于一种新型网络"套路贷"犯罪，实践中此类行为如何定性存在较大争议。应当根据相关司法解释中"套路贷"的概念，围绕主观目的、客观行为和社会危害性等关键评判要素，采用穿透式审查模式来准确界定此类案件的刑民责任，再结合财物交付方式、各环节暴力使用程度以及法益的侵害类型三个方面，综合认定罪名，以达到精准打击新型"套路贷"犯罪的立法目的。

关键词　新型　网络　套路贷　犯罪

［基本案情］　2020年以来，公安机关收到多名被害人报案，举报一款名为"急周转"的网络小额贷款App软件涉嫌诈骗，该App对外宣称无抵押、低利息、放款快、免审核，额度1000—5000元不等，期

*　本文为2021年浙江省人民检察院专项调研重点课题"网络犯罪治理的检察路径研究"（zjdy202112）的阶段性成果。

**　课题组成员：陈国根，浙江省桐乡市人民检察院党组书记、检察长、三级高级检察官；张友连，浙江工业大学法学院副院长、教授、硕士生导师；吴强林，浙江省桐乡市人民检察院第四检察部主任、一级检察官；冯昌波，浙江省桐乡市人民检察院第二检察部副主任、一级检察官。

限为 4—7 天。被害人填写个人资料注册后，发现该 App 收取超过国家法定利率数十倍的高额利息，有的被害人将软件从手机卸载，未实际操作借款，但绑定的银行卡仍收到该 App 的强行放款，贷款到期之前无法操作还款，到期后收到数倍于放款的催债账单。行为人利用 App 收集获取的通讯录，采用电话短信骚扰恐吓等软暴力方式，向被害人或被害人的特定关系人索取本金和高额利息，对逾期还款贷款人收取高额逾期费，造成被害人巨额财产损失。

一、分歧意见

对于本文案例中 App 软件运营管理人员的处理，存在不同意见。第一种意见认为，本文案例本质上仍属于以获取高额利息为目的的高利借贷行为，被害人在该 App 自主完成个人资料注册，表明被害人有真实融资需求，App 采用强行发放贷款的方式并未造成被害人财产损失，属于民事欺诈，但由 App 运营方单方面决定交易数额和利息对价，违背了公平交易的原则，可以通过撤销借贷合同的方式维护合法权益，不宜认定为犯罪。第二种意见认为，本文案例 App 并不是以高额利息为目的而是以非法占有为目的，以制造资金走账流水等方式强立“债权”，制造民间借贷的假象，隐瞒了强制贷款和软暴力催收的真相，诱导被害人主动交付财物，符合“套路贷”特征，属于新型“套路贷”犯罪。

在第二种意见中，对于构成何罪又存在争议。第一种观点认为构成诈骗罪。依据《最高人民法院、最高人民检察院、公安部、司法部关于办理“套路贷”刑事案件若干问题的意见》(以下简称《套路贷意见》)，实施“套路贷”过程中，未采用明显的暴力或者威胁手段，其行为特征从整体上表现为以非法占有为目的，通过虚构事实、隐瞒真相骗取被害人财物的，一般以诈骗罪定罪处罚。第二种观点认为，该 App 未经工商注册，没有取得金融机构经营许可，擅自开展发放贷款的金融业务，依据《最高人民法院、最高人民检察院、公安部、司法部关于办理非法放贷刑事案件若干问题的意见》，对违反国家规定，未经监管部门批准，或者超越经营范围，以营利为目的，经常性地向社会不特定对象发放贷款，扰乱金融市场秩序，情节严重的，依照《刑法》

第225条第4项的规定，以非法经营罪定罪处罚。第三种观点认为，本文案例从借款合同的订立到还款都违背被害人意愿，制造银行流水是为下一步实施“软暴力”提供依据，自始至终都是以威胁方法非法占有他人财物，符合敲诈勒索罪的构成，应以敲诈勒索罪定罪处罚。第四种观点认为，该App软件主要功能是为贷款提供网络便利，贷款的本质是资金借贷服务，但该App采用的手段为未经被害人同意强制放款，并在放款后利用“软暴力”方式强制完成交易，符合强迫交易罪中“以暴力、威胁手段强买强卖商品、强迫他人提供或者接受服务”的罪状描述，情节严重的构成强迫交易罪。第五种观点认为，本文案例属于新型催收非法债务行为，符合《刑法修正案（十一）》中规定的使用暴力、胁迫方法催收高利贷等产生的非法债务罪状描述，情节严重的，应以催收非法债务罪定罪。

二、评析意见

本文认为，本案构成“套路贷”犯罪，应以敲诈勒索罪定罪处罚。

（一）新型网络“套路贷”的刑民界分

实践中高利贷形式多样，并不是所有的高利贷都被认定为“套路贷”。在借贷双方自愿的情形下，借贷合同仍然为有效合法，只不过当事人不得就超过法律保护的部分收益主张民事权利。也就是说，根据不同的事实认定和证据裁判规则，“套路贷”案件中可能同时存在两种“不同”的事实：民事法律事实中，鉴于证据链条的完整，认定高利贷的债权债务成立；而刑事诉讼中，刑事实质刺破“套路贷”民事外观之面纱，“民事事实”被推翻，行为人以民间借贷为形式实施非法占有他人财物的犯罪行为，借款人被认定为刑事被害人。[①]本文案例与传统“套路贷”不同的地方就在于，犯罪嫌疑人利用App软件中设置的强制放款程序，使得被害人陷入违背其本意的债权债务中，事后通过“软

① 参见吴加明:《刑事实质何以刺破“套路贷”民事外观之面纱》,《江西社会科学》2019年第5期。

暴力”进行索债。本文认为，对于类似案例到底属于刑事犯罪还是民事纠纷的认识争议，司法实践中应结合司法解释中“套路贷”的概念，围绕主观目的、客观行为和社会危害性等关键评判要素，采用穿透式审查模式来准确界定。

1. 是否具有非法占有的主观目的，是否违背被害人意志，是“套路贷”犯罪与民间借贷的本质区别。考察有无非法占有的目的，不能仅从行为人是否有借款意愿等“促成交易进行”民事意思自治中进行考量，而是要从刑法上进行实质判断，结合行为人行为时的客观事实来认定行为人索要债务有无合法依据。民事自治行为中，部分行为合意即合法，所以判断该债权债务是否合法，重点还应考察该债权债务关系形成有无违背权利人的真实意志。只要能够查明犯罪嫌疑人是以“非法占有为目的”，假借民间借贷的名义谋取非法占有他人财物目的的，违背被害人真实意志，应当认定为“套路贷”，可以根据行为的性质按相关侵财犯罪定罪处罚。[①]具体到本文案例中，就是看行为人主观上是以索要本金为主要目的，还是以索要本金以外的高额利息为主要目的，看该利息债权债务是否明显超出法律保护的范围，索取的债务是否属于合法债务。界定行为人是否具有非法占有的故意，不仅对于该行为是否构成“套路贷”犯罪有重要意义，也是具体罪名区分的参考依据。如果行为人以合法债权的本金及利息以外的财产为占有对象，应当认定为有非法占有的目的。本文案例中，暴力催收的债务超出本金的数倍，且超过法定利率的数十倍，属于不受法律保护的非法债务。针对第一种观点，被害人虽然有真实融资需求，但并未决定与该App签订借贷合同，虽有部分模糊的合意，但该合意在非法占有故意主导下性质已发生改变，完全违背了被害人的真实意志。

2. 有无使用“套路”设立债权，是“套路贷”与民间借贷在客观行为上的根本不同。民事借贷是依据双方合意，无论形式上采用口头还是书面，均能依法成立民事权利义务关系。而“套路贷”犯罪虽

① 参见张绍谦:《认定“套路贷”犯罪需全面分析综合判断》,《人民检察》2019年第22期。

然客观上也有银行流水、借款协议等形式，但该借贷关系均有成熟的“套路”，这是与民间借贷在客观上最大的不同。有学者认为，《套路贷意见》中的五大要素（套路）呈环环相扣、层层递进，犯罪圈范围逐步缩小。在逻辑上，如果不具有前一阶段的要素，就不需要进一步判断行为人的行为是否具备后一阶段的要素，可直接否定“套路贷”犯罪的成立。[①] 本文认为，对于《套路贷意见》规定的五种套路（构成要素），不能机械化理解，而应透过现象看本质。“套路贷”犯罪中，无论行为人采用了何种“套路”、多少“套路”，其目的仍在于假借民间借贷之名行非法占有之实。“套路”的表现形式千差万别，可能表现为五种“套路”的一种或几种，也可能表现为一些新的客观行为模式。从“套路贷”相关司法解释中可以看出，“套路贷”犯罪中的套路主要集中在基础行为和索债行为两个阶段。第一阶段基础行为是“套路贷”虚假债权债务关系的形成阶段；第二阶段索债行为是“套路贷”虚假债权债务的实现阶段，均有不同的成熟的套路。如本文案例中，行为人并没有采用借款时扣除违约金、利息等各种名目的费用等手段，实际给付被害人的借款也没有克扣“砍头息”，甚至没有诱使被害人签订借款合同，本文案例中虚增的债权债务，是通过 App 内置强制放款程序来完成的，是一种更为隐蔽的“套路”。该“债务”的性质可以参照民事关系上的赠与或者是不当得利，被害人仅对强制放款的不当得利有返还义务，而没有偿还高额利息债务的义务。如未经被害人同意而放款，排除索取高额利息的意愿就是一种无偿的赠与，如果附带索取高额利息的义务，则构成一种新型的“套路”，应认定为“套路贷”。综上，本文案例中犯罪嫌疑人的索债行为表明，该强制放款附带了索取高额利息的义务，区别于民间借贷的自愿协商模式，应认定为“套路贷”而非民间借贷。

3. 有无社会危害性是认定“套路贷”和民间借贷承担不同法律责任的重要标准。民间借贷是一种意思自治行为，发生纠纷的，可以通

---

① 参见彭新林:《论“套路贷”犯罪的刑事规制及其完善》,《法学杂志》2020 年第 1 期。

过民事救济方式，承担的是民事责任。而犯罪是一种具有严重社会危害性的行为，需要动用刑罚来治理。具体案件的社会危害性判断，需要审查侵害法益的类型及严重程度。普通的民间借贷，即便是超过国家法定利息的高利贷，只要是被害人认可，未采用非法索债的模式，未对被害人人身财产或者经营秩序、市场秩序造成威胁，都不宜认定其有社会危害性，也就没有刑事违法实质。“套路贷”往往是借助于民间借贷的外壳，仅在形式上符合民事规范，不易辨别发现其实质危害，因此对于“套路贷”的认定应采取穿透式审查，透过民事外观现象看到社会危害性的实质。司法实践中以合法形式的民间借贷为幌子，利用民商事证据规则并结合暴力索债等手段而非法占有他人财物的行为，虽然民法上被认定为生效契约，但刑法上仍分别被认定为诈骗罪、敲诈勒索罪与非法拘禁罪。[①] 本文案例中犯罪嫌疑人采用的强制放款的手段行为并未侵害到人身和财产权益，但在后续索债环节的软暴力行为，是直接导致被害人财产损失的行为，对刑法保护的法益构成了实质侵害，具有明显的社会危险性，应认定为“套路贷”犯罪。

（二）新型网络“套路贷”的罪名适用

对于涉及“套路贷”罪名的认定，“两高两部”联合发布的《关于办理黑恶势力犯罪案件若干问题的指导意见》中明确规定：对于以非法占有为目的，假借民间借贷之名，通过虚增债务、签订虚假借款协议、制造资金走账流水、肆意认定违约、转单平账、虚假诉讼等手段非法占有他人财产，或者使用暴力、威胁手段强立债权、强行索债的，应当根据案件具体事实，以诈骗、强迫交易、敲诈勒索、抢劫、虚假诉讼等罪名侦查、起诉、审判。任何一个“套路贷”犯罪案件，在客观上都表现为众多违法犯罪行为组合的行为集群。[②] 司法实践中，“套路贷”作为一种新型犯罪模式，并不是某种具体刑法罪名，其涉及罪

① 参见于改之:《法域冲突的排除：立场、规则与适用》,《中国法学》2018 年第 4 期。

② 参见梅传强、张嘉艺:《“套路贷”犯罪罪数认定问题探析》,《浙江工商大学学报》2020 年第 2 期。

名众多。[1]在具体罪名适用上，应将案例中 App 运营人员的行为作为整体，考察财物交付方式、各环节暴力使用程度以及法益的侵害类型三个方面，综合认定罪名，以达到精准打击“套路贷”犯罪的立法目的。

1. 考察财物交付方式。被害人是否陷入错误认识并主动交付财产是判断“套路贷”是否构成诈骗罪的重要标准。“套路贷”中有的被害人在签订借款合同时系自愿，有的是被欺骗后虚构了债权债务，甚至有的被害人对于高额的利息和逾期费也是知情和接受的，但由于行为人恶意制造违约等原因，导致陷入错误认识自愿交付，这种情况下，没有使用明显的暴力而主动交付的应当认定为诈骗。本文案例中，App 有强制放款的行为，但该行为能否认定为虚构债权债务存在争议，被害人不认可该债务不代表该债务不存在，被害人也没有陷入错误认识再主动还款，而是被后续的“软暴力”索债行为逼迫还款后导致财产损失。本案行为人非法设置网络贷款 App 的自动放款功能，再利用电话短信恐吓催收对被害人产生的心理强制效力非法占有他人财物，更符合敲诈勒索罪的罪状描述。

2. 考察各环节暴力使用程度。依据《套路贷意见》，在实施“套路贷”过程中没有使用明显暴力的，一般应以诈骗罪定罪处罚。2014 年 4 月 17 日，最高人民检察院在《关于强迫借贷行为适用法律问题的批复》中明确：“以暴力、胁迫手段强迫他人借贷，属于刑法第二百二十六条第二项规定的‘强迫他人提供或者接受服务’，情节严重的，以强迫交易罪追究刑事责任……以非法占有为目的，以借贷为名采用暴力、胁迫手段获取他人财物，符合刑法第二百六十三条或者第二百七十四条规定的，以抢劫罪或者敲诈勒索罪追究刑事责任。”《刑法修正案（十一）》也明确催收非法债务罪的客观行为包括“使用暴力、胁迫方法的”，可见，各个环节暴力使用情况是区分不同罪名的关键。强迫交易暴力使用在服务提供或者合同签订之前，敲诈勒索则是

---

① 参见陈志君、梁健：《论“套路贷”的打击与防范》，《法律适用·司法案例》2019 年第 20 期。

注重在取得财物的方式上使用暴力威胁，诈骗强调没有使用明显暴力，而催收非法债务的重点除了使用暴力外，还要求主观前提是为催收非法债务。本案中App运营人员在服务合同订立阶段，并未采取暴力威胁方法，仅是在虚假债权债务确立后"索债"阶段，采取"软暴力"滋扰索要高额利息，不宜认定为强迫交易罪。本案App强制放款阶段并未征求被害人意见，产生了类似于不当得利的民事债务，整个过程虽没有使用暴力但并非被害人自愿。而在财物取得环节，行为人在非法占有的故意支配下，客观行为来看，本案的暴力行为是导致被害人财产损失的最主要手段和因素，客观上符合了催收非法债务和敲诈勒索两罪的构成，具体定性还要结合软暴力的主观目的和侵害的法益进一步考察。

3. 考察法益的侵害类型。"套路贷"表现为众多行为的集群，具体定性应根据行为侵害的主要法益以及侵害程度进一步精准认定。不同的罪名之间存在法益保护的差异，非法经营罪打击的是侵害市场经济管理秩序法益的犯罪行为，强迫交易罪打击的是侵害市场经济中公平交易环境和自愿交易原则的犯罪，敲诈勒索罪保护的是公民人身和财产均不受威胁侵害的法益，诈骗罪则更多保护的是公民的合法财产法益，《刑法修正案（十一）》新增的催收非法债务罪，主要是将"套路贷"犯罪衍生的催收行为单独评价，在某些"套路贷"行为无法定罪的基础上，增补刑事规范以达到密织刑事法网的目的。本案不构成诈骗罪和强迫交易罪的观点已在前文阐述。不构成非法经营罪的理由在于，无论是从行为人主观还是从客观的行为来看，侵害的主要法益并不是金融市场秩序，而是公民的财产权益。行为人强制放款的数额仅1000—5000元，主观上没有非法经营资金生意的意图，资金量也不足以妨害资金经营秩序。对于构成催收非法债务罪的观点，《刑法修正案（十一）》条文表述为"催收高利放贷等产生的非法债务"，保护的是合法债权债务的合法催收。应将本案债权设立和索债行为纳入整体考察，本案尽管采用了"软暴力"方式向被害人索取财物，客观上符合《刑法修正案（十一）》中规定的催收非法债务罪要件，但本案认定"套路贷"犯罪具有事实依据，将本案索要的财物认定为高利放贷所产生的非法债务尚有争议，侵害的法益也并非单独的财产权益，还包括人身权益，以敲诈勒索罪论处更为妥当。

另外，本案行为方式更类似于网络“碰瓷”，属于故意制造本金损失假象非法索取财物的行为，依据《最高人民法院、最高人民检察院、公安部关于依法办理“碰瓷”违法犯罪案件的指导意见》，“碰瓷”并采用跟踪、滋扰、纠缠等行为方式敲诈勒索他人财物的，应以敲诈勒索罪定罪处罚。

综上，运营 App 强制发放高利贷款并暴力催收的行为具有明显的社会危害性，是一种新型网络“套路贷”犯罪，应结合财物交付方式、各环节暴力使用程度和法益侵害类型三方面综合考察，精准定性，以法治方式助推网络空间治理体系和治理能力现代化。